# 여성 표현의
## 일본 근대사

**지은이 히라타 유미**(平田由美)는 오사카외국어대학 외국어학부를 졸업하고 교토대학에서 문학박사학위를 받았다. 현재 오사카대학 문학연구과 교수이며, 전공은 일본근대문학·문학연구사·젠더연구이다. 2000년에 출간한 저서 『여성표현의 일본 근대사』는 다수의 평자들로부터 근대 여성 표현에 관한 필독서로 주목을 받았으며, 여성사의 뛰어난 업적에 수여되는 '여성사 아오야마나오상(女性史青山なを賞)'을 수상하였다. 그 외에 『명치 중기 요미우리신문 문예관계기사 목록』(京都大學人文科學研究所, 1989), 『내셔널리티의 탈구축』(공저, 柏書房, 1996), 『젠더의 일본사』하권(공저, 東京大學出版會, 1995) 등 다수의 논저가 있다.

**옮긴이 임경화**(林慶花)는 고려대 일어일문학과를 졸업하고 도쿄대학 인문사회계연구과에 진학하여 문학박사학위를 받았다. 현재 성균관대학교 동아시아학술원 HK연구원이며, 전공은 일본시가사이다. 『국어라는 사상』(공역, 소명출판, 2006), 『근대 한국과 일본의 민요 창출』(공저, 소명출판, 2005), 『일본 근대 명작 24』(공역, 새물결, 2006) 등의 저·역서가 있다.

# 여성 표현의 일본 근대사
## '여류 작가'의 탄생 전야

2008년 6월 05일 1판 1쇄 인쇄
2008년 6월 10일 1판 1쇄 발행

지은이 _ 히라타 유미
옮긴이 _ 임경화
펴낸이 _ 박성모
펴낸곳 _ 소명출판
등록 _ 제13-522호
주소 _ 137-878 서울시 서초구 서초동 1621-18 (란빌딩 1층)
대표전화 _ (02) 585-7840
팩시밀리 _ (02) 585-7848

somyong@korea.com | www.somyong.co.kr
ⓒ 2008, 소명출판
값 17,000원
ISBN 978-89-5626-303-8 93910

Expressions in Modern Japanese History *On the eve of the rise of female writers in Japan*

⟨여류 작가⟩의 탄생 전야

히라타 유미 지음 / 임경화 옮김

# 여성 표현의
# 일본 근대사

소명출판

◆ **일러두기**
1. 이 책은 『女性表現の明治史－樋口一葉以前』(岩波書店, 1999)을 완역한 것에, 역서의 이해를 돕기 위하여 시미즈 시킨(清水紫琴)의 일인칭체 소설 「깨진 반지(こわれ指環)」의 역문을 첨부한 것으로 이루어져 있다.
2. 역주는 다음과 같은 방식으로 삽입되었다.
　①역주의 내용이 짧을 경우에는 본문의 괄호 안에 서술하였다.
　②내용이 길 경우에는 각주로 처리하고, 원문 각주와 구별하여 서술의 서두에 '역주'임을 표시했다.
　③본문에 빈출되는 인명·서명·사항에 대해서는 해설을 달아 부록으로 처리하였다.

아마 한국에서도 사정은 마찬가지라고 생각하지만, 학술출판은 전공을 같이 하는 소수의 사람들을 대상으로 행해지므로, 설령 일반 서점에 꽂혀 있다고 해도 그다지 많은 독자를 상정하지는 않습니다. 물론 일본문학을 전공으로 하는 일부 연구자는 이 책의 서술에 서기西紀가 사용되어 있는 점에 당혹감과 위화감을 느낀 모양이어서, 전문가 집단을 위한 저작으로 인정되어 있지 않을지도 모릅니다만.

어쨌든 1999년에 이 책이 일본에서 상재되었을 때 외국어로 번역되리라고는 전혀 예상도 못했습니다. 그렇기는 해도 '원호元號'를 사용하지 않은 것은, 서술의 대상이 '명치明治'라 불리는 시대의 '일본'이라는 장소에 한정된 것이라도, 여기에서 논한 것은 시간과 공간을 초월한 문제였기 때문입니다. 저의 문제의식, 즉 제가 존재하는 것을 '문제'로서 다루는 것은 그것이 저 자신이 살고 있는 '현재'의 상황과 깊이 관련되어 있기 때문이고, 또한 그 문제들은 '일본'이라는 장소에 한정되는 것으로 생각되지도 않습니다.

이하에서 독자 여러분들은 19세기 말의 일본에서 간행된 다양한 신문·잡지나 서적 중에서 인용된 많은 말을 눈으로 보게 됩니다. 그것들의 대부분은 '명치신문잡지문고明治新聞雜誌文庫'라 불리는 도쿄대학 법학부의 도서실에서 복사되었습니다. 통칭을 '명치문고'라고 하는 그 도서실은 근대 일본에서 처음으로 설립된 대학 안에 세워진 석조의 고풍스러운 건물 한켠에 있습니다. 국가에 유용한 인재를 양성하는 대학의, 특히 많은 정치가나 고급관료를 배출한 장소에 명치시대의 고신문이나 고잡지가 집적되어 있는 배경에는, 언론의 자유나 학문과 권력을 둘러싼 투쟁의 역사가 있습니다.

하지만, 이 투쟁의 역사 안에 혹은 또한 대학 자체의 역사 안에, 여성의 이름을 발견하는 것은 대단히 어려운 일이라고 하지 않을 수 없습니다. 그도 그럴 것이, 남성지식인의 아성, 엘리트 양성의 거점이었던 이 대학이 여자학생을 받아들이게 된 것은 '패전' — 혹은 '해방' — 의 해인 1945년 겨울의 일이었으며, 그 이전의 70년 가까이 줄곧 그곳은 '여인금제'의 성역이었기 때문입니다(여성 교수가 탄생하는 데에는 그보다 25년의 시간이 더 걸렸습니다).

그러한 여성의 불가시화는 얼마간의 시간차를 가지면서도 세계의 곳곳에서 생긴 일이었습니다. 그러나 여성의 말이나 경험을 소생시키려는 노력은, 현재 훨씬 동시다발적으로 온 세상에서 이루어지게 되었습니다. 이 책은 그러한 여성 자신의 경험을 가시화하는 수많은 시도 중의 하나에 지나지 않습니다.

돌이켜 생각해도 빈말이라도 쾌적한 장소라고 할 수는 없습니다만, 사반세기 전에 제가 신출내기 연구자로서 '명치문고'에 다니기 시작했을 무렵, 그 반 지하에 있었던 열람실은 낮에도 어두컴컴했고, 겨울 저녁에는 추위가 뼛속까지 스며들었습니다. 많은 이용자로 붐비는 그런 장소도 아니고, 열람자가 저 혼자일 때도 이따금 있었습니다. 그럼에도 불구하고 딱딱한 의자에 앉아서 자료를 넘기고 있으면, 오래도록 들어

주는 이를 기다리고 있었던 사람들의 이야기 소리가 웅성거림으로 저를 감싸는 것을 느꼈었습니다.

백 년도 전에 해협을 사이에 둔 이웃나라 여성이 놓였던 상황을 독자 여러분들이 '우리들'의 문제로 받아들여 주신다면, 그것은 분명 시간을 넘어서 전해지는 그 목소리들의 힘입니다. 그와 같은 말의 힘에 감탄하는 한편으로, 그 힘을 공간을 넘어서 전하기 위해 일본어 독자조차도 읽기 힘든 원저의 인용과 고투해주신 번역자 임경화씨께 깊은 감사를 드립니다.

2008년 6월
히라타 유미

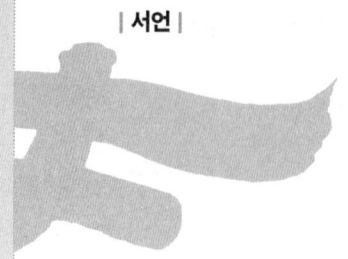

그렇다면 나는 피해자인가, 말에 관해서. 그렇다. 어떤 점에서 피해자인가. 말의 힘으로 인해 내가 한층 강하게 정치적으로 압박받고 있다는 점에서 피해자이다. 나는 이러한 압박을 물리치려고 한다. 이 일에는 말이 필요하다. 말이 없이는 이 일은 할 수도 없으며 해낼 수도 없다. 그런데, 그 목적으로 내가 사용하려고 하는 말은, 실은 바로 내 상대가 만들어 놓은 것이다. 이 점이 실로 곤란하다. 상대의 말, 상대의 변명에 따르면서 그 상대를 완전히 때려눕히기란 어렵다. 하지만, 상대를 때려눕히기 위하여 그 상대가 만들어낸 말, 그 변명 이외에는 본래 내가 가진 말은 거의 없다는 것, 얼마간 있다고 해도 대단히 불충분하기만 하다는 것이 나의 피해 상태인 것이다.

—나카노 시게하루中野重治, 「슬픈 유산かなしい遺産」

백여 년 전, 19세기가 끝나가던 명치 중엽의 작가들이 처해 있던 상황을 "표현고苦의 시대"라고 부른 것은, "우리 소설의 개량 진보"를 꾀하여 "유럽의 노블을 능가"하자고 선언한 츠보우치 쇼요坪内逍遙였다.[1] 그것은 '소설'이 득세해가는 이 시기에 그들이 조우한 새로운 문학이념이나 그것을 표현하기 위한 새로운 말을 창출하는 산고産苦를 회고한 것

---

[1] 坪内逍遙, 「柿の蔕감꼭지」, 『逍遙選集』 별책 제4권, 第一書房, 1977.

인데, 여성 작가에게 그것은 어떻게 쓸 것인가라는 문체를 둘러싼 곤란함 이상으로, 쓰는 행위 그 자체를 획득하기 위한 투쟁을 강요당했던 시대를 의미한다. 그도 그럴 것이, 여성은 우선 자신이 쓴 것을 사적인 영역에서 사회적인 장소로 밀어내지 않으면 안 되었는데, 거기에서 생기는 알력은 글쓰기를 당연한 권리인 듯이 손에 넣고 있었던 남성과는 비교도 안 될 정도로 크나큰 것이었기 때문이다.

예를 들면, 하세가와 시구레長谷川時雨의 유작 「건너다 만 다리渡りきらぬ橋」에는 독서의 매력에 빠진 그녀의 소녀시절과 그것을 억압하는 힘을 묘사한 처참한 장면이 몇 번이나 등장한다.[2] 거기에서는 "좋지 못한 습관"인 독서는 "곡간 마룻바닥 밑에 갇히거나 창고 삼층에 묶이"는 등의 처벌 대상이 되는 행위이다. 그래도 굴하지 않는 "책벌레"는 부모가 잠든 시간을 그 비밀스러운 행위에 쓰게 되는데, 이것도 램프의 석유가 닳거나 램프 갓에 달라붙은 기름연기 등의 움직일 수 없는 증거를 적발당해, "냉수를 입 속으로 쏟아 붓"는 등의 벌을 받은 끝에, 모아둔 책은 원고지가 든 상자와 함께 태워지고 만다. 시구레 자신은 "이상이 명치 12년 말부터 30년 말까지의 도쿄 서민층 어느 가정에서 부모에게 순종하는 어느 딸이 겪은, 겉으로 드러나지 않는 내면적 생활투쟁사"인데, 그것은 "날로 달로 진보한 여자교육과는 거의 정반대의 행보"이며, "극히 뒤틀린 형태"라고 말하고 있다. 그러나 그것은 시구레가 언급하는 만큼 "극히 뒤틀린" 것도 아니었다.

13세로 "학교를 그만둔" 시구레와 마찬가지로, 소학고등과 제4급을 수석으로 졸업한 12세의 히구치 이치요樋口一葉는 진학을 열망하면서도 "여자에게 학문을 오래 시키는 것은 장래를 위해서 좋지 않으니, 바느질이라도 가르치고 가사일 등을 돕게 하겠다"는 어머니의 의견에 따라 그것을 단념하지 않을 수 없었다. 이치요가 받은 타격은 육체적인 것은

---

2) 『長谷川時雨全集』 제5권, 不二出版, 1993.

아니라 할지라도 심대한 것이었다. 나중에 그녀는 이때의 일을 "죽을 듯이 슬펐지만 학교를 그만둘 수밖에 없었다"고 개탄하고 있다.[3]

시구레나 이치요를 포위하고 있었던 준엄한 금기의 힘은, 두말할 나위 없이 "여자의 글재주와 승려의 머리는 없어도 괜찮다"는 근세 이래의 유교적 여성관에 뒷받침되어 있다. 물론 그 한편으로, 막부 말기의 서적의 유통상황은 "근대적 국민시장의 성립"으로 평가받을 정도의 활황을 띠고 있었으며, 그 은택이 여성에게까지 미치고 있었던 것은 여자용 교과서나 수신서 등의 출판물의 증가와 그것들을 교과서로 가르치는 테라코야(寺子屋; 에도시대에 승려나 무사 등이 서민 자제에게 '독서·습자·산수'를 교육한 시설을 말함)나 사숙의 여자 스승이나 여학생의 증대로 나타나기도 했다. 그러나 그래도 여전히 여성의 읽고 쓰기는 남성의 점유물인 한자에 대하여 여자글자라고 불리는 히라가나를 주로 하였으며, 가정에서의 일상적 필요에 대처할 뿐인 극히 낮은 레벨에 한정되어 있었다. 더욱이 여아의 취학률이 남아에 길항한 것은 도쿄·에도·오사카의 삼도三都나 봉건영주의 성을 중심으로 발달한 몇몇 도시에 한정된다. 일부의 상층 농민을 제외하면, 농가의 딸들의 취학률은 다른 신분에 비하여 훨씬 낮았으며, 도시상공인 집안의 딸에게 요구된 읽고 쓰기 또한 많은 부분에서 사무라이土人 신분에 속하는 여성의 그것과는 달라, 읽고 쓰기가 '신분'을 넘어 확대되기에는 자연히 한계가 있었던 것이다.[4] 그러한 지역적 격차는 명치 이후의 취학률 전국 평균을 끌어올리는 요인이 되기도 했다.

이와 같이 몇 겹으로 분단되어 있던 읽고 쓰기 능력literacy의 사회현상은 유신을 경계로 크게 변모한 것 같다. 신분제도의 철폐나 각 도道의 관문關所 폐지와 거주의 자유, 혹은 철도·전신·우편망의 정비 등, 연이어 시작되는 '근대화' 정책은 인적·물적 이동뿐만 아니라 정보의 유

---

3) 「塵の中먼지 속」 1893년 8월 10일조, 『樋口一葉全集』 제3권(上), 筑摩書房, 1994.
4) 海原徹, 『近世の學校と教育근세의 학교와 교육』, 思文閣出版, 1988.

통도 비약적으로 확대시켰기 때문이다. 특히 공교육제도와 매스 미디어는 여기에서 가장 커다란 역할을 하는 시스템으로 등장했다. 학문을 "입신의 밑천財本"으로 정위하는 「학제學制」(1872)에는 "사인士人 이상"에 과점寡占된 학문을 "열외"로 제외되어 있던 사람들에게 개방하여, 변사소민邊士小民에 이르는 모든 사람들을 "일반 인민"으로서 국민화하려는 강고한 의지가 제시되어 있다.

또한 '사인' 미만의 사람들을 대상으로 발행된 '소신문'이라 불리는 대중지의 지면에도, "이 시절은 복된 치세라서, 서민이건 사족이건 구별 없이 기량이 있고 학문만 할 줄 알면 어떠한 고귀한 관리라도 삼으신다는 어명이시니까, 제발 자기 아이가 귀엽다고 생각하는 사람은 빨리 아이에게 학문을 시켜서 황국에 도움이 되는 사람으로 키우는 것이 부모들의 소중한 임무입니다"(『讀賣新聞』, 1875.12.4)와 같은 투서가 넘치고 있다. 학교가 근대화의 제도적 프로그램이라면, 미디어는 사람들을 내몰아 그 명령을 실행시키는 장치의 하나였다.

그러나, '사민평등'의 슬로건 아래에 일견 모든 차등의 해소를 지향하는 듯이 보이면서도, 이 프로그램에는 명분 뒤로 진행되는 새로운 분단과 강력한 차이화의 명령이 입력되어 있었다.

> 3천 5백만 명의 형제를 가령 세 등급으로 나누어 보면, 우선 나라에 도움이 되는 사람이 상등이고, 남한테 도움이 되는 사람이 중등이며, 그 다음은 각자의 기량으로 각자의 가업을 영위하며 세월을 보내는 사람이겠지요. (…중략…) 그런데 이 세 등급을 제외하면, 사소한 일에도 남의 눈을 빌리고 남의 손을 빌리고, 또한 남의 돈을 빌리고 지혜까지 빌려, 혹은 남을 괴롭히고 남에게 기대는 부류로, 소위 혼자 보행할 수 없는 자이므로, 모두 무언가를 붙잡고 서는 열외인데, 이 열외의 사람도 학문만 하면, 스스로 보행을 배워 순식간에 하등의 사람이 됩니다. 하등의 사람은 중등으로 오르고 중등의 사람은 상등으로 나아가는 것도 공부하기에 달려 있습니다.
>
> —『讀賣』, 1875.10.15

"학문"은 사농공상士農工商의 신분제를 대신해서 사람들을 선별하여 새로운 사회계층 속에 정위하는 표식이며, 학교는 그 내부의 계층적 상승을 보장하는 것으로서 기능하고 있다. 사람들은 그들이 기여하는 대상—국가·지역공동체·가족—의 서열에 의하여 상중하로 등급화되는 '국민'이다. 그들과 같은 사회적·경제적 능력을 가지지 않는 자들은 "열외"에서 등급내로 이동하기 위하여, 즉 '국민'이 되기 위하여 '학문'을 익힐 것을 요구당한다. '국민화'는 서열을 동반한 통합과 배제를 의미하며, 거기에서는 국가의 최소단위로서의 가정을 경영하는 능력이 '국민'의 안과 밖을 가르는 징표이다.

통합과 배제는 계층과 같은 종적 사회구조뿐만 아니라, 지역과 같은 횡적 사회구조에서도 마찬가지로 일어나고 있다.

> 공짜만큼 싼 것이 없는데도, 그것조차 행해지지 않는 것은 시골의 신문종람소라고 전해온 사람이 있습니다. 시가滋賀현 시모하치만정下八幡町 토카이도미츠케東海道見附역 등의 종람소는 아무도 보는 사람이 없는데, 다른 곳도 대개 이렇습니다. 사이쿄西京의 집서관集書館 등도 싼 이용료로 하루 종일 아무 책이나 신문도 볼 수 있는데도 이 또한 보러 오는 사람이 드물다고 하니, 얼마나 서글픈 일이 아니겠습니까. 어리석은 종자가 끊이지 않는 것도 당연하겠지요.
> —『讀賣』, 1875.11.17

근세 이래의 지역격차가 '시골'에 대한 모멸로 이어져서—그것은 '국민 언어'로서의 근대 일본어의 성립과정에서 '도쿄·중류'의 말의 특권화와, 이것과 표리관계에 있는 '하층'의 말투나 방언에 대한 배척이라는 현상으로 나타난다—지면을 메운다. 미디어는 여기에서도 차이화나 배제를 추진하는 장치로서 기능하고 있다.

이리하여 사람들은 다양하게 식별당하면서 스스로를 '국민'으로 내보내게 되는데, 거기에는 계급이나 지역에 우선하는 젠더의 규범이 작용하고 있었다. 그것은 "3천 5백만 명" 중의 반수를 선별의 대상에서 제외하여, '국민'에 의하여 구성되는 사회의 '외부'에 묶어두려고 하는 차이화의 첫 번째 원리이다. 「학제」의 "일반 인민"에 붙은 "화·사족(華士族; 사족은 구 무사계급. 화족은 황족 아래 사족 위) 농공상 및 부녀자"라는 주기도 마찬가지로 인구의 반을 점하는 사람들이 무엇보다도 먼저 성별에 의하여 구별되고 있는 것을 나타내고 있다. 여성을 배제하는 바로 그것에 의하여 남성을 주체로 하는 '국민화'는 가능해지는 것이다.

"처자를 양육"할 수도 없는 자가 "열외"에 놓여 있었던 것을 떠올리기 바란다. 여성은 "세 등급으로 나누어"지는 "형제"들 각각에게 "양육"됨으로써, 그들이 최소한 "하등"의 국민임을 보증하는 존재이다. 그녀들은 '국민화'의 주체가 아니라 '국민'이라는 이름의 남성의 소유대상, 부속물로서 국민공동체의 외부에 놓여 있다. 마치 '문명'이 성립하기 위하여 문명이 퍼지지 않은 장소를 만들어내고 거기에 '야만'이라는 낙인을 찍어 가두는 표상행위가 없어서는 안 되었던 것처럼, '국민'의 창출은 거기에서 배제되는 여성을 필요로 하고 있으며, 젠더는 통합과 배제의 시스템 그 자체로서 기능하고 있었던 것이다.

> 어느 노인이 딸에게 "이제 너도 나이가 찼으니 여자 대학女大學이나 여자 이마가와女今川라도 읽으면서 여자의 길을 지키는 게 좋겠다"고 말하자, 그 딸이 대답하기를 "그 여자 대학은 누가 만든 것입니까." "그러니까 여자 대학은 카이바라 아츠노부貝原篤信선생이라고 하는 저명한 학자가 만든 책이지"라고 하자, 딸은 조금 냉소하며 "그 카이바라씨인지 하는 사람도 남자겠죠 남자가 만든 책이니까 어차피 남자에게 유리하고 여자 쪽에는 불리하게 만들어졌을 게 분명할 테니까, 읽기는 해도 지킬 수는 없어요 남자와 여자가 의논해서 만든 책이 있으면 그것을 꼭 읽지요"라는 대답에 아버지도 머리를 긁적이면서, "일리가 있네" 하며 할 말을 잃었다는 것은 오래된 이야기이지만, 백성들이 시켜야 하는 규칙 같은 것에 내세서도 지키게 하는 정부와 지키는 우리들과의 상담이 이제부터는 점차 가능해진다고 합니다. 여러분 이 얼마나 복된 일입니까.
> —『平假名繪入新聞』, 1875.4.19

여성에게 부여되는 규범이 "남자와 여자가 의논해서" 정해진 것이 아니라는 주장은, "정부"와 "백성" 사이의 "상담"으로 둔갑해서, 젠더에 의한 힘의 불균형은 남성공동체 내부의 정치역학 속으로 은폐되고 말았다.

이 삽화의 출처에 대해서는 잘 모르지만, 기자가 "오래된 이야기"라고 언급하고 있으므로, 유신 전의 일이었을 것이다. 그리고 이것과 유사한 대화가 부녀 사이에서, 혹은 부부 사이에서 오갔을 개연성은 『여자대학』이 유포됨과 동시에 존재하기도 했을 것이다. 그러나 반론은 기껏해야 한숨으로 새어나올 뿐, '냉소' 섞인 딸의 '목소리'가 기록되어 여러 사람들에게 읽히는 사태는 '근대'에 비로소 가능해진 것이라고 해도 좋다.

신문·잡지의 급격한 발전으로 표상되는 미디어의 시대는 또한 '소설의 시대'와 손을 맞잡고 있다. 그것은 여성의 독서에서 희작戱作이나 조루리淨瑠璃를 배제하는 근세의 제한적 리스트를 갱신하여, 여성의 읽을거리를 극적으로 증가시켰다. 서양문학을 모범으로 삼음으로써 상승한 소설의 지위는 여성이 그러한 것까지 읽는 것을 가능케 했다. 그러나 '소설개량'이라는 문학의 근대화 프로그램에도 마찬가지로 젠더의 명령어가 입력되어 있어서, 여성이 쓰는 소설에는 고유의 사명이 할당되었으며, 여성이 읽는 소설은 그녀들이 다할 의무에 적합한지의 여부에 의해 주의 깊게 선정되었다. 미디어는 여성의 읽고 쓰기를 확대함과 동시에 그러한 성차의 질서에 따르도록 하는 담론이 끊임없이 나타나는 장이기도 했던 것이다.

초기의 소신문은 종종 여성의 읽고 쓰기를 개화의 심벌로 표상하면서 여성의 손으로 된 투서를 만재하였으며, 그 입신출세의 정점에 '여교사'를 정위하였다. 그러나 읽고 쓰기의 강조는 항상 성차에 의한 구별을 동반하여, '학문'의 힘으로 스스로 국민화의 주체가 되려고 하는 여성들을 억압하는 처벌적 언사가 표리일체로 붙어 있었다. "구두쇠 관리"의 "아내"가 되기를 거부하고 한자어나 서양어를 구사하면서 자립을 바라는 "여학생"을 "남첩男妾을 가지거나 극장에 갈 목적으로 여교사가 되는 것을 두고 볼 수 없습니다"(『讀賣』, 1875.10.3), "남녀동권男女同權도 이렇게 오해하면 조정에서 여자학교를 세우신 취지와 다르다고 생각합니다"(『平假名繪入』, 1875.12.30)라고 비판하는 기사는 여성의 '학문'의 경계를 명시하여 그것을 넘는 행위를 금하려고 한 것이다.

근대에 있어서의 여성의 읽고 쓰기는 이와 같은 상황 속에서 획득된 것이다. 그것은 근대화의 과정에서 확대되는 것처럼 보이면서도, 실제로는 젠더에 의한 규범의 재편 강화가 진행되어, 발흥하는 미디어를 매개로 한 방대한 양의 담론이 여성들의 머리 위로 떨어지고 있었다. 그러나 대량으로 생산되는 담론은 그로 인하여 억압당하려 하는 여성 자신의 저항의 언어를 불가피하게 끌어안아, 금기의 근거 그 자체를 밝히려고 하는 주체를 탄생시킨다. 읽고 쓰는 것이 불리한 싸움이면 일수록, 읽고 쓰기의 규범이 "남자에게 유리하고 여자 쪽에는 불리하게 만들어"져 있는 것이 가시화되고, 자기의 억압상황에 대한 투철한 인식으로 이어지는 표현과 그것을 통한 자기형성의 가능성이 열린다.

그것은 여성에게 표현의 근간과 관련되는 행위이기에, 그녀의 글에는 자기 내부에 응어리져서 표출하지 못하면 내부의 팽압膨壓으로 인하여 복부를 물어뜯는 듯한 무언가가 있다. 자기주장이나 표현이 금지되고, 더욱이 그것을 표현하고자 하는 말이 남자에 의하여 영도되고 있는 상황 속에서, 그럼에도 불구하고 표출되어 버린 말은 흡사 억압하는 자의 말을 차용하고 있는 듯이 보이면서도, 기실은 말이 가지는 권력을 그 내부에서 붕괴하는 힘 같은 것을 가지고 있다. 그것은 젠더라는 불가시의 시스템을 가시화하여, 그것을 근저에서 뒤엎는 여성이라는 수체의 투쟁이다.

한국의 독자들에게 _ 3
서언 _ 6


### 제1장 여자의 목소리를 줍다 _ 17

1. '부녀동몽'과 신문                                        18
2. 여자가 쓰는 투서—1870년대 후반                          28
3. 목소리의 압살—1880년대 초두                             33
4. 제도의 포위                                            43
5. 쓰기를 둘러싼 투쟁                                      48


### 제2장 여자의 읽고 쓰기를 좇다 _ 53

1. '개화의 시대'의 '여권'과 '여덕女德'                       54
2. '미디어시대'의 여자의 읽을거리                           61
3. '소설의 시대'의 여자의 읽을거리                          72
4. 여자가 쓰는 소설                                       90

제3장 **여자의 소설을 읽다** _ 103

　1. '기모노'와 '양장'-『덤불속의 휘파람새』　　　　　　104

　2. '여덕'의 동요-「정혼의 굴레許嫁の緣」　　　　　　110

　3. '여자의 운명'의 응시-「깨진 반지こわれ指環」　　　118

　4. 좌절하는 공동성-「싸리 도라지萩桔梗」　　　　　126

　5. '새로운 남성'의 창조-「환고의 사슬苦患の鎖」　　　134

　6. 빙해 밑에서　　　　　　　　　　　　　　　　143


제4장 **여자의 문체(style)를 가늠하다** _ 151

　1. 서간문적 규범과 일탈하는 본문(body)　　　　　　152

　2. 『이라츠메いらつめ』 혹은 유행잡지　　　　　　　163

　3. '색다른 차림'으로서의 언문일치체　　　　　　　　185

　4. 일인칭이라는 모드　　　　　　　　　　　　　　199

　5. 여자의 스타일북　　　　　　　　　　　　　　220


후기 _ 231

역자 후기-눌린 자의 목소리 읽어내기 _ 234

　　1. 근대의 명암과 명치 여성의 읽고 쓰기 _ 234

　　2. 여성 표현의 가능성들 _ 237

　　3. 문학사 연구의 가능성 _ 239

　　4. 부기 _ 241


**부록**

1. 여성문학 관련 연표 _ 245

2. 「깨진 반지」 _ 248

3. 인명·서명·사항 해설 _ 258

# 여자의 목소리를 줍다

『요미우리신문』제12호(1874.11.24)(도쿄대학 법학부 부속 명치신문잡지문고 소장)
『요미우리』는 이 해 11월 2일의 창간호에서 이듬해 1875년 4월 30일의 제88호까지 1일 1장 2면으로 격일 발행했다. 이단구성의 지면은 「포고布告」로 시작되어 「신문新聞」「투서投書」「설화說話」등의 코너가 이어진다. 창간호에 게재된 사고에 따라 독자가 보낸 수많은 투서는 일찍이 이 호에서 지면의 반수를 점하여 1면으로까지 진출하고 있다.

# 1. '부녀동몽'과 신문

초창기의 소신문을 하루하루 넘기는 작업을 하다보면, 지면 곳곳에 다양한 형태로 여성의 모습이 각인되어 있는 것에 놀라고 만다. 유신 이후 급격히 가속된 일본의 신문사업이 1870년대에 들어 재빨리 창간 러시라고 할 만한 활황을 띠었고, 그 상황 속에서 초기의 신문이 '대신문'과 '소신문'이라는 두 개의 극으로 분화되어갔다는 것은, 노자키 사분野崎左文의 증언을 인용할 필요도 없이 일본신문사에 있어서 상식이 되었다.1)

원래 대소의 호칭은 그 지면의 폭에서 온 것이기는 했지만, 그것은 정론·사설의 게재여부나 잡보라 불리는 삼면기사가 점하는 스페이스의 차이, 혹은 한자의 독음표기(傍訓 또는 후리가나) 활자에 단적으로 나타나는 용자용어의 차이까지도 포함하여, 신문 각지의 말단인 구독자의 사회계층의 차이에 반영되어 있었다. 그러나 이 독자층의 차이는 결과론적인 현상이 아니라, 오히려 소신문이 그 출발점에서 의식적으로 선택한 신문발간의 목적에 대한 입장·자세가 초래한 것이라고 해야 할 것이다.2) 바로, '부녀동몽'을 위한 신문.

---

1)『私の見た明治文壇내가 본 명치문단』, 春陽堂, 1927.5, 2~16면.
2)『요미우리신문』이 제5,000호 부록(1891.5.15)에 게재한 「讀賣新聞沿革略요미우리신문 연혁략」에서는 창간 당시의 신문사의 방침 등에 대해 "요미우리신문은 명치 7년 11월 2일로 그 1회를 도쿄 시바코토히라정芝琴平町 일취사日就社에서 발간하였다. 사는 활판인쇄를 업으로 하여 코야스 타카시子安峻 등의 관리로 이루어졌다. 이때에 임하여, 도쿄에는 이미 두세 개의 신문이 있었는데, 하지만 그 싣는 바의 논설잡보가 대개는 한문과 유사하여 아동·부녀자들은 그것을 이해할 수 없고, 그래서 요미우리신문은 홀로 교훈개발을 주로 하여, 평이한 문장으로 평이한 사실을 기록하고, 또한 그것을 설명할 목적으로 항간에서 읽으며 판다. 이와 같이 하여 요미우리신문은 결국 방훈傍訓신문의 비조鼻祖가 되었다"고 회고한다. 또한 "기업 20년절起業二十年節"에 임해 특집을 기획한 부록에서도 제호의 선정에 대하여 이하와 같은 논의가 있었음이 언급되어 있다.

이 신문지는 여동女童의 가르침에 도움이 되는 사항을 누구나 알 수 있도록 쓰고자 하오니 주변에 도움이 되는 것은 문장을 이야기처럼 써서, 성함과 주소를 기입하여 투서를 앙망하는 바입니다.

이것은 소신문 중의 일인자로 여겨지고 있었던 『요미우리신문』이 그 창간호(1874.11.2)에 게재한 투서 권유의 「알림稟告」이다. 1일 1장 2면 2단 구성의 지면은 제호 다음에 우선 「포고布告」를 내걸었는데, 각 포고는 정부 발표에 의한 소로문체候文體의 문장을 그대로 전재했지만, 그 뒤에는 내용을 해설하는 담화체 문장이 들여쓰기로 구성되어 있다. 이어서 지폭상 상당히 큰 자리를 차지하는 「신문」 즉 뉴스란, 나아가 그보다 큰(경우에 따라서는 1면의 반부터 2면 모두를 점령할 정도의) 「투서」란이 있다. 이러한 지면구성은 1874년 창간된 『요미우리신문』에서 시작되어, 이듬해에 연이어 발행된 『도쿄 히라가나 삽도신문東京平假名繪入新聞』(1876년 3

"요미우리신문 명제命題의 평의評議 명치 7년 일취사가 코토히라정에 있었는데, 『영화자휘英和字彙』의 판각을 이룬 후 인쇄물영업의 한편으로 하나의 신문을 발행하려는 논의가 점차 일어, 제반 준비가 거의 갖추어져서 이제 허가 신청을 함에 이르렀는데, 신문의 제호를 무엇으로 해야 할지의 일단에 이르러 사주·사원 일동이 모여 평의에 들어갔는데, 어떤 이가 말하기를 이 신문은 코야스군이 일찍이 숙론宿論으로 일상적인 이야기俗談平話를 주지로 하는 것이므로, 이 뜻처럼 통속신문이라 이름 붙이는 것이 좋다고 하는가 하면, 또 어떤 이는 이것은 재래의 신문을 대신하여 한자에 독음표기를 다는 것이 신규이므로, 그대로 후리가나신문ふりがな新聞으로 해야 한다고 하였는데, 아니다 방훈은 지엽이고 본문은 주로 화훈和訓을 쓰므로 가나문자신문假名文字新聞이 좋다고 하고, 또는 부녀자의 눈을 열기 위함이니 야하라기신문(やはらぎ新聞; 부드러운 신문) 혹은 오미나신문(をみな新聞; 여자신문)은 어떨가 등등 논의가 쉽게 정해지지 않으니, 이런 이상 학자선생님에게 명명을 부탁하는 것이 가장 좋다고 하여 모 한학자에게 상담했더니, 신문지는 국민의 반영이라는 뜻을 담아 경화류영京華流影이라고 전해 오셨지만, 이것은 너무 어려운 의미라고 하여, 또한 모 서양학자에게 상담했더니 뉴스라는 뜻을 취하여 동서남북이라 번역하여 이것이 좋겠다고 했으나, 이것도 다소 이상하게 들려서, 또한 모 화和학자에게 물었더니 신문지는 선국에 당일 도착한디고 하여 아키즈스노하유마부미(秋津洲の驛馬文; 일본의 역마문)라고 해야 한다고 했으나, 이것도 장황하다고 하여 쓰지 않았는데, 당시 신문읽기 확대방침으로 구래에 와판瓦版의 기사를 읽으면서 팔러 다닌 사람을 사역할 계획을 정했는데, 이 요미우리讀賣라는 글자는 우리나라 신문지의 성질을 띤 것의 창시라고 하여, 결국 이 이름을 따서 요미우리신문이라고 제호하게 되었다."

월 2일부터 『도쿄 삽도신문東京繪入新聞』으로 개칭. 이하 『삽도繪入』로 약칭), 『가나요미신문假名讀新聞』(1877년 3월 1일부터 『かなよみ』로 개칭. 마찬가지로 『가나요미假名讀』로 약칭) 등의 소신문에 그대로 답습되었다. 『가나요미』 창간과 같은 달에는 『꽃의 수도 여자신문花の都 女新聞』이라는 이름을 달고 여성을 타깃으로 한 신문마저 등장했는데, 물론 이것도 앞의 셋과 동일한 형식을 취하고 있었다.

한편, 어떠한 기사가 "여동女童의 가르침"이 됨직한지, 어떠한 종류의 잡보에 보다 커다란 공간을 할애할지, 개개의 신문에서 그 역점은 다르다. 『요미우리』가 갖추고 있던 「설화說話」란에는 이솝우화나 양생훈養生訓 같은 데서 발췌한 것으로 보이는 음식이나 영양에 대한 「양생의 이야기」, 혹은 종두의 권유를 겸한 제너의 전기에서 농학자 츠다 센津田仙에 의한 벼의 교배시험 결과까지 다양한 테마의 실용적·교훈적 기사가 몇 회에 걸쳐 연재되고 있었다. 그러나 범죄보도의 말미에 "여러분 한밤중에는 조심하세요"(『女新聞』, 1876.1.14)라고 호소하거나, "12세 아이"의 범죄와 그 처벌의 결과를 보도한 「재판裁判」란에 "하여튼 아이들 중에는 손버릇이 나쁜 것들이 있는데, 남의 물건을 탐내는 마음은 삼가지 않으면 안 됩니다"(『讀賣』, 1874.11.20)와 같은 기자에 의한 코멘트를 다는 등, 독자에 대한 자세는 모든 소신문에 공통된 최대공양수적 입장이었다.

이것은 아마도 '방훈傍訓신문'이라는 그 별칭이 단적으로 나타내듯이, '부녀동몽'을 위하여 교훈적인 이야기를 가나문자를 주체로 한 담화적 속문체로 쓴 읽을거리를 제공한다는 쿠사조시草双紙 등이 끌어안고 있던 독서의 일정 부분을 소신문이 대신한 결과라고도 할 수 있겠다. 따라서 그 지면에서 쓰는 사람이나 읽는 사람의 의식이 종종 근세 희작의 작가나 독자의 그것과 부합했던 것도 기이한 일은 아니다. 예를 들어, 다음과 같은 말은 "교훈정亭"이라고 이름을 밝힌 희작 작가 타메나가 슌스이爲永春水의 "원래 교훈정이 만드는 이야기는 이해하기 쉬워서 체하지 않으니 남녀아동들이 쉽게 읽어서 능히 권선징악에 일조할 것이다"[3]와 얼마나 다른가.

> 『삽도』든 『가나요미』든 손쉽게 인도하는 신문은 아이들이 익히는 습자본과 마찬가지로 오로지 권징의 두 글자만은 확실히 내디딘 쓰러지지 않는 지팡이
>
> ─ '가나요미신문의 기자 로분魯文'의 투서, 『繪入』, 1875.12.17

> 우선 첫 번째 앞면은 시대도 마침 밝게 다스려지는(明治를 풀어서 쓴 것) 정부의 9년째부터 날마다 포고문을 가나로 일깨우고, 권선징악은 신문지상에 골계를 섞어 누구나가 알 수 있는 세상사. 한편 두 번째 뒷면에는 구폐를 깨우치는 기서喬書를 주로 취하여, 유곽의 개사가나 조루리의 폭소장면도 아이들에게 빨리 이해시켜 선도하는 아동신문
>
> ─ 『假名讀』, 1876.2.10

물론 이미 근세에도 희작의 대의명분으로서의 권선징악은 그 내실인 유교적 윤리나 불교적 인과응보의 이치를 형해화하고 있었기 때문에 근대의 이러한 권징주의적 언사는 그 사상성보다는 오히려 공리성에서 명맥을 유지한다고 보아야 할 것이다. 그때 사물의 선악을 가늠하는 가치는 '개화'와 '구폐'라는 한 점에 집중되어 있었던 감이 있다. 그리고 개명되어야 할 대상으로서 소신문이 조준을 맞춘 것은 이 인용문들에서도 명백하듯이, '부녀동몽'이었던 것이다.

이와 같은 상황 속에서 초기의 소신문에는 '신문을 읽는 여자'가 실제로, 혹은 이상적인 모습으로 개화의 은택과 함께 점철되기 시작한다.

> 1853년 6월에 이즈伊豆의 시모다下田로 미국배가 처음으로 오고 나서 점차로 요코하마橫浜가 열리고 이어서 도쿄가 열리는 식으로, 도쿄에 있어서는 대체로 남쪽부터 열린다고 볼 수 있는데, 기녀도 신분을 읽는 것은 신바시新橋에서 남쪽인 카라스모리烏森정 주변이 많다고 하는 것을 어떤 신문사의 배달원에게 들었습니다. 특히 시바진묘마에芝神明前에 있는 후사키치房吉와 코시게

---

3) 爲永春水, 『英對暖語』 제2편 서문, 1838.

小しげ라고 하는 두 자매는 어떤 선생님 댁에 매일 같이 빠지지 않고 책 읽는 연습을 하러간다고 하는데, 기특한 이들이니 『삽도신문』을 읽어보시오

—『繪入』, 1875.9.4

(신요시와라新吉原4) 시나가와루品川樓의) 코바이紅梅라고 하는 창기娼妓는 책을 읽는 것을 좋아하여 신문은 물론 신경 써서 읽었는데, 올해 6~7월경에도 너무나 작은 글자를 응시해서 눈병이 날 정도로 감탄할 만한 여자라고 타츠미 오노야辰巳大のや씨가 전해주었습니다.

—『讀賣』, 1875.2.18

야나기바시柳橋의 예기藝妓인 후지오카야藤岡屋 오코마お駒씨는 얼마 전에 어떤 분한테 시집가서, 지금 같은 마음가짐을 가져서는 안 된다고 결심하고, 가사에 전념하여 조금도 바람을 피우는 일이 없으며, 매일 가나신문을 읽으며 즐거워하고, 어릴 때에 읽고 쓰는 연습을 하지 않은 것을 안타까워하여 나가쿠라 카코쿠永倉霞谷선생님의 제자가 되어 습자를 시작하고 산술을 남편한테서 배워서 밤낮없이 열심히 한다고 하는데, 얼마나 기특한 마음가짐인가 하며 어떤 사람이 알려왔습니다.

—『繪入』, 1875.12.10

세상이 날로 달로 개화되는 것은 무엇보다도 기쁜 일입니다. 요즘 어떤 집의 노인이 화로 옆에서 빌린 책을 보고 있는데, 옆 집 부인이 우리 회사의 신문을 가지고 와서, 할아버님 이 『삽도신문』은 가나로 쓰여서 여자와 아이도 쉽게 읽을 수 있다고 하여, 얼마 전부터 구독합니다.

—『繪入』, 1876.2.9

료고쿠兩國 야노쿠라矢の倉정의 가기歌妓 카네요시兼吉(19)는 세 줄 실(샤미

---

4) (역주) 요시와라吉原는 에도의 유곽으로 에도막부 개설 직후인 1617년에 니혼바시日本橋에 유곽이 허가되어 막부가 공인한 요시와라유곽이 탄생했다. 1657년의 화재로 소실되자, 막부 개설 이후 시가지가 몰라보게 발달했기 때문에, 아사쿠사淺草로의 이전이 명해졌다. 옮기기 전의 니혼바시를 원요시와라, 아사쿠사 쪽을 정식으로는 신요시와라라고 부른다.

센)의 가녀린 가업으로 할머니와 아버지를 모시고 밤낮으로 효도를 다하면서도, 남의 노리개와 같은 이러한 처세는 하루빨리 끝내고 학교에라도 들어가고 싶다고 뜻을 두고 있기는 하지만, 어쩔 수 없이 생활에 쫓기다보니 지금 장사를 그만둘 수도 없고, 그렇다고 앞으로 버젓한 가업을 하게 되어도 글을 읽을 수 없으면 남과 섞일 수도 없다고 하여, 작금 『요미우리』, 『삽도』 등 두 신문을 구독하여 한번 읽은 후에 틈만 있으면 이것을 기본으로 익혀서 글자를 조금이라도 배우고 싶다고 결심하여,

—『繪入』, 1876.7.10

날마다 신개화로 진보함에 따라서 작금은 예창기들 중에서도 상당히 훌륭한 자가 나왔는데, 틈만 나면 신문지를 보시니 자연스레 해박해지십니다.

—『繪入』, 1876.9.30

이러한 예들은 일부분에 지나지 않는다. 개화의 상징으로 신문을 읽는 기녀의 모습이 등장한다는 것은, 요컨대 "샤미센三味線의 길이 열리"는 것보다도 "눈이 열리"는 것이 중요하다는 인식을 사람들이 가지기 시작한 것을 나타내며, 그것은 다음과 같은 투서의 등장과 밀접하게 관련되어 있었다.5)

---

5) 코우타小唄, 나가우타長唄, 도도이츠都々逸, 신나이新內와 같은 음곡 텍스트나 그 개사가에 의해서 형성된 소신문의 음성성은, 신문에 의한 '개화' '샤미센에서 학문'이라는 담론에서 보면 본래 신문과 모순되는 것이어서, 극히 이른 시점부터 찬반양론에 부딪혔다. 그 부정적 담론에는 예를 들면,
　"며칠 전에 닌교정人形町 주변을 지났는데, 어떤 인력거부가 귀사의 신문을 읽고 있어서 실로 저는 감탄했습니다. 이것을 보면서도 도쿄 토박이라는 젊은이들이나 누나들은 학문도 하지 않고 유흥이나 토키와즈常磐津, 키요모토淸元 같은 연습만 하면서 노는 사람들은 그 인력거부만도 못한 사람이라고 생각합니다. 부디 앞으로는 야학교라도 다니면서 학문을 하든가, 그것도 못하면 신문이라도 읽으세요"(『讀賣』, 1875.6.2)라는 투서나,
　"이웃집 이층에 있는 직인들은 키요모토 무슨 보살인지를 믿어, 개중에는 하우타端唄여래如來를 믿는 자도 있는데, (…중략…) 모두 미친 사람처럼 되어 은화의 염주를 모조리 탕진하여 개장(開帳; 도박판)에 소원을 빌며 경經을 다투어 외우고, 겉옷을 접고 띠를 팔아 입에서 나오는 대로 마구 빌려 대서 춘우경春雨經을 한 권이나 외워, 타유(太夫; 고급창녀)산 도락사道樂寺의 주지라도 되어, 먹는지 못 먹는지 단식화상斷食

샤미센이 노리개라는 것은 여러분들이 알고 계시겠지만, 도쿄와 같은 도읍

上人에라도 오를 작정으로 보이지만, 그보다는 설교 한 입이라도 먹고 신문의 한 면이라도 빨고 있으면 금전의 변통 걱정도 없이, 오히려 안락정토에 왕생하겠지요."(『讀賣』, 1875.4.1)와 같이, 유녀한테 넋을 잃는 것에 대한 비판, 혹은

"딸에게 샤미센이나 춤을 가르치는 것은 아무 소용도 없는 것이며, 게다가 이것을 가르쳐서 나쁜 일이 수없이 많습니다. (…중략…) 첫 번째로 남녀의 사귐 같은 것은 때가 되면 자연히 아는 것을, 축축한 음곡으로 그 자연도 기다리지 않고 사귐의 조리를 이야기하고 춤의 야한 동작으로 색정의 방법을 이해하는데, 대체로 토키와즈, 키요모토 등의 대부분의 것이 사랑의 도피물이 많아 무턱대고 심한 정을 읊은 것이니, 신경 써서 보세요. 필체 좋은 춘화의 머리말 같아서, 현재 부모 앞에서 자식이 부를 문구가 아닙니다."(『讀賣』, 1875.5.18) 또한

"조루리나 샤미센에 대해서는 매번 신문에도 여러 선생님들의 논설이 있으십니다만, 실로 망측한 문구가 많이 있어서 좋지 않은 것이라 생각합니다만, 세상의 부모들은 어쩔 작정인지, 여자아이에게는 꼭 가르치는데(생계를 위해서라도), 아이의 내면은 하얀 실과 같아서 선악 모두에 물들기 쉬운데도, 7~8세가 되면 "집이 그리워 아아"라는 둥 "남의 눈만 없으면 끌어안고"라는 둥 "같이 죽어 주시어요"라는 둥 "연꽃 받침의 새 세대世帶"라는 둥 이런 것만 익히게 하니까, 달리 뭐가 있겠는가, 불의 · 밀통을 하라고 가르치는 것이나 다름없지 않은가. (…중략…) 내 생각에는 지금까지의 조루리 대본을 모두 폐지하고 새로이 화한和漢의 역사나, 또는 고금의 충신이나 효자나 정부貞婦 등이 그 군부君父나 남편을 위하여 간난신고하여 인도人道를 세우는 것 등을 재미있고 애절하게 저술하고 한 단마다 권선징악의 의미를 확실히 알 수 있도록 하여, 이것을 샤미센에 맞춰 일반 부녀자에게 배우게 하면 어떻겠습니까"(『繪入』, 1875.9.20)와 같은 외설적이고 부도덕한 말에 대한 비난이 되어 지면에 나타났다.

이에 대해 "나가우타는 토기와즈나 키요모토보다 고상한 것이지만, 문구 중에는 상당히 야한 곳도 있었는데, 최근에 네기시根岸의 키네야 칸고로杵屋勘五郎가 궁리하여 아니꼬운 문구를 바꿔, 요즘 들으면 정말 문구가 좋아져서 듣기 괴로운 경우는 없습니다"(『讀賣』, 1875.11.12)라는 잡보나, 혹은 4세 키요모토 엔주다유(淸元延壽太夫, 1862~1943)의 신곡 피로공연의 다음의 광고에 보이는 바와 같은, 작가 측에서의 변혁의 움직임을 초래하게 되었다.

"조루리라는 것은 어쨌든 음탕한 문구가 많아 개화의 시대에 맞지 않으므로, 이번에 일신하여 여동에게도 신대神代의 고전을 알려주고자 「바위문 열리는 풍아한 신악巖戶開闢宮比御神樂」이라는 신곡을 만들어, 오는 10월 21일 야나기바시柳橋의 카한루河半樓에서 개연하는데 반주자囃子들이 출석하여 들려 드리오니, 날씨에 상관없이 내림來臨하시길 기원합니다."(『繪入』, 1875.10.2)

이와 같은 움직임은 제도적으로는 1885년 8월의 음악취조소音樂取調所에 의한 나가우타 문구의 개작이나, 사사키 히로츠나佐々木弘綱의 「장가개량론長歌改良論」(『讀賣』, 1888.10.28.)을 발단으로 하여 히로츠나 · 노부츠나信綱부자와 야마다 비묘山田美妙 사이에 전개된 논쟁(美妙齋主人, 「長歌改良論を讀んで장가개량론을 읽고」, 『讀賣』, 11.7; 信綱, 「長歌改良餘論」, 『讀賣』, 11.18)으로 대표되는 운문의 개량운동(신체시를 둘러싼 비묘 등의 활동도 그 일단이다)으로 이어지는 것이기도 하다. 마찬가지로 구체화되

지에서조차도 아무런 도움이 되지 않는 샤미센을 여자아이에게 가르치며 기뻐하고 계시는 것은 아무래도 저는 좋지 않다고 생각합니다. 대체로 아이들에게 5~6세는 대단히 중요한 시기로 이때부터 부모의 가르침이 나쁘면 바보가 되는데도, 어째서 샤미센이니 춤이니 하며 중요한 습자·주판·재봉 등은 제쳐두고 전혀 도움이 안 되는 것을 가르치시는 것은 아무래도 좋지 않다고 생각합니다.

—『讀賣』, 1875.5.7

춤이나 샤미센을 가르치는 것은 도대체 어떠한 목적이 있는지는 모르겠습니다만, 춤이나 샤미센이 아무리 능숙해도 여학교 교사가 될 수는 없다고 생각합니다.

—『讀賣』, 1875.5.10

여자가 신문을 읽는다는 사태가 문명개화의 흐름 속에서 나타나고 있는 이상, '신문에 글을 쓰는 여자'가 등장하는 것은 당연한 결과였다. 부녀동몽의 신문을 표방하는 『요미우리신문』이 그 창간호에서 투서의 모집을 광고한 후에 언제부터 그것이 나타났는지, 2호에서 4호까지는 없기 때문에 특정은 할 수 없지만, "여러분들께서 폐사弊社로 신문에 내주십사하여 보내신 글"이라는 주를 단 「투서」란이 5호 이후에는 매호에 등장하고 있다. 목수나 미장이, 수레꾼 등에 섞여 하녀, 예기가 적지 않게 포함되어 있다는 것은, 때로 지폭의 3분의 2 이상에 이르는 투서에는 반드시 투서자의 이름이 명기되어 그 거주지나 직업이 기록되어 있는 것이 많기 때문이다. 필명에는 희호戲號나 아호雅號가 많으므로, 여자 이름의 투서라고 해도 실제로 여성에 의하여 쓰였는지는 실증하기가 어려운 경우가 많다. 그러나 투서모집 사고가 게재될 때마다 "투서를 하시는 분은 반드시 대소구區 무슨 정町 몇 번지 무슨 누구라고 이름을

고 있었던 연극개량운동과 함께 '문학개량'을 추진하는 그 힘의 저류에는, 지식인, 문학자 혹은 문화시책자들의 동향에 앞서서 '개화'의 요청에 스스로 응하려 하는 이 사람들이 있었음을 무시해서는 안 될 것이다.

자세히 써서 보내주시도록, 또한 도쿄 이외일 경우에는 국군國郡까지도 자세히 적어 주십시오. 주소와 이름이 자세하지 않은 투서는 절대로 내지 않겠습니다"나 "주소나 이름이 바르지 않은 것도 있는데 그러한 투서는 모두 신문에는 내지 않겠습니다"와 같이 주의를 환기하고 있는 점으로 보아, 설령 지면상에는 익명이더라도 본인을 확인할 수 있는 투서만을 채용하고 있었던 것 같다. 예를 들면, 1875년 3월 5일의 사고에서는 2월 27일의 잡보 투서가 오보였기 때문에, 기사화된 자가 투서한 당사자한테서 사죄문을 받아 신문사에 정정을 요구했다고 하는 것이 고시되어 있다. 27일의 잡보에서는 "아자부麻布의 키츠네타니 키츠네나나狐谷狐七라는 선생님께서 전해주신 소식에 따르면"이라고 되어 있는데, 이 날의 사고에는 "알려주신 오와다 토쿠베大和田得兵衛"라고 되어 있으므로, 회사에서는 투서자에 대해서 희호와는 별도로 본인을 파악하고 있었던 것으로 보인다. 1877년 2월 20일의 사고에는 "최근에 또한 출처가 없는 것이나 희한한 이름의 투서가 오는데, 이러한 것은 신문조례에도 저촉되므로 몰서로 하겠사오니 가급적 출처나 이름은 자세히 기록하기를 바랍니다"라고 하여, 신문사 측의 이러한 방침은 1875년 6월의 신문지조례나 참방률(讒謗律; 명예훼손법)을 의식한 것임을 알 수 있다.6)

---

6) 이것은 신문뿐만 아니라 잡지에서도 마찬가지였다. 『방담잡지芳譚雜誌』 6호(1878.7.26)에는 "앞 호의 투서에 일본약방에 고한다로 시작되는 글이 있었는데, 답변의 투서가 이어져서 수 편을 보내주신 분도 계시지만 모두 성함이 확실하지 않아서 싣지 않았습니다. 대개 신문잡지의 투서는 성명을(설령 본문에는 별호를 기록하시더라도) 써서 보내주시지 않는 분은 조례에 따라 몰서沒書로 하므로, 그렇게 이해해 주세요"라는 사고가 보이며, 또한 『마루마루진문團々珍聞』의 동생별인 『일본일지 키비단고日本一誌 驥尾團子』도 "사람의 일신상에 관련되는 무명의 투서는 지금까지 몇 번이나 거절하였습니다. 아직까지 가끔 그런 것이 있는데 대단히 피해가 되므로 더 강하게 거절합니다"(10호, 1879.1.1)라는 단서를 권말에 내걸고 있어, 발행처는 지면의 아호나 가명과는 달리 본명의 신고를 게재의 전제로 하고 있었던 것 같다. 단, 1883년의 개정 신문지조례에서는 "신문지 및 잡지·잡보의 필자(투서자는 필자의 예로 함) 모두 그 성명·주소를 적을 것"이라는 조항이 없어졌는데, 그 때문인지, 1880년대 후반의 투서에는 제4절에서 언급하는 "요시와라 ○○루 코마치小町"의 투서와 같이 속였다고 보이는 것도 섞여 있다. 그러나 마찬가지로 요시와라의 창기가 보낸 투서가 대작일지도 모른다는 의

따라서 여자이름을 가진 투서 중에 남자에 의해서 쓰인 것이 섞여 있지 않다고 하는 확증은 없지만, 그것은 "타카시마야高島屋의 오토お塘"라는 식으로, 매일 신문을 보는 사람이라면 그것이 『가나요미신문』, 『초야신문朝野新聞』의 기자를 역임하고 여러 신문지상에 "타카시마야 토우高島屋塘雨"라는 이름으로 투고하고 있었던 노다 치아키野田千秋의 흉내라는 것이 일목요연한 경우가 많다. 아래에서는 어디의 무슨 여자, 어디어디의 하녀 누구라든지 혹은 ○○루 ××라는 기명을 가지는 투서를 주로 하고, 성별 불명의 아호를 가지는 것 중에 기사의 내용으로 보아 여성이라는 방증을 얻을 수 있는 것을 추가하여 고찰하기로 한다.[7]

심을 품은 잡보에 대해, 투서자 자신의 반박이 실명을 명시하여 게재되어 있는데, 이러한 케이스는 투서의 신뢰성이 높은 것으로 보인다(각주17 참조).

7) 기사의 내용이란 구체적으로는 "저는 최근에 당신의 신문을 읽고 있습니다만, 제33호의 신문을 언제나처럼 올해로 4세 남짓한 여자아이에게 들려주자, (…중략…) 아이가 묻기를, 어머니 히노마루는 빨갛다고 하던데요 ……"(『讀賣』, 1875.1.16)나 "무명솜옷을 넣어 둔 것을 조금 꺼내 보니, 이번 장마로 곰팡이가 쓴 것을 풀고 빨고 해서 완성되기까지의 정성이란, 물 길러 가는 것도 몇 번인가 (…중략…) 아아 내 신세는 어찌하여 이렇게 덧없는 몸으로 태어났는고 여름의 더위도 고루에서 낮잠을 잘 틈도, 하녀에게 가까이에서 부채질하게 하며 서늘한 바람을 부르는 사람이 부럽다"(『繪入』, 1878.7.20)와 같은 사례를 말한다. 단, 제2절에 든 표 중에 여성의 것으로 인정되는 아호를 기록한 투서는 적고, 오히려 "○녀", "○코子" 혹은 가나쓰기 이름을 썼을 뿐인 예가 압도적 다수를 점하고 있다. 히라가나표기의 이름이 여성의 것이라는 사실은 『이라츠메』에 게재되어 있는 "요시よし라는 것을 敬으로 쓰고 히데ひで라는 것을 秀라고 쓰면 박식한 것 같고 잘난체하는 것처럼 들리지만, 그래서는 남자의 이름과 혼동될 경우가 있다. 또한 敬이라고 쓰면 요시라고 읽어야 할지, 케이라고 읽어야 할지 모르는 경우가 있다. 설령 요시를 與志라고 썼다고 해도 아직 남자 이름으로 오해하는 경우가 없다고 할 수 없다. 이것은 역시 요시よし, 히데ひで라고 써야 한다. 다만 深雪미유키라든지 松枝마츠에 같은 종류도 꼭 가나로 써야 한다는 것은 아니다. 이것들은 굳이 하지 않아도 저절로 남자의 이름과는 다른 바가 있으므로 그 사람의 뜻에 맡겨도 좋을 것이다. 그러므로 본래부터 그렇지만, 남자의 이름은 반드시 한자로 정해두면 된다"(犬口, 「女子の名は必ず假字にて書くへき事여자의 이름은 반드시 가나로 써야 함」, 81호, 1891.3.26)라는 투서에서 명백하다. 이것에 대해서는 1886년생인 히라츠카 라이초平塚雷鳥가 8세 때의 습자에 쓰인 "히라츠카 하루平塚はる"라는 서명을 보고, 이름을 히라가나로 쓰기를 강요당했다는 회상을 남기고 있는 것도 방증이 될 것이다(「折りにふれて생각날 때마다」, 『平塚らいてう著作集』 제7권, 大月書店, 1984.6. 라이초에 대해서는 佐々木英昭, 「『あたらしい女』の到來-平塚らいてうと漱石'새로운 여자'의 도래-히라츠카 라이초와 소세키」, 名古屋大學出

## 2. 여자가 쓰는 투서-1870년대 후반

아래의 표는 1874년 11월 2일에 창간한 『요미우리신문』 및 1875년 4월 17일에 창간한 『삽도신문』의 여성 투서 수의 추이를 나타낸 것이다. 이 두 신문과 함께 노자키 사분에 의하여 3대 소신문 중 하나로 제시된 『가나요미신문』은 불과 4년 남짓으로 폐간된 데다가 보존되어 있는 것에도 결호가 많기 때문에 조사의 대상에서는 제외했지만, 남겨진 지면으로 보는 한, 이 두 신문과 마찬가지로 여성의 투서는 상당한 수에 이른다.

| 연도 | 1874 | 75 | 76 | 77 | 78 | 79 | 80 | 81 | 82 | 83 | 84 | 85 | 86 | 87 | 88 | 89 | 90 |
|---|---|---|---|---|---|---|---|---|---|---|---|---|---|---|---|---|---|
| 요미우리 | 5 | 45 | 53 | 22 | 6 | 4 | 0 | 0 | 0 | 2 | 18 | 9 | 5 | 8 | 7 | 8 | 12 |
| 삽도 | — | 14 | 23 | 15 | 8 | 0 | 0 | 2 | 0 | 12 | 0 | 5 | 13 | 2 | 0 | 0 | — |

이 그래프를 바라보면, 여자의 투서가 두 개의 피크를 이루는데, 1870

---

版會, 1994.10을 참조할 것). 물론 노다 치아키의 "타카시마야 내高島屋內 오토お塘"가 각별히 여성어조를 강조한 투서를 쓰듯이, 여장문체와 여자이름을 가진 글이 표 중에 섞여 있는 것도 부정할 수 없다('여장문체'에 대해서는 漆田和代, 「女性學的文學硏究の地平여성학적 문학연구의 지평」, 『女の目で見る講座女性學 4』, 勁草書房, 1987.2를 참조). 그것은 역으로 남성의 이름과 문체를 빌린 글쓴이가 있었을지도 모르는 것과 마찬가지의 것인데, 하지만 문제는 현실의 글쓴이의 성별과 그 신뢰도에 있는 것이 아니다. 오히려 여기에서 문제로 삼고자 하는 것은, 미즈타 노리코水田宗子가 『토사일기土佐日記』나 평안(平安; 9~12세기) 여류문학을 논하여 "장르가 장르로서 정착한다는 것은, 젠더가 규범화되고 기호화되어 그 자체로 독립하여 의미를 발할 수 있는 메타포로서 텍스트 안에서 형성되고, 그 젠더의 시점이 장르를 뒷받침하여 성립시키고 있는 것을 의미한다"고 언급하여, 그러한 젠더의 메타포화에 따라 여성의 시점이나 문체가 결국에는 현실의 여성에서 유리되고 오리지널한 에너지를 박탈당하여, 남성이 지배하는 텍스트와 장르가 되어간다고 하는 조감도로서 그렸듯이(水田, 『物語と反物語の風景이야기와 반이야기의 풍경』, 田畑書店, 1993.12, 29~62면), 쓰여진 것에 새겨져 있는 젠더의 각인이 근대의 미디어 속에서 어떻게 강화되면서 '남자로도 여자로도 향해서 재생산'되었는가이다.

년대 중반과 1880년대 후반에 산을 그리듯이 증가하고 있는 것을 알 수 있다. 1876년 전후의 첫 번째 피크의 투서자는 예창기藝娼妓나 하녀, 주부에서 화가和歌·화문和文을 즐기는 층까지 잡다하며, 그 연령도 '11세 소학교 학생'에서 비구니호를 가진 승려까지 실로 폭넓다. 그 중에 예창기의 투서는 1876년의 경우에 『삽도』에서 9건이 확인되어 여성에 의한 투서 전체의 거의 40%를 점한다. 한편, 같은 해의 『요미우리』에서는 창기의 투서는 13건으로, 총수는 많지만 비율은 높지 않다. 이것은 이두 신문의 구독자 층의 차이를 반영하여 '솔직·건실'한 『요미우리』, '온아·염려'한 『삽도』로 일컬어지는 특징을 형성하는 요소 중 하나로여겨지는 것이다.8) 그러나 어느 쪽 신문에서도 그녀들의 투서는 음곡이나 입말이 가지고 있는 리듬이나 억양이 풍부하다는 공통된 성격이 보인다. 요컨대 이 두 신문뿐만 아니라 소신문에 나타나는 예창기의 투서는 담화적 문체로 쓰인 스캔들에 대한 반론이 아니면, 도도이츠都々逸, 개사가로 대표되었다.

> 귀사의 신문 제199호에서 시타야下谷의 호도타 미노루程田實씨가 에치고사자춤곡越後獅子을 잘 부르셨는데, 실로 재미있었습니다. 그래서 저도 흉내 내어 이런 말이나 되는지 케케묵은 건 아닌지 도저히 알 수 없는 것을 담가 보았사오니, 여러분 부족하지만 맛 좀 보세요
> 적어나가는 글도 장황하기만 한 가나쓰기, 매일 쏟아지는 잡보투고도 주로 교훈이 되는 것으로, 좋은 것은 칭찬하고 나쁜 것은 벌주는 개화안내서인 그림신문, 누구나 좋다고 하고선 사지도 않네.
> 이게 뭐야 읽기는 읽었는데 전혀 모르겠네. 대개 그것은 투고할 만한 개사가 아니다. 단무지를 다시 담근 것이라고 말씀하시겠죠(맛이 없으니까).
> —『繪入』, 1876.3.5

"시나가와品川의 마츠오카루松岡樓 코하마小はま"의 투서이다. 여기에서

---

8) 野崎, 앞의 책, 9면.

도 언급되어 있듯이, 개사가 그 자체는 남성의 투서에도 많이 보인다. 그러나 그 원가元歌가 나가우타(長唄; 카부키의 춤곡 등을 기초로 하고 조루리의 곡절도 감미하여 에도의 음곡의 중심으로 발전), 하우타(端唄; 에도에서 19세기 초에 대성한 소품 샤미센 가곡), 신나이(新內; 조루리의 유파 중 하나)와 같은 샤미센음악이기 때문에, 예기와 개사가는 깊이 맺어져 있어서 "예기나 첩은 개사가를 즐긴다"(『讀賣』, 1876.7.11, 투서)고 하는 수요와 공급 양쪽의 중심이 되어 있었다. 또한 창기의 투서는 지면상에 일대 세력을 이룰 정도로 많지는 않지만, 문체의 면에서 이른바 '아린스ありんす말'('입니다·합니다'의 '아리마스'에서 전와된 말로, 신요시와라의 유녀들이 썼던 유곽어)로 쓰여 있어서 눈을 끈다.

> 란초(신나이 「란초蘭蝶」) 같은 신나이의 가사에 빗대어 신문에 내신 것을 이 몸(와치키)이 읽고 감탄하여, 원숭이 흉내에 지나지 않지만 그것을 따라해 보았네요 여러분 들어 주시와요
> ─ '신요시와라 무라사키紫'의 투서, 『讀賣』, 1875.8.12

창기의 투서는 이와 같은 구어문체나 개사가, 혹은 "붓을 잡고자 합니다. …… 그럼 이만 줄이겠습니다"와 같은 서간체로 쓰이는 것이 통례이다. 근세 이래로 창기의 리터러시는 손님에게 부탁하는 편지나 사랑의 서약문에 보이는 것처럼, 그 생활의 중요한 부분으로 있었다. 설령 떠돌이창기로 격이 떨어져도 소신문 독자로서의 창기의 존재를 무시할 수는 없을 것이다.

이에 대해 일반가정의 주부나 하녀의 투서는, 이른바 '생활의 지혜' 식 투서로 성격이 규정된다. 이를테면 '밥을 안 쉬게 하는 법', '떡이 목에 걸렸을 때', '유선염의 처치' 등등. 여기에서 주의해야 하는 것은 '하녀'가 투서의 직함으로 사용되어 있는 한편으로, '주부'라는 직업은 아직 성립되지 않았기 때문에 투서자의 직함으로서는 나타나지 않는 점

이다. 가사노동자의 한 형태로서의 '사모님', '안주인'들이 세탁이나 취사 틈틈이 썼다는 투서는 있지만, 그 호칭들은 타칭이지 자칭은 아니며, 그녀들 자신은 대개 성명만 쓴다. 그래서 예창기가 본명으로 이런 종류의 투서를 했을 가능성도 부정할 수 없다. 그렇다고는 해도 '이 몸와치키'이라 칭하는 개사가의 투서는 예외 없이 상호에 『겐지이야기源氏物語』에 나오는 이름이나 남자이름이 붙어 있기 때문에, 그렇지 않은 투서를 일반가정의 여성의 것으로 보아도 무방할 것이다.

오히려 문제가 되는 것은, 앞 절에서 보았듯이 개화의 여택을 입고 신문을 접해 문맹을 탈피해가는 여자의 심벌로서 예창기의 모습이 보도되었던 데에 비해, 일반가정의 부인이 이 은혜를 입지 않았다고 여겨지고 있는 점이다. 예를 들면, "마나이타바시俎橋 근처에서 하녀를 하고" 있는 "오나베お鍋"는 옆집의 "사모님"이 연극에 미쳐서 바깥주인의 월급을 탕진하는 것을 비난하여 "그럼, 이 비용을 들여서 따님을 학교라도 보내시고 본인도 삽도신문이라도 보시면 좋을 텐데"(『繪入』, 1875.9.24)라고 주장하고 있다. 또한 여성의 것은 아니지만, 다음과 같은 투서도 있다.

> 상등사회의 사모님은 돈을 안 벌어도 먹고 살 수 있기 때문에 여학교라도 다니면서 여교사라도 되려는 궁리가 간요하리라 생각합니다. 사모님이나 새댁분 중에 무필 문맹도 상당히 있다고 하더군요
> ─'조슈上州 우츠노미야宇都宮 타나카 헤이사에몬田中兵左衛門'의 투서,
> 『讀賣』, 1877.6.8

이 투서의 말미가 "밥을 먹는 벌레는 밥을 먹는 이상 태평하게 있을 수 없어요"라고 맺고 있듯이, 여가와 용돈에 부족함이 없는 사람이 문맹 속에 있는 것을 밥만 축내는 행위로 간주하는 사고는 단순히 나태한 자의 배제라기보다, 이미 명치의 근검노력의 인간상이 여성에게도 적용되기 시작했음을 엿볼 수 있다. 이것은 나중에 언급하듯이 여성의 리터

러시와 직업이 결부된 명치의 입신출세주의의 여성판으로서 한 시기의 여론을 형성하게 된다.

이러한 읽고 쓸 줄 모르는 '사모님'의 대극에 있는 것이 화문으로 쓰인 투서나 화가和歌, 광가狂歌 혹은 센류川柳, 하이카이俳諧를 투고하는 여성들일 것이다. 화가和歌 화문이라고 해도 개사가가 열거된 담화체의 소신문에 게재된 것이므로, 물론 고아한 정통파의 그것이 아니라 신변잡기적인 감상문이라 할 수 있는 것뿐이다. 인용되어 있는 서적이나 그 내용으로 보아 상당히 높은 교양을 엿볼 수 있는 투고는 적지 않지만, 단골 남성투고가 중에 몇 명이 나중에 신문기자가 되거나 했기 때문에 그 경력을 좇을 수 있는 데 비해, 수많은 투서를 쓰면서도 여성 저자를 역사 속에 비정하는 것은 어렵다.[9]

광가狂歌나 하이카이俳諧의 투서는 에도시대 이래의 '연(連; 하이카이·광가·원예 등의 동호인 그룹, 결사. 멤버를 연중連中이라고 함)'의 부활이 소신문 창간기와 마침 겹쳐졌기 때문에, 당초부터 지면에 나타난다.[10] 앞의 표

---

9) 드문 예로서 『도쿄삽도東京繪入』 편집인 이토 쿄토伊東橋塘의 '지인'이었기 때문에 몇 번인가 화가和歌를 투고하게 된 국학자 이노우에 후미오(井上文雄, 1800~71)의 문하생이자 훼리스여학교フェリス女學校 교사인 오하라 엔코小原燕子나, 마찬가지로 이노우에 후미오의 문하생으로 "코조小三"라는 이름으로 알려진 후카가와深川 기생인 마츠노토 미사코松の門三艸子, 코가네이 키미코小金井喜美子의 유년기의 서도 선생님인 세키즈미 케이코關澄桂子 등이 있다. 또한 상세한 경력은 알려져 있지 않지만, 『삽도』의 기자를 역임한 소메자키 노부후사染崎延房, 즉 2세 타메나가 슌스이의 문하생 그룹에 속하는 타메나가 미치조爲永美知女, 키초조喜蝶女, 리유조里遊女 등을 들 수 있을 뿐이다.

10) 秋農屋, 「明治時代の狂歌師명치시대의 광가작가」(『明治文化硏究』 4권 3호, 1928.3)는 "명치 초기의 광가狂歌계는 유신의 대변천을 만나 인심의 안정을 잃어 다른 문예예술과 마찬가지로 광가를 완상할 수양도 잃고 평소에는 낙천가를 자임한 광가 작가들도 31자를 뱉어 세상을 우롱하는 자세를 상실하여, 완전히 광가의 암흑시대라고 할 수도 있었다. 그런데 1870년대 후반부터 점차로 부활의 서광이 보여서 도쿄 시내에서 1개월간에 23회는 광가회가 개최되었다고 한다. 또한 당시 발행된 신문잡지의 지상에 빈번히 광가가 게재되기 시작해서 일상적으로 완성되었는데, 그 광가를 많이 게재한 것은 『요미우리신문』, 『풍아신지風雅新誌』, 『아학신지雅學新誌』, 『마루마루진문』 등이었다"고 하여, 당시의 광가단을 '광가狂歌계' '흥가興歌계' '투서가파'의 3파로 대별하고, 전 2자에 속하는 연으로 각각 "本町側, 小槌連, 壽連, 北斗連, 饗連", "八雲連, 二

중에는 건수로 포함시키지 않았지만, 1870년대 후반의 『요미우리신문』 1월의 「새해 첫 배달 부록」에 게재된, 새해를 축복하는 광가狂歌 중에는 치쿠사안千種庵이나 간조테이喦上亭 같은 명치시대 광가단狂歌壇의 대스승에 섞여서, "이이케 미치코井池みち子", "사노 루이코佐野るゐ子"와 같은 여자이름이 꼭 보인다. 이것들은 각 결사의 월례회에서 만들어진 작품을 수록한 것으로 보이는데, 거기에는 치에노 나이시知惠內子를 비롯한 천명天明 광가단의 세 명의 나이시內子에는 미치지 못하지만, '연'에 있어서의 여성의 연면한 존재를 확인할 수 있다.

그러나 이 소수의 예를 제외하고 1879년 이후에 여성의 투서는 급격히 감소한다.


### 3. 목소리의 압살 – 1880년대 초두


여성에 의한 투서의 수량적 변화는 기본적으로는 지폭의 크기와 투서 그 자체의 스페이스의 증감과 상관관계를 가진다. 『요미우리』『삽도』모두 창간 당초 격일간이었던 것이 전자는 1875년 5월부터, 후자는 9월부터 일간으로 되었다. 『요미우리』가 그 전날에 "앞으로는 투서도 자연히 많이 나오므로, 부녀자나 아이들이 알기 쉽도록 일상적인 이야기俗談平話처럼 쓰셔서 보내주시기 바랍니다"라는 광고를 내걸고 있듯이, 말하자면 지폭이 배가한 것에 다름없으므로 당연히 투서의 절대 수 그

---

葉連, 松壽連, 淺草側, 巴水連"을 들고, 투서가파에는 "단체로 이름 붙일 만한 것이 없다"고 하였다. 광가단에 대해서는 노자키의 앞의 책(336~376면) 및 「明治時代の狂詩と狂歌명치시대의 광시와 광가(上)(下)」(『新舊時代』 제1년 2·3책, 1925.3·4)를 참조할 것.

자체가 늘게 되어 여성의 투서도 증가한 것이다. 이듬해인 1876년부터 1877년에 걸쳐 두 신문 모두 지면을 2면에서 4면으로 더욱더 확대함으로써 이 경향에 박차가 가해졌으며, 투서수의 첫 번째 피크를 형성하게 되었던 것으로 보인다.

그러나 이 지면확장은 그 후의 투서 증가에 있어서는 이율배반적으로 작용했다. 그도 그럴 것이 지면의 증가는 '특종 잡기'라고 불리는 탐방기자나 집필전문기자의 증가(전형적인 예로서는 남성 단골 투서가의 기자로의 전신이 1780년대 전후에 빈번히 일어나고 있다)라는 신문 본래의 취재보도 태세의 정비를 초래하였으며, 그 결과 칸메우기적 존재였던 「설화」란이나 투서란 같은 불요불급의 기사가 차지하는 공간을 감소시켰기 때문이다. 1870년대 후반에 들어가면, 그때까지는 "오늘은 잡보가 많이 있으므로 투서는 보류"라고 일부러 일러두지 않으면 안 되었던, 투서가 게재되지 않는 날이 거의 매주 나온다. 이 투서에서 잡보로의 보도자세의 전환은 근대적인 신문에는 필연적인 과정이기는 했지만, 더욱이 신문 공급의 범위확대와 맞물려 내용·형식 양면에서의 변화를 초래했다.

이 시기 이전의 투서는 투고자의 거주지만 보더라도, 부府내나 그 근방, 기껏해야 요코하마橫浜 정도까지였으며, 『삽도』는 더욱더 국한적으로 쿄바시京橋, 니혼바시日本橋, 후카가와深川 등을 경계선으로 하는 에도성江戶城을 둘러싼 중심지御府內에 집중되어 있었다. 그것은 앞에서 본 에도문예의 '연連'의 장을 연상시키는 극히 좁은 커뮤니티 내부에서 오가는 말이었으며, 에도말을 주체로 하는 입말의 지면을 뒷받침하고 있었던 것이기도 했다. 예기에 의한 투서는 대개 그녀들의 커뮤니티와 '연'의 그것과의 접촉 혹은 중첩을 추측케 한다. 개사가 투서의 주연예능적 성격 또한 투서 일반에 공통된 관계자에게만 통하는 기분에 가깝다. 창업초기의 신문투서는 비단 여성의 것뿐만 아니라 동류의식이 관철되어, 투서의 저자와 독자가 그 입장을 교환하는 것이 마치 하이카이연가俳諧連歌의 자리 같은 것이었다.[11] 이와 같은 장에서는 신문사 또한 무인격

으로 있을 수는 없어서, 『요미우리』는 "스즈키 덴鈴木田씨", 『삽도』는 "켄상(健さん; 前田健次郎)"이나 "아이창(藍ちゃん; 高畠藍泉)" 같은 각각의 기자가 신문의 얼굴이 된다. 투서가들끼리 혹은 그 기자들이 서로 의견을 모아 특별한 때에 축하메시지를 싣는 장으로서의 투서란에서는 의문에 대한 회답이나 제안에 대한 찬동은 있어도, 투서를 계기로 논쟁이 일어나는 등의 사태는 발생하기 힘들다.

이와 같은 목가적 상황은 신문 유통의 지역적 확대에 따라 점차로 감소하는 방향으로 치닫는다. 제1호가 100부 내외였던 『요미우리』는 이미 1877년에는 2만 부 이상이라는 경이적인 성장을 이루었는데,[12] 그것은 신문구독자의 공간적 확대에 의해 뒷받침되었다. 창간 해에 코지마치麴町의 출장소와 요코하마의 2곳이었던 판매소는 이듬해인 1875년이 되면 매월 같이 증가했지만, 그 범위는 오사카大阪 신사이바시心齋橋를 제외하면 모두 도쿄 중심부였다. 1876년에 들면, 여기에 코후甲府, 오다와라小田原, 누마즈沼津가 더해졌으며, 연말까지는 시즈오카靜岡, 쿄토京都, 코베神戶 등 더욱더 서쪽으로 퍼져갔다. 이것은 신문의 수용이 에도말의 유통 범위를 넘어 확대되었다는 의미이며, 실제로 투서도 또한 이들 지역을 중심으로 넓은 범위에서 기고되었다.

이 결과, 에도 입말의 공통화폐로서의 가치는 급속히 하락하고 그 대신 공통언어로서의 문어문체가 세력을 뻗어간다. 소신문의 담화체 문장

---

11) 초기 소신문에서의 투서의 이와 같은 성격에 대해서는 土屋禮子, 「明治初期小新聞にみる投書とコミュニケーション명치초기 소신문에 보이는 투서와 커뮤니케이션」(『新聞學評論』 41호, 1992.5)이 단골투서가들의 이력이나 사회계층에 대한 조사를 더해 상술하고 있다.

12) 『요미우리』 1878년 3월 20일의 사고에서는 창간시에는 "하부의 인쇄고가 불과 120~130매"였던 것이 "오늘날 2만 5, 6천 매를 인쇄하게" 되었다고 보도하고 있다. 야마모토 타케토시山本武利가 도쿄부 연표 등에서 계산해낸 발행부수에 따르면, 『요미우리』에서는 1876년 435만 부 정도(1일 약 14,000부)가, 1877년에는 619만 정도(마찬가지로 2만 부)로 증가했다(『近代日本の新聞讀者層근대 일본의 신문독자층』, 法政大學出版局, 1981.4, 402면).

의 변천에 대해서는 야마모토 마사히데山本正秀가 문체사적 연구의 측면에서 "1879년 무렵부터 해를 거듭할수록 감소의 일로를 걸었으며, 언문일치 기운이 대두한 1884년 이후에는 산견되는 정도의 보잘 것 없는 상황이 되어 버렸다"고 하는 소견을 제출했다. 그러나 그 원인에 대해서는 "여러 가지가 있겠지만, 소신문 편집자의 방침에 본래 명확한 언문일치의 문체혁명적 의식이 없었기 때문"이라고 지적하는 데 머물렀다.13) 아마도 문어체의 담화체 침식은, 첫 번째로는 신문 유통의 지역적 확대에 따라 좁은 '연連'의 장이 붕괴되었고, 그것을 뒷받침했던 에도 입말의 쇠락이라는 현상으로 나타난 것으로 보아야 할 것이다. 더욱이 이 '장'의 붕괴는 양적 확대와 표리일체가 된 독자의 리터러시의 향상이라는 질적 변화에 의해 한층 가속되기 시작했던 것이다.14)

---

13) 山本正秀, 『近代文体發生の史的硏究근대 문체발생의 사적 연구』, 岩波書店, 1982.9, 210면.

14) 소신문이 표방한 "일상적인 이야기俗談平話"에 의한 지면 스타일은 본래 '명확한 언문일치의 문체혁명적 의식' 같은 것에 의거한 것이 아니라, "여동의 가르침"으로 발행한다는 목적의식에 따라 일시적인 방편으로 선택된 것이다. 물론 이 때의 "여동"을 글자 그대로 받아들이는 것은 옳지 않으며, 그것은 에도시대 후기의 쿠사조시의 독자가 연령·성별에 관계없이 '여자, 아이'라 불렸던 것처럼, '버젓한 남자'가 아닌 자, 즉 「학제」가 말하는 "농공상 및 부녀자"에서 "변토소민邊土小民"까지의, "사인士人" 이하 사람들의 총칭으로 생각해야 한다. 일시적인 방편이라고 한 것은 그 소신문들의 독자인 사람들이 등외에서 하등·중등을 거쳐 상등의 '국민'이 될 것을 요구당했던 것과 대응하는 형태로, 소신문의 문장도 마찬가지로 계층적 상승을 전제로 했기 때문이다. 예를 들면 로분의 다음의 투서는 소신문의 "일상적인 이야기"가 독자의 읽고 쓰기의 사다리의 첫 계단에 지나지 않으며, 독자의 리터러시의 향상에 따라서 결국 한자·카타카나 혼용체의 지면이 요구됨을 인식하고 있다는 것을 드러내고 있다(신문사 측의 똑같은 취지의 발언을 『假名讀』 1877.1.17에도 볼 수 있다).

"큰 소리는 시골사람의 귀에는 들리지 않는다, 대개 알려진 개화의 겨루기는, 걸음마 잘하네, 이리로 와 봐 하며 단술로 권장하는 소학교가 좋은 모범, 단어 편에서 한 칸 한 칸 사다리, 신문 따위도 마찬가지 히라가나 한 가득으로 누구나 알 수 있는 일상적인 이야기俗談平話의 방훈에서 한자·카타카나로 나아가는 것이 순서, (…중략…) 학문에 순서가 없고 배움에 일정한 규칙이 서지 않으면, 학자는 두드러지게 영리하게 보이며, 가난하고 둔한 문맹은 태어난 나라의 말도 모르고, 어둠에서 어둠의 몽자朦者로 끝나, 소·말처럼 취급받은 것을 저는 안타까워합니다. 이것도 완전히 창생蒼生의 낟알이 고르지 않아 양육이 풋내기인 오이덩굴을 잘라, 교양의 개간 창간 당초에 "나는 무학문맹의 일용직으로 세상의 이치에 어두운 병에 걸렸는데 속된 말로 바보한테 듣는 약은 없다고 하지만, 요미우리알약 덕택에 그럭저럭 요즘은 포고문 한 줄씩이라도 받들 수 있게 되었습니다"(『讀賣』, 1874.12.14)와 같은 식으로 한자에 달린 독음에 의지해서 겨우겨우 신문을 읽었던 독자는 불과 수 년 사이에 그것을 소화하기에까지 이른다. 그리고 동시에 신문을 유희적인 것으로 하지 말라는 논조가 투서 속에 나타나기 시작한다.

1877년 7월 7일의 『요미우리』에는 신문을 '노리개'로 삼고 있는 독자의 예로서, "개사가가 없으니까 재미가 없어. 돈 버렸네"라고 하는 "네코(寢子; 고양이, 즉 기생)"나 "오늘 것은 논리가 많아서 정말 시시하다"고 하는 기이한 것을 즐기는 "아는 체 하는 자"를 들어, "신문이라는 것은 실로 소중한 것이라, 역체료(驛遞寮; 우체국)에서도 개봉한 상태일 경우 신문원고는 면세로 보낼 수 있을 정도이며, 또한 신문기자는 평민이라도 사족士族처럼 징역이 될 것도 금옥禁獄으로 끝날 정도이다. 그런 것을 조금은 생각해서 노리개가 되지 않도록 기자도 주의하고 또한 보는 사람들도 그렇게 임하라"고 하여, 기자·독자 모두에게 주의를 촉구하는 투서가 게재되어 있다.

이 신문에는 "요즘은 다소 신문, 잡지 모두 노리개처럼 되어 버린 것은 (…중략…) 기자선생이 보는 사람을 즐겁게 하는 것을 주로 하는 때문인지, 혹은 있어도 실익이 적은 잡보가 많은데, 이 신문이 노리개가 되기 시작했기에 '좋은 약이 쓴' 것처럼 재미가 없어도 실익이 되는 것을 더더욱 원한다"(1877.11.24)고 하는 투서가 보이는데, 여기에는 말미에

---

지에 다시 뿌린 스즈키전鈴木田 옆에 고전(高畠; 타카하타. 둘 다 대신문 기자), 조도 부稻의 결실이 풍부하면 만도晩稻도 비옥한 도리로, 가나신문이 번성하면 번성할수록, 대신문으로 순서가 돌아간다(금옥·벌금이 아닙니다). 대가 편집선생님들, 붓 잡는 한편으로 남는 종이가 있으면 우리들한테 돌려서 가나신문을 주로 읽는 것이 순서에 맞는다고 권해 주세요"(神名垣魯文, 「論より証據の說이론보다 증거라는 주장」, 『繪入』, 1775.12.7)

"충고하신 부분은 뼈에 사무치니 정말로 도움이 되는 것을 인정하지요. 황송합니다, 황송합니다"라는 기자의 대답이 첨가되어 있다. 이미 여기에는 기자와 독자가 서로 성원을 보내는 축제적인 기분은 없다. 1879년에 『요미우리』가 신설하여, 이후의 사설의 전신이 된 「요미우리잡담讀賣雜譚」란은 아마도 이와 같은 독자의 의식변화에 따른 회사 측의 대응으로 파악하지 않으면 안 된다.15) 그리고 이 변화는 단순히 담화체문장이

15) 앞의 책 「요미우리신문 연혁략」에는 "그 후에 부내에 4~5개의 방훈신문이 생겨, 모두 읽어 팔았는데, 여기에 갑자기 읽어 팔기의 폐해가 생겨, 세상의 원성이 있었다. 우리 요미우리신문은 당장 이것을 깨닫고 솔선하여 스스로 읽어 팔기를 폐지했는데, 잠시 후에 읽어 팔기 금지령이 나왔다. 이 당시 세상에 종종 요미우리신문에 대해 그 의견을 묻는 자가 있어서, 이로써 1879년 1월 4일부터 더욱이 카토 큐로加藤九郎가 집필을 담당한 「잡담」란을 설치하여, 처음으로 요미우리신문의 의견을 발표하였는데, 이것은 아마도 지금의 사설의 남상이다"라는 기술이 보인다. 여기에 있는 "읽어 팔기 금지령"이란, 1877년 12월 27일에 위식주위조례違式註違條例에 "함부로 부회양언附會揚言하며 신문지를 팔고 다니는 자"라는 죄목이 새로 더해진 것을 가리킨다. 이 이전부터 신문팔이의 강매나 탐방기자를 칭하는 패거리의 공갈─보도된 사건의 당사자에게 모든 신문을 사게 한다, 기사화되고 싶지 않으면 하면서 금품을 요구한다─이 사회문제화되어 있어서 "최근에 유행하는 어떤 신문의 판매원이, 이번에 아사쿠사의 아베카와정安倍川町의 과자점 타카기 테츠고로는 빚독촉을 받아 운운하면서 팔고 다니자, 테츠고로는 큰 소리로 화내며 있지도 않은 일을 큰 소리로 팔고 다니면 가업에도 지장이 있다고 하여 그것을 고소하여, 신문사가 테츠씨에게 사과문을 쓰게 되어 손을 들었다는 이야기를 들었습니다"(『讀賣』 1875.12.10)라는 잡보나, 독자한테서도 "그 은악隱惡을 폭로하여 도로(게다가 당사자 집 앞) 한복판을 한낮에 이것은 이번에 하면서 큰 소리로 떠들며 돌아다니는 것은 도덕선생님이 가장 좋아하지 않는 바, (…중략…) 기사화된 것만으로도 질린 데다가 다시 떠들어대면 실로 견딜 수 없으니까, 형제의 정을 살피고 도덕의 주지도 생각하면서 신문팔이의 큰 소리를 멈추게 하면 어떨까요"(『讀賣』, 1877.8.23)와 같은 제안이 전해졌다. 「연혁략」에 있듯이, 이 상황에 대하여 『요미우리』는 「잡담」란에서 "어떤 소신문사의 신문팔이나 탐방자"의 악행을 보도하고 "폐사弊社는 원래 요미우리신문이라 이름하여, 처음에는 시중을 걸어 다니며 팔았지만, 이와 같은 놀랄 만한 추태가 있을 것을 두려워하여, 신문팔이를 폐했을 정도인데, 폐사는 아무리 금전을 준다고 해도 금전을 위하여 사실 있는 기사를 그만두는 일 같은 것은 없다. 만일 실수로 허를 실로 전하여 기재하면 신속하게 정오를 낼 것이다"라고 언급하며, 구독자에게도 주의를 촉구했다(1879.6.19). 『도쿄삽도』가 게재한 사고 중에 "읽어 파는 무리가 지명된 집에 강매하는 악폐에 대해 신문팔이를 폐지한 신문사는 왜 폐지하지 않는가라는 주장도 있지만, 폐사에서는 판매원이나 판촉원 등을 고용하거나 한 적이 없으니, 폐지하라는 주장은 본래 폐사와 관계없는 바이며, 간혹 길거리에서 읽고 다니는 자가 있다고 해도 본 지국 판매소 등에서 그날 그날 사는 자들이 하는 짓이지, 위와

나 개사가 등의 유희적 투서를 배제할 뿐만 아니라, 명백히 여자를 둘러싼 담론의 변화를 포함하고 있었다.

창업초기에 있어서 신문을 읽는 여자의 모습, 특히 예기의 모습이 개화의 심벌로서 지면을 장식했고, 그 기조에 "샤미센 타기에서 눈을 떠라" 같은 논조가 있었던 것은 이미 살핀 바와 같다. 더욱이 여성의 리터러시를 둘러싼 담론은 때마침 유행한 남녀동권론과 맺어지면서 여자의 자립론으로까지 발전했다. 이 시기의 지면에서 학령기의 여자아동이 학교 시험에서 좋은 성적을 거두어 포상을 받았다는 잡보를 모으는 것은 실로 간단한데, 투서도 마찬가지로 그것을 보강하듯이 여자의 면학을 장려했다. 1876년 1월 24일의 『여자신문女新聞』에는 이런 종류의 잡보를 읽고 "아아, 부러운 일이다. 우리들도 하다못해 14, 5세 정도였다면 열심히 해 보기라도 하겠는데"라고 탄식하는 "17, 8세 이상의 누님들"에게 만학이라도 사립학교 교사가 된 도쿄의 사족출신 타케우치竹內 모씨의 여동생의 예를 소개하며, "저 남녀동권도 점차 현지에서 행해지려고 하는 판국에 도저히 무학문맹은 안 됩니다. 부디 배울 틈이 있는 누님들은 단연코 인습을 버리고 진정한 분발을 모쪼록 기원합니다"라고 격려하는 투서가 게재되어 있다. 혹은 다음과 같은 투서.

> 유흥의 연예를 가르칠 돈으로 책 같은 진정한 예능을 가르치면 여자라도 당당한 월급쟁이가 되어서 마부 딸린 마차 출입도 마음껏. 도대체 딸을 첩으로 보내서 현관으로 들어가는 것도 꺼리거나 예기로 만들어 어머니가 딸의 시종을 하며 다니는 것과, 우리 딸이 교사라도 되어 집에서 당당히 출근하는 것 중 어느 쪽이 부모 마음에 기쁘겠는가.
> ― '쿠마가이 토키사다熊ヶ谷時定'의 투서, 『讀賣』, 1876.6.8

이러한 주장은 당연히 여성 스스로도 계속해서 발하고 있었다. "핫초

같은 패거리가 폐사의 판매원이라고 사칭하는 것도 전혀 무관한 일이므로 아울러 여기에서 양해를 구합니다"(1879.6.28)라고 되어 있는 것은 이 잡보기사를 의식한 것이다.

보리八丁堀 키타지마北島정 스즈키할머니"는 "남편이 100엔 벌면 아내도 100엔 벌 궁리를 하고, 남편이 증명서를 쓰면 아내도 증명서를 쓸 줄 알아야 한다. 거기에서 자연스럽게 남녀의 권리가 같아지며 그것이 동권이겠죠"(『讀賣』, 1876.5.11)라고 읽고 쓰기의 힘의 사회적인 책임능력으로까지 이야기가 미쳤는데, 이에 대해 10일 후에는 "츠키지築地 신에이정新榮町 사거리의 할머니"한테서 찬성 투서가 게재되었다.

물론 이와 같은 여성의 노소를 불문하는 학습의욕 고양의 한편에, 고루한 인습론자로부터의 반론이 이따금 지면에 나타나는 일도 있었다. 그러나 그것이 반남녀동권론의 흐름을 이루어 여자의 투서를 압살해가는 것은 1880년대에 들어선 후의 일이다.

어떤 곳에 글자를 조금 읽을 줄 아는 여자가 있어서 항상 신문의 논설 읽는 것을 자랑하며, 남만 보면 콧대를 높여 앞뒤도 맞지 않는 민권론이나 잘못된 조약개정설을 주장하여 듣는 이로 하여금 배를 움켜쥐고 웃음을 참게 하는데, 이러한 밉살스러운 얼굴을 한 여자를 좋아하는 사람도 있어서 적당한 집으로 시집을 갔는데, 남편의 친구들이 찾아올 때마다 예의 한자어사전을 통째로 암기한 국회론이나 명예회복의 평판에 모두들 대답하기 곤란해서 도망치듯 돌아가 다시는 오지 않았기 때문에, 남편도 신물이 나서 한 달도 안 돼서 이혼했다고 한다.

— 투서, 『讀賣』, 1881.7.8

그 10일 정도 후에는 "카라스모리烏森 고소梧窓"라는 인물이 「미녀분들께 씁쓸한 선물을 바친다紅裙貴嬢に苦き御土産を呈す」(『讀賣』, 1881.7.19)라는 제목으로 "군이 어설프게 한자어를 섞는 주제넘은 행동을 하지 말고 순연한 여덕을 고수하여 행여라도 오만무례한 거동을 하지 말고, 시집을 가더라도 일가를 다스리는 데 열심히 임하고, 오히려 삼종지덕을 준수하고 있는" 지방 부녀자의 미덕을 칭찬하고 있다. 여성의 언어에 한자어가 유입하는 것은 명치 초기 이래의 한학 유행의 풍조를 반영한 것에 지나지 않는데, 그 말투가 유교도덕적 여성관에 저촉되는 것으로 비판받기 시작하는 것은 이 시기의 특징이다. 그 이전에 한자어를 구사하는 예기가 새 것만 밝힌다고 야유당한 적은 있어도 그것이 여성의 지적 향상에 대한 공격으로까지 이르는 일은 별로 없었다. 「여자답게 하라らしうせよ」라는 제목이 붙은 다음의 투서는 투고의 형태를 취하고 있기는 해도, 이 때의 『요미우리』인쇄장印刷長이었던 카토 효코加藤瓢乎가 '시호우생紫芳迂生'이라는 필명으로 쓴 것이다.

구 막부시대의 테라코야 등을 일신하여 대중소의 관립학교를 설치한 이래로 학령기의 자제는 남녀를 불문하고 모두 앞다투어 입학하여 그로 인해 문사文事가 현저히 진보한 것은 진정 기뻐해야 하고 축하해야 할 일이지만, 그 중에는 놀랍게도 탄식할 만한 일도 있다. 그것은 무엇인가 하면 최근에 여자답지 않은 부녀자가 속출한다는 것이다. 무릇 여자는 순종이라는 천부의 미덕을 갖추었으니, 가벼운 언어동작도 조신하고 우악스럽지 않은 것이야말로 여자의 본분이며, 말투나 행동거지에서도 그 마음가짐을 알 수 있다. 우생迂生은 요즘 여학교에 다니는 소녀를 보니, (…중략…) 그 친구와 이야기하는 것을 들으면 나, 너하며 한자어를 섞어 응답하며, 그 필적은 한문의 해서나 행서를 배운 듯이 보이지만 속필은 서툴러 볼 수도 없는데, 예를 들면 화가和歌를 시로 번역한 듯하여 여자의 고유한 본연의 모습을 잃은 것이라 할 수 있다. 그래서 언어도 동작도 여자는 여자답게 하는 것이 간요하며, 젊은 여자가 한문을 배워 시나 문장을 짓는 것조차 밉살스럽다.

—『讀賣』, 1882.4.7

비판의 화살은 그 다음에, 나카지마 노부유키中島信行, 코무로 신스케小室信介 등 자유민권가들과 함께 오사카 도톤보리道頓堀에서 연설을 한 쇼엔湘烟 키시다 토시코岸田俊子로 쏠려 "아아 왕성하구나 쇼엔여사, 요즘 탄복할 만한 여장부이다. 하지만 앞에서 언급한 바와 같이 부녀자의 품행상으로 논하기에는 불쾌할 뿐이니"라고 언급한 후에, 오타 난포大田南畝의 「다섯 글자いつもじ」라는 여훈(女訓; 淸·貞·美·閑·胎)을 3일에 걸쳐 연재했다.

이 여성관이 신문사의 편집방침을 대표하는 것은 아니었다고 해도, 이와 같은 투서란에 "한자어를 섞은" 민권론을 투고하는 것은 비판의 도마에 오를 각오를 하지 않으면 안 되었을 것이다. 「여자답게 하라」에 찬동의 뜻을 표한 남성의 투서가 게재되는 상황에서 여성 측으로부터의 반론을 지면에서 찾을 수는 없어서, 여자가 이러한 반남녀동권 담론 속에서 어떻게 느끼고 생각했는지는 불분명하다. 그도 그럴 것이 이때 여성의 투서는 지면에서 소멸되고 있었기 때문이다.

1880년대 초두는 여성 투서의 두 피크의 정확히 협곡에 해당한다. 첫 번째 피크를 만들어내게 된 1876~7년의 지면확대에 이어, 1881년에는 『요미우리』, 『삽도』 모두 자수로 쳐서 50% 증가된 지폭확장을 행했다.16) 이 결과, 『요미우리』에서는 투서수가 증가했는데, 그것이 여성 투서의 증가로는 이어지지 않은 것은 앞의 표에서도 명확하다(『삽도』에서는 증가된 지면이 오히려 연재소설화 현상을 일으켜, 그 후의 양 신문의 성격 차이를 결정짓게 된다). 아마도 그 배후에 있었던 것은 이와 같은 여성을 둘러싼 담론의 변화가 아니었을까.

물론 이 협곡의 시간에 여성은 확실히 리터러시를 향상시켜, 자신들을 둘러싼 상황에 대하여 확실한 내성內省을 쌓기 시작했다. 1884년에 『요미우리』가, 이듬해에 『삽도』가 더욱더 지폭을 확대한 것에 호응하듯이, 여성의 투서는 또다시 증가한다. 그러나 이 두 번째 피크의 투서는 첫 번째와는 양상을 달리했다.

---

16) 『요미우리』는 1874년의 창간 당시에 1부 5,520자의 지면이, 1876년의 지폭확대로 8,640자, 1881년에는 13,616자, 1884년에는 19,780자로 증가하고 있다(『讀賣新聞百年史』資料·年表 편, 65면의 「활자·단수·자수·행수·쪽수의 변천」에서 환산). 『삽도』는 창간호 3,312자가 1876년에 8,142자, 1881년에 12,882자(같은 신문 1881년 1월 4일에 게재된 前田健太郎의 「本社新聞紙革面の履歷본사 신문지 혁면의 이력」에 의함)로, 1885년에는 1881년에 비해 8면으로 배증했다.

## 4. 제도의 포위

『요미우리』의 두 번째 피크의 정점을 형성하고 있는 1884년 18개의 투서 중에 실로 12편이 "아카사카赤坂 하시모토 준조橋本じゅん女"와 "요시와라 ○○루의 코마치小町" 사이에서 벌어진 논쟁이다. 이것은 준조가 「효도孝の道」라는 제목으로 부모님을 모시기 위하여 딸이 창기가 되는 것은 효행으로 보이면서도 효도에 반하는 것이라고 주장한 데 대해, 코마치가 자신의 처지를 말하면서 "신체발부를 훼상"하지 않고 부모를 굶겨 죽인다면 "몸을 버려서 부모를 봉양하는 것과 어느 쪽을 효라고 해야 하는가"라고 반론한 것으로 시작된다. 준조가 논쟁의 마지막에 의구심을 드러내고 있듯이, 코마치의 투서는 "어려서부터 이 세계에 몸을 담고, 읽고 쓰기는 정말로 서투르니 어차피 사물의 이치를 판단할 줄 모르"는 사람이 쓴 것으로는 도저히 보이지 않아, 남성에 의한 위장투서가 아닐까 하는 의심을 받는데, 창기 측의 논리는 차치하더라도 준조가 8차례에 걸쳐 총 만여 자에 이르는 반박문을 쓸 수 있었던 것은 주목해도 좋다. 논리의 틀 자체는 후쿠자와 유키치福澤諭吉의 「부녀효행론婦女孝行論」(『時事新報』, 1883.10.8)의 재판으로 여겨지기도 하는 것이었는데, 준조가 논하는 내용은 교육법에서 연극·조루리淨瑠璃에 이르기까지의 광범위한 것으로, 몸을 파는 것이 효행이라고 하는 논리의 근본에 "오로지 부모의 권리를 중시하고 자식의 권리를 멸시하는 유교주의"가 있는 것을 간파하고, 사태는 "일본 여자에 관련된 문제"라는 인식으로 일관되어 있었다.

"일본여자에 관련된 문제"에 대해서 여성 자신이 의견을 개진하기 시작하여 그것이 논쟁으로까지 발전하는 상황은, 다음 장에서 논하는 바와 같이 1884년 창간된 『여학신지女學新誌』를 시작으로 1890년대를 거쳐서 속출하는 여성잡지로 이어지는 현상이다. 그러나 그 논조는 1870

년대 전반에 보인 자기중심적이고 낙천적인, 어떤 의미에서는 무조건적인 남녀동권론이 아니라, 권력에 흡수되어가는 과정에서 나오는 현모양처주의적인 색채를 초기부터 띠기 시작했다. 1885년의 『요미우리』에는 '아키츠키 케이코秋月桂子'가 「고풍스러운 부녀자들께 고함古風な婦女子方に語ぐ」이라는 제목으로 "여자라는 것은 어떠한 책임이 있으며, 어떠한 관계를 세상에서 가지는 자인가"에 대해 5회 연속 투서를 기고하여 다음과 같이 기술하고 있다(6.7~6.11).

> (현금의 청년남녀는) 아이들의 부모가 될 뿐만 아니라, 일본인의 부모가 되어 유전의 기초가 되어야 할 몸이다. (…중략…) 똑같이 큰 책임을 지고 세상에 존재하는 자에게 결코 경중의 차등이 있을 리가 없다. 그러므로 여자는 그 재지才智학식을 남자에게 미루어서는 안 되며, 훌륭한 남자들보다 뛰어나도록 결심해야 하지 않을까. 예의바른 것에만 도움이 되는 것이 아니라 열심히 독려해서 세상사에 정통하고 아이들을 교육함에 있어서 부족함이 없도록 주의하기 바란다. (…중략…) 그 책임의 막중함은 어머니에게 있다. 요즘은 그 사람의 현명함을 보고 그 어머니의 현명함을 상상하는 정도이니, 여자의 책임이 결코 가볍지 않다. 능히 결심하여 배워야 할 일이다.

이 다음달에는 "카와이루可愛樓 세이세츠晴雪"가 「여자의 이혼론出戻り論」에서 "하등 계층"의 경박한 결혼이 이혼의 범람을 초래하고 있다고 비판하고 "먼저 결혼을 규제하는 법제의 완비를 바라며, 또한 쌍방의 조사를 신중하게 행하고, 혹은 시집가기 전에 교제의 길을 연다든가 하여 그 경솔한 습관을 깼으면 한다"고 언급하고 "민법의 편찬 현출現出 반포"를 의식한 3회에 걸친 투서를 기고했다(7.17~7.24). 이어서 "포염당인布染堂人"이 "학문이 있는 여자"는 반려자를 선택할 때에 성질·품행·학술의 "품평"을 하기 때문에 "평생 실패"가 없는 데 비해, "학문이 없는 여자"는 정욕에 따르기 때문에 "어쨌든 17, 8세가 되기 전에 남편을 선택할 정도의 학문學文을 하지 않으면 안 되며, 시키지 않으면 안

된다"고 주장했다(「결혼에 학문結婚に學問」, 9.13). 여기에서 여자의 학문은 자기실현이나 자립과 결부되는 것이 아니라, 혼인이나 가정이라는 제도의 유지를 위하여 그 범위 내에서 인정되는 것에 지나지 않게 된다.

이와 같이 여자의 목소리가 제도 속으로 빨려들어가는 사태는 자신의 논지를 그 구조와 문체에서 조금의 파탄도 없이 전개할 수 있는 중상층의 여성뿐만 아니라, 하층의 여성들에게도 일어나고 있었다.

1884년부터 1889년 사이의 투서 78건 중에는 1886년의 『삽도』에 겨우 2통의 개사가 투서가 있을 뿐, 이런 종류의 투서가 격감하고 있다. 이것은 그 주된 투고자였던 예창기가 지면에서 거의 모습을 감춘 결과인데, 물론 그것이 완전히 없어진 것은 아니다. 1888년의 『요미우리』에서는 9월 27일에 "요시와라 소만相万의 마츠가에松ヶ枝"라는 창기가 「유녀의 운명女郎の成行」이라는 운문을 투서한 것을 계기로 역시 요시와라의 사쿄左京, 코무라사키小紫 같은 유녀로부터의 투고가 이어졌다. 그러나 이 투서들은 "마디마디 슬프고 괴로운 강가의 대나무 같은 유녀의 신세의 처량함을 귀한 집안의 따님들에게 알리고 싶어서" 쓰인 "눈물이 배어 있는 문면"(「사계四季의 눈물」, 『讀賣』, 1888.19.4, '角町 松岡의 무라사키むら咲'의 투서)이며, "유녀로서의 고통스러운 처지의 서글픈 괴로움"(같은 신문 9.30, '요시와라 中米의 左京'의 투서)을 호소하는 오로지 애절한 한탄에 머문 것이었다.

이 일련의 투서에 대해서는 "작문할 정도의 배움이 있으면 하루라도 빨리 바른 직업을 가지시오, 우리 따님들아"(井上常夏女, 「유녀의 명문을 읽고서遊君の名文を讀みはべりて」, 『讀賣』, 10.5.)라는 투서가 기고되었는데, 그에 대해 '마즈가에'로부디는 "저와 같은 천박한 배움으로는 아무런 힘이 되지 않습니다. 그러니 마치 물에 빠져서 익사하려는 자를 보고 빨리 올라오라고 말하는 것과 같은 것으로 생각됩니다"라는 반론이 있었던 것이 잡보에서 보도되고 있다.[17] 여기에는 첫 번째 피크의 예창기의 투서에 보인 자부나 자의식, 예를 들면 "버젓한 직업을 가질 바엔 여학교

라도 나와서 논쟁이라도 하고 싶은 바입니다"(『繪入』, 1875.12.20)라는 기상, 혹은 "설령 이런 장사라 하더라도 당신들처럼 매일같이 남의 잘못이나 헐뜯고 거짓말만 하면서 살아가지는 않습니다"(『繪入』, 12.24)와 같은 프라이드는 더 이상 엿볼 수가 없다. "배움의 힘"의 한계, 아무리 발버둥쳐도 떠오를 수 없는 물밑에서의 절망이 그녀들을 붙잡고 있는 듯이 보인다. 여자의 "배움의 힘"은 이제 결혼생활을 파탄 없이 유지하고, 그 속에서 "아이를 교육"하는 책무를 완성하는 한에 있어서 승인되는

---

17) 「郵便消印の弁駁우편 소인의 반박」(1888.10.11). 이것은 토코나츠조의 투서 전날에 『요미우리』에 게재한 잡보 「郵便の消印우편의 소인」(1888.10.4)이 연이은 창기의 투서에 대하여 "타카오高雄도 손톱을 물어뜯을 정도의 명기名妓가 최근에 부쩍 늘어 재조才藻를 우리 회사의 지상에서 겨룬다. 세상이 덧없어서 몸을 맡기는 것도 모두 성정의 진심에서 나온 것이므로, 귀부인분들이 읽고 어떠한 감상을 가졌을까"라고 언급하고 "묻고 싶은 것은 우편의 출처가 갖가지이다"라고 하며, 요시와라라고 "겉봉을 쓴" "소만의 마츠가에"의 투서 소인이 혼고本鄕이며, 마찬가지로 "요시와라 미야코정京町 2정목丁目"이라고 되어 있는 "나카고메中米의 양기兩妓"한테서 온 것은 우라와浦和의 소인이 있는 것에 대해, "심절한 분의 대작은 설마 아니겠지. 고풍스럽게 사람을 써서 일부러 멀리에서 보내신 것일까. 거기에 의심이 없지는 않다"고 한 것에 대한 반론이기도 했다. 이 잡보는 아래의 "나카고메루中米樓 사쿄다유左京太夫의 편지"도 인용하고 있는데, 그것은 다음과 같은 반박이다.
"우편의 출처가 다름에 의심을 받아 첩 등이 보낸 것이 어쩌면 친절한 분이 대작한 것은 아닐까 하여 절묘하게 쓰셨지만, 다른 기녀는 몰라도, 첩과 같은 것도 지금은 아시는 바와 같이 비참한 몸이 되었지만, 아직 그렇게 애절한 상황에 빠지기 전에는 조금은 학창學窓이나 문궤文机에 반딧불을 모으고 눈을 쌓은 적도 있어서, 불민하지만 보통의 의리인정은 안다고 생각하여, 설령 친절히 대작해 주신다는 분이 계셔도 사양하려는 마음가짐인데, 대작 같은 것은 생각도 못한 일입니다. 소인에 관한 것은 의심하게 한 것도 무리는 아니라고 추찰되옵니다. 그 원인을 말씀드리면, 첩이 28일에 써서 보내줄 사람이 있었으면 하고 생각하던 차에 유곽의 남자가 우라와에 일이 있어서 간다고 하기에 참 잘 됐다 싶어 아울러 부탁드린 바, 깜박 우라와까지 지참해서 거기에서 부쳤기 때문에 말씀하신 대로 우라와의 소인이 있었던 것으로 운운."
이에 대해 기자는 "이 편지의 소인은 틀림없이 아사쿠사이며, 게다가 겉봉에는 사이고 센西鄕せん이라고 실명까지 쓰여 있었다. 이제는 아무리 마음이 비뚤어진 자라도 대작의 대도 가슴속에 품을 것인가. 오호, 문장文章별이 이 좁은 분야에 모여 광휘를 어젯밤 시험한 전기등과 겨룬다. 명치문학이 성하고 또한 위대하다고 해야 할 것이다"라고 언급하여 "형설지공을 쌓은 여학사"인 요시와라의 기녀에게 참괴慚愧의 염을 표명했다.

것이다. 그것은 여성의 가정 밖의 입신출세를 보장하지 않는 것은 물론이거니와, 물밑에 가라앉은 여성들이 가부장제사회로 복귀하는 데 도움이 되는 것도 아니었다.

아키츠키 케이코가 말하듯이, 가정의 경영자는 단지 자녀들의 부모일 뿐만 아니라, "일본인의 부모가 되어 유전의 기초가 되어야 하는 몸"으로서 국가의 기초다운 "큰 책임"을 짊어지고 있다. "학문이 있는 여자"들이 가부장적 가족제도를 현모양처주의로 뒷받침할 것을 요구당했다고 한다면, 한편으로 거기에서 배제된 여성들은 국가의 기초의 암부를 온몸으로 뒷받침하는 운명에 처했다.

에도의 희작이 즐겨 다룬 유곽의 연애는 유교도덕의 제약이나 신분제도의 틀에서는 일단 분리된, 극히 개인적인 세계의 남녀관계로서 묘사되어 있다. 예를 들면 『춘색 매화 달력春色梅曆』의 코노이토此糸처럼, 유녀들 중에는 그녀의 실實과 성誠에 어울리는 상대를 얻어, 유곽에서 벗어난 행운의 인물도 등장했다. 인정본人情本의 애독자에 화류계의 여성이 많은 이유이기도 하다.[18] 이에 비해 청일전쟁 후에 등장하는 명치의 화류소설이 슬럼이나 전쟁과 같은 국가적 규모의 범죄나 사회모순 속에서의 남녀관계를 묘사한 것은, 사회의 저변에 처해 버린 여자들이 인신매매를 공창제도로 하여 국가적으로 관리하는 사회 속에서 살기를 강요당한 것과 표리일체가 되어 있다.

이러한 힘의 침투과정은 하녀의 투서에서도 명확히 엿볼 수 있다. 이 시기의 신문에서는 하녀의 직함을 가진 투서가 완전히 모습을 감추었지만, 그녀의 투서로 대표되었던 '생활의 지혜'적인 투서가 없어진 것은 아니다. 그러나 밥이 쉬지 않도록 식초를 "쌀 1되 짓는 데는 2작勺들이

---

18) 中村幸彦,「人情本と爲永春水인정본과 타메나가 슌스이」,『中村幸彦著述集』제4권, 中央公論社, 1887.11, 482면. 또한 아사오카 쿠니오淺岡邦雄「明治期貸本屋台帳のなかの讀者たち─烏山町越雲巳之次『貸本屋人名帳』をめぐって명치기 책대여점 장부 속의 독자들」(『日本出版史料』4호, 日本エディタースクール出版部, 1999.3)은 1900년대의 책대여점 독자로서의 창기에 대해서도 논하고 있어, 대단히 흥미롭다.

술잔에 7부정도 넣으면 이틀정도는 가며, 또한 1잔 반이나 넣으면 조금 굳어지는데, 그 대신 물에 말아 먹어도 사각사각해서 좋습니다"(『讀賣』, 1875.5.18.)라는 경험에 입각한 투서는, 예를 들면 음식의 영양과 조리에서의 익혀먹는 것의 의미나 효능에 대한 '과학적'인 지식을 요구하는 투서로 대치된다(北野すみ子, 「위생요리법을 전해 주세요衛生料理の法をおつたへ下され」, 『繪入』, 1886.5.11). 물론 이것은 직접적으로는 당시에 만연했던 콜레라의 예방에 관해서 신문투서란에서는 남녀를 불문하고 열심히 정보교환이 행해졌었기 때문이기도 하다. 그것은 부국강병론에 편승한 '건강한 국가'를 목표로 하는 위생행정에 사람들이 무조건적으로 말려들어가는 과정이었다.19)

## 5. 쓰기를 둘러싼 투쟁

이와 같이 어떤 부분의 배제로 인해서 나머지 부분을 수중에 넣은 강고한 체제가 만들어지는 과정은 여자들의 글쓰기에도 일어나고 있었다. 1880년대 후반에 여성들이 참가하는 지면은 '여사'와 '소설작가'의 등장으로 새로운 시기를 나누게 되었는데, 예를 들면 『요미우리』에서는 1888년에 최초의 연재소설이 등장한 후에 여성의 손으로 된 소설이 연이어 지면을 장식한다. 그 연재소설들을 투서에 포함하면, 앞의 연표 중 『요미우리』에는 1888년 17건, 1889년 38건, 1890년 53건이나 되어, 실로

---

19) 小野芳朗, 「衛生の諸相위생의 제상」, 『十九世紀日本の情報と社會変動』(吉田光邦 편), 京都大學人文科學研究所, 1985.3 참조. 명치 후기부터 대정에 걸친 상황에 대해서는 成田龍一, 「衛生環境の変化のなかの女性と女性觀위생환경의 변화 속에서의 여성과 여성관」, 『日本女性生活史』 제4권(女性史總合研究會 편), 東京大學出版會, 1990.8 참조

백화난만적인 경쟁상황이 출현했던 것이다.

1889년 4월 10일의 『요미우리』는 오는 13일에 소설가친목회가 개최됨을 고하며 "그 중에는 여사도 몇 명 있다"고 보도했는데, 실제로 16일의 속보에 따르면, 내빈 중에 야노 류케이矢野龍溪, 츠보우치 쇼요, 모리타 시켄森田思軒, 요다 갓카이依田學海에 섞여 아케보노曙여사의 이름을 발견할 수 있다. 이 친목회에는 『요미우리』의 카토 효코가 실무의 한 사람으로 이름을 올리고 있다. 1890년 1월의 이 신문의 연재소설에는 모리 오가이森鷗外나 사이토 료쿠우齋藤綠雨 등 남성작가의 작품이 동시에 게재되었음에도 불구하고 지면 구성이라는 점에서 여성작가의 소설만이 반드시 동일 페이지에 모여 있어 의도적인 경쟁상황이 연출되었던 것 등을 함께 고려해 보면, 문예신문으로의 경향을 강화시킨 이 신문에 있어서 여성작가의 등장이 판촉물의 하나가 되었음은 틀림없다.

그러나 요미우리신문 일취사日就社는 여성작가의 성장을 지원하기 위하여 지면을 제공한 것이 아니었다. 판촉물은 애지중지하며 키운 농작물일 필요는 없기 때문이다. 기관지 『문고文庫』가 상업출판 기조에 편승하여 연우사硯友社의 진용이 갖추어지자, 『요미우리』의 문예란은 그대로 오자키 코요尾崎紅葉를 필두로 하는 그들의 작품에 의해서 점유되기 시작하면서, 여자의 작품은 소설은 커녕 투서까지 깨끗이 사라진다. 이것은 지면에서의 "꽃들의 경쟁" 상태가 단지 신문사 측의 영업적 전략에서 태어난 허구에 지나지 않은 것임을 시사한다. 그것은 부녀동몽의 계몽이나 권징勸懲주의를 내걸며 출발한 소신문이 그 초기에 "예기도 읽는 신문"이라는 보도를 반복하면서 근대의 신문으로서의 지보를 굳혀, 보다 광범위한 독자를 획득함과 동시에, 입말의 문체를 포기하고 예창기나 하녀의 투서를 배제해 간 것과 겹치는 것처럼 보인다.

소설가친목회와 때를 같이 하여 『요미우리』의 투서란에서는 두 명의 여성 사이에 언문일치를 둘러싼 응수가 진행되고 있었다. 전년 말에 사설에서 '언문일치'가 다루어진 이래로 이 토픽은 투서란에도 출현했다.

그러나 언문일치를 옹호하는 투서가 그 문체로 쓰인 데 비해, 그 여성들의 투서는 그것에 찬성하든 반대하든 똑같이 아문雅文체였던 점은 간과할 수 없다.20)

일찍이 후쿠치 오치福地櫻痴가 "문서를 나누어 남녀 두 체를 이루는데, 각각 행문견사行文遣辭의 취향을 달리 한다. (…중략…) 남자의 문서에는 공사의 구별이 있다"고 지적했듯이(「문론文論」, 『東京日日』, 1879.8.29), 쓰인 것은 성별을 가지며, 더욱이 여자의 글쓰기는 '공'의 부분이 결락되어 있었다. 명치시대의 수많은 서간문 예집例集 중에 "여자의 편지 증답"류가 나타내듯이, 여성의 서간은 대부분 계절인사나 물건의 증답에 부친 인사말과 같은, 극히 사적인 영역에 한정되어 있다. 더욱이 그것은 한자어나 고사의 인용을 배제한 "아언雅言"으로, 그것도 반드시 행서로 쓰이지 않으면 안 된다고 되어 있었다.21) 앞의 시호우생의 「여자답게 하라」에 보였듯이, 한자어나 한문을 구사하는 여자에 대한 비난은 아언의 굴레를 씌우면서 신문지면에서 여성의 작품을 배제하고 나아가서는 이러한 사적인 세계로 가두는 것으로 이어졌다고 할 수 있겠다.

모리 아리노리(森有禮, 1847~89) 문부대신의 이름을 내건 현상논문집에서 일등상을 탄 나카가와 코주로中川小十郎, 마사키 마사키치正木政吉의 「남녀의 문체를 하나로 하는 방법男女ノ文体ヲ一ニスル方法」은 언문일치문체

---

20) 제4장 제3절 참조.
21) 예를 들면, 日本家政學會, 『家庭寶典가정보전』(下)(前川文榮堂, 1905.12)의 「手紙の文편지글」에서는 "글에는 용어를 선택해야 한다. 우선 말에 아언과 속언의 차이가 있다. 편지 글에는 아언으로 쓰는 것이 좋다고 하지만, 결코 오랜 아언을 열거하는 것은 그 용도를 다하는 것이 아니니 글로서의 쓸모가 없기에 이를 것이다. 또한 아는 체하며 어려운 말을 써서 고사 등을 인용하는 것은 무익하고 구차하다. 여자는 대개 모가 없는 것이 좋다. 여자에게 어울리지 않은 말이란, "拜啓親展頓首弊屋愚父吾輩愉快感謝에 이르러 拜眉로 미루겠습니다와 같은 종류이다"라는 지적이나 "여자의 글은 한자보다도 가나를 많이 쓰는 것이므로 가나를 잘 써야 한다. 글이 아무리 좋아도 글씨가 서툴면 예상보다 못하게 인품이 알려지는 법이다. 또한 글자의 안배를 생각하여 한 행은 크고 한 행은 작게 보이도록 쓰며, 해서 카타카나로 쓰는 것은 좋지 않다. 반드시 행서 히라가나로 써야 한다"와 같은 수칙이 쓰여 있다.

의 채용이야말로 그 선책이라고 주장하였다.22) 이 현상논문이 인연이 되어 나카가와·마사키 두 사람이 "답안논문의 취지였던 언문일치의 문체를 세상에 퍼뜨리려 하여 일찍이 문장가로서 우리들이 인정한 야마다 비묘山田美妙씨를 끌어들여서" 발행한 것이 여성을 대상으로 한 문예잡지로서 이름을 떨치게 되는 『이라츠메いらつめ』이다.23) 여자의 언문일치체 획득의 곤란함과, 이 잡지가 그것에 다한 역할에 대해서는 제4장에 상세한데, 그러나 아문체는 물론이거니와, "문장을 이야기처럼 쓰"는 투서모집에 대응하여 모든 생각을 등신대의 형태로 표현할 수 있었던 대단히 유성有聲적인 말이 근대국민국가의 '국어'로서의 언문일치체제에 편입되는 일은 없었다.24) 편지를 비롯한 여성의 작품이 언문일치

---

22) 『大日本教育會雜誌』 73·74호, 1888.3·4.

23) 中川小十郎, 「「いらつめ」と言文一致이라츠메와 언문일치(上)」, 『立命館文學』, 1934.6, 769면.

24) 단, 속곡이나 그 개사가 혹은 입말에 의한 투서 등의 음성적 텍스트가 일방적으로 패배를 당하고 소멸해갔다고 보는 것은 정확하지 않다. 코나카무라 요시카타小中村義象·하기노 요시유키萩野由之의 『國學和歌改良論국학화가개량론』(吉川半七, 1887.6)은 「俗謠を論ず속요를 논함」에서 "화가和歌 작가가 속요를 천시함은 서양화가가 우키요에浮世繪 화가를 천시하는 것과 마찬가지이지만, 시의 국풍도 만엽집萬葉集의 동가東歌도 당시의 이요里謠에 지나지 않으며, 절구도 단가短歌도 옛날에는 기인伎人이 입으로 읊은 것이었다. (…중략…) 야나기바시柳橋 등의 예기가 부르는 도도이츠都々一 같은 것은 지금의 화가 작가의 노래보다도 뛰어난 것이 있다는 말이 있는데, 견식있는 의견이라고 할 수 있다. 지금의 화가 작가도 어떤 때는 아동의 입에 맞는 리듬으로 지어서, 지금의 태평을 구가하게 하면 이 또한 얼마간 풍화에 도움이 될 것이다"라고 언급한다. 이 책의 권말에 붙은 평에서 타카하시 세이후高橋正風가 "오늘날의 노래는 고인의 혀와 고인의 귀를 빌리지 않으면 부를 수 없고, 학자라고 해도 좋은 노래가 없을 터이다. 본 논문은 능히 탁견을 세워 시류의 몽매함을 밝힐 것이다. 지금 오쿠라(山上憶良; 660?~733?, 만엽집 굴지의 가인) 등의 예에 따라 세이후가 읊으면 사람들은 모두 웃겠지만, 그것은 일상어를 사용하지 않는 습관에 얽매어 있기 때문인데, 필경 속어를 넣어 읊는 것을 금하면 노래의 일대 재앙을 이룰 것이다"라고 주장하듯이, '개량'의 이름 아래 속어나 이요의 수용도 시도되려고 했던 것이다. 근대 일본어의 성립에서의 '아'와 '속'의 관계는 새끼줄 한 가닥으로는 포박할 수 없다고 할 수 있는데, 그렇다면 그들이 창설한 〈일본문장회日本文章會〉(1888년 6월 결성)에 의한 "보통문"의 제창도, 중고문中古文을 모범으로 하는 문어문체의 경직성으로서가 아니라, 새로운 문체의 모색으로서 검토되지 않으면 안 되는 것이라는 사실을 의미할 것이다. 이 점에 대해서는 야마모토 마사히데도 비묘의 「言文一致論槪略언문일치론개략」(『學海之指針』, 1888.2.3)

체로 행해지게 되는 것은 훨씬 나중으로, 러일전쟁 이후의 일이다.[25]

그 사이, 즉 1880년대부터 1890년대에 걸친 여자들의 '글쓰기'를 둘러싼 모색과 고투는, 1886년의 사설에 「여자와 소설」을 내걸고 "여류에 탁월한 작가가 나오기를 갈망"했던 『여학잡지女學雜誌』나 혹은 『수도의 꽃都の花』 같은 문예잡지를 극소수의 '공적'인 장으로 해서 계속되어간다. 그것은 '문학'이라는 장이 봉합을 돌파하는 유력한 통로였음을 엿볼 수 있는데, 그 투쟁은 두 개의 피크를 거치면서 겨우 돌입한 2라운드이다.

---

에서의 "오늘날 언문일치를 주창하는 학자에는 두 종류가 있는데, 한 편은 언을 문에 접근시키는 것, 또 한 편은 문을 언에 접근시키는 것을 주창합니다. 언을 문에 접근시키려고 생각하는 사람의 과반수는 이른바 보통문론자이며, 문을 언에 접근시키려고 생각하는 사람의 과반수는 이른바 언문일치론자입니다"를 인용하여 명치보통문을 '언문일치운동'의 역사적 다양성으로서 정위하고 있다(위의 책, 18면).

25) 소세키(夏目漱石, 1867~1916)의 『それからユ 후』(1909.6~10)에는 주인공 다이스케代助의 권유로 형수인 우메코梅子가 언문일치체로 쓴 편지가 등장한다(16의 6). 이 작품이 발표된 같은 해의 대일본여학회大日本女學會 편 『부인보전婦人寶典』 제5권(吉川弘文館, 1909.9 제3판. 초판은 1903.12)은 "일상 백반의 모습이 남녀가 서로 다른 것이 많으므로, 여자의 소식문이 남자와 달라, 훨씬 부드러운" 것이어야 한다고 주장한다. 거기에서는 서간문의 "말씨"에 대하여 "우선은 정중한 말을 사용하도록 하고, 특히 상스러운 말, 오만한 말, 익숙하지 않은 한자어 등은 피하도록 해야 한다"고 되어 있으며, "아무것도 부끄러운 것은 없으니까 밥을 세 그릇이나 네 그릇이나 먹지 않으면 안 됩니다"라는 "천박하기 이를 데 없는 언어를 섞"은 편지문이 "첩이 무료無聊함을 견디지 못하여 다행히 와서 관월觀月의 흥興을 담아서, 돈수頓首 돈수"라는 "오만한 글"과 함께 공격의 대상에 올려진다. 지금은 "여성이니까 이렇게 하지 않으면 안 된다는 등의 작법의 차이는 없습니다"라고, 형식상의 구별은 소멸된 것처럼 보이면서도, "그보다도 섬세한 마음씀씀이가 느껴지는 편지야말로 여성다움으로 이어지는 것은 아닐까요"라고 "여성다움"의 요구는 다른 형태로 나타나고 있다(主婦と生活社 편, 『若い女性の手紙實例集젊은 여성의 편지 예문집』, 主婦と生活社, 1993.10). 또한 오하시 하루오大橋春男 『男性から送る手紙の書き方남성이 보내는 편지 쓰기』와 『女性から送る手紙の書き方여성이 보내는 편지 쓰기』(모두 婦人生活社, 1994.3)를 비교해 보면, 권두의 「手紙の基本と心得편지의 기본과 수칙」, 권말 부록인 「手紙の印象を高める言葉知識편지의 인상을 높이는 표현지식」, 「前文・結び用語集머리말・맺음말 용어집」은 완전히 동일하면서도 그 양식은 글자의 서체나, 걸어, 날짜 쓰기 등 세부에 차이가 설정되어 있다. 단, 주의해야 하는 차이는 "감사의 편지", "추천・의뢰의 편지" 등 테마별로 되어 있는 본문 중에 남성용의 것에는 반드시 있는 "비지니스관계"의 예문이 여성용의 그것에는 거의 결여되어 있는 점이다.

# 제2장

# 여자의 읽고 쓰기를 좋다

쇼엔여사, 「산속의 명화」 제7회, 『수도의 꽃』 12, 1889.4.7(도쿄대학 법학부 부속 명치신문잡지문고 소장)
"무용 싫다 양장 싫다 등 평판이 자자"한 히로인 타카조노 요시코(高園芳子)가 머리를 올리고 치맛자락을 늘어뜨린 전형적인 '사모 님' 스타일로 신문에 빠져 있다. 의자에 앉아 상을 향해 있는 기묘한 독서의 자태는 무엇을 의미하는 것일까. 옆에 서 있는 남편이 손에 들고 있는 것은 양서 같다.

# 1. '개화의 시대'의 '여권'과 '여덕女德'

근대 이전의 여성을 둘러싸고 있던 읽고 쓰기에 대한 규범 중에 제일 먼저 들 수 있는 것은 「여자 대학女大學」 계통의 그것이겠다. 그 원 텍스트인 카이바라 에키켄貝原益軒의 「여자를 가르치는 법女子ヲ教ユル法」 제8조는 다음과 같이 시작된다.[1]

> 7세부터 가나를 가르치고 또한 남자글자도 가르쳐야 한다. 음탕하지 않은 고가古歌를 많이 읽히고, 풍아의 길을 알게 하라. 이것 또한 남자와 마찬가지로 처음에는 짧은 구, 짧은 내용 등을 많이 읽고 외우게 한 후 효경의 수장首章, 논어의 학이편學而篇, 조대가曹大家[2]의 여계女誡 등을 읽혀서 효순정절의 길을 가르쳐야 한다.

그러나 이 책을 기초로 성립한 『여자 대학 보물상자女大學宝箱』(1716)를 비롯한 일군의 텍스트에서 이 조항은 "코우타·조루리·샤미센 같은 음탕한 소리를 즐기면 심성을 헤친다"는 한 구절을 남기고 완전히 삭제되었다. 에키켄의 텍스트에 있는 기본적 이념이 유교의 그것에 기초한 "인간의 가치평등관"이며, 여자교육의 내용에 대하여 "대체로 남자와 다르지 않다"고 한 점을 평가하는 이시카와 마츠타로石川松太郎는 제8조의 변화를 '가치평등관'의 사장으로 파악하고 있다.[3] 물론 「여자를 가르치는 법」도 가족제도를 유지 강화하는 것으로서의 남존여비적인 여성관을 근

---

1) 「教女子法」, 『和俗童子訓』卷之五(『益軒全集』卷之三), 益軒全集刊行部, 1911.3, 217면.
2) (역주) 후한의 여류작가의 일인자인 반소(班昭, 45~117). 반고班固의 여동생. 14세에 조세숙曹世叔과 결혼. 남편과 사별 후에 화제和帝의 부름을 받아 황후 등의 스승이 되어 조대가曹大家 혹은 조대고曹大姑라 칭해졌다. 반고의 뜻을 이어 『한서漢書』를 완성. 중국최초의 여성 역사가로 일컬어지기도 한다. 『여계女誡』 7편을 저술하였다.
3) 石川松太郎, 「解說」, 『女大學集』, 平凡社東洋文庫, 1977.2, 312면. 아울러 이 장에서의 『여자 대학』계 텍스트의 인용은 이 책에 의한다.

본에 두고 있는 점에서는 이후의 『여자 대학』과 이질적인 것은 아니었기 때문에, 이 변화로 인해 『여자 대학』은 「여자를 가르치는 법」의 모순을 해소하면서, 교육에서의 남녀차별의 이념형성을 이룰 수 있었다고 할 수 있을 것이다. 즉 에키켄의 비교적 관용적인 읽고 쓰기의 권장은 『여자 대학』에서의 제한적인 금지조항으로 대치되었던 것이다.

18세기 이후에 『여자 대학』은 여자교육용 텍스트의 대명사가 될 정도로 커다란 영향력을 가진 것이었다. 따라서 예를 들면 막부 말기의 미토번水戶藩에서 『여자 대학』이나 『여정훈女庭訓』을 본으로 하는 소녀들의 습자가 히라가나에 머물렀으며, 유학자인 아버지로부터 "여자에게 학문은 필요 없으니, 여자는 염색가게의 지시문구나 쓸 줄 알면 된다고 하여 끝내 교육받지 못한" 딸이 있었다는 것도 그다지 기이한 일은 아니었던 것이다.4)

명치유신 후 '평민자제'의 교육과 함께 여자교육의 필요성이 표면화되었을 때에도 「여학칙표女學則表」에 게재된 텍스트가 「여자 이마가와」, 『여자 대학』, 「열녀전」이라는 여성용 교과서였던 것은 각지의 「구번 학제舊藩學制」 등이 나타내는 바와 같다. 이 서적들은 1872년에 사민평등과 함께 남녀평등의 교육을 제정하여 그 교과나 교수과목에 남녀차를 두지 않는 학제가 공포된 후에도 간단히 일소되지는 않았다.

학제에 앞선 문부성의 계획에는 확실히 "일반 여자는 남자와 균등하게 교육을 받아야 한다"고 하는 조항이 신설되었다. 그러나 그것은 "인간의 길에 남녀의 차는 존재하지 않는다"고 하는 한편으로, 여자교육의 필요성에 대한 근거를 "그 사람의 재才・부재不才는 그 어머니의 현賢・불현不賢에 의하며 이미 그 분分을 소정素定한 수 있다"고 하는 점에서 찾았다.5) 계몽가로서의 나카무라 케이우中村敬宇도 마찬가지로 「선량한

---

4) 山川菊榮, 『武家の女性무가의 여성』, 岩波文庫, 1983.4, 33~36면.
5) 「「學制」施行に關する当面の計畫「학제」 시행에 관한 당면 계획」, 『日本婦人問題資料集成』 제4권(三井爲友 편), ドメス出版, 1977.10, 144면.

어머니를 만드는 설善良ナル母ヲ造ル說」(『明六雜誌』33, 1875.3.16)에서 "남녀의 교양은 동등해야 하며 달라서는 안 된다"고 하여 양성의 평등한 교육을 요청하면서도 남녀동권론의 시비에 대해서는 판단을 유보했다.

케이우가 서문을 써 준 오하라 엔코小原燕子의『명치 여자 이마가와明治女今川』(1880)는 "가정은 개화의 학교, 선량한 어머니는 100명의 교사에 해당한다"고 하는 그의『서양품행론西洋品行論』(1878~80)에 의거하면서 "어머니는 소아의 모범"이 됨을 계속해서 주입하려고 하고 있다. 그러나 그것은 "대업을 이루고자 하여 독립해서 부도婦道를 등지고 뇌락磊落한 패거리로 전락하는 것"이나 "천부의 체질도 모르고 남녀동권 같은 것을 외치며 남편에 순종하는 것을 부끄러워하는 것"을 경계하는 한편으로, "덕을 수양하는 길"로서의 "학문의 힘"을 칭송하여 "조화 부여된 재능이 있어도 배우지 않으면 편협 교한驕悍하여 남의 자유를 방해하는 것"이나 혹은 "민모(嬪母; 무지한 어머니)가 걸핏하면 자신의 무능함을 감추기 위하여 여자가 학예에 뜻을 두는 것도 권력으로써 억누르는 것"을 경계하는 조항도 설치했던 것이다.

이 서적이 '개화'의 시대에 '서양=문명'이라는 시선 속에서 여자를 파악했던 것은, 그것이 단순히 음식섭취에서의 "건강의 이득"을 이해하고 "가내의 경제"를 도모하는 것의 중요성을 설파할 뿐만 아니라, 부덕婦德의 함양이 "문명의 부인"과 "야만의 여자"를 나누는 지표이며, 이것을 구미제국으로 대표되는 '타국'의 비난을 피하기 위한 필수적인 요건으로 받아들였던 것에서 명확하다.[6]

---

6) 목판인쇄 1정丁 8행의 큼직한 것으로 유려한 행서체 텍스트는 엔코 자신에 의한 것으로, 이 서적이 '여훈서'임과 동시에 습자본이기도 하다는 전통적인 여성용 교과서의 스타일을 답습하는 것임을 나타낸다. 그러나 본문중에 다용된 한자어의 어석을 권말에 달고 있는 등의 점(예를 들면 인용부분에서는 "조화부여造化賦與 천신天神이 부여한", "편협 완고하고 마음이 좁은", "교한驕悍 뽐내며 사나운" 등)에는 화어和語・화문和文 일변도의 '여자 소식 왕례'와는 다른 시대상을 엿볼 수 있는 것이 되어 있기도 하다.『명치 여자 이마가와』의 성격에 관해서, 코야마 시즈코小山靜子는 그것이 여성이 담당하는 역할을 국가적 시점에서 이해하고 있는 점에서 에도시대의 여훈서와는 골격

이러한 상황은 이후의 여자교육에서의 이념형성이나 이것에 깊이 관련되었던 여학생용 잡지의 논조에도 그대로 계승되었다. 예를 들면『여학잡지』제1호(1885.7.20)의「발행의 주지」는, 여학생 잡지의 효시라 할 수 있는 1884년 창간된 전신지인『여학신지』의 발행이념에 대하여 "오로지 부녀개량에 힘써 바라는 바는 구미의 여권과 우리나라 종래의 여덕을 합쳐서 완전한 모범을 만들어내려고 하"는 점에 있었다고 언급했다.

확실히 "여자의 마음가짐으로 옛사람이 전하신 금과옥조의 말"을 이어가기 시작했다고 하는『여학신지』의「산호의 구슬さんごの珠」란이 '스마일즈'나 '루소(Jean-Jacques Rousseau, 1712~1778)' 등의 인용도 포함하고 있었던 사실은 '구미의 여권'과 '종래의 여덕'의 정합에 고심했던 그 일면을 나타내는 것이라고 할 수 있을 것 같다. 이 칼럼「산호의 구슬」은 『여학잡지』에 그대로 이행되어 오랫동안 연재가 이어지는데, 창간호에서부터 "여자에게 다섯 글자"의 여훈女訓을 게재하여 '청淸'·'정貞'·'미美'·'한閑'·'태胎'와 같은 여덕의 항목을 열거하였으며, 그 후에도 종종 에키켄의 저작 등의 인용문을 내건 이 잡지는, 이 코너에 발췌되는 서적도『여자 대학』,『내훈內訓』,『온씨모훈溫氏母訓』등이어서, 유교적 전통의 색채를 결코 기각시키지는 않았다.

수년 후에 박문관博文館에서 창간된『부녀잡지婦女雜誌』에서는 "종래의 여덕"으로 더욱 선명하게 기울어간다. 제1호(1891.1.10)에 집필한 논설「명치 24년明治二十四年」에서 편집국장 츠보타니 젠시로坪谷善四郎는 종전의 여자교육이 "지육智育"을 편중한 나머지 "덕육德育"을 경시했다고 비판하며 다음과 같이 언급하고 있다.

> 부인의 미덕은 온순한 성질에 있으며, 연설가, 민권가 같은 이들은 본래 부인이 바라는 바가 아니지만, 그렇다고 칠거삼종七去三從의 여자 대학·여자이

---

이 되는 사상·이념이 완전히 변화되어 있음을 지적하고 있다(『良妻賢母という規範 현모양처라는 규범』, 勁草書房, 1991.10, 29~31면.

마가와주의를 오늘 이후에 양성하는 것도 조금 시대에 뒤처질 우려가 있다. 그래도 우리는 온량공겸溫良恭謙의 미풍을 원하며, 관저갈심關雎葛覃의 숙덕淑德 양성을 희망하므로, 여학女學의 장려를 위해서는 설령 보호라는 비난을 받더라도 오히려 급진파에 반대되는 방침을 취할 것을 바라는 바이다.

그러나 이 창간호는 쇼쿠산진蜀山人 오타 난포의 「다섯 글자いつもじ」를 게재하는 한편, 위생사상을 "가정학의 일부로서 부인이 배워야 한다"는 목적을 내세워 「부인교육 위생법」을 연재하여 우유의 영양이나 그것을 유아에게 줄 때의 주의 등에 대한 지식을 제공하기도 했던 것이다.

이와 같은 여자교육의 '근세'와 '근대'의 접합, '구미식의 개화'와 '일본 고래의 전통' 사이의 마찰과 습합은 커다란 흐름에서 보면, 예를 들면 1880년대 초의 자유민권운동 억압의 여파로서의 남녀동권론에 대한 공격이나 그 후의 반서구화주의의 대두에 의한 구미식 여자교육에 대한 비판과 같은 움직임이 있을 때마다 '전통'의 비중을 늘리면서 1900년대의 현모양처적 교육체제의 확립으로 해소되어갔다고 할 수 있다.

전환기로서의 이 시기가 나타내는 변화의 양상은 아토미 카케이跡見花蹊가 『규수신지閨秀新誌』의 창간에 기고한 글에서 "전에는 여권의 확장을 외치더니 지금은 여덕의 양성을 도모하고, 전에는 본방本邦 종래의 폐습을 혐오하여 당장 구미식으로 바꾸고자 하더니 지금은 본방 특유의 미풍에 따르면서 진보를 도모하려 한다. 불과 몇 년 사이에 사회경향이 상반되는 것이 흑백 이상이다. 이 얼마나 신新으로 변하기 급하고 구舊로 돌아오기 빠른가"라고 개탄한 것처럼, 대단히 급속·급격한 것이었다.[7] 이러한 변화의 눈부심, 진폭의 격렬함은 여자교육의 대강大綱을 형성하는 움직임에 균열로 반영되어 다양한 입장에 선 담론을 낳으면서 여성을 포위하고 있었던 것이다.

---

7) 跡見花蹊, 「閨秀新誌の發行を祝す규수신지의 발행을 축하함」, 『閨秀新誌』 1호, 1890.5.15.

1887년의 『요미우리신문』 논설은 『여자 대학』식의 행동이 인순因循 무기력하다는 비난을 초래하고, 서양식 개화의 행동이 말괄량이 아니면 버릇없다는 공격을 유발하는 딜레마 속에서 거의 진퇴양난에 처해 있는 여자들에게 동정을 표하며 다음과 같이 언급했다.[8]

　장래의 숙녀여! 두고두고 생각해도 여러분들의 위치만큼 극히 곤란한 것은 없을 것이다. 태서의 신 주의를 준봉遵奉해서 남녀동권을 외치시면 주제 넘는다고 세상이 비난하고, 동양의 도덕을 중시하시면 비굴하고 무기력하다고 박사가 매도하고 세상도 뇌동하여 이러쿵저러쿵한다. 활발하게 행동하시면 말괄량이라고 트집잡고 유순하게 하시면 순종한다고 악담을 한다. 남에게 뒤지지 않으려고 나서서 만사에 부지런히 행동하시면 성급하다거나 소란스럽다고 하고, 『여자 대학』의 장점만을 골라 되도록 겸양과 온화를 주로 하여 필요 없을 때에는 함부로 말하지 않고 어쨌든 나서지 않도록 하시면 어쩐지 카이바라가 따라다녀서 이야기 상대가 되지 않는다고 한다. 정말로 어떻게 하면 좋을지 남자인 내가 생각해도 모를 지경이다.

이듬해의 같은 지면에서는 스기우라 시게타케杉浦重剛가 여자교육을 둘러싼 제설이 분분한 상황을 "거의 정설이 없다"고 보고 최근 유행하는 "서양풍 여자교육론"이 여자의 "천성"에 적합한 것이 아니라는 사실이 "폐해를 세상에 현출하"고 있다고 비판했다. 그것은 서양류의 "기술적" 교육을 대치하는 데는 "정신적 교육", 즉 "덕육"으로 한다. 나아가 "남녀가 이미 그 성性을 달리 하"는 것을 근거로 "남녀분업"을 고정화하

8) 漫遊生, 「將來の淑女に白す장래의 숙녀에게 아룀」, 『讀賣』, 1887.4.14. 같은 신문에 산견하는 "만유생"의 논설은 죽종 츠보우치 쇼요의 주장과 흡사한데, 이 논설의 주지도 마찬가지로 쇼요가 1887년에 세이리츠학사成立學舍 여자부女子部에서 행한 문학 강의 속의 "주제넘지도 않고 인순하지도 않고 너무 비활발하지도 않고 학문을 열심히 하며, 정숙하고 우미하여 바로 한 가운데를 가는 것이 좋다"고 하는 중용론의 애매함에 대한 비판과 대단히 닮아 있다(「賢女傳현녀전」, 『成立學舍女子部講義録』 1호, 1887.5.20). 「현녀전」의 성립과 쇼요의 여자교육을 둘러싼 주장에 대해서는 靑木稔弥 「坪內逍遙『賢女傳』을 메구러 츠보우치 쇼요 「현녀전」을 둘러싸고」(『金襴短期大學硏究誌』 14호, 1984.3)를 참조할 것.

고 여자교육의 목적을 평안平安시대(9~12세기)의 저명한 여류작가인 "무라사키 시키부紫式部, 이즈미 시키부和泉式部 같은 이들을 양성하는 것이 아니고 또한 이른바 열녀로 남자를 능가하는 위인을 양성하는 것도 아니며 오히려 부인의 상도를 잃지 않는 데"에 있다고 보는 것이었다.9)

더욱이 그 이듬해에 창간된 지 얼마 되지 않은 신문『일본』은 여자교육에 대한 5항목에 걸친 질문지를 "부내府內의 주요 교육가 및 각 지방의 사범학교장" 앞으로 송부하여 그 답장을 지상에 게재했다(1889.7.13, 8.6). 설문 중 제3항은 "여자에게 교육시키는 수신과修身科는 일본 고래의 여자 대학류의 정신으로 불충분한가, 만약 불충분하다고 한다면 어떠한 주의에 의거해야 하는가"라는 것이었는데, 이것에 대해 전혀 부적절함을 인정하지 않는다는 답변은 익명의 1통이 있을 뿐이었다.

"종교주의에 의거하지 않으면 안 된다"(카토 히로유키加藤弘之)고 하는 확신적인 답변을 예외로 하면 절충적·개량적인 의견이 대세를 점하고 있어서, 여자교육의 이념을 둘러싼 '여자 대학'적인 것의 평가는 '서양류'의 정신과 마찬가지로 그 현장에서 아직 절대시되지 않았음을 말해 주고 있다. 즉, "여자 대학류의 정신으로는 불충분"하기는 하지만, "그 분야 사람들의 연구에 의하여 스스로 주의의 확립에 이르는 것을 바란다는 말 외에 적당한 답변이 없다"(익명), 혹은 "여자 대학의 정신을 취하고 그 중에 그다지 시류에 적합하지 않은 것을 생략하면 가능하다"(타나하시 아야코棚橋絢子)고 하였으며, 또한 "정조·효행과 같은 정신"은 "서양류"에 의거할 수도 없고 "이들은 어디까지나 종래의 것을 보존 육성"하기 위하여 『여자 대학』에서 칠거지악 등 "문명의 기세"로 보아 바

---

9) 兩極道人,「女子敎育之話여자교육 이야기」,『讀賣』1888.1.18. 스기우라는 이보다 앞서『이라츠메』의 창간호(1887.7.9)에 "명예 찬성 위원"으로서 제공한 논설에서도 "다만 문예에 이름있는 부인은 우리나라의 역사상에서 종종 보이지만, 그 덕행에 이르러서는 대단히 의심스러운 것이 많다"고 언급하고 "나의 여자교육에 기대하는 바는 무라사키 시키부들을 양성하는 데 있지 않고, 정무의 실권자인 섭관攝關의 아내들을 양성하는 데 있다"고 주장했다.

람직하지 않은 부분을 제거한 후에 이것에 "문명류의 근면·청결"을 더하여 "이른바 일본의 Womanly Women의 주의를 제정하"여야 한다(야마다 쿠니히코山田邦彦 토쿠시마德島심상사범학교장)는 등이 주장되는 상황이었던 것이다.

이와 같이 '전통'으로서 제시되는 것과 '문명'의 신 주의가 서로 충돌하면서 여러 주장들을 흩뿌리는 정세에서 여자의 읽고 쓰기는 어떠한 것으로 규정되기에 이르렀을까.


## 2. '미디어시대'의 여자의 읽을거리


앞 절에서 그 일단을 엿본 바와 같이, 여자교육에 관한 논의나 견해가 주로 신문이나 잡지를 매개로 펼쳐진 것이었듯이, 이 시기의 여성을 둘러싼 다양한 담론을 지배하는 최대의 요소는 미디어의 흥륭이라는 사태이며, 그것과 표리일체를 이룬 여성의 리터러시의 확대라는 현상이다.

『여학잡지』124호(1888.8.25)는 그 「신보」란에서 "우리 당薰이 처음으로 여학신지를 발행하고 나서 지금까지 여학론의 유행과 함께 점차로 여자의 잡지가 세상에 나타나기 시작했으며, 또한 모르는 사이에 모습을 감춘 것도 많다"고 언급하고, 현존 9지를 그 발행소와 함께 일람해서 제시했다. 다음 호의 비평란에서는 폐간된 것도 포함하여 12종에 이르는 잡지의 단평을 내걸고 "여자론은 아무리 번창해도 잡지를 읽으시는 부인분들은 지금 너무나도 소수입니다. 그러니 아무리 재필을 휘두르고, 아무리 궁리를 해서 편집을 한들 좀처럼 『국민의 벗』만큼 팔릴 낌새가 없다"고 하는 조소를 퍼붓고 있다(是空子, 「부녀자에 관한 잡지의 현실婦女子に關する雜誌の世の中乎」 125호, 1888.9.1). 그러나 이 현상파악은 상당히

경솔한 것이었다고 하지 않으면 안 된다. 왜냐하면 확실히 이 해에 27만 5,753부의 발행고를 기록하는 『국민지우國民之友』에는 미치지 못한다 하더라도 "부녀자에 관한 잡지"의 총 발행부수는 그것에 필적할 만큼의 융성을 보이기 시작했기 때문이다.

아래의 표는 『여학신지』 창간 이래로 그에 추종하여 출현한 여성용 잡지의 연간 발행부수이다.10) 여기에 제시되어 있는 것은 총계서總計書에 나타난 것 중에 계속적으로 그 발행고를 좇을 수 있는 잡지에 지나지 않으며, 『문명의 어머니文明の母』나 『부인교회잡지婦人教會雜誌』 등, 이들과 동일 정도의 부수를 가지는 것이 빠져 있다(후자의 1889년 총 부수는 55,551에 이른다). 『여학신지』를 시작으로, 여성을 타깃으로 하는 잡지가 1880년대에 다종의 후속지를 낳아 단기간에 놀랄 만한 발행부수의 증가를 보이고 있는 것은 명백하다. 더욱이 총계에는 나타나지 않는 더 많은 잡지가 지방부인회의 기관지나 여학교의 교지로서 속속 발행되고 있었던 것이다. 여자의 읽고 쓰기는 이 수많은 잡지를 빼고 논할 수는 없다.

| | 1884 | 1885 | 1886 | 1887 | 1888 | 1889 |
|---|---|---|---|---|---|---|
| 여학신지(1884.6) | 38,475 | 24,955 | —— | —— | —— | —— |
| 여학잡지(1885.7) | | 16,966 | 36,061 | 70,362 | 13,023 | 19,394 |
| 여학총지(1885.12) | | 789 | 20,449 | (불명) | —— | —— |
| 이라츠메(1887.7) | | | | 4,482 | 13,217 | (불명) |
| 일본지여학(1887.8) | | | | 14,715 | 42,973 | 53,323 |
| 귀녀지우(1887.9) | | | | 11,214 | 31,413 | (불명) |
| 여자신문(1888.6) | | | | | 37,847 | 131,558 |
| 합 계 | 38,475 | 47,710 | 56,510 | 100,773 | 138,473 | 204,275 |

한편, 에키켄의 「여자를 가르치는 법」은 여자의 읽고 쓰기에 대해

---

10) 1884년도부터 1889년도의 『東京府統計書도쿄부 통계서』에 의해 작성. 표 중에 "불명"이라고 되어 있는 것은 폐간되지 않았음에도 불구하고 통계가 중도에서 탈루되어 있는 연차이며, 폐간연차는 막대선으로 나타낸다. 신문·잡지발행고의 통계는 1877년도부터 계산되어 있는데, 그 「教育及図書新聞교육 및 도서 신문」이라는 항목은 1890년도 이후 없어진다.

"여자도 바르게 쓰고 산수를 배워야 한다. 쓰기와 계산을 모르면 가사를 기록하고 재산을 계산할 수 없다"고 언급했다. 『명치 여자 이마가와明治女今川』에서도 마찬가지로 "일가의 주부는 학문이 없으면 살림살이를 못 한다"고 하여, 곳곳에 "학문의 힘"의 중요성이 강조되어 있다. 그러나 이것들은 여성의 읽고 쓰기를 전면적으로 긍정한다기보다는 오히려 그 목적을 자제교육이나 가정경영의 기술에 한정하는 극히 규범적인 허용이라고 할 만한 것이었다.

리터러시의 획득을 여성에게 고유한 직책과 결부시켜서 장려하는 것은 다양한 여성잡지에서도 마찬가지이다. 『여학잡지』에서는 4호(1885.9.10)의 투서에 여자가 몸에 익혀야 할 기예의 하나로 "재봉", "영가詠歌", "탄금"과 함께 "서필"을 들고, "독서기술은 만사의 근원이라. 선악의 도리를 터득하고 여자의 길을 알며, 고사를 익혀 충효정절에 힘쓰고 자식을 키우는 길을 아는 것도 모두 독서의 덕이라"고 언급하고 있다(丸山すみ女, 「부인의 네 가지 기예女中の四芸」). 거기에서는 읽고 쓰기가 이상적인 여자로의 길, 즉 "여덕"의 완비를 도모하는 수단으로서 장려된다. 더욱이 '여자의 길'이 결혼해서 "자식을 기르는 길"과 등가로 맺어져 있는 한, 여성의 학문이나 읽고 쓰기는 '아내'나 '어머니'로서의 그것에 다름 아니었다. 같은 잡지에서는 14호(1886.2.5)의 사설 「어머니의 소양母親の心得」이 "어머니는 스스로 젊었던 옛날을 기억하여 자식과 함께 독서하며 자식을 위하여 글을 가르치고 자식을 위하여 글자를 써서 만사에 그 배움의 상담역이 되"기를 요구했다. 같은 페이지의 신보新報란에서도 영국 공사관 서기 모 부인이 눈병을 앓던 남편의 시험공부를 돕기 위하여 "네 명의 자녀를 키우면서도 남편 옆에서 밤낮으로 법률서를 읽어 주며 6개월간 하루도 쉬지 않아", 마침내 무사히 합격시켰다는 기사가 게재되기도 했다.

『부녀잡지』에서도 이와 마찬가지로 "한 부인이 그의 눈먼 남편을 간호하며 문필업을 보조한 이 존경스러운 귀녀"를 다루어 "부화유일浮華遊

逸한 영국 귀부인사회의 누습을 일소했다는 다시없는 부인이구나"(隱智宿弥, 「포셋부인フォーセット夫人」 1권 17호, 1891.10.10)라고 칭찬하고 부부의 초상화를 권두그림으로 내걸고 있다. 나아가 이 잡지의 창간호를 장식한 "문과대학 교수 겸 육군교수 나이토 치소內藤恥叟"의 「여자의 학문」에서는 여자의 학문은 '제가齊家'를 관통하여 심지어 '국가'와도 맺어지려 하고 있었다.

여자는 남자에 복종하여 집안을 다스리는 일이 천연의 직장이므로 학문이라고 해도 세상에 섞이는 것이 아니라 단지 내 몸의 덕을 지키고 정조를 바르게 하여 남편에게 다하는 길을 아는 것으로 족하다. 그러므로 자식이 어머니 품에 있을 때에 그 자식으로 하여금 국체를 알고 인도人道를 일깨우는 등의 대개의 것은 일본의 부녀가 반드시 알지 않으면 안 되는 일이다. 그것은 우리나라가 만국보다 뛰어나 저 유럽이나 아시아 제국이 발벗고 뛰어도 미치지 못하는 길을 아는 첫 번째이다.

우리나라가 "만국"보다 뛰어난 것은 "군통君統·지통地統·인통人統"이 "그 근원을 같이" 하기 때문이다. 육지탄생신화(國産み神話; 일본의 국토탄생담을 전하는 신화)에서 시작하여 군통·지통의 "일원一源"을 주장하는 이 논설은 "신의 후예 지류"인 "전국의 백성"이 인심 일치하는 이 나라의 "인통"을 "다른 나라 사람들이, 까마귀나 독수리처럼 여러 종족이 모여서 남의 땅을 빼앗고 남의 백성을 약탈하여 일국을 이룩한 나라들"과는 달리, "그 덩어리 안에 하나의 섬개纖芥도 없다"고 찬미한다. 여자의 학문이란 이 "헤아려야 할 국체의 이치"를 아는 것이며, 부모의 은혜에 보답하고 충의를 주군에게 바치는 "인도"를 알기 위하여 필요한 것이며, 치소는 "이 국체·인도를 빼고 달리 학문이 있다고 한다면 반드시 이것은 이단이나 사설邪說로 알아야 한다"고 단언하고 있다.

방대한 발행부수를 기록하는 수많은 잡지에 의하여 다양한 연령이나 계층 사람들을 독자로 키워낸 박문관博文館의 '국민교육장치'로서의 기능에 대해서는 이미 지적되고 있는 바인데,[11] 이 장치가 '국민' 혹은 '국민으로서의 여성'을 어떠한 존재로 만들어내려고 했는지를 이 논설은 설득력 있게 전하고 있다.

물론 이만큼 노골적인 내셔널리즘을 떠들어대지 않더라도 여자의 학문이 "집안을 다스리"기 위한 기술, 혹은 '덕'이나 '정조'를 몸에 익히기 위한 필요조건으로 보는 담론은 극히 지배적인 것이었으며, 아울러 그것은 규범을 침범하는 학문에 대한 처벌적 언사와 일체가 되어 여성을 속박하려 하고 있었다. 『여자신문』의 투서는 여자의 본분에서 일탈한 읽고 쓰기가 다음과 같은 결과를 초래하는 것이라고 여자들을 훈계한다.

　　세상의 학문이나 예술에 열심인 영양令嬢들은 조금이라도 독서를 하거나 혹은 예술에 정통하거나 하면 갑자기 남자를 깔보고 경멸하여, 우리 남편으로 우러러보고 우리집 양반으로 존경하여 평생 몸을 맡길 정도의 남자는 이 세상에는 없다는 둥 외치다가 아깝게도 시기를 놓쳐 일생을 독신생활로 끝내는 분도 많이 있다는 것이다.
　　— 세이킨여사清琴女史, 「부인의 공부는 무엇을 위함인가婦人の勉強は何の爲ぞや」
　　　　　　　　　　　　　　　　　　　　　24호, 1888.11.25

허용범위 외의 독서나 학예를 몸에 익힌 여자는 단순히 결혼할 수 없을 뿐만이 아니다. 잘못해서 시집가는 데 성공했다 하더라도 그것을 완수할 수 없을지도 모르는 것이다.

**서생양** 학문도 나쁘게 하면 여자 주제에 옆으로 뒤틀어 자네라는 둥 저라는 둥 되바라진 데다가 칠언절구의 뭉개 쓰기에 절에서 붙이지 않는 법호를 쓰

---

11) 西川祐子,『私語り樋口一葉일인칭서술 히구치 이치요』, リブロポート, 1992.6, 224면. 니시카와西川는「雜誌『太陽』の「十九世紀」特集号に見る世紀轉換の意識잡지 『태양』의 「19세기」 특집호에 보이는 세기전환의 의식」(『世紀轉換期の國際秩序と國民文化の形成』 (西川長夫・渡辺公三 편), 柏書房, 1999.2)에서 이것을 구체적인 분석으로 전개하고 있다.

고 듣기 불편한 한자어를 새된 목소리로 재잘거리며, 시집을 가서도 남편을 쉽게 보고 제멋대로 행동하는 여학생이 많으면 학교에 누를 끼칩니다. 주소도 이름도 못 쓸 때가 좋았나, 하나마타무라花叉村 근처라고 들었는데, 오토리(お酉, 19세)라는 처녀가 상당히 아름다운 데다가 어떤 학교를 졸업했을 정도라서 같은 마을의 부농 타로베太郎兵衛의 아들 타로사쿠太郎作가 흠모하여 작년 10월에 아내로 맞았는데, 오토리는 포고문도 읽지 못하는 남편의 어리석음에 견딜 수 없어 5~6일 전인가 돈 10엔과 황조사략皇朝史略 1부를 들고 집을 나와 도쿄의 어딘가로 도망갔는데, 타로사쿠선생은 미친 듯이 뒤를 좇아서 행방을 찾으러 나섰다고 들었는데 정말인가.

— 잡보, 『讀賣』, 1885.2.7

"되바라진" 여자의 대표로서 학교에서 배운 "여학생"을 드는 이 기사에서 오토리는 '서생아내'가 아니라 "서생양"이라는 표제 아래 비난받지 않으면 안 되었다. 만약 그녀의 장서가 『여자 대학』이나 『여정훈』 같은 것이었다면 이러한 진기한 일은 일어나지 않았을 터라고 말하고 싶은 듯한 이 기사에서 남녀평등교육의 교과서로서 채용된 『황조사략』은 여자들의 '부도덕함'을 양성하는 일탈된 독서의 상징으로 다루어지고 있다.

그러나 이러한 기사에서 반복해서 제시되는 읽고 쓰기를 둘러싼 규범은 근대의 독서규범이 근세의 그것을 그대로 계승하고 있었던 것을 의미하지는 않는다. 예를 들면 『여학잡지』 137호(1888.11.24)의 「가전佳傳의 공덕」이 "전기는 사람의 언행을 영원히 남기는 사진이자 그 언행의 감화를 영원히 사방에 전파하는 변호인이며, 말하자면 도덕상 유력한 모형·본보기·교사입니다"라고 언급하고 있듯이, 그것은 일견 『본조열녀전本朝列女傳』이나 『여자의 귀감女鑑』 등 여성의 전기를 교훈적인 읽을거리로 추천하는 『여자 대학』의 독서관을 공유하고 있는 것처럼 보인다. 그러나 이 가전란에는 「지나열녀전支那烈女傳」이나 난포의 『일화일언一話一言』을 기초로 한 「열부 가나약송烈婦假名略頌」에 섞여 「조지 엘리

어트여사 소전ジョウジ、エリオット女史小傳」이나「스토여사의 전기ソトウ女史の傳」등, 종래의 '열녀전'에는 볼 수 없는 수많은 전기가 게재되어 있기도 했다. 독서목록에 실리는 서목이 소수이고 또한 '열녀전'에 수록되는 인명이 비교적 안정적이었던 근세의 상황과는 달리 미디어의 시대는, 비교도 안 될 만큼 다수의 '효녀'나 '정녀貞女'의 이야기를 읽을거리로 제공했다. 그리고 이것이 필연적으로 여자의 독서목록 작성에서 '가인佳人'의 인정기준을 둘러싼 논의를 불러일으키게 되었던 것이다.

『여학잡지』82호(1887.10.29)는「부인전을 읽는 마음가짐婦人傳を讀むの心得」에서 "저 케사고젠袈裟御前[12])처럼 예부터 열부로서 인정한 자도 오늘날 그것을 평하면 일종의 탕부로 보아야 하며, 시즈카고젠靜御前[13])이라고 해서 대단히 칭찬한 자도 지금의 여학女學에서 이것을 보면 일종의 미천한 첩으로 배척하지 않으면 안 된다"고 언급하여, "고대의 현부 열녀의 지조·의지에 감탄함과 동시에 그 행위에 대해서는 스스로 탁월하게 이것에 물들지 않으려는 마음가짐이 없으면 안 될 것"이라고 하여 전통적인「열녀전」중에는 비판적인 독서를 요하는 것이 있음에 대해 주의를 환기하고 있다.

'위생'을 논하고[14]) 구미여성의 교육이나 가정, 경제운영의 실상을 보

---

12) (역주) 평안시대 말기의 절세의 미녀. 무사인 미나모토노 와타루源渡의 아내로, 남편의 동료인 엔도 모리토遠藤盛遠가 흠모하여 남편을 죽이려 하자 계략을 써서 자신이 대신 죽는다. 그 전기가『源平盛衰記』등에 전한다.

13) (역주) 카마쿠라鎌倉막부를 세운 미나모토노 요리토모(源賴朝, 1147~99)와 대립했던 동생 미나모토노 요시츠네(源義経, 1159~89)의 애첩으로, 원래 쿄토에서 가무하던 유녀였다. 요시츠네가 실각한 후 카마쿠라로 호송되었으며, 요리토모의 앞에서 요시츠네를 연모하는 춤을 추어 노여움을 사는 등의 일화는 유명해서 노能나 카부키歌舞伎도도 많이 각색되었다.

14) 사카키 준지로榊俊次郎의「月経時攝生法월경시 섭취법」(10호, 1888.8.19)을 게재한「위생」란은 그 후 소멸했는데, 그의「妊婦攝生の話임부 섭취의 이야기」(20~22호, 1888.10.28~11.11)는「논설」란으로 장소를 바꿔 연재되고 있다. 같은 난에는 이후에도 사쿠라이 이쿠지로櫻井郁二郎의「衛生と男女同權の關係위생과 남녀동권의 관계」(33~36호, 1889.2.3~2.24)나 츠보이 지로坪井次郎가 대일본부인위생회에서 행한 강연「塵埃の說먼지에 관한 것」(38~41호, 1889.3.10~3.31) 등의 많은 '위생'론이 게재되었다.

도하며15) 세계 각지의 결혼습속을 소개하는16) 한편, 에키켄의 「여자를 가르치는 법」이나 난포의 「다섯 글자」, 혹은 카와사키 치토라(川崎千虎, 1837~1902. 일본화가)의 「열녀전列女傳」을 게재했던17) 『여자신문』에서도 사정은 완전히 마찬가지였다. 이 잡지 40호(1889.3.24)는 남자의 집에 다니기 위해 유실된 다리 대신에 길가의 시체를 이용하여 강을 건넜다는 여자가 "지금 명치의 세상이라면 활발한 자"로 칭찬을 받을지, 아니면 "간 큰 여자라고 두려워"할지를 묻는 "킨레이金令여사"의 투서를 게재하여, 이에 대해 여자에게 "숙덕淑德 절조와 우미하고 활발함"은 필요하기는 하지만, "활발함"과 "난폭함", "경박함"을 혼동하지 말아야 한다는 독자로부터의 투서로 응답했다(澁谷きく子, 「킨레이여사님께 아뢰옵니다金令女史さんに申し上げます」 44호, 1889.4.21). 『여자신문』에서는 나아가 105호(1890.3.15)의 "영력(永暦, 1160~61) 연간, 미나모토노 요시토모(源義朝, 1123~60)의 첩인 토키와고젠常盤御前18)이 다시 그 숙적인 타이라노 키요모리平清盛의 여자가 되었다고 하는 것이 역사에도 기재되어 있는데, 이 토키와고젠의 소행은 정절을 다한 것일까요, 여러분에게 질문합니다. 그 이유를 적어서 가부의 답변을 해 주세요"라는 무서명의 투서를 계기로 하여 두 여성 사이에 '토키와설행도常盤雪行圖'를 주제로 한 한시의 응수가 펼쳐졌다.19)

---

15) 關直彦, 「歐米婦人社會の話구미 부인사회의 이야기」 20~24호, 1888.10.28~11.25.
16) 「万國婚姻異事」 76~80호, 1889.10.10~10.30.
17) 「益軒翁の女子敎育法에키켄옹의 여자교육법」 83~87호, 1889.11.15~12.5; 大田覃南, 「いつもじ다섯 글자」 92·93호, 1890.1.5·10; 川崎千虎, 「列女傳」 92~134호, 1890.1.5~8.10. 여성의 전기로서는 이보다 앞서, 카미이소마츠神磯松가 「川瀨富子のはなし 카와세 토미코의 이야기」(24~39호, 1888.11.25~1889.1.13)를 연재하였고, 치토라는 「열녀전」과 병행해서 「近世美人傳근세미인전」을 집필했다.
18) (역주) 궁중의 시녀였으나 용모가 빼어나 요시토모의 첩이 되었고, 요시토모의 사후에는 키요모리의 첩이 되었다.
19) 梅菴女史, 「常盤雪行図」 107호, 1890.3.25; 小島きよみ子, 「常盤雪行図次梅菴女史韻幷跋政」 110호, 1890.4.10; 梅菴女史, 「小島きよみ子に申す코지마 키요미코에게 아룀」 111호, 1890.4.15; 小島きよみ子, 「梅菴女史に答ふ바이안여사에게 답함」 120호, 1890.5.30. "바이안

그러나 이러한 무성한 논의는 「열녀전」에 게재된 여성의 '정절'의 정의나 내실을 재검토하는 것이기는 했어도, 본래 그것이 '여덕'의 한 항목으로서 여자에게 과해지는 것 자체를 의심하는 것은 아니었다. 오히려 근대의 「가인전」을 둘러싼 여성상의 재검토는 다양하고 잡다한 여성의 전기를 한데 섞은 근세의 열녀전을 '여덕'의 기준을 재확인함으로써 재편하는 움직임으로 볼 만한 것이다.

이미 『명치 여자 이마가와』의 제2조는 "평상시의 직분을 다할 것은 생각하지 않으면서 책을 읽고는 함부로 열녀 용부勇婦의 행동을 기리는 것"을 경계하고 있었다. 같은 시기의 『서양열녀전西洋列女傳』(엘리자베스 스탈링 저, 宮崎嘉國 역, 1879.11)도 마찬가지로 그 서언緖言에서 "오로지 여자교육에 급무인 자를 취하여 효녀·우애·자모慈母·정부貞婦 등으로 삼되, 그 중에서도 되도록 순종 온화한 부덕 있는 자를 뽑고, 젊은 용녀勇女, 열부烈婦들은 혹은 여자의 마음을 해할지도 모르므로 잠시 그것을 생략해야 한다"는 친구의 조언에 따라 원전의 취사선택이 행해진 것을 서술하고 있다.

『여학잡지』는 그 가전란에 "카르멘타가 일국을 일으킨 일"이나 "아그노다이스가 남장하여 의사가 되는 일", "테레시아가 군의 장교로서 적을 격퇴하는 일"과 같은 "여장부"의 전기를 수록함에 있어, 다음과 같은 전제를 달고 있다.

여장부란 여자이면서 장부 같은 자를 이른다. 본래 서양의 속담에서 일컫는 여자의 남성다움은, 남자의 여성다움과 마찬가지로 좋지 않다는 것은 과연 정말인가? 이것이 만약 합당하다면, 여자이면서 장부와 같은 자는 국가에 좋은 일인가, 혹은 나쁜 일인가, 대단히 불분명하다. (…중략…) 우리들은 반드시 여장부가 속속 배출되는 것을 바라지 않을 뿐만 아니라, 하늘의 경제로서 그러한 부류를 그다지 많이 내지 않으실 것을 믿는 자이다. 하지만, 이미 일개 부

梅篷"은 타나하시 아야코柵橋絢子의 호인데, 같은 인물의 투서인지는 불분명하다.

인으로서 능히 남자를 부끄럽게 만들 정도의 대사업을 달성한 자가 고금에 적지 않다고 한다면, 이것을 모아 세상에 제시하는 것은, 첫 번째로 남자가 여자를 경시하는 마음을 부수며, 두 번째로 미래의 여장부 될 자로 하여금 크게 분기시킴에 족하는 것이리라. 여장부전을 만듦에 있어 다소 생각하는 바를 서술하여 본론을 분명히 하고자 할 뿐이다.

—「여장부전女丈夫の傳」 77호, 1887.9.24

"여자 윌리암이 야만인 남편을 버리지 않은 일"(25호), "캄마가 남편의 복수를 한 일"(39호), "에포니나가 남편을 섬긴 일", "알리아가 남편과 함께 죽은 일"(40호), "판테라가 남편을 북돋운 일"(41호) 같이, 이 코너에 게재되는 전기는 구미여성의 예라고 해도, 대부분은 '정녀전貞女傳'이라 할 만한 성질을 띠는 것이었으므로, 그 틀을 벗어나는 예에 대해서는, 이와 같은 양해의 말이 꼭 필요했다고 할 수 있을 것이다.

『이라츠메』의 논설 「부인의 순종婦人の從順」(22호, 1889.4.15)도 마찬가지로 "구미제국의 역사를 읽으면서 '잔다르크'의 사적에 이르고 또한 '롤랑'부인의 사적에 이르러, 부인의 절의란 이와 같은 것일까 하고 감탄하는 것은 크게 잘못된 것입니다"라고 말하고, "부인이 기해야 할 바는 다만 열녀는 아니라도 현모양처가 되는 데 있을 뿐"이라는 결론을 내렸다. 이와 같이 미디어의 융성은 대량의 읽을거리를 생산하여 여자의 리터러시를 확대하는 한편, 여자를 둘러싼 여러 규범을 재편·강화하는 움직임을 자극했던 것이다.

여성의 리터러시 인구나 그 레벨이 상대적으로 낮은 곳에 한정되어 있을 때, 볼품없는 독서목록에 오른 서적은 읽을(수 있는) 목표지점이다. 따라서 그 서적들의 편집태도의 모순이나 허술함이 비난받거나, 혹은 금서의 터부를 범하는 행위와 같은 독서의 마이너스면이 눈에 띄는 문제를 일으키거나 하는 일은 적다. 그러나 읽고 쓰는 능력의 향상과 볼 수 있는 서적의 증가는, 일탈한 독서행위를 사회적인 문제로 간주할 정도로 확대되어 여자의 읽고 쓰기에 대한 금지조항이나 금지서목을 명시할 필요성을 증가시켰던 것이다.

『여학잡지』에서는 논설 「여학생 독서 경계女學生讀書戒」(184호, 1889.10.26)가, 여자의 학문에 대하여 그것이 "어느 정도 도움이 될지" 또는 그 때문에 허비되는 "시간 및 자금"으로 "더욱더 가치 있는 다른 학문을 배우는 것이 옳은지 그른지"를 물으면서 행해져야 한다고 말하며, 그 "각오"가 없는 독서는 설령 몇 만 권에 이르더라도 "서적을 위해 그 노예가 되는" 것에 지나지 않는다고 "지금의 여학생"들에게 경고하고 있었다. 사실 이 잡지의 신간비평은 비평가들에 의한 문예평론적인 기고를 빼면, "보통 일반의 여류에는 읽어서 소득이 적지 않다고 생각된다"(「西洋女大學」評, 85호, 1887.11.19), "지금으로서는 여류의 구독이 당연히 있어야 하는 소설이라고 믿는다"(「눈물의 골짜기涙の谷」評, 106호, 1888.4.21)와 같은 식으로, 여성의 읽을거리로서의 적부를 나타내는 데에 주안점이 놓여 있었다.

「눈물의 골짜기」의 비평을 게재한 호의 「진언 일칙陳言一則」은 "현금의 자매들이 일독을 요하는 종류의 저서에 대하여 우선 그 선악을 평가하여, 조금이나마 독자의 편의를 도모해온 바, 여자교육 대 진보의 영향으로 여류가 구독하는 서적의 구역도 따라서 크게 넓어졌으므로 다음 호부터는 더욱 비평의 제한을 넓힐" 것을 고하고 있다. 그러나 한정된 지면에 매일같이 인쇄되는 신간서를 다루어 독서목록의 등록 여부를 제시하는 것은 거의 불가능한 일이었으므로, 눈앞에 있는 서적이 읽을 만한 것인지 여부의 판정은 대개의 경우 독자에 맡겨지게 된다. 독자인 여자들은 그 한 권 한 권을 비평의 기준을 적용하여 「독서 경계讀書戒」나 「책 읽는 마음가짐書讀하다得」(『婦女雜誌』 1권 8호, 1891.5.25)에 비춰보면서 취사함으로써 독서의 규범을 내면화해간다. 폭발적으로 출현하는 활자의 떼는 여자의 독서 '구역'을 넓히는 한편으로, 읽는 것을 그 규범과 일체화하는 행위로서 몸에 익힐 것도 요구했던 것이다.

## 3. '소설의 시대'의 여자의 읽을거리

『여자 대학』적 규범에 의하여 작성되는 여자의 독서목록 중의 문예 서적은, 예를 들면 『이세이야기伊勢物語』나 『겐지이야기源氏物語』에 대하여 「여자를 가르치는 법」이 "그 말은 풍아하지만 그러한 음속淫俗한 것을 기록한 글을 빨리 보이지 않게 하여야 한다"고 하는 한편으로, 라쿠호쿠 쇼코洛北唱子의 『신찬 여자 야마토 대학新撰女倭大學』(1785)이 이 이야기들을 『본조 열녀전本朝列女傳』이나 『귀녀의 거울姫鑑』과 함께 "항상 보여서 덕이 있는 글"로 들고 있는 등, 그 취급이 일정하지 않다.20) 그러나 "성현의 옳은 길을 가르치지 않고 젠 체하는 코우타, 조루리 대본 같은 것은 보이지 말아야 한다"(「敎女子法」)고 하여, 연극 각본이나 음곡 가사의 난잡함을 배제하는 에키켄의 주장은 『여자 대학』계열의 책들에 공통되며, 그 모두가 "음속한 것"을 부정하고 있었다.

근대에 들어와 쓰인 『여자 대학』으로는 도이 코카土居光華의 『근세 여자 대학近世女大學』(1874)이 "음서淫書를 읽으면 안 된다. 음서는 사람의 마음을 혼란시키고 사람의 행동을 파괴하는 것"이라고 언급하여, 에도 후기에 출현한 인정본人情本을 "음속한 것"을 기록한 서적으로 배척하는 한편으로, 하기와라 오토히코萩原乙彦의 『신찬증보 여자 대학新撰增補女大學』(1880)은 "틈틈이 읽어야 할 서적류는 『겐지』, 『사고로모이야기狹衣物語』, 『이세』, 『야마토大和物語』, 『우지습유이야기宇治拾遺物語』, 『헤이케이

---

20) 橫田冬彦 「「女大學」再考－日本近世における女性勞働『여자 대학』재고－일본근세의 여성노동」(脇田晴子・S. B. ハンレー, 『ジェンダーの日本史 下』, 東京大學出版局, 1995.1)은, 『여자 대학 보물상자』에서는 「源氏物語五十四帖引歌・百人一首겐지이야기 54첩 인용가・백인 한 수」 등의 문예적 교양 부분이 20%를 점했으며, 『女源氏敎訓鑑여자 겐지 교훈감』에서는 반수 이상에 이른다고 지적하고 있어 '문예서'의 취급은 한결같지는 않다. 『여자 대학』의 재검토에 대해서는 나카지마 세츠코中島節子 『考える女たち－假名草子から「女大學」생각하는 여자들－가나조시에서 『여자 대학』』(大空社, 1997.4)도 참조할 것.

야기平家物語』의 이야기물.『츠레즈레구사徒然草』는 반드시 읽을 것. 문자를 익혀 한적을 섭렵하고자 한다면, 「열녀전」류가 많다. 스승을 구해 배워야 한다"고 했다.

1880년대에 들어 등장한 여성용 잡지에서도『이세』,『겐지』의 평가는 유동적이다.『여학잡지』에서는 일찍이 7호(1885.10.25)가 「겐지이야기의 평源氏物語の評」을 게재하여 "큰아버지가 조카딸을 아내로 맡고 아들이 계모와 밀통하고 신하가 자기 자식을 황위에 올리"는 이야기의 "무례·불의·난역亂逆"을 비난했다. 그러나 「가전」란 창설 이전에 시키부式部의 일화를 게재했던(「무라사키 시키부의 재능紫式部の才」 10호, 1885.12.8) 이 잡지에서 그녀는 언제나 "남자를 능가할 정도의 여성작가"의 필두에 오르는 빛나는 존재이며,21) 이 때 그 발행소였던 만춘당萬春堂은『겐지이야기 강의源氏物語講義』의 출판사이기도 했다.

발행소를 여학잡지사로 변경하고 판형을 확대하여 지면구성을 일신한 11호(1885.12.20)에서는 새로이 설치된 「문학」란에『이세이야기』를 다루며 "이 이야기는 호색에 대해 서술했다고 해도, 이것을 완미함에 인을 담은 것이 있고 의를 논하는 것이 있고 예를 넣은 것이 있어 (…중략…) 그 취향이 단순하지 않으니 함부로 호색물로 보는 것은 무익하다"고 하였으며, 59호(1887.4.9)에서도『이세』·『겐지』는 "상등사회 사람들에게 세상의 인정세태를 알게 하는 마음"으로 쓰인 것이며, "비오는 밤의 품평회雨夜の品定" 부분도 "서양의 자유결혼에 가까운" "우리나라 상고로부터의 풍습"으로 부주의한 결혼을 경계할 의도에서 나온 것이라고 하는 견해가 제출되었다(小中村清矩, 「소설과 연극의 관계小說と演劇の關係(二)」). 더 내려와서 341호(1893.4.8)의 부록에 게재된 「수정 오구라 백 수修正小倉百首」(兒山處士 序, 蔦酒舍主人 편)가 "대단히 꺼림칙한 사랑가"를 동

---

21) 「女子と小說여자와 소설(下)」, 32호, 1886.8.15. 같은 잡지에서 무라사키 시키부를 우선 꼽는 것으로 시작되는 '여류소설'론은 일일이 다 들 수 없지만,『부녀잡지』에서도 마찬가지로 그녀는 「本朝明媛傳본조명원전」중에 채록되는 24명의 여성의 필두였다.

일 가인의 다른 노래로 바꾸어 새로운 『백인 한 수百人一首』를 편찬하고 있는 것 등은 「여자를 가르치는 법」의 "음탕하지 않은 고가를 많이 읽혀 풍아의 길을 알게 해야 한다"와 일맥상통하는 것이라고 할 수 있을지도 모르겠다. 그러나 한편으로, 스즈키 히로야스鈴木弘恭의 『백인 한 수 강의百人一首講義』는 이때까지 5판을 거듭하여 여학잡지사의 출판물로서는 상당한 판매고를 올린 상품이기도 했던 것이다.22)

이와 같은 권장도서목록의 불안정함은 "음속한 것을 기록한" 것인지 아닌지가 목록 등록 여부를 결정한다는 기준의 전근대성과, "사랑가" "무례·불의·난액"의 이야기를 빼고는 성립하지 못하는 평안시대의 화가和歌·화문和文에서 일본의 '전통문학'을 찾으려고 하는 근대의 문학사 형성에 있어서의 이데올로기와의 모순에 기인하는 것이다.

1890년 4월에 박문관은 하기노 요시유키萩野由之, 코나카무라 요시카타小中村義象, 오치아이 나오부미落合直文의 교정으로 『타케토리이야기竹取物語』를 필두로 중고문학中古文學23)의 이야기物語이나 일기를 수록한 『일본문학전서日本文學全書』의 간행을 개시했는데, 그 제1편 범례는 다음과 같이 말하고 있다.

> 우리나라는 세계 제일의 오랜 나라이다. 문물이 이미 열리고 광화光華가 이에 새롭다. 그리하여 그 문장도 한때는 한문에 지보를 점령당한 적이 있다고 해도 고유의 미는 이로 인하여 눌리지 않고 오히려 한문에 비해 뛰어난 점이 있음에 이르렀다. 무릇 지나의 문학은 경자經子에 뿌리를 내려 한유구소韓柳歐蘇도 여기에서 나왔다. 일본의 문학은 화문和文에 기초하며, 후세의 문인작가도 이것에 의거하지 않으면 안 된다.

---

22) 『여학잡지』 336호(1893.1.21) 광고 더 내려와서 490호(1899.6.25)의 광고에 따르면, 이 책은 제7판을 간행했다.

23) (역주) 평안시대의 문학을 말하며, 천황을 정점으로 한 우미한 귀족문화를 반영한 문학이 개화했던 시기로, 궁중여관들에 의한 가나 작품들(和歌·物語·日記 등)이 활발히 창작되었던 것이, 명치시대 이후 한자·한문에 대항하는 것으로서의 화문에 의한 국문학사를 구축할 때 특히 주목받았다.

코나카무라 키요노리小中村淸矩가 제1편에 기고한 서문 중에 "글의 정원"에 자랑스럽게 핀 "꽃의 대군大君"이라 칭송되었던 『겐지』는 당초 출판 예정 12편 중 5편을 차지하고 있다. 제12편의 권말 광고에서는 "본서는 지난 23년(1890) 4월에 제1편을 간행하여 앞으로 1년간으로 전부 12권의 대성을 기하는 바, 국문의 흥륭과 다수의 애호로 매 편의 발행부수가 수만 부에 이르러, 오히려 예정을 1개월 앞당겨 전부 12권을 완성함에 이르렀다. 그런데 사방의 애호가들로부터 계속 출판하라는 주문이 속출"하기 때문에, 계속해서 군기이야기(軍記物語; 중세에 유행한 전쟁을 테마로 한 서사문학)에서 오토기조시(御伽草子; 중세 말기에 유행한 단편소설)까지를 수록·간행한다고 했다. "세상에 별로 없고 얻기 어려우며 드물게 있는 것도 오류가 많아 이해하기 어려"운 "고문학" 텍스트는 이해하기 어려운 말에 한자를 대입하고, 나아가 그것에 독음을 달거나 혹은 "두주頭註를 달아 이것을 설명"(「제1편 범례」)한다는 편집방침에 따라 다수의 "애호자들"을 획득했던 것이다.

표기의 개편이나 두주만으로 불충분한 독자에게는 다음과 같은 텍스트도 준비되어 있다.

**신편 무라사키사**新編紫史 우리나라 소설의 신으로 부처로 존경받는 무라사키 시키부의 겐지이야기는 시절이 변하고 세월이 흘렀기에, 그때는 보통어로 쓴 것이 지금에 와서는 쉽게 이해되지 않는 것이 많아 읽는 이가 대단히 적다. 『코카가미小鏡』, 『시노부구사忍艸』 같은 것도 있지만, 이 또한 너무 소략해서 진미를 알기 어렵다. 마스다 우신增田于信씨가 이것을 통속적으로 고쳐서 『신편 무라사키사』라 이름하여, 오야시마학회大八洲學會에서 제1권을 발행했다. 「키리츠보」(桐壺; 제1첩의 권명)에서 「와카무라사키」(若紫; 제5첩의 권명)까지이며, 유명한 문학박사 스에마츠 켄초末松謙澄씨가 한문 서문을 기고하신 좋은 책이다.

　　　　　　　　—「최근 출판 책最近出版書」, 『讀賣』, 1888.8.17

이리하여 일부의 국학자나 화가和歌학자의 점유물이었던 난해한 고전
은 광범위한 독서의 장으로 진출하여 보다 많은 독자를 낳기 시작했는
데,24) 고전 텍스트의 보급은 당연히 그에 대응할 수 있도록 새로운 조
치를 끌어내게 되었다.『여학잡지』는 146호(1889.1.26)의 부록에 "겐지이
야기 같은 것은, 문장은 우미하여 국학자들이 중히 여긴 소설이기는 하
지만, 너무나도 외설적인 것으로 젊은 여자가 볼 만한 책이 아니"라고
하는 고등여학교 교장 야타베 료키치矢田部良吉의 연설필기「여자교육의
곤란함女子教育の困難」을 수록한 후, 이듬해에는 다음과 같은 기사를 게재
했다.

> 또한 여자를 가진 부모는 그 여자를 교육함에 저 겐지, 이세 같은 농염한 이
> 야기물로 가르치는 것은 몹시 좋지 않다. 이것들은 이미 나이를 먹고 가업을
> 이루고 세상을 경험한 부녀들이 자신의 취미를 위해 혹은 위안거리로 그 문장
> 의 취미를 알기 위하여 보는 것이다. 결코 교과서 따위에 사용할 만한 것이 아
> 니다. 마찬가지로 오늘날의 품위가 떨어진 소설류도 동일하다. 젊고 아직 앳되
> 어 지조도 정해지지 않은 여자에게는 이 책들은 읽히지 않는 것이 좋다.

---

24) 『신편 무라사키사』의 평에서 그 "단어가 적어서 알 수 없는 곳은 단어를 더하고, 없
어도 되는 단어도 생략했으며, 오래되어 어려운 말에는 한자를 넣은" 문장을 "혐오할
만한 아속고금혼효의 문체"라고 비판하는 비묘는, 그러나 "지금과 같은 바쁜 세계에는
겐지의 줄거리를 조금 외우고 중고시대의 단어도 두세 개 외워서 "본래 일본의 문장은
장황해서 어흠……" 하며 대 견식을 세우려는 학자가 죽 깔려 있습니다. 거기에서는
시골겐지마루田舍源氏丸 안 되고 시노부구사忍草도 불충분한데, 주석을 조사하는 것
은 귀찮고, 신편 무라사키사 (…중략…) 그렇구나 (…중략…) 고맙다. 무라사키사는 문
예에 도움이 된다고 볼 수 없지만, 속인에게 도움이 되는 바가 있다. 무라사키사는 불
후의 명작은 아니지만, 시대를 구하는 하나의 도구임에는 틀림없다"고, 그 출판이 시기
적절했음에 대해서는 평했고 있다(『いらつめ』14호, 1888.8.15). 그렇지만,『일본문
학전서』의 두주는 『湖月抄(호월초;『겐지이야기』의 주석서. 1673년 성립)』 등에 비하
면 너무나 간략한 것이었으며, 또한『신편 무라사키사』도『여학잡지』가 "단, 통속 현대
문이라고 하면서도 여전히 일반 사람에게는 알기 어려운 화어和語가 적지 않으며 (…
중략…) 한층 할애분발하여 전문 화和학자만 이해할 수 있는 문사文辭를 모조리 폐지
하기 바란다"(123호, 1888.8.18)고 평했듯이, 완전한 초보자가 독학으로 그것을 읽어내
기란, 편저자가 기도한 만큼으로는 쉬운 일이 아니었던 것 같다.

—토요타 후유코豊田芙雄子, 「무학이야말로 여자의 정덕이오無學是れ女の貞德乎」
234호, 1890.10.11

이 글이 『이세』, 『겐지』와 함께 "오늘날의 품위가 떨어지는 소설류"를 읽어서는 안 되는 도서목록으로 들고 있는 것은, 「열녀전」을 연재하는 수종의 잡지를 간행하고 고전문학의 입수·해독을 가능케 한 출판계가 또한 동시에 엄청난 당대의 소설을 산출하고 있었기 때문이다.

발행 당초의 『여학잡지』에도 확실히 여자가 소설을 읽는 것을 둘러싼 담론을 발견할 수 있다. 예를 들면 37호(1886.10.5)의 「가정의 벗いへのとも」이라는 제목이 붙은 독자와의 통신문답란에는 "제 딸의 오랜 지병이 조금 나아져서 의사선생님이 권유하셔서 조금씩 위안이 되는 소설 같은 것을 읽히고 싶습니다. 딸에게 읽혀도 지장이 없고 또한 재미있는 소설은 어떤 것이 있을지요"라는 독자의 질문이 게재되어 있다. 이 물음에 39호(1886.10.25)에는 "가령 책을 읽는다고 하면 왜 소설을 사용하는가. 교과서·이과책·가정육아책 등이 오히려 낫다"고 단언한 후, 그래도 읽고 싶다고 하면 "도덕상 도움이 되고 몸을 닦고 마음을 넉넉히 할 만한 것"을 읽어야 한다고 하는 여자 대학류의 투서가 독자로부터 기고되었다. 이 질문에 대해 "와카마츠 시즈若松しづ"나 "키무라 유木村ゆう" 같은 『여학잡지』에 자주 등장하는 글쓴이가 『아담 베데Adam Bede』를 비롯한 100편 이상의 영어 소설 타이틀을 들고 있는 것은 읽기를 권장할 수 있는 일본어로 쓰인 소설이 아직 존재하지 않았다는 주장이기도 했다.[25]

그런데 불과 수 년 사이에 이런 종류의 문답은 급격히 증가한다. 게다가 독자인 여성 자신에 의한 질문이 기고되기 시작하였고, 회답이 뽑는 도서목록에는 변화가 나타나기 시작한다. 190호(1889.12.7)에서는 "17, 8세 여학생에게 무해하고 적당한 소설은 무엇인가"라는 "스미레여사す

---

25) 「いへのとも가정의 벗」, 『女學雜誌』 39·40호, 1886.10.25·11.5.

みれ女史"의 질문에 대해 "하루노야春の舍씨의 「아내와 남편이야기妹と背かがみ」, 야노矢野씨의 『경국미담經國美談』, 그 외에 「사막의 꽃砂漠之花」, 「규수미담閨秀美談」"이 권장되었으며, 210호(1890.4.26)에서는 "저는 소설을 즐겨 읽습니다만, 각별히 이익이 되는 소설을 본 적은 없지만, 보아서 도움이 되는 소설의 이름을 순서대로 일러주세요"라는 "한 여학생"의 투서에 대해 "츠보우치씨의 「아내와 남편이야기」, 「아내細君」, 후타바테이二葉亭씨의 『부운浮雲』, 스에마츠 켄초씨의 『골짜기의 산단谷間の姬百合』, 나카지마 토시코中島とし子의 「선악의 기로善惡の岐」 등은 여학생에게 재미있으면서도 유익한 것이다"라는 답변이 제공되었다.

『이라츠메』에서도 23호(1889.5.15)의 「통신문답」란이 "인정人情소설 중에 문장도 좋으면서 취향도 열등하지 않고 그러면서 어렵지 않은 것"으로 리튼(Edward George Lytton, 1803~1873)의 『어네스트 멀트라버스Ernest Maltravers』나 스코트(Walter Scott, 1771~1832)의 『아이반호Ivanhoe』 등을 들며, "이것들은 읽어도 독이 되지 않는다"고 보증하였으며, 이어서 25호(1889.7.15)에서는 "말씀하신 대로 「코초胡蝶」와 「아내細君」는 읽어도 해가 되지 않습니다. 그 외에는 후타바테이씨의 『부운』, 사가노야さがのや씨의 「첫사랑初戀」, 타카무라蓬村씨의 「유녀蓮葉娘」, 비묘제美妙齋씨의 「젖은 옷ぬれごろも」, 코요산인紅葉山人의 『정욕 참회色懺悔』 등입니다"라는 답서를 게재하고 있다.

『이라츠메』는 27호(1889.9.15)에서 「일본에서 만들어진 소설日本で出來た小說」의 베스트 10 투표를 독자에게 호소하여, 다음 달 그 결과를 발표했는데(「최고소설 10종最上小說十種」 28호, 1889.10.22), 『여학잡지』 185호(1889.11.2)는 이에 촉발된 "아자부의 토미코とみ子"에 의한 「일본 최고소설 10종日本最上小說十種」이라는 투서를 채록하고 있다. 그녀는 『호색 일대 남아好色一代男』에서 『가짜 무라사키 시골 겐지修紫田舍源氏』까지의 근세소설 10종의 목록과는 별도로, 쇼요逍遙의 「아내」를 필두로, 후타바테이 시메이, 오자키 코요, 코다 로한幸田露伴 같은 시대의 최첨단을 걷는 신진작가들의 작품을 죽 늘어뜨린 "현금의 소설" 베스트 10을 작성하여 "위는 어느 것도 우열을 가리기 힘든 명작이 아닐까 생각된다. 이 정도의 것이 현금에 나오리라고는 생각지도 못한 일인데, 늘 지금 사람들은 고인에 미치지 못한다고 매도한 2~3년의 세월도 떠올라 부끄럽게 생각한 때도 있었다"고 평가했다.

　이 새로운 목록의 출현은 물론 회작으로부터의 탈출을 지향하고 문학의 개량을 선언하는 『소설신수小說神髓』(1885.9~86.4)에 의하여 도출된 '근대소설'의 등장과 많은 관련을 갖고 있다. 근세 이후의 '실록'이나 '읽을거리' ― 예를 들면 『오오카 정담大岡政談』이나 『오쿠보 무사시아부미大久保武藏鐙』와 같은 근세실록, 혹은 『타카하시오덴 야차담高橋阿傳夜叉譚』이나 『코치 무차별 살인河內十人斬』과 같은 동시대의 센세이셔널한 사건을 각색한 읽을거리 ― 의 출판이 1886년을 피크로 급속히 감소하는 한편, 흡사 그것과 교대하듯이 '근대소설'이나 '번역소설'의 출판수가 증가하기 시작하는 상황에 대해서는 이전에 지적한 적이 있다.[26] 이 변화의 기동력이었던 『소설신수』에 의하여 그 방향성이 제시된 '문학개량'의 움직임은 인쇄출판 태세의 정비·확대라는 '미디어의 시대'에 뒷받침되어, 수많은 '근대소설'을 산출하여 '소설의 시대'를 만들게 되었다. 그러나 그것들이 모두 여자의 독서목록에 수록되는 것으로 이어지지는 않았다. 그렇기는커녕, 「열녀전」에 수록되어야 하는 여성의 재심사가 정녀라는 여성상을 강화한 것과 똑같이, 증대하는 액세스 가능한 서적은 역으로 여자의 읽을거리에 대한 규범의 재편·강화를 일으키게 되었던 것이다.

　『소설신수』 서언은, 『겐지』·『사고로모』 이래로 이야기가 생동하는 나라였던 일본이 특히 오늘날에 이르러 "소설 전성의 미증유의 시대"를 맞고 있다고 언급한다. 그러나 근래 간행되는 소설·패사稗史는 "쿄쿠테이 바킨曲亭馬琴, 류테이 타네히코柳亭種彦의 찌꺼기가 아니면 짓펜샤 잇

---

26) 平田由美, 「「女の物語」という制度·여자의 이야기'라는 제도」, 『ナショナリティの再構築』(酒井直樹·ブレット ド バリー·伊豫谷登士翁 편), 柏書房, 1996.2.

쿠十返舎一九, 타메나가 슌스이의 흉내"로, 입으로 권징을 외치면서 기실 "오로지 살벌·참혹하거나 혹은 몹시 외설적인 이야기"를 즐기는 독자와 그것에 영합하는 작가에 지배되어 있다는 것이 그 현상인식이었다. 쇼요는 이 상황에 대해 "우선 관객의 미혹을 풀고, 마찬가지로 작자의 몽매를 열어 우리 소설의 개량진보"를 도모하여, 소설로 하여금 "결국에는 서구의 소설을 능가하여 회화·음악·시·노래와 함께 미술의 태두"에 위치하는 것으로 하려고 했던 것이었다.

그러나 『소설신수』는 "누외陋猥한 정사情史"를 기각시키는 한편, "인정" 즉 "인간의 정욕"을 적출하는 것을 "소설의 주안점"에 두는 것이었으므로, "천식비재淺識菲才"한 작가가 그려내는 인정세계가 현실의 피상에 머물거나 혹은 "범용치몽凡庸稚蒙"한 독자의 눈이 현상의 배후에 있는 "인과의 도리"에 달할 수 없으면, 새로운 시대의 소설도 순식간에 읽지 말아야 하는 "음서(인정본)"로 떨어질 위험성을 내포하고 있었다.

『여학잡지』 105호(1888.4.14)의 신간비평은 난스이외사 스도 미츠테루南翠外史 須藤光輝의 소설 「새끼 휘파람새雛黄鸝」에 대해 "외사는 지금의 여자들이 아직도 슌스이의 외설소설을 즐기는 것을 개탄하며 슌스이의 문장과 슌스이의 어조를 겉옷으로 삼아 새 시대에 일종의 도움이 되는 소설을 만들어, 이것으로써 그를 대신하여 도도한 음풍을 막고자 한 호의에서 나왔다"고 짐작하는 한편으로, 그러나 "이 호의는 오히려 외사를 얽매어 우선 그 문장을 둔하게 하고 이어서 그 어조를 저속하게 만들어 새끼 휘파람새 1권을 거의 죽은 개화 매화 달력(開化梅曆; 슌스이의 『춘색 매화 달력春色梅曆』을 흉내낸 것)으로 만든 것은 참으로 유감"이라고 평했다.

이 비평이 "전체를 평함에 있어 본서와 같은 것은 숙녀분이 구독하시기에는 부적절한 것이라고 생각된다"고 결론을 내리는 것은, 앞 절에서 본 「진언 일칙」이 선언한 바와 같이 여성독자의 읽을거리로서의 적부를 나타낸다고 하는 비평란의 주지에 의한다. 여기에서 "개화 매화 달력"이라고 한 명치의 인정본을 "숙녀분"이 읽어서는 안 된다고 한 것은 "범용치몽"의 독자가 여자로 대표되었기 때문이다.

『소설신수』 상권은 "소설의 비익神益"으로서 "사람의 품격을 고상하게 만드는 것" "정사正史의 보유補遺가 되는 것" 등 4개조를 열거하는데, 그 두 번째인 "사람을 권장징계하는 것" 중에 여자가 소설을 읽는 것에 대하여 다음과 같이 논하고 있다.

> 그런데 부녀, 아동에 이르러서는 원래 치몽천학稚蒙淺學하므로, 각색을 읽을 뿐 우의愚意 등은 결코 알 수 없는 도리이지만, 그래도 선악미추의 변별이 전혀 없다고 보기는 어렵다. 장계獎誡를 주안으로 하는 소설을 자주 통독함에 이른다면, 권징의 뜻은 저도 모르게 그 심간心肝에 명철銘徹하여 얼마간 자극하는 바가 있어, 그 호의에 영향이 있는 것은 의심할 여지도 없다. 다만 그 영향력은 안목 있는 독자의 그것에 비하면 약하다. 이것이 소설이 오로지 부녀, 아동에 도움이 안 되는 이유이다.

사회진화론을 입론의 틀로 하는 『소설신수』는 "로망스의 황당무계함"에서 "진정한 이야기"로의 통사를 구상하여, 그 사이에 "우언寓言"이나 "우의寓意소설"을 배치한다(「소설의 변천小說の變遷」). 이 변화의 과정은 각각의 시대의 "문화의 정도"를 반영한 것이라고 하는데, 그것은 독자·작가 측에도 "인지가 진보"하는 정도라는 발전단계의 설정을 동반했다. 즉 허구의 생산자와 향수자는 "미개야만"에서 "문운진보"로의 통시적인 진화를 거치는 자임과 동시에, 공시적으로도 "우의의 소재를 아는 경우가 드문" "동몽" 혹은 "부녀자들"에서 "어른사회"를 구성하는 "안목 있는 인사"에 이르는 계급적 존재로서 파악되고 있었던 것이다.[27]

---

27) 쇼요는 「新聞紙の小說신문지의 소설」(『讀賣』, 1890.1.17·18)에서도 "넓은 의미의 사회에는 계급이 몇 단계나 있고 인품도 다양하다"고 언급하고 "풍계諷誡는 고상한 수수께끼이다. 단순한 수수께끼조차도 지혜가 없으면 풀기 어렵다. 하물며 고상한 수수께끼가 오해하면 해가 되므로, 현우·남녀·노소를 불문하고" 다수의 눈에 띄는 신문에 게재되는 소설이 "의도치 않은 위해를 자아내는 일"이 없도록 주의를 촉구하고 있

이와모토 요시하루巖本善治에 의해 쓰인 것을 비롯하여 『여학잡지』에 볼 수 있는 문학관이 『소설신수』의 그것에 의거하고 있었던 것28)은 다음 절에서도 언급하겠지만, 같은 잡지 178호(1889.9.7)의 라쿠산생樂山生에 의한 논설 「소설을 읽는 자의 마음가짐小說を讀む者の心得」도 명백히 그 영향 아래 쓰인 것이다. "사람의 심목心目을 즐겁게 하고" "품격을 고상하게 한다"고 하는 "소설의 목적"을 달성하기 위하여, 필자는 "첫 번째로 소설의 성립, 즉 기원과 목적과 방법을 알 것", "두 번째로 원인결과를 볼 수 있을 것", "세 번째로 사실을 개괄할 수 있을 것"의 3요건을 든다. 그리고 예를 들면 제2항에 대하여 "대체로 사람은 사물의 원인결과를 보는 능력이 없고(부인·소아는 특히 그렇다) 단지 그 결과만을 보아 그것

다. 갱신된 여성용 독서목록에 종종 오르는 쇼요의 『아내와 남편이야기』는 여성의 리터러시나 학문, 독서를 둘러싼 '근대'의 억압의 은밀함을 드러내는 상징적인 예이다. '몰래 엿듣기'라는 희작적 수법이 '외부'와 '내부'의 모순을 초래하여 이야기의 비극적 전개를 부여하는 '장치'로서 재생된 것이라는 해석(前田愛, 『近代日本の文學空間근대 일본의 문학공간』, 新曜社, 1983.6, 287~289면)은 그 자체로 유효한 것이라고 해도, 사태의 일면만을 파악한 것에 지나지 않는다. 왜냐하면 몰래 엿듣기가 메시지의 해독에서의 코드의 혼란을 초래하는 것이라고 한다면(小森陽一, 『構造としての語り구조로서의 서사』, 新曜社, 1988.4, 190~192면), 이 작품에는 메시지의 해독이 불가능함으로 인해서 초래되는 사태와 그 반대의 상황을 모두 비극으로서 경고하고 있었기 때문이다. 주인공 미즈사와 타츠조水澤達三를 둘러싼 두 히로인 오츠지お辻와 오유키お雪는 한편은 무필의 생선가게 여자, 한편은 "학예발군의 명예"에 빛나는 사범학교 출신의 여자이다. 타츠조와 오츠지의 파경이 오츠지의 무필이 원인으로 생긴 부부의 어긋남과 오해에 의하여 초래된 것이라면, 그 대극에 위치하는 오유키에게는 행복한 결혼생활이 준비되어 있지 않으면 안 될 터이지만, 결과는 그렇지 않다. 마지막 회에 오츠지가 투신한 우시가후치牛ガ淵못을 바라보며 "어중간하게 학문을 해서. 이제는…… 이제는 정말로…… 아아…… 내 괴로움의 씨앗이다"라고 중얼거리는 오유키에게는 한 남자의 아내이면서 "정신상의 과부"라는 역할이 할당되어 있다. 즉 일리터러시에 가해진 식자識字의 폭력은 한 사람의 여자의 생명을 빼앗는 한편, 그 범위를 자의적으로 한정하면서 거기에서 일탈한 여자에 대해서는 "정신"적인 살해를 가했던 것이다.

28) 『여학잡지』는 95호부터 「소설신수」라는 타이틀 아래, "구미 여러 대가의 소설 중에 그 가장 저명한 것"의 초역을 연재하고 있다. 이에 대해 이와모토는 츠키노야 시노부月の舍しのぶ라는 필명으로 그 이유에 대하여 "미술"이 "활세계活世界에 가장 필요한" 것이며, 그 때문에 "지금 진정 청결한 미술 유락遊樂이 행해지기를 희망"하는 데 있다고 설명하고 있다(「二 附錄の序, 第二, 小說神髓 2 부록의 서문, 제2, 소설신수」 95호, 1888.2.4).

을 부러워하거나 그것을 두려워하거나 혹은 그것을 흉내내기를 바라거나 그것을 피하려고 한다"고 언급하고 있듯이, 이들 3요소는 모두 "부인, 소아에게 대단히 부족한 것"이라고 했다.

물론 소설을 읽음으로써 빚어지는 폐해는 이 시기에 이르러 비로소 문제화된 것은 아니다. 예를 들면 1883년의 『요미우리신문』에는 노인은 몰라도 "소설본을 동몽부녀에게 읽히는 것은 실은 있어도 득이 없다"고 하는 4회 연속 투서(可愛樓晴雪, 「소설본을 읽는 득실小說本を讀むの得失」, 1883.5.31~6.13)나 "서양인이 또한 가라사대, 패사소설은 모두 세상 사람을 해한다. 특히 심지가 아직 정해지지 않은 사람을 해하는 것은 역병보다 심하다. 흡사 물을 취괴奧壞하는 악충이 먹는 물을 병들게 함과 똑같다"고 언급하는 투서(枕水漁史, 「패사소설의 해稗史小說の害」, 1883.11.7) 등, '소설'을 둘러싼 논의를 몇 편이나 발견할 수 있다. 후자가 "서양인"의 말을 인용하는 것과 마찬가지로, 또한 이미 나카무라 케이우가 『서국입지편西國立志編』(1876.12.11)에서 지적하듯이, 허구의 세계에 빠져서 헤매는 젊은 영혼에 대한 걱정은 동서고금을 막론하는 문제였다.[29]

---

29) R. 엥겔징그는 독일 15세기 최대의 도시였던 쾰른에서 "세속적인 제재를 다룬 문예에는 공식적으로 금서가 되지는 않았지만, 성직자들에게 몹시 기피당했기 때문에 전혀 읽히지 않았다"고 하는 설이나, "시민들이 디트리히 폰 베른이나 늙은 거인 등을 주인공으로 하는 이야기류에 정신이 팔려, 전혀 일이 손에 잡히지 않는 듯하다"고 하는 "속악문학을 개탄하는 목소리"에 대해 논술하고 있다(『文盲と讀書の社會史문맹과 독서의 사회사』, 思索社, 1985.3, 48면). 근대 영국에서의 오락적 독서에 관해서는 Richard D. Altick, *The English Common Reader : A Social History of the Mass Reading Public, 1800~1900*(2nd ed., Columbus : Ohio State University Press, 1998)의 제1장이 청교도혁명기에 제시된 유해무익한 서적이나 대본, 발라드의 유행에 대한 비난공격에 관해 논하고 있다. 빅토리아조에서 에드워드조에 걸친 여성의 독서를 둘러싼 억압적 담론을 독서하는 여지의 자태를 묘사한 그림을 시작으로 독서의 매뉴얼이나 의학잡지에 이르기까지를 폭넓게 섭렵하여 고찰한 Kate Flint, *The Woman Reader : 1837~1914*(New York : Oxford University Press, 1995)를 이것과 겹치면, 독서규범의 생성이 젠더적 질서구축의 과정 그 자체, 즉 '근대화' 그 자체의 과제였다는 것이 이해될 것이다. 독서행위를 둘러싼 젠더나 계급 등의 역사문화적 분석에 대해서는 James L. Machor ed., *Readers in History : Nineteenth-Century American Literature and the Contexts of Response*(Baltimore and London : The Johns Hopkins University Press, 1993), Elizabeth A. Flynn and Patrocinio P.

"역병"으로서의 읽을거리가 "패사소설" 혹은 "소설(희작본)"이라고 제시되어 있듯이, 명치기의 소설부정론은 "희작"을 "서적"과 구별하여 정당한 읽을거리로서 다루지 않는 전통적인 소설관에 입각한 것이다.[30] 그러나 케이우의 「소설이 갖고 있는 네 가지 해악小說ヲ藏スル四害」 중에 "자제를 해함" 등과 동열로 들고 있었던 "규문閨門을 해함"이라는 해독이 1880년대 후반이 되어 사회문제라 할 수도 있을 정도의 기세로 비난당하는 것은, 앞의 「진언 일칙」이 언급한 바와 같이 "여자교육 대 진보의 영향으로 여류가 구독되는 서적의 구역도 따라서 크게 넓어"지고 있었기 때문임에 틀림없다.

제1절에서 언급한 『일본』의 앙케트는 그 제5항에 "소설은 묘령의 여자가 즐겨 읽는 것이다. 그 교육상의 주의 여하"라는 설문을 하고 있었다. 기고된 회답은 대체로 부정적인 것으로, "일률적으로 여자에게 유해하다고 할 수는 없다"고 하는 것이라도 어떤 종류의 서적에 대해서는 읽으면 안 되는 것으로서 제한을 가한 후에 허가한다는 조건부 인증이었다. 용인하지 않는 견해로서는 "우선 허락하지 않는 것이 당연하다. 설령 좋은 소설이라도 소녀에게는 거의 무용지물"이라는 소극적인 것부터 "소설은 어쨌든 묘령의 여자에게 부정한 상상을 일으키는 것이므로 교육상 대개는 폐해가 있다"는 것을 그 이유로 드는 것까지 다양하다. "소설은 묘령의 여자가 즐기는 것으로 교육상 가장 해가 많다고 한다. 단연코 읽히지 않는 것보다 좋은 것은 없다. 그것을 읽고 이익이 아주 없는 것은 아니지만, 너무 즐겨서 마치 복어를 먹는 것처럼, 한번 맛을 알면 스스로 금할 수 없이 그것에 중독되지 않는 자가 거의 드물다"고 하는 타나하시 아야코棚橋絢子의 부정론은 그 최우익에 위치할 것이다.

---

Schweickart ed., *Gender and Reading : Essays on Readers, Texts and Context*(Baltimore and London : The Johns Hopkins University Press, 1986)을 참조할 것.
30) 케이우를 포함한 막부 말기·명치의 소설관에 대해서는 谷川憲一, 「小說と傳記-『西國立志編』における言說の分割소설과 전기-『서국입지편』에서의 담론의 분할」, 『人文學報』 75호, 京都大學人文歌學硏究所, 1995.3 참조.

타나하시를 비롯한 소설부정론자는 단지 교육상 '폐해'가 있다고 언급할 뿐이고, 복어의 독에 중독된 결과가 어떠한 것인지에 대해서는 애매하지만, 이 앙케트 결과의 공표와 시기를 같이 하여 『소년원少年園』에 나타난 논설에서는 그 병상이 구체적으로 기술되어 있다. 이 논설에서는 "오늘날 여자교육의 상태"가 옛날에 비해 "대단히 진보했다"는 것을 인정하면서도, 여전히 남녀의 수학 연수의 격차와 그 '수양'의 정도를 비교하여 "그들의 지식은 겨우 보통소학교를 졸업했을 뿐이며, 그 수양이 다소 고등한 자라고 해도 심상중학교 남자에 비하면 여전히 뒤쳐져 있는 것이 일반적인 상황이 아닐까"라고 언급되어 있다. 논자가 보기에 이 여자들의 "지식"은 겨우 "일상사"를 분별하고 대처할 수 있는 것에 지나지 않아, "아직 문학의 참된 취미 여하를 간파할 수 있"는 데에 도달하지는 않았다. 이러한 독자가 소설을 접하는 것은 "의지의 견실함을 상실시켜 망상의 노예, 이감異感의 희생으로 만드는 불길불상不吉不祥을 초래"하는 것으로, "한번 그 결백 순정의 정감에 오예汚穢의 점염點染을 받은" "묘령의 여자"는 "끝내 그것을 회복할 수 없는" 사태에 빠질 것이 우려된다. 그리고 이와 같은 소설의 병독에 걸린 여자는 "색광花風病者"이라 불리기에 이른다.

> 그들은 아직 책을 읽는 자가 아니라 책에 읽히는 자인데, 만약 이 소녀에게 외설적인 소설을 읽힌다면, 이는 독약을 부어 치정을 교란시켜서 색광으로 만드는 것이다. 설령 최고의 소설을 제공해도 이처럼 정신이 빈약한 소녀에 대해서는 전혀 득이 되지 않아, 그들의 눈에 비치는 것은 단지 사랑이며, 그들의 염두에 느끼는 것은 단지 치정이니, 문학의 미는 그들이 아직 이해할 수 없으며, 미술의 묘는 그들이 아직 간파할 수 없다. 다만 소설이라는 말을 들으면 닥치는 대로 남의 눈을 피해서 번개 같이 읽어치우고 뺨이 빨개져서 혼자 집안에 틀어박혀 망상의 노예가 된다. 의마意馬가 홀연히 미쳐 날뛰어 그것을 제어하는 이성에 심원心猿이 울어대니, 마침내 절조가 없고 모의姆儀도 없어, 여자의 본분이 무엇인지를 모르고 일생을 그르치기에 이르니 실로 두려운 일

이 아니랴

—「소설에 대한 여자교육의 주의小說に對する女子敎育の注意」,『少年園』
2권 18호, 1889.7.18

실로 가공할 만한 병상이 아니겠는가. 이류독자로 인정될 뿐만 아니라, 이러한 병에 걸려서 일생을 망칠 위험성을 경고당한 여자들은 두려움에 떨었음에 틀림없다. 『여학잡지』의 독자가 모조리 "무해·적당한 소설"이나 "보아서 도움이 되는 소설"의 처방을 기다리고, 『이라츠메』의 기자가 "읽어도 독이 되지 않습니다"라는 보증서를 부여하지 않으면 안 되었던 것도 당연하다고 할 수 있겠다.

이러한 종류의 담론은 극히 광범위하고 깊이 여자를 포위하고 있었기 때문에, 신문·잡지의 지면에서 그것들을 골라내는 것은 간단하다. 예를 들면, 『여학잡지』의 경우, 82호부터 3회에 걸친 사설「소설론」은 소설을 읽을 것을 권고하는 것이 아니라, "다만 그것을 읽어도 지장이 없다는 것일 뿐"이라고 했다. 더욱이 그것은 어떠한 소설을 읽어도 지장이 없다는 것이 아니라 "대개 소설로서 고등한 가치가 있는 것 및 사회의 도덕에 저촉되지 않는 것에 한하여 그것을 읽어도 된다"고 하는 제한을 두었으며, 나아가 그 "저촉되지 않는" 소설조차도 "소녀가 소설을 잘 읽는다고 하는 하나의 각오로 그것을 읽"을 것을 독자에게 요구하는 것이었다(「소설을 읽는 선악에 관한 것小說を讀む善惡の事(第一)」 82호, 1887.10.29). 그 "각오"가 없는 독서는 다음과 같은 사태를 초래한다고 경고하고 있다.

특히 우려되는 것은, 여성의 성질은 감정이 풍부하여 기이·변화의 인생을 동경하는 기품이 많은 점이다. 따라서 그 소설을 읽어도 대개 책 속의 전개·변화에 주의하여 가설의 인물의 영고성쇠에 눈물을 흘리고 미인·재자才子의 만남에 가슴을 설레며, 몸도 그와 마찬가지의 경계선으로 나아가 저도 모르게 조우하기를 바라는 마음을 먹는다. 그래서 여류가 소설을 읽는 일이 점차 많

아지면 세상에 바람직하지 않은 사건을 바라는 신앙이 점점 증가하여 망상・
도사徒思가 미치지 않는 곳이 없으며, 심중에 하나의 이상형을 만들어내서 세
상의 남자를 모조리 그것과 비교하여, 이 사람도 안 된다, 저 사람도 안 된다
고 하면서 선택하는 긴 세월이 헛되이 흘러 뜻하지 않게 그 몸이 백발의 노부
인이 되어가는 것도 모른다.

　　　— 「여류가 소설을 읽는 각오에 관한 것女流, 小說を讀むの覺悟の事(第三)」

84호, 1887.11.12

　『여자신문』에서는 전 주영 미국공사 "프에르브씨의 주장"이 소개되
어 있다.

　　부인이 소설을 읽고 일신상, 혹은 널리 세계를 바라본 그 결과는 어떠한 것
　인가 하면, 이혼사건이 계속해서 증가하는 것을 보면 참으로 놀랄 일이 아닌
　가. 지금 부인이 읽은 소설로 인해 익숙해진 도덕상의 불확실한 생각은 별도
　로 하더라고, 부인은 어리석은 소망이나 틀린 도리에 따라 결혼하려고 하거나
　결혼하는 경우가 있다. 그리하여 그 결과는 실망과 불행이 연이어 일어난다.
　그 남편은 부인이 예전에 소설 속에서 몽상했던 주인공이 아니니, 자신은 보
　잘것없는 남자와 결혼했다고 생각하지 않을 수 없는데, 그리하여 자신이 천착
　하고 있는 남자는 자신의 남편이 아니라 다른 부인의 남편이라고 납득한다.
　이리하여 한번 결혼했지만 예상과 달리 불쾌하므로, 그 재앙에서 벗어나고자
　하여 마침내 쌍방이혼을 결정하기에 이른다.

　　　— 「소설로 인해 이혼 증가小說より離婚の增加」 94호, 1890.1.15

　『요미우리신문』은 "오늘날의 각 여학교"가 "문학을 중시하는 풍습이
있어 공공연히 화가和歌・소설류를 교과서 안에 넣는" 것에 대해 "어떤
노박사의 여자교육론"을 게재했다.

　　문학은 인간의 사상을 고상・우미하게 만들고 그 품격을 탁월하게 하는 효
　능이 있다고 하더라도, 사상을 고상하게 하고 심정을 우미하게 만드는 것만을
　여자교육의 목적으로 간주하는 것은 커다란 오류이다. 여자의 본분은 선량한

가정의 왕이 되고 총명한 자녀의 어머니가 되는 것에 있다. 이를 위해서는 다소 문학사상이 필요한 경우도 있다고 하더라도, 학교의 교과목으로 특히 교수할 정도의 가치가 있는 것은 아니다. (…중략…) 요컨대 여자에게 문학을 가르친 결과는, 건방져서서 남편을 고르게 되며 결혼을 혐오하게 되고 가정을 혐오하게 되고 육아를 혐오하게 되고 시부모를 혐오하게 되며, 심할 경우에는 남편을 혐오하게 되고 결혼을 혐오하게 되어 결국에는 고집을 부려 독신녀로 살아가는 경우가 나오게 된다. 오늘날 보통의 여학생들이 학교 졸업 후에 자주 좋은 인연이 없는 것에 괴로워하여, 설령 다른 데로 시집을 가도 능히 가풍에 적응하지 못하여 결국에는 가정에 풍파를 일으키는 것은 필경 모두 여기에 기인할 것이다.

— 「부인과 문학婦人と文學」, 1891.6.9

"내조의 공"을 일탈한 독자나 "권외"의 학문이 미혼이나 이혼을 초래하는 것으로 비난받은 것처럼, 소설을 읽음으로써 생기는 최악의 사태도 결국 여자에게 그 본분을 완수하지 못하게 하는 점, 즉 여자에게서 "절조"나 "모의姆儀"를 빼앗아 가사육아의 의무를 방기시키고 남편이나 그 부모에 대한 복종을 거부시키는 것이었다.

『소년원』의 소설불가독론이 "여자는 그 지식・소행의 수양이 충분한 연후가 아니면, 결코 소설을 읽혀서는 안 된다"고 언급하듯이, 평균적 여성독자의 "지식"이나 "수양"이 남자의 그것에 비해 저급하여 "보통소학교" "정도"에 머무른다는 점에 그 근거를 둔 것이었다. 이 논리로 보면, 여학교의 학생들은 소설을 읽는 것을 허락해도 될 것 같은데도, 그 허가가 부여되지 않는 것은 소설을 읽지 않아야 한다는 주장이 문학 자체의 문제로서 논해지고 있는 것이 아니라, 실제로는 여자의 본분론으로서 논의되고 있었기 때문이다.[31]

---

31) 소설을 읽는 행위의 허가가 여자에게 부여되기 시작한 것은 근대의 소설이 근세 희작과 완전히 절단되어, 그것이 '문학'으로서의 지위를 확고한 것으로 한 후의 일인데, 그 것은 또한 여자의 본분론이 확립된 시기라는 것도 의미한다. 러일전쟁 후에 출판된 『요미우리』의 기사와 동일한 타이틀을 가진 서적에서는, 소설을 읽음으로써 초래되는 해

소설에 대한 친자親炙가 초래하는 그러한 위험은 수동적인 소설독자보다 능동적인 관여자, 예를 들면 '문학자'로서 출세하고자 하는 여성의 경우에는 한층 컸으리라는 것은 말할 필요가 없다. "어떤 노박사"의 비판의 화살은 여학생이 소설을 읽는 것뿐만 아니라, 여학교가 소설가 양성의 온상이 되는 것에도 향해져 있었다. 「부인과 문학」의 중략부분에 언급되어있는 것은 다음과 같은 비난이다.

대개 문학자라고 하면 남녀를 불문하고 다소 평맥을 벗어난 사람으로, 자기류의 고상·우미는 오히려 과대망상에 빠지기 쉽고, 항상 망상누각을 쌓아 그 안에 들어앉아서 멋대로 천하를 비예睥睨하고 인생을 우롱하여, 결국에는 현실사회를 보고 속세계라고 욕하고 실제로 종사하는 자를 오물로 낙인찍기에 이르는데, 심한 경우에는 둔세·도회韜晦로 득의에 차 있는 자가 있다. 고로 여자로 하여금 문학자가 되게 해서는 안 된다는 것은 편향된 논의이지만, 학교에서 굳이 그것을 장려하여 서툰 병아리 문학자를 만드는 것은 대단히 바람직하지 않은 일이다.

그러나 이미 이 시기에 여자에 의해서 쓰인 소설은 무시할 수 없는

독은 이미 작가 측이나 소설 그 자체에는 없다. "당금의 소설은 때로 음淫을 가르치고 도盜를 가르치며, 몹시 나쁜 감정을 유발하고 있다. 하지만 그것은 소설 그 자체의 죄가 아니며, 가르침을 받는 자의 죄이다. 죄는 작가에게 있는 것이 아니라 독자에게 있다. 여余는 이 점에서 많은 부인의 주의와 반성을 구하지 않으면 안 된다. 하지만 소설이라는 이름이 붙은 것은 모두 읽어서는 안 된다는 것은 아니라, 단지 그 종류를 선택해야 한다는 것이다. 저 광명소설이라 불리는 것과 같은 것은 부인의 읽을거리로서 다소 적당한 것이오"(寺內子誠, 『婦人と文學』, 文學同志會, 1905.3)라는 입장에서는 청일전쟁 이후의 사회모순을 살인·간통·자살·광기를 통해서 그리려고 한 비참소설, 심각소설의 등장도 부정되는 것은 아니다. 오히려 그 소설들에 대한 반동으로서 출현한, 부부나 친자의 애정을 묘사한 '광명소설', '순결소설', '가정소설'이라 불리는 읽을거리야말로 "신성한 가정에 들일" 수 있는 것이라는 담론에는, 여자가 "신성한 가정을 주재하는 자"로서, 그 속에서 안전하게 지켜지고 있다=갇혀 있다는 사태를 읽어내야 할 것이다. '문학'의 정전화에서의 이러한 과정에 대해서는 飯田祐子, 『彼らの物語−日本近代文學とジェンダー그들의 이야기−일본 근대문학과 젠더』(名古屋大學出版會, 1998.6)가 "남성 젠더화한 독자공동체"의 성립과 그에 따른 여성독자의 "이념적·추상적 배제"로서 선명하게 그려내고 있다.

세력으로 소설계의 일각을 점하고 있었다. 그 기세란 "여자로 하여금 문학자가 되게 해서는 안 된다"고 하는 전면적 부정론을 편파적인 것으로 인정케 하여, 소설과의 접촉금지를 학교 내에 한정하지 않으면 안 되는 상황으로 몰아붙일 정도였다. 그러나 그것이 여자의 글쓰기를 그 본분과 불가분한 것으로서 억누르려는 움직임을 초래하는 것은 독서의 경우와 완전히 동일한 궤적을 그리는 운동이었다.


## 4. 여자가 쓰는 소설


발행 당초, 즉 1885년의 『여학잡지』에 보이는 여성의 글쓰기에 관한 기사·투서는 대부분이 편지쓰기에 관한 소양에 한정된다. 이듬해가 되면, "소설을 써서 인정을 꿰뚫거나 역사를 기록하여 고금의 일을 명확히 인심人心에 아로새기는" 것을 조각·사진·뜨개질·음악 같은 여자가 전문으로 하는 "세세한 일"의 하나로 들고 여자의 글쓰기로서 '소설'을 인지하는 기사가 등장한다(「여자는 하나의 특기가 있어야 함女は一の技芸あるべき事」 12호, 1886.1.15). 27호에서 시작되는 3회 연속 사설 「여자와 소설女子と小說」(27~32호, 1886.6.25~8.15)은 '소설작가'로서의 여성의 자질을 논하여 "여자는 소설작가로서 몹시 좋은 자이다. 만약 능히 공부하면 남자를 능가할 정도의 작가가 되는 것도 결코 어려운 일이 아니"라고 여자가 소설을 쓰는 것을 고무하고 있다.

서두에 "세상에 미술이라 불리는 것이 있다. 주로 사람의 마음을 즐겁게 하는 동안에 저절로 권선징악의 취지를 제시하여 세상 사람을 고상한 길로 인도하여 현세를 황금세계로 근접시키고자 하는 것이다"를 일독하면 알 수 있듯이, 그것은 『소설신수』에 입각해서 입론된 것이면서도 거기에는 몇 가지의 전도가 보인다. 우선, 묘사되어야 할 현실세계의 "권징의 법칙"이 "자연스럽게 행해지는 것"으로 간주됨으로써 『신수』에서의 "의장意匠"이라는 작가의 주관의 배제, "단지 방관하여 있는 그대로 모사한다"는 리얼리즘이론은 소설로 하여금 "권선징악의 가르침에 효능을 발휘하"는 것으로 변화되어 있다. 더욱이 이것은 쇼요가 말하는 소설의 "간접적인 비익神益", 즉 "우연의 결과"이지 결코 그 "목적"이나 주지"는 아니라고 했던 "사람의 품격을 고상하게 만"든다는 기능을 소설의 최고 사명으로 간주하는 것과 결부되어 있었다.

아마도 이와모토 요시하루로 보이는 필자가 보기에 현금의 소설이 "한 가지 효능도 없고 오히려 모조리 해"가 되기만 하는 것은, 그것들이 "오로지 인정만을 묘사하는 것을 목적으로 하고 그 토대가 되는 본의를 각성하지 못하"기 때문이다. 그리고 "하나도 여자나 부인에게 읽히고 싶지 않"은 현실에 "양호한 소설"을 제공하도록 "여류 중에 탁월한 작가가 나오기"를 기대했던 것이다.

이것이 쓰인 1886년에는 그 "각성"이 문제시되어야 하는 여성작가의 등장이 아직 현실의 것은 아니었다. 그러나 1888년 중반까지 불과 쇼엔 여사와 카호花圃여사 정도였던 "여류소설"은 그 해 말부터 이듬해가 되어 눈부신 활황을 띠기 시작한다. 『여학잡지』 145호(1889.1.19)의 「여소설가 속속 출현女小說家續々として出づ」이라는 제목의 휘보는 아케보노여사, 코가네이 키미코小金井きみ子, 타카츠카사 사요코鷹司さよ子 같은 "고등여학교 졸업생"들의 동향을 보도하며 "모든 여성소설가에 대한 우리들의 주문은 이미 여러 번 말씀드린 바와 같다"고 언급했는데, 그 졸업생 중 한 명이었던 타나베 가호田辺花圃의 『덤불속의 휘파람새藪の鶯』(1888년 6월)로 서막을 연 '여류소설'은 다양한 문예지나 신문의 소설란으로 들불처럼 퍼져갔다. 그 불길에 직면하여 여자에게 과해진 사명의 수행을 요구하는 세력은 여자가 쓰는 소설에 대하여 극히 양의적인 요구를 "주문"으로 들이댔다.

152호(1889.3.9)의 사설 「문장의 이상文章上の理想」은 "가장 비열한 소설"이 "가장 경박한 희작문에 실어 횡행"하는 "오늘날 일본문학계의 부패한" 상황 속에서 그들 "비열·경박한 소설"의 발호를 막는 수단으로서 "첫 번째는 여성이 모두 부도덕 문서에 반대할 것, 두 번째는 여성이 되도록 청결한 문서를 저작할 것"을 들었다.

이 "청결한 문서"에 대한 요구가 실재로 쓰인 '여류소설' 비판이었다는 것은 다음 호의 사설 「여류소설가의 본색女流小說家の本色」(1889.3.16)에서 더욱더 명확해진다. 논자의 눈에 "여류 소설가"는 유행 바람에 흔들리는 "나뭇잎 소설가", 혹은 안이한 파도에 휩쓸리는 "부평초 소설가"밖에 되지 않으므로, 그것을 냉소하는 세상의 악평으로부터 변호할 여지가 없는 것으로 비치고 있다. 그에게 도도하게 출현한 여자가 쓰는 소설은 대개 남자에 의해서 쓰인 소설의 "게다가 가장 천박한 방식"을 흉내 낸 "불결한 문자"에 지나지 않는다.

그렇다면 여자가 써야 할 "청결한 문서"는 어떠한 것일까. 사설자는 이렇게 말하고 있다. "오늘날 일본의 신판 책" 중에 과연 얼마만큼의 "완전한 모범여성의 저작" "충분한 부인전과 유사한 서적" "아이들의 이야기로 사용할 수 있는 신서" "가정간호 등을 안내할 만한 신서" "역사·경제·이화理化·생리 등의 학술을 평이하게 설명한 신서"가 있는가, "세상에 가장 수요가 있고 가장 유익한 서적이 여류의 손에서 나오는 경우가 대단히 적고, 유행 또 유행, 거의 보기도 싫은 소설계에 오히려 계속 여류의 저작이 나타나"니 어떻게 된 일인가라고 한다.

여기에 열거된 종류의 서적의 저자를 과연 '소설가'라 부를 수 있을지 다소 주저하지 않을 수 없는데, 그는 "남성소설가가 모조리 간과하는 곳에서 저 우수한 여성소설가가 눈치채"야 하는 쓸거리의 대상세계로서 다음과 같은 것을 들었다.

우선 가장 자세히 지금의 부인의 한탄을 슬퍼할 수 있는 자는 누구인가, 또한 가장 절실히 지금의 예창기를 한탄할 수 있는 자는 누구인가, 또한 가장 절실히 지금의 감옥의 상황을 한탄할 수 있는 자는 누구인가, 또한 가장 절실히 지금의 배우지 못하는 아이들, 아픈 병자들을 한탄할 수 있는 자는 누구인가, 또한 가장 절실히 불의를 미워하며 선을 동경하고, 이 아름다운 후지산 비와琵琶호를 가장 절실히 읊고, 이 조용한 해 뜨는 나라의 미술을 가장 절실히 노래할 수 있는 자는 과연 누구일까.

여자가 쓰는 것을 여권신장운동이나 폐창운동, 혹은 감옥개량이나 병자·곤궁자의 구재활동과 같은 사회적 활동의 일부로 파악하여 "남녀 부부간의 애정" 이외에 "묘사해야 할 문제가 산처럼 쌓여 있"음에도 불구하고 "가인재자佳人才子의 사랑이야기가 아니면 소설이 아니"라고 생각하는 듯한 "시야가 천박하고 좁"은 "여류소설"을 비난하는 이와 같은 담론은 앞 호 총화叢話란에 인용된 "엘리어트여사(George Eliot, 1819~1880)"에 의한 "여류소설" 비판론(もみぢ, 「여자소설가女小說家」 152호, 1889.3.9)에도 공통된다.

우리들은 우선 생각했다. 대개 세상의 여자소설가라는 자는 가난하기 때문에 작가가 되었는데, 대부분 달리 여자다운 직업이 없어서 저 어느 부인이 어쩔 수 없이 하숙집 주인이 되는 것처럼 작가가 된 것이다. 그래서 시장에서 눈먼 노인이 파는 물건을 보는 것처럼, 그 물건은 설령 좋지 않다고 해도 우리들은 연민을 느껴 그것을 보거나 했다. 여자 작가의 작품은 설령 재미없는 곳이 있다고 하더라도 그것은 본래 대단한 용기에서 나온 것이니 불쌍히 여겨 읽었다. 아마도 남편의 빚을 갚고, 병든 아버지의 약값을 하려고 썼겠지 하고 생각하면 우리들은 여자 소설가의 작품을 비판하지 말아야 한다고 생각했다.

그러나 이 "정이 넘치는 용서"가 "완전히 헛된 눈물"이었다고 "엘리어트여사"가 자조하는 것은 여성작가의 실태가 다음과 같은 사람들이기 때문이다.

본래 오늘날의 여자 소설가의 대부분은 마차의 창 너머로 서민을 관찰한 사람이다. 그 하인이 밖에서 일하는 것을 본 적이 없는 사람이다. 향기 좋은 먹에 고가의 붓을 담그며, 출판사의 손익에는 무관심하고 봉서지奉書紙에 원고를 적은 사람이다. 그러므로 이 사람들은 빈곤하다면 생각이 빈곤한 것 외에 경험한 것이 없을 터이다.

사실, 이 시기의 "여자 소설가"를 대표하는 것은 여학교 졸업생이나 현역 여학생 같은 특권계급이라고 할 만한 한 줌의 여성이지, 빚에 시달려 "필요에 의해 어쩔 수 없이 쓴" 사람은 출현하지 않았다. 그녀들의 소설이 여학교나 상류사교계 등의 극히 협소한 세계에서 소재를 취한 것, "그 사상이 귀족답고 그 문장이 우장優長하며 그 체재가 우미하니, 필경 비귀족적인 사람들이 배울 만한" 것이겠다고 하는 평32)을 무턱대고 부정할 수 없는 것이었다는 점은 확실하다.

그러나 여자의 쓸거리가 사회성을 가지지 않는 것에 대한 이와 같은 비판은 여자가 마차에서 내려 하인 이외의 노동자들과 섞이는 것, 그 활동범위가 가정 밖으로 미쳐 사회적인 확장을 가지는 것을 용인하는 것은 결코 아니다. 앞의 사설 「문장의 이상」이 "문필업"을 여성이 사회에 반응하는 가장 적당한 사업으로서 승인하는 것은 그것이 "반드시 연단에 설 것을 요하지 않고 반드시 공중을 만날 것을 요하지 않으며, 조용히 실내 규방에 있으면서도 능히 그것을 쓸 수 있는" 것이기 때문이었다. 즉, 여자는 "실내 규방"에 거의 은거한 몸이라도, 아니 그렇기 때문에 아내이자 어머니임을 통해서 그녀의 글쓰기가 사회적인 의의를 가지는 것을 보장받는 것이다.

79호의 사설 「여자와 문필업女子と文筆の業」(1887.10.8)도 같은 논지를 전개하고 있었다. 사설자는 지금의 여성이 서 있는 곳이 "여자가 주거해

---

32) 호시노 텐치星野天知에 의한 카호『흐드러지게 핀 꽃みだれ咲』평(『女學雜誌』 312호, 1892.4.9).

야 할 경계"를 한정하여 여자를 "가내·내방·안·어침御寢"이라는 이름의 "일실에 가두"려고 하는 흐름과, 남녀의 임금격차를 부당하다고 하여 "동맹파업을 기도하고" 혹은 선거권을 요구하여 "사방으로 유세하느라 분주"한 여성을 배출하는 "구미문명국"과 같은 흐름 속이라고 한다. 사설은 이 "당분간의 개화의 두 흐름" 중에 어느 한편에 타려고 하는 것은 아니라고 말하면서도, 실제로는 "남녀는 반드시 결혼하여 한 쌍의 부부가 되어 여기에 가家를 만들고 족族을 낳"아야 한다는 것을 논의의 전제로 하고 있다. "십중팔구의 부녀자는 나중에 대체로 아내가 되고 어머니가 되어 한 집안을 거느려야 하는 자"일 때, "아내가 되어 남편을 돕고 어머니가 되어 자녀를 교육하"는 한편으로 "회계사, 서기관", "판사, 선장, 지사, 학무위원", "여의사, 전신원, 우체국원" 같은 것은 쉬운 일이 아니다. 그러나 "한 자루의 붓, 벼루 하나, 이것을 부엌 혹은 침실 한 켠에 두고 틈날 때마다 생각하는 바를 종이에 호소하"는 것은 쉬우며, "만일 일가를 조리하는 한편으로 무언가 부업을 하고자 한다면, 아마도 문필업만큼 부녀자에게 적당한 것은 달리" 없다고 하는 것이 이 사설이 여자의 글쓰기를 권장하는 근거이다.

무언가를 쓰는 것을 "부업"으로 간주하는 것은 원래 '본무'가 별도로 있기 때문이다. 일찍이 "여자가 학문을 닦고 문장을 짓고 시가를 읊고 도리를 강론하"는 것을 "고무·장려"했던 55호의 사설 「부인론婦人論」(1887.3.12)은 이렇게 쓰고 있다.

천하의 직업에 정치만 귀한 것이 아니다. 학자 또한 대단히 귀하다고 한다. 다만 학자만 혼자 귀한 것이 아니다. 농상공 또한 실로 존경할 만한 사업이 아닌가. 특히 여자와 같은 이는 능히 스스로를 삼가며 시류에 따라 헛된 명예에 현혹되지 말고 부인의 통상의 임무인 가정의 사업이 실로 귀한 것이라는 사실을 잊어서는 안 된다. 내각에 참여하여 법을 제정하고, 말안장에 걸터앉아 병사를 진두에서 지휘하는 것은 여자가 바라서는 안 된다. 천지의 진리를 추구하고 희대의 저술을 이루어 세상의 두뇌 심정을 지배하는 것은 혹은 부인에게는 불가능한 바, 아마도 그 다수에게는 부적당한 바일 것이다. (…중략…) 재명才名이 세상에 울리고 식견이 높다는 명예가 멀리 들리고, 저서가 수도의 종이값을 귀하게 만들어도 여자가 고유한 미를 잃을 때는 모두 쓰레기와 같을 뿐이다.

스스로 대신이나 군인이 되는 것은 여자가 바랄 수 있는 일이 아니나, "가정에 있으면서 그 선량한 교육으로 대 정치가도 만들고 용장도 키우고 박사도 낳"는 것은 가능하며, 그것이야말로 "당신의 고유한 본무"라고 하는 주장은, 따라서 그 "고유한 본무"를 잃은 "부업"을 무가치한 것으로 단죄할 수 있다.

이처럼, "본무"가 여자에게 고유한 사회적 의미를 제공받고 있었기 때문에, 그 "부업"도 마찬가지로 젠더의 각인을 지녔다는 것은 두말할 필요도 없다. 무라사키 시키부와 함께 흔히 '여류'의 선구로 제시되면서도 세이 쇼나곤清少納言의 평판이 좋지 않은 것은 이 때문이다.

평생 남편이 없었다고 할 수는 없지만, 학문이 있는 것을 자랑하며 어깨로 바람을 가르면서 처세하려고 하는 것은 부인의 통폐通弊와 같은 것이다. 서양에서도 시가·소설 등으로 그 이름을 날린 여성이 많지만, 그 중에는 교만하다고 비난당하고 품행이 좋지 않다고 조소당하는 자도 많은 모양이다. '몽타규'부인 같은 사람이야말로 재학才學, 숙덕 모두 훌륭한 사람이다. 우리나라에도 왕조 시절에는 재학 있는 부인이 많이 나왔다. 그것은 대개는 『백인 한수』 중에서 규수들을 곁에서 모셨던 자들이다. 그 중에 세이 쇼나곤이라는 자는 「날이 새기 전에」라는 유명한 화가和歌를 읊은 부인이다. 이치조一條천황의 황후를 모신 인재였는데, 너무나 그 재학을 자랑하는 듯하여, 곧잘 남을 능가하며 품행도 모가 난 데가 있고 저속하다.
— 세이헤이일인青萍逸人, 「부인과 재학婦人と才學」, 『女新聞』 17호,
1888.10.7

이미 동시대에 "잘난 체하는 대단한 여자"(『紫式部日記』)라는 평을 받

왔던 세이 쇼나곤의 평가는 그 후, 유교적 여성상과 결부되어 "재덕才德 겸비한 무라사키 시키부" 대 "부덕婦德 결여한 세이 쇼나곤"으로 되어, 나중에는 영락한 귀신전설마저 낳기에 이르렀다. 근대의 세이 쇼나곤 때리기가 그것들과 다른 점은 그러한 담론이 당대의 여학생 비판과 겹쳐져서 여자가 쓰는 것에 대한 처벌적 언사를 보강하는 것이 되었다는 점이다.

『요미우리신문』은 미카미 산지三上參次가 황전강구소(皇典講究所; 1882년에 설립된 신도神道의 연구교육기관)에서 행한 강연을 「무라사키, 세이 두 여자에 대한 연설」이라는 타이틀로 수 차례 게재했다. 『겐지』, 『마쿠라노 소시枕草子』를 "모두 비범한 대 저술"이라고 하면서도 거기에 보이는 "차이"를 "선인들이 말한 것처럼 두 여자가 인물이 같지 않기 때문에 일어난 일"이라고 하는 미카미는 그것을 다음과 같은 대비로 제시하고 있다.

> 세이 쇼나곤은 너무나 당세풍이며 항상 학문을 자랑하는데다가 내행內行도 닦지 않는다. 그것을 오늘날에 빗대어 말하면, 세이 쇼나곤은 기독교학교에서 교육을 받은 여학생과 같아, 남자와 어깨를 나란히 하는 것을 아무렇지도 않게 생각할 뿐만 아니라, 언제 어디서나 영어를 섞어가며 논의를 시도하고 남녀동권이라고 외칠 듯이 활발한 여성이다. 무라사키 시키부는 그에 반해, 똑같이 고상한 교육을 받으면서도 여전히 어렸을 적 부모의 슬하에서 훈도되었던 것처럼, 여자 대학류로 언행을 하는 부인과 같다.
>
> ― 1889.5.24

여자가 쓴 것은 그 자체의 가치가 아니라, 글쓴이의 '품행'이나 '덕'에 따라 평가된다. 미카미가 말하듯이, 여자의 글재주는 "어디까지나 정숙하면서 온량과 겸양으로 신체를 규율한다"는 '덕'을 동반할 때 비로소 논평되기에 족한 것이기 때문이다. 그리고 『여학잡지』의 사설 「부인론」이 언급한 것처럼, 여기로서의 글쓰기는 아무리 수도의 종이값을 올리는 시가나 소설이라도, 이 '덕'을 보증하는 "고유한 본무"가 완수되어 있지 않으면 그것은 평가의 대상이 되지는 않는다. 본무와 여기가 이와 같은 관계에 있는 이상, 아직 아내도 아니고 어머니도 아닌 여자가 쓰는 소설, 즉 본무의 완수를 인정할 수 없는 여학생 따위의 여기가 비난당해야 하는 것은 당연하다고 할 수도 있는 사태인 것이다.

이리하여 여학생들은 다음과 같은 충고를 받게 된다.

> 혼고本鄉 주변의 유명한 모 학교(도쿄대학)에서는 학생 중에 유아독존류의 소설을 즐기시는 분이 대단히 많아, 그 중에는 소설열 때문에 중도에 학업을 이루지 못하고 퇴학하는 경향조차 있었다는 것을 가끔 들었는데, 지금 또한 들리는 바에 의하면 요즘 그 학교에서 큰 시험이 있었는데, 어떠한 앞뒤의 맥락인지 이상하게도 평소 소설열에 걸려 계셨던 학생들이 거의 담합한 것처럼 낙제하셨다고 하니, 하물며 매사에 빠지기 쉬운 여자학생들은 설령 학교에 있으면서 면학의 여가가 있다고 하더라도 소설 따위에는 그다지 손을 대시지 않는 편이 좋겠네요 아니 써 보시더라도 우선 보통교육을 받아 학문이 이루어진 후에 하시는 것이 부모에 대한 효행이며, 자신을 위하는 길이십니다.
> —「소녀 소설가에게 충고少年女子の小說家へご忠告」,『女新聞』65호,
> 1889.8.15

『가라쿠타문고我樂多文庫』에서는 사자나미산인漣山人이 "쇼세츠笑雪여사(=小說女史)"와 "하이시拜枝여사(=稗史女史)"라는 두 명의 작가지망 여학생을 희화화한「자만 여작가自惚 娘作者」(15 · 16호, 1889.1.25 · 2.16)를 썼는데,『여학잡지』에서도 이소가이 운포磯貝雲峯의「부푼 가슴浮雲胸」(250~260호, 1891.1.31~4.11)이 소설을 쓰는 여학생을 히로인의 한 명으로 만들었다. 그것은 아래와 같은 이야기이다.

"여성억압의 폐해를 그려 여존의 기품을 일으키는 것은 국가를 위해 필요한 것"이라고 믿는 우키타 나미코浮田波子가 집필하는 소설은 신문사나 출판사의 정견 없는 영업자세로 인해 "부당한 평"에 도움을 받아 실태 이상의 호평을 얻어 그녀는 "여류소설가의 태두"로 존경받는다.

끝내는 정담연설회의 단상에 서서 "여자연설가"로서의 명성을 획득한 나미코는 전부터의 주장대로 "일본의 폐풍인 압제결혼"을 부정하고 "애정을 결국 억제할 수 없"는 모 관성官省의 관리와 "자유"로운 결혼을 한다. 그녀에게 부여된 이름에서 예상되듯이 "허영 공락空樂"을 탐닉하는 나미코의 결혼생활에는, 그 후 파국 직전에 선 운명이 준비되어 있다. 그리고 그 궁지를 구하는 것이 "생명을 희생하여 남편을 위해, 일가를 위해 바"쳐 시집의 몰락을 재건한 친구 카네타니 시즈코金谷しず子의 '덕행'이라는 것이 전편의 안목이었다.

이보다 앞서, 이 소설이 풍자하는 바를 더 직접적으로 언급한 여자교육자가 있었다. 여자의 독서목록에서 『겐지』를 배제한 고등여학교 교장 야타베 료키치이다. 『여학잡지』154호의 「신보」는 "카호여사, 아케보노 여사의 아류는 대개 고등여학교 졸업생"이라고 보도하고, "그 중에도 나이 젊은 여자의 손으로 이루어진 것은 가장 엉망이다. 여자가 쓴 것은 세상 사람들도 조금은 꺼려서 충분한 비평을 내리지 않으니까 기어올라서 점점 열등한 소설을 출판하는데, 그 꼴사납기란 언어도단이다. 그러한 소설을 쓰느니 오히려 온화하게 바느질이라도 하며 있는 편이 열 배, 백 배는 낫다"고 하는 야타베의 "여학생소설" 비판을 재록하여 "우리들의 의견이 암합한 것은 기쁜 일이다"라고 찬의를 표했다.(「여소설가와 고등여학교女小說家と高等女學校」, 1889.3.23)

충고·야유·풍계諷誡·질책 등, 수법을 바꿔가면서 행해진 비난공격으로 여자들은 글쓰기를 포기했을까? 답은 아니다. 『요미우리신문』에 게재된 우메모토 토시코梅本とし子의 투서 「여자는 소설을 쓰지 말아야 하는가女子は小說を書くべからざるか」는 전 달의 이 신문에 게재된 "요시카와 히데코吉川秀子"의 소설문체론에 대하여 "어떤 유명한 박사"가 내린 "요즘은 너무 나서는 여자들이 있는데, 소설이든 논문이든 자구도 맞지 않고 문장의 치졸함은 말할 나위도 없어, 한 번 읽으면 눈살을 찌푸리고, 두 번 읽으면 그 사람이 자기의 가치를 잊고 저도 모르게 세상 사람들

한테서 조소를 당하는 것을 돌아보지 않음을 불쌍히 여긴다"고 하는 우롱에 대한 다음과 같은 반론이었다.[33]

　　본래 소설은 문학 중에서 가장 귀한 것은 아니라도 부녀자를 위하여 선을 권하고 악을 타이르며, 사회의 정황을 이해하고 물리를 깨닫는 등의 효용이 있음이 현저하여 세상에 필요불가결한 것이라고 들었다. 그렇지만 그 문장의 좋고 나쁨으로 읽는 사람이 감정을 달리 하기에 그것을 쓰는 데도 수년의 공을 들이지 않으면 세상에 사랑받기는 어렵다. 사정이 그런 것을 초학의 여자들이 지은 글이 치졸하다고 책망하시는 것은 세상의 교육을 맡은 어른의 주장이라고 보이지 않는다. 또한 여자가 소설을 쓰는 것은 필요 없는 것처럼 말씀하셨지만, 그러한 규정은 서양 나라들에도 있다고 들은 적이 없다.

여자교육의 대가에게 "서툰 글을 돌아보지도 않고" 그녀에게 반박하는 붓을 쥐게 한 것은 서양문학의 자극에 의하여 상승한 소설의 지위나 그 사회적 의의로서의 소설유용론임과 동시에 '여류소설' 비판의 폭풍 속에서 그녀와 마찬가지로 "붓을 들"기를 선택한 많은 여학생들의 존재였다. 항의는 이렇게 이어진다.

　　똑똑한 귀녀들이 세상이 진보함에 따라 문학의 길에 힘써, 이 신문 저 잡지 등에 투고하시는 것은 더할 나위 없이 기쁘게 생각하는데, 필요 없는 일이라고 헐뜯으시는 것은 왜일까. 정사政事의 논의에 끼어들고 또는 고상한 학리 등을 학자연하며 설파한다면 그렇게 비난받는 것도 무리는 아니지만, 소설 또는 문장을 쓰는 것을 꾸짖으시는 것은 이해할 수 없다. 요즘 여자교육의 표본이라고 하는 어떤 여학교에서는 학생들이 모여서 옥고를 투고하고 화장花章을 보내서 어떤 잡지를 만드셨다고 들었다. 그런 것을 박사님이 앞과 같이 평하셨다는 말을 듣는다면, 그 여학생의 마음은 어떨지가 생각나서 좀체 잊으려고 해도 잊을 수가 없다.

---

33) 『요미우리』, 1889.4.12. 『貴女之友귀녀지우』 54호(1889.4.25)에 「文かく女, 評する博士글 쓰는 여자, 평하는 박사」로 제목을 바꿔서 게재된 것이 이것과 거의 같은 글이다.

글을 쓰는 여자에 대한 연대감, 혹은 글쓰기를 비난하는 것에 대한 불복이나 분노가 얼마나 깊은 것이었나는 토시코가 이것과 거의 같은 글의 반박문을 『귀녀지우貴女之友』에 투고한 것으로도 추측할 수 있다. 어쩌면 그녀는 이 투고를 이 신문, 저 신문에 마구 보냈을지도 모른다. 흡사 글쓰기를 봉인하려고 하는 힘에는 글쓰기 그 자체가 효과적으로 대항하는 것을 알아챈 것처럼.

몇 개월 후의 『여학잡지』에는 여학생들의 울적함을 대변하려 한 것으로 보이는 사설이 등장하고 있다「여름 밤 음산하다夏夜陰々たり」, 176호, 1889.8.24).

여름 밤 등잔 밑에서 독서하는 "여학생"의 눈앞에 깡마른 세 사람의 여자가 홀연히 출현한다. 그 중 하나는 재학 중에 번민 끝에 죽은 "여자 수재"의 망령이다. 고등여학교 학생이었던 그녀는 영학·불학을 익혔으며 화和·한漢의 학문에도 적지 않은 뜻을 가지고 있었다. 그러나 면학의 길은 졸업을 경계로 닫혀 버리고, 그렇다고 해서 동양류의 구습을 탈피하지 못하는 남자들 중에 일생을 의지할 만한 인물을 찾을 수도 없다. "즉 소설을 써서 생각하는 바를 쏟아내면 세상 사람들이 놀라서 칭찬하며 갑자기 저를 당대 제일의 여재로 숭상하"는 일은 있어도, 그들은 그 심정을 진정으로 이해하는 사람들이 아니다. "대개 책을 읽으면 이상이 점점 높아, 책 속의 수재는 한 사람도 세상에 존재하지 않고", 그 "환락, 행복"은 소설의 세계에 국한되어 있다. "이로 인하여 우울한 것도 모르고 사념이 이미 쌓여 그 무게가 심장을 눌러 심려에 깊이 빠져", 그녀는 결국 귀적鬼籍에 오른다. 그 한을 이렇게 토로하고 있다.

인생에서 문자를 알고 나서 고뇌가 몹시 절박해져서, 18세로 일찍이 노후가 오고 말았다. 본래 저는 아직 불행 중의 한 사람, 저와 같이 배우고, 저와 같이 바라며, 그리하여 혹 저와 같이 단명으로 죽거나 혹은 죽지 않더라도 세상에 살면서 묻혀 있는 자는 얼마나 될까. 배움은 과연 이내 몸의 원수인가, 문명은 과연 여자의 적인가, 세상을 초월해서 나아가는 것은 과연 일신의 불행인가, 때로 번민하다 여전히 침체되어 망념 집착하여 몹시 한스럽다.

나머지 두 명의 망령은 아내 혹은 어머니였던 여학생 출신이다. 그들은 모두 "바람직하지 않은 유흥에 빠지"는 남편의 부정이나 그 "냉담 참혹"한 처사에 괴로워하여, "육"은 현세에 있으면서도 "영"은 이미 거기에서 이탈해 있다고 한다. 세 사람은 전 호에 게재된 사설 「명치여학생의 망령을 위로한다明治女學生の亡靈を慰む」— 세상의 몰이해, 압제 때문에 뜻을 이루지 못하고 아까운 영재를 개화시키지 못한 채 묻혀 버린 여학생들을 "세상의 소금"이라 부르고, "오늘날 고등한 여학생 제군 중 민사悶死하고, 폐지되고, 중절되고, 소멸되는 자는 타일의 대 기초를 만드는 자라"고 위로하는 조문弔文— 에 자신들의 이해자를 발견하고 망념을 풀 수 있었던 것을 감사하기 위하여 여학생 앞에 나타난 것이었다.

이것이 1년 후에 쓰인 것이었다면 혹은 망령 중 한 사람은 아케보노 여사, 즉 키무라 에이코木村榮子였을지도 모른다. 고등여학교 졸업 후, 해외유학의 꿈이 깨지고, 아버지의 명령으로 맞이한 남편과는 그 품행불량이 원인으로 이혼했다는 그녀는, 그러나 이때 죽음에 이르기까지의 1년 몇 개월이라는 남은 시간을 오로지 쓰는 것에 전념하고 있었다. 디딤돌이 될 것을 감수하라고 하는 여학생의 제문은, 과연 에이코를 위로할 수 있는 것이었을까.

"유명한 박사"에 의하여 비판받은 투서의 필자 요시카와 히데코가 아케보노여사의 별명이었던 것처럼, 여자들이 쓰는 "소설 또는 문장"은 "이 신문, 저 잡지"에 넘쳐흐르고 있었다. 우리들은 망령은 아니라도 이 시대에 살면서 글쓰기를 선택한 여자들의 말을 듣지 않으면 안 되는 곳에 겨우 도착한 것 같다.

제 3 장

여자의

소설을

읽다

쇼운여사, 「잣새의 부리」 제1회(『여자신문』 제13호, 1888.9.9. 仙齋年信 그림)(도쿄대학 법학부 부속 명치신문잡지문고 소장)
히로인 중 하나인 우와키 하루코(浮和木春子)가 매화구경을 가기 위하여 미용사에게 머리 손질을 받고 있다. 잡다한 경대 주위에는 손거울이나 오데코롱 병 등과 함께 『여자신문』이 보인다. 여자의 뒷모습을 거울에 비친 모습과 함께 묘사하는 것은 미인화의 상투수법이었다.

# 1. '기모노'와 '양장'–『덤불속의 휘파람새』

『덤불속의 휘파람새藪の鶯』(1888년 6월)의 성공 — 특히 33엔 20센錢이라는 원고료[1] — 과 이후의 카호花圃의 작가로서의 활약이 '소설가 히구치 이치요' 탄생을 재촉한 커다란 사건이었던 것은 널리 알려져 있다. 이 자극이 비단 이치요뿐만 아니라, 그 외 많은 작가에 대해서도 마찬가지로 작용한 것은 『덤불속의 휘파람새』이전의 삭막한 '여류소설'계에 흡사 물고를 튼 것처럼 다수의 작품이 출현한 사실로 입증할 수 있다.

『덤불속의 휘파람새』가 출판된 해의 연말에 『여학잡지』는 「여성 소설가女性の小說家」(141호, 1888.12.22)라는 제목으로 다음과 같은 휘보를 게재하고 있다.

최근에 이르러 여성으로서 소설을 쓴 것은 첫 번째로 나카지마 쇼엔中島湘煙여사의 「선악의 기로善惡の岐」, 두 번째가 타나베 류코田邊龍子의 『덤불속의 휘파람새』이다. 그리고 요즘 『꽃의 수도』에 나온 「정혼의 굴레許嫁の緣」는 삿포로札幌에 사는 오시마 치요코大島千代子의 작품이며, 내년 봄 금항당金港堂에서 발행될 예정인 소설 중에 나카지마 토시코中島俊子의 「산속의 명화山間の名花」, 사사키 마사코(佐々木正子; 佐々木弘綱씨의 조카딸)의 「가슴속의 그리움胸の思」, 사사키 미츠코(光子; 弘綱씨의 부인)의 「아기의 일심赤子の一心」「소나무의 탄식松の歎息」「용기 없는 불씨果敢なき埋火」 등이 있다. 여성 소설가가 속속 출현하려 한다. 바라건대 조지 엘리어트와 같이 도덕관념이 높고, 스타르부인(Madame de Staël, 1766~1817)과 같이 자유의 기골이 힘차고, 비처 스토(Harriet Elizabeth Beecher Stowe, 1811~1896)처럼 자선의 애정이 온화한 소설가가 많기를 기원한다. 분수도 모르는 쇼나곤少納言은 정말 사양한다.

---

1) (역주) 당시 소학교 교사의 초임이 6엔. 비슷한 시기에 대학을 다닌 키타 사다키치喜田貞吉라는 역사학자가 학창시절 한 달에 1엔 50센으로 생활을 했다고 썼는데, 지금의 화폐가치로 이것을 50만원으로 환산하면, 카호의 원고료는 약 1,100만 원에 상당한다.

여기에는 이미 본 바와 같은 여자가 쓰는 소설의 이념과 사명에 관한 특유의 담론이 반복되어 있는데, 그렇다면 실제로 그 "여성 소설가"들은 이 요구에 대하여 어떠한 이야기로 응하려고 했을까.

『덤불속의 휘파람새』에서는 제1회, 녹명관(鹿鳴館; 서양인과의 교류를 목적으로 1883년에 완성된 사교장으로, 당시 일본의 서구화 열풍의 상징 공간)의 신년 야회에 출석한 핫토리 나미코服部浪子, 시노하라 하마코篠原浜子라는 두 영양이 그 중심적인 인물인데, 그 캐릭터들은 의상을 축으로 한 '서구화'의 정도에 따라 조형되어 있다. 즉, 여기에서는 평상시에도 양복을 착용하고 "무도"를 즐기며 "영학英學을 충분히 공부하고 싶"다고 하는 하마코에 대해, 평소에는 기모노를 입고 서양인과 춤을 추는 것에는 "아무래도 아직 언짢은 생각"이 드는 나미코가 대치되어 있다. 하마코의 서양스타일은 아버지 자작의 구주 유람 이후의 갑작스런 구화주의에 의한 것이었으며, 제3회에는 시노하라 가문의 식사·가옥·의복, 딸 하마코의 교육 등을 둘러싼 우스꽝스러울 정도의 서구심취가 비판적으로 묘사되어 있다.

스토리의 골자는 이 하마코가 자작가문의 양자이자 정혼자인 츠토무勤가 아니라 영학 지도로 출입하고 있던 야마나카 타다시山中正와 바라는 대로 결혼을 했지만, 야마나카는 결혼 이전부터 내연의 처같이 지낸 하숙집 여주인과 공모하여 재산을 횡령한 후 도망쳤고, 한편 츠토무는 마츠시마 히데코松島秀子라는 부모를 잃고 뜨개질을 하며 동생을 학교에 보내고 화가和歌의 소양을 바탕으로 "국어학"까지 동생에게 가르치며 그 복습을 봐 줌으로써 "학교에 다니며 공부하는 것과 같은" 정도의 교양을 몸에 익히려고 하는 여자에게 첫눈에 반해 결혼하게 된다는 것이다.

이와 같은 이야기가 발하는 메시지가 여자의 글쓰기나 독서를 둘러싸고 출현한 수많은 '여자의 본도=결혼'이라는 지배적 담론의 반복이라는 것은 말할 필요도 없다. 『덤불속의 휘파람새』가 뒤를 잇는 '여류소설'에 미친 영향이라는 것은, 이러한 '대단원으로서의 결혼식'이라는 단순한 플롯을 극히 도식적인 인물배치를 통해서 전개하는 점에 있었다고 할 수도 있다. 즉, 도달점으로서의 결혼을 행복한 것으로 간주할지의 여부를 결정하는, 등장인물에 부여된 '일본풍' 대 '서양풍'이라는 대립도식이 그것이다.

츠토무가 첫눈에 반한 히데코의 행복을 보증하는 것은 온순, 근검, 겸손, 화가和歌의 소양과 같은 전통적인 부덕의 항목 그 자체이다. 나미코의 경우도 마찬가지로 "여자에게 학문이 있으면 교사가 되어 남편은 가지지 않는다고 하니까요. 인민이 번식하지 않잖아요. 애국심이 없대요"라고 하여 "남에게 뽐내며 주제넘게 나서거나 해서 온순한 여덕을 잃지 않도록 하지 않으면 안 됩니다"라고 말한 "어떤 분"의 말을 반복함으로써 이러한 지배적인 담론의 추인자를 연기하고 있다.

그녀들의 겸손함이라는 "여덕"은 그대로 여자의 수동성, 비행위자로서의 캐릭터를 만들어내고 있다. 나미코의 행동거지에 대해서는 그 경위가 설명되지 않은 채, 츠토무의 친구 부인이 되어 있는 것이 11회의 대화에서 갑자기 명확해지는데, 그것은 남편이 "독서라도 하고 있다가 기가 다할 때에는 거문고를 타게 하거나 차를 타게 하거나, 조금은 문학에 관한 이야기도 하거나" 할 수 있는 상대로서 묘사되고 있는 데 지나지 않고, 나미코도 히데코도 '도달점으로서의 결혼'을 향해 스스로 행동하는 인물은 아니다. 결혼을 게임이 끝난 것으로 하는 장기판에서 그녀들은 게임의 참가자가 아니라, 오히려 남자에 의해서 움직여지는 말에 머물러 있다. 이 '결혼게임'의 이야기는 궁극적으로 '남자에게 획득당하는 여자'의 이야기였던 것이다.

한편, 스스로 선택한 결혼의 골로 매진하는 하마코의 불행은 강한 자기주장이나 행동성으로 인해 초래된 것이다. "저는 집에 있으면 울적해져도 여기(녹명관의 무도회)에 오면 갑자기 기분이 액티브해져요"라는 그녀의 말이 상징하듯이, 부모가 정한 결혼에 대한 거부라는 '부도덕함'은 '서구화'를 원천으로 하는 다양한 마이너스 측면 —"피아노, 바이올린

연습", 영학, "교제"로 칭하는 빈번한 외출, 밤나들이, "여존주의", "여학잡지" — 을 수반하고 있으며, 그것은 어머니에 의한 "가정의 가르침"의 결여, 즉 오랜 가치이기는 하지만 여자의 행복을 보증하는 '여덕'을 결핍함으로써 더욱더 강화되고 있다.

따라서 이러한 플러스 측면을 갖지 않는 반反 주인공이 남성일 경우에 그것은 '골에 도달할 수 없는' 이야기라는 변종을 낳게 된다. 쇼운여사의 「잣새의 부리いすかの嘴」(『女新聞』, 1888.9.9~10.7)는 소꿉친구인 오하루(お春)에서 그 친구인 오아키お秋로 옮겨 타려고 한 타마다 키요시玉田清가 영리한 오아키에 차여 결국 이것저것 다 놓치고 만 사건을 묘사하였고, 같은 잡지의 이시도키슈石堂乙洲여사 「매화 향기梅のかほり」(1889.10.25~12.5)도 마찬가지로 사이좋은 세 자매 중 둘을 농락하려고 하는 난봉꾼 서생 스기노杉野가 남은 한 여자 오코お香에게 그 야심을 들켜, 세 사람이 우정을 되찾는다는 이야기이다.

이 작품들에서 '결혼'이 성취될 수 없는 것은 남자 쪽이 게임 참가자로서의 자격을 갖추지 못했기 때문인데, 여성 등장인물에게는 변함없이 『덤불속의 휘파람새』와 같은 대립도식이 사용되어 있다. 「잣새의 부리」에서 "저는 작금의 소신문 소설이나 서양의 인정이야기에 보이는 결혼은 싫습니다"라고 하면서 "경박한 남자" 타마다를 차는 "조심성 있는 처녀" 오아키에 비하여, 타마다의 "겉만 버젓한 남자에게 마음을 두"는 오하루에게는 '우와키(宇和木; 바람기)'라는 성이 부여되었다. 「매화 향기」에서도 마찬가지로 스기노를 둘러싸고 맞붙어 싸우는 것이 "서양복을 입은 한 여성"과 "마찬가지로 서양식으로 완전히 치장한" 여자인데 비해, 눌의 싸움에 "그 기동은 온순하지 않다"며 끼어들어 "남녀의 본분을 자세히 설명하고 일한日漢의 예를 들어" 그 "품행"을 경계하는 오코가 대비되어 있다.

결혼이 목적지인 이야기에는 또한 다른 변종이 있다. 남녀 모두 플러스 가치를 부여받은 등장인물이 이야기 안에 많이 존재하며 또한 그것이 같은 수인 경우, 그들은 적당히 배우자를 할당받는다. 사범학교에 들어가서 "여학사女學士"가 된 두 비혼非婚론자를 제외하고 대부분의 남녀를 맺어주고 끝나는 『덤불속의 휘파람새』처럼, 몇 쌍이나 되는 커플을 만들고 대단원을 맺는 '여류소설'은 일일이 다 들 수도 없다. 그러나 그 계산이 잘 맞지 않을 때, 구체적으로는 한 사람의 남자에 대해 '여덕'을 가진 여자가 복수로 등장하는 경우에는, 여성은 결혼게임의 행위자로서의 성격을 갖지 않기 때문에 한 남자를 둘러싼 쟁탈전이 펼쳐지는 것이 아니라, 이야기는 남자의 '공유' 혹은 '양도'와 같은 식의 결말을 가지게 된다.

아케보노여사의 「정조 겨루기操くらべ」(『讀賣新聞』 1889.10.6~10.8)는 제목대로 한 남자를 둘러싼 두 여성의 '정조'에 관한 이야기이다. 춘하추동의 4단으로 이뤄지는 「봄」의 시즌에서는 카메이도龜井戶의 어떤 식당에서 헤어지는 한 쌍의 남녀의 대화가 묘사된다. 「여름」은 병 때문에 결혼을 연기한다는 약혼자한테서 온 편지를 받은 여성의 번민을 묘사하고, 「가을」에는 자신을 찾아온 그리운 남자에 대해 그 신상을 우려하여 쫓아 보내는 꿈을 꾼 여성의 비극적인 장면이 놓여 있다. 마지막 「겨울」의 단에 이르러 이 단편적인 장면들이 모두 하나의 이야기로 수렴된다. 여기에 등장하는 젊은 부부인 미치오道夫와 오유키는 「여름」의 단에서의 여자와 그 약혼자의 이후의 모습이다. 그들에게는 미치타로道太郎라는 자식이 있는데, 아이를 돌보는 오코메お米는 미치오가 결혼 전에 정을 품은 식당의 하녀(「봄」과 「가을」의 단에 등장한 여자)인데, 미치오를 그리워한 나머지 병에 걸린 것을 불쌍히 여긴 오유키가 떠맡은 사람이었다. "정조를 깨기가 두려워서"라며 혼담을 들으려고 하지 않는 오코메를 보고 "아아, 나만 없었더라면……" 하는 오유키와, "내 자식처럼 여겨지"는 미치타로의 성장만을 바라보며 살아가는 오코메의 '정조 겨루기'는 사랑스러운 아이를 둘러싸고 "세 사람은 언젠가 괴로움도 풀려 머리 맨 아이의 끈보다 긴 인연을 맺은 아내와 남편으로 이어지는 인연

의 주종(主從)이 어떠한 심경이었을까"라고 일체화되어 끝난다.

이듬해의 『요미우리』에 연재된 그녀의 「어린 솔わか松」(1890.1.3~1.20)도 마찬가지로 남편이 될 한 남자에게 정조를 바치는 여자의 이야기인데, 여기에서 최종적으로 맺어지는 것은 부모가 정한 남녀로, 이루어지지 않는 사랑을 한 여자 쪽은 익사하고 만다. 이 「어린 솔」과 함께 같은 신문 1월의 지면을 장식한 세이카清花여사의 「여자다움娘氣」(1890.1.3~1.8)에서는 히로인 중 한 사람이 앞의 「정조 겨루기」에서 "나만 없었더라면"이라는 오유키의 말대로 목숨을 잃음으로써 또 한 사람의 히로인에게 남편을 양도하는 줄거리로 되어 있다.

이야기의 남자 주인공 아키츠키 테루오秋月輝男는 눈 속에서 쓰러진 몰락사족의 딸 오유키お雪를 구한다. 저택의 고용살이를 시작한 오유키가 모시는 오하나お花는 부모가 권하는 혼담을 거부하고 있었는데, 오유키의 이야기를 듣고 그 상대가 오유키를 구한 아키츠키 테루오라는 것을 알고 그의 인품을 사서 결혼하게 된다. 내심 테루오를 사모하고 있던 오유키는, 하녀로서 시가로 데려가고 싶다는 오하나의 부탁을 거절하고 적십자사의 간호사가 된다. 마지막 회에서는 폐혼충(폐렴)으로 죽음에 처한 오하나가 간호를 하고 있는 오유키에게 마지막 유언으로 "내가 죽은 후에 내 대신 아키츠키님을 돌봐"주도록 부탁하고 오유키와 테루오의 손을 꼭 잡고 죽는다.

3개월 후 『요미우리』에 첫 선을 보인 카호여사의 「교재 오다마키이야기教草をだまき物語」는 이러한 여자의 '정절'이 "비행"을 하는 남편에 대해서도 관철되어야 함을 "윤회응보의 도리"로 제시하려고 하는 작품이다. 이것이 완전한 우화소설이라는 것은 "그 이름대로"라고 내레이터가 말하듯이 남편에게 "츠마오 사리조(妻尾去理藏; 처를 떠남)" 아내에게 "비사오操", 그들의 딸에게 "오시에教", 나중에 두 팔을 잃는 첩에게 가지가 없는 썩은 나무를 의미하는 "오다마키"라는 이름이 부여되어 있는 것으로 명백하다. 첩의 집에 틀어박혀 있는 남편에게 빚쟁이한테 시달리는

궁상을 호소하러 온 미사오는 오다마키한테 모멸당하며 던져주는 돈에 이마를 맞은 끝에 남편한테는 이혼을 통보받는다. 5년 후 성장해서 사촌과 결혼한 딸 오시에를 거느린 미사오는 무직의 남편과 탈저脫疽로 두 팔을 잃은 오다마키가 거지꼴로 행인들이 던진 돈으로 이마를 다치는 장면을 목격한다. 남편을 용서하고 오다마키도 데리고 돌아가는 미사오의 '정조'와 "인과의 도리를 설명"하는 오시에의 "재지才智"를 칭찬하며 이야기는 끝난다.

이 이야기들은 두 사람의 여자가 조금씩 입장을 바꿈—아내와 자식의 양육자, 아내와 죽은 후에 후처가 될 여자, 그리고 오다마키는 남자를 속이는 '수'완을 상실하여 '첩'의 지위에서 내렸다—으로써 처첩이라는 '경쟁관계'는 아니기 때문에, 예를 들면 오자키 코요의 『세 아내三人妻』처럼, 여자의 복수 소유라는 남자의 욕망을 그대로 묘사한 이야기라고 단정할 수는 없는 것이기는 하다. 그러나 「정조 겨루기」의 두 여자가 그 '정조'로 지키는 것은 대를 이을 아들인 아기이며, 또한 「여자다움」의 오유키가 아키츠키와의 사이에 이윽고 갖게 될 "첫 아이"가 몰락한 오유키의 친정을 재건하는 인물로서 오유키의 부모한테도 승인받고 있듯이, 이러한 이야기가 '정조'나 '인내', '순종'이나 '질투하지 않음'과 같은 여자 대학적 덕목에 의해서 '결혼'의 성취와 사수, 결국은 가문의 존속을 여자에게 명하는 가부장제의 원리 그 자체에 지배되어 있는 것은 부정할 수 없을 것 같다.

## 2. '여덕'의 동요 - 「정혼의 굴레許嫁の緣」

하지만 이러한 작품에서의 여자 대학적 규범의 질곡을, '개화와 구습'

이라는 명치 초기의 가치원리가 녹명관문화에 대한 반동기에 보수적으로 변화된 것으로 이해하는 것만으로는 '여류소설'을 읽어낼 수 없다. 『일본』의 앙케트에 대해 여자교육 관계자 몇 명이 "칠거지악"과 같은 항목을 "시류에 맞지 않은" 것으로서 부정하는 회답을 기고했듯이, 1880년대 후반의 여자교육에서의 여자 대학적인 것에 대한 평가는 유동적이었다.

유신 이후 사람들의 생활환경의 급격한 변화는 다양한 장면에서 여자 대학의 덕목을 수정할 것을 강요했다. 예를 들면 "짜기"·"깁기"·"삼기"·"실뽑기"를 과하는 '여공女功'이라는 여덕의 세목은 의복을 둘러싼 생활습관의 변화에 직면하여 수동 베틀은 자동직기로 대치되고 털실뜨개나 레이스뜨개가 '여공'에 더해지려 하고 있었다. 아케보노여사의 「부녀의 귀감婦女の鑑」(『讀賣新聞』, 1889.1.3~2.28)의 히로인이 구미유학에서 얻은 기술이나 지식을 바탕으로 수예제품공장을 설립한다는 모티프도 그러한 변화를 반영한 것이다.

혹은 "여자에게 다섯 글자"라는 여훈적 덕목의 하나인 "청淸", 즉 자신의 몸을 깨끗이 하고 집안을 청결하게 유지한다는 항목도, 근대적인 위생사상이나 합리적 과학적인 가정운영이라는 개념의 보급으로 그 내실의 변화를 입을 수밖에 없다. 또한 "아버지의 집에 있어도, 남편의 집에 가도, 항상 규방 안에 있으며 밖으로 나오지 않는다"(「여자를 가르치는 법」)고 하는 규범도 부부단위의 사교가 확대된 상류가정에서는 물론, 중류 이하의 계급에서도 준수 불가능한 덕목이 되어가고 있었던 것이다.[2]

---

2) 앞 장에 인용한 오하라 엔코小原燕子의 『명치 여자 이마가와』에서는 "일실 안에 있으면서 교제를 모르고 스스로 지식을 좁혀 너무 무지몽매한 것"이 경계되었다. 쇼엔여사의 「산속의 병화」의 히토인 요시코芳子가 '남편에게 온 내객을 스스로 맞이하는 장면에서도, 그녀는 "교제관交際官은 스스로에게 맡겨서 남으로 하여금 난처해서 어찌할 바를 모르게 만드는 불편함을 주지 않는 것은, 보통교육이 없는 부인이 단지 남편의 명령을 기다린 후 어이 재떨이, 어이 화로, 어이 차, 어이 과자 하며, 겨우 그 명령을 받든 후에는 한쪽 구석에 쪼그려 앉아서 흡사 진열품으로 고용된 것처럼, 단지 손님이 빨리 돌아갔으면 하는 마음이 얼굴에 나타나는 부인에 비교하면, 남들은 또한 뭐라고 할까"

등장인물들의 대부분을 중상류 사회계층 사람들로 설정하는 '여류소설'
에는 흔히 '교제'가 '내조의 공'의 하나로 묘사되기도 한다. "뭐 아직 사
회로 나가지 않고 학생인 동안에는 될 수 있는 한 틀어박혀 있을지언정
너무 나가지 않는 편이 좋다고 생각합니다"라는 『덤불속의 휘파람
새』의 나미코도 졸업 후 혹은 결혼 후에는 사회교제를 거절할 수는 없
었을 것이다.

따라서 '문명개화'나 '자유민권'의 세례를 받고, 서양의 '부덕'도 발견
한 여성들의 소설에서는 '일본풍'과 '서양풍'의 대립도식도 절대적인 것
일 수 없으며, 히로인들도 마찬가지로 오랜 규범과 새로운 사상 사이에
서 흔들리고 있었다. 여기에서는 『덤불속의 휘파람새』의 히데코와 마찬
가지로 뜨개바늘을 손에 든 여성으로 묘사되는 두 사람의 히로인을 중
심으로 검토하고자 한다.

『덤불속의 휘파람새』가 간행된 해에 창간된 문예잡지 『수도의 꽃都の
花』은 여성작가를 경합시킨 『요미우리』에 앞서서 제2호 이후에 자주
'여류소설'을 등장시켰다. 그 톱을 끊은 슈게츠秋月여사의 「정혼의 굴레
許嫁の緣」(2~5호, 1888.11.4~12.16)는 다음과 같은 이야기이다.

서두에서 요코하마의 모 여학교를 막 졸업한 무라카미 소노코村上園子
는 어느날 홋카이도에 사는 사촌 세이이치精一가 부모가 정한 정혼자이
며, 얼마 후에 상경한다는 것을 아버지한테서 듣는다. 중반은 그 상경이

---

라고 하는 인물로서 묘사되어 있다. 『여학잡지』도 마찬가지로 "특히 근래에는 교제가
점차 왕성해져서 집에 숨어 있는 것을 선인仙人으로 생각하는 고풍은 완전히 사라져
야회에서 오월吳越의 사람들이 서로 만나고 답초踏草연에서 남북의 손님이 함께 손을
잡으며, 아침에 주인이 되어 손님을 접대하는가 하면 저녁에는 스스로 손님이 되어 남
을 방문하는 등 출입왕래가 몹시 빈번한 요즘이 되고 보니, 옛날의 침묵주의는 도저히
행해져서는 안 된다"(「會話のこゝろえ대화의 수칙」 37호, 1886.10.5)고 언급하였고, 또한
「婦人を一家の交際官とすべし부인을 한 집안의 교제관으로 삼아야 한다」(48호, 1887.1.22)
고 제목을 붙인 총화 등을 게재했다(아울러 쇼요의 번역 『朗蘭夫人傳롱롤랑부인전』
(1886.8)은 제목을 변경하여 『淑女龜鑑 交際之女王숙녀귀감 교제의 여왕』(1887.5)이라는
타이틀로 출판되었다).

지연됨을 알리러 온 세이이치의 친구 카츠라기 요시오桂木芳男가 무라카미 집안에 머무는 동안 소노코와 서로 좋은 감정을 품게 되는 상황을 묘사하고, 클라이맥스에 "내 마음을 알아주세요"라고 하는 요시오와 "내 몸은 이미 남편이 있어, 당신의 마음을 받아들이지 못함을 용서하세요"라는 소노코와의 긴박한 대화를 배치한다. 이야기에는 장치가 숨어 있어서, 요시오가 실은 소노코의 본심을 확인하기 위하여 신분을 감추고 무라카미 집안을 방문한 세이이치였다는 것이 끝에서 밝혀지고 대단원을 맞이한다.

여기에서 히로인이 두 사람의 남자 사이에서 분열되어 있는 것은 소노코의 캐릭터가 다음과 같은 것이기 때문이다.

> 소노코는 성품이 온순하고 어디까지나 상냥하지만, 요즘 세상에 태어나서 요즘 교육을 몸에 익히고 선량한 혼인법, 남편을 선택할 필요 등은 일찍이 알고 있었기에, 가끔은 젊은 혈기를 참지 못해, 이렇게 따분하게 보내느니 차라리 털어놓을까 하고 자신과 제 몸을 격려하여 아버지 앞에 나가자 이쪽의 상태를 알지도 못하는 부모는 자식을 예뻐하며 항상 변함없는 온화한 얼굴로 (…중략…) 반박하지 못하고 그대로 가슴에 담아 두어 불효자식이라고 스스로 탄식하며 자신을 억제하고 물러나는 일도 있다.

등장인물의 배치에서도 그녀는 '압제결혼'을 시대에 뒤쳐진 것으로 비판하기를 주저하지 않는 "활발"한 여동생 토키코時子와, 구세대를 대표하는 어머니 대신인 큰어머니 이쿠요幾世와의 대립 사이에서 분열되어 있다. "고풍스럽고 엄격한" 큰어머니의 주장은 다음과 같은 것이다.

> 지금 여자들을 보라. 무엇이든 서양 서양 하며 서양인의 흉내는 내지만, 태어난 나라에 관해서는 모르고, 현재에 자만하지만 옛날의 우아한 기풍은 모른 채, 교제라는 등 야회라는 등 놀고 다니지만 차분히 집안을 다스리지 못하며, 네모반듯한 한자나 옆으로 기는 서구문은 익혀도 여자다운 글을 쓸 줄 모르

고, 주제넘고 온순하지 못하며 상스럽고 우미하지 못하다. 남자의 풍모를 보고 익혀, 결국에는 시대를 풍미할 심산인지, 남편을 섬기지 않고 가정을 지키지 않고 아이를 기르지 않아 여자가 남자로 둔갑해가는데, 이것이 개화라는 것인가. 실로 기이한 일이 아닌가. 옛날 여자들은 그렇게 한심스러운 자들은 아니었는데.

결국, 소노코가 "내 몸을 지키는 것은 아버지의 말씀"이라는 말을 자아내며 요시오의 의향을 거절하는 것은 그녀에게 아버지가 정한 결혼 상대를 남편으로 받아들이는 것이 "정도正道"로 이해되었기 때문이며, 그 의미에서 소노코는 이쿠요의 주장을 부정하고 있는 것은 아니다. 소노코의 더블 바인드적 상황이 해소되는 것은 오로지 "마음으로 사모하는 요시오와 의리 때문에 따르는 세이이치가 동일한 사람"이라는 우연일 수밖에 없지만, 그러나 이 편의주의적이라고 하면 할 수 있는 장치는 "선량한 혼인법", 즉 여자가 주체로서 "남편을 선택"하는 것과 동일한 결말을 소노코에게 초래하는 것이기도 하다. 요컨대 소노코는 '마음'과 '의리'를 저울에 올려 '의리'를 무겁다고 했지만, 그녀에게 그 갈등을 짊어지게 한 "요즘의 교육"의 성과 그 자체는 결과로서 부정되지 않고 끝나 있는 것이다.

소노코와 세이이치를 맺어준 야회의 주최자이자 이 장치에 당초부터 관여하고 있던 "아키모토秋元귀녀"라고 불리는 인물이 "부인들 사이에는 이름이 알려져 있고, 자선이나 교육에 관여하여 남보다 앞서서 활동하며 여러 학교에도 아는 사람이 많다"는, 여자 대학적인 틀에는 들어맞지 않는 여성으로 설정되어 있는 것도 주목할 만한 사항이다.

이 작품에 이어 『수도의 꽃』에 등장한 나기조노竹柏園여사의 「가슴속의 그리움胸のおもひ」(6~8호, 1889.1.6~2.3)에서는 역으로 일본·서양 두 타입의 여자 사이에서 흔들리는 '남자의 마음'이 그려져 있다. 주인공 우메조노 히데오梅園秀雄는 아버지를 잃고 어머니 타키코瀧子와 둘이서 살

면서 화가和歌에 뜻을 두고 『여학잡지』 등에 자설을 발표하는 문학사이다. 그는 자신을 따르며 어머니 타키코를 잘 모시는 츠유코露子를 좋게 생각하는 한편으로, 안도安藤남작의 딸 타네코種子의 서양식으로 활발한 점에 끌려 연정을 품는다. 그러나 최종적으로 타네코에게는 약혼자가 있는 것이 판명되고 츠유코의 미덕을 재인식한 히데오는 어머니의 희망대로 츠유코를 아내로 맞이하게 된다.

여기에서는 여성의 성격규정에 관계없이 고정적인 대립도식이 사용되고 있는데, 히데오에 대한 츠유코의 마음이 심중사유로 묘사되는 일은 있어도 그녀가 '남자에 의한 획득'을 오로지 기다리는 수동적 히로인이라는 점에 변함은 없다. 다른 한편, 이러한 츠유코를 "활발하지 않아서" 싫다고 하며 "서양식 교제"를 주장하는 타네코는, 그러나 『덤불 속의 휘파람새』의 하마코처럼은 처벌적 처우를 받지 않으며, 그녀의 약혼자도 야마나카와 같은 부정적 성격을 부여받지 않는다. 이것은 한편으로는 이야기의 서술이 주로 히데오 쪽에서 진행되고 있기 때문에 타네코의 이미지가 그의 눈에 비친 한정적인 것에 머물러 있기 때문이기도 할 것이다.

이 작품이 히데오의 시점을 중심에 놓는 것은 작품의 구성과는 전혀 관계없이 —그러나 상당한 지폭을 들여— 전개되는 화가론和歌論이나 미술론을 주장하는 주체로서 여성을 설정하는 것이 곤란했기 때문이라고 생각된다. 사실 『여학잡지』가 "소설계에 이름 있는 규수"를 대상으로 실시한 앙케트의 "최근의 소설문학에 대한 의견"에 대해 나기조노여사는 "최근의 소설 혹은 문학에 대해 이러쿵저러쿵 하는 것은 여자답지도 않고 또한 좀 부끄러울 뿐이라서"라고 하여 자기주장을 회피하고 있다.[3] 앞에서 소개한 「매화 향기」의 서두에서도 나체화를 둘러싼 친구들

---

3) 「閨秀小說家答 第四규수소설가 답 제4」, 『女學雜誌』 208호, 1890.4.12. 이 질문장에 대한 "규수"들의 회답에 대해서는 다음 장 제5절에서 다룬다. 아울러 이 기사는 회답자에 대하여 "사사키 마사코, 나기조노여사는 수도의 꽃에 「가슴속의 그리움」을 투고

의 논쟁에 히로인 오코는 말을 하지 않았던 것처럼, 화가和歌에 대한 자신의 견식을 가지는 작가에게 있어서도 그것을 개진하는 데는 남자의 입을 빌지 않을 수 없었던 것일까.

그러나 이것은 역으로 말하면, 현실세계에서 억압받을 수밖에 없었던 작가 자신의 생각의 표출을 허구의 그럴싸한 등장인물의 존재가 가능케 하는 것을 의미하는 것에 다름 아니다. 「가슴속의 그리움」에 이어 『수도의 꽃』에 등장한 쇼엔여사의 「산속의 명화」(9~15호, 1889.2.17~5.19)에서는 히로인이나 그녀를 둘러싼 여성들에게 그러한 담론의 표현자로서의 주체성을 부여함으로써 여자가 놓인 상황에 대한 비판이 당당하게 전개되고 있다.

이 작품의 제9회 「묘령의 가인佳人이 능히 시사를 논함」은 히로인 요시코芳子한테 그녀가 "예전에 우리나라 부인이 불쌍한 지위에 서 있는 것이 보고 있을 수 없어서 꼭 구해주고 싶은 생각에 강버들 같은 신세도 잊고 대담하게도 동으로 서로 분주했"던 시절의 "여제자"들이 모이는 장면이다. 그녀들은 남편이나 자식이 정치활동으로 인하여 "체포당했"던 "슬픔"이나, 혹은 부모에 의한 "억압"결혼, 또는 남편의 "축첩"이나 일방적인 이혼과 같은 것으로부터 "동포"를 구하자고 호소한다. 그에 대해 요시코는 오히려 점진주의적인 입장에서 "부디 부인의 덕에 부끄럽지 않은 사려깊은 거동을 바래"라고 그녀들의 혈기를 경계하는 "연장자의 의견"을 피력하고 있다. 결국 작품 자체가 중단에 가까운 형태

하신 분이다"라고 소개하고 있는데, 『여학잡지』의 휘보 「女性の小說家여성 소설가」(141호, 1888.12.22)에서 사사키 미츠코의 저작으로 되어 있는 「赤子の一心아기의 일심」(아마도 「孝子の一心효자의 일심」의 오식) 및 「소나무의 탄식」의 작가명은 게재지 『수도의 꽃』에서 "娜園女史" 혹은 "竹柏園女史"로 쓰여 있다. 또한 『大和錦야마토 비단』에 연재된 "竹柏園女史 作"인 「野べのすみれ들녘의 제비꽃」(9~13호, 1889.8.1~12.1)에는 "나한송 정원竹柏園 남쪽 창에서 사사키 미츠코佐々木光子가 씀"이라는 서두가 보이는 점으로부터 사사키 노부츠나佐々木信綱의 아호 "나기조ㄴ야ぎその"를 딴 "나기조노여사竹柏園女史"라는 필명은 그의 아내 미츠코와 조카 마사코("正子"로 표기하는 예도 있다) 두 작가에게 공유되었던 것 같다.

로 끝났기 때문에, 이 여자들에 의한 여자를 위한 활동은 기껏해야 "예언"이라는 장면에 머물며, 플롯으로 발전되지는 않았다.

그러나 그 한편으로, 드문 예이기는 했지만, 『여자신문』에서 여성의 정치적 담론을 묘사하는 오산櫻山여사 「두 잎 접시꽃二葉葵」(57~62호, 1889.7.5~7.30)과 같은 소설을 발견할 수 있다. 그 주인공 후사코房子는 "구주에서는 부인이 선거권을 얻어 남자와 동등한 권리를 얻는 것도 머지않았건만, 일본 같은 데서는 아직 남자 때문에 압박을 받고 있는 형편이다. 어떻게든 이 폐풍을 제거하고 싶지만, 아직 학문도 없고 지식도 궁핍하니 어쩔 수 없다. 어쨌든 지금의 여자는 상당히 분발하지 않으면 안 된다"고 하며 여자의 "개탄스러운 처지"를 분개하는 여성이다.

이야기는 정町의회 선거에서 적대하는 파벌을 누르고 승리하는 오빠의 조력자로서 그 정치활동을 지원하는 히로인을 묘사하지만, 여기에서는 그러한 강한 자기주장이나 행동력이라는 특성이 "재학才學이 뛰어날 뿐만 아니라 언어동작도 대단히 온순하며 성품도 특히 솔직하고 관현의 길도 배워 오묘한 명성이 있다"는 히로인상에 모순되지 않은 것으로서 부여되어 있다. 후사코의 주장이 작가 자신의 것이었음은 마지막 회 말미의 「여사가 아뢰다」라는 다음과 같은 부기로도 명백하다.

> 실로 이시자와 후사코 같은 인물은 부녀자이면서도 선거에 관해서 의견을 진술하였고 대중의 찬성을 얻어 다행히 상인파가 전승을 거둔 것도 얼마간은 후사코의 조력이 있었기 때문인데 (…중략…) 이제 우리 일본도 지방에 자치를 허락하고 특히 헌법도 반포되어 제국의회가 열리는 것도 불과 10여 개월 앞두고 있을 뿐이니 각지에서도 의원선거의 경쟁을 보게 될 것이며, 그리하여 그 사이 후사코와 같은 부녀자가 있어서 조용히 세력을 떨치는 경우도 있을 것이다.

즉 이 작품에서 오산여사는 극히 시사적·정치적인 문제에 대하여 남자의 입을 빌지 않고 자기의 의견을 피력할 수 있었던 것이다.[4]

## 3. '여자의 운명'의 응시 - 「깨진 반지にわれ指環」


구미인권사상의 유입이나 교육의 보급, 혹은 생활 차원에서의 사회적 변화는 여덕의 내실을 서서히 변질시켜갔지만, 그것이 여성의 인간으로서의 권리의식이나 자립요구와 맺어지고, 나아가 '여류소설' 속에 쓰이기 위해서는 몇 가지 본질적인 요건, 즉 여자가 놓인 처지에 대한 깊은 통찰력, 억압에 대한 저항과 그것이 직면하는 한층 강압적인 지탄에 대한 고뇌를 자기의 것으로 성찰하고 언어화하는 높은 능력 같은 것을 채우는 것이 필요했다. 여자에 의해서 쓰인 소설은 종종 이 요건을

---

4) 물론 보안조례의 공포(1887.12)에서 집회 및 정사법集會及政社法(1890.7)으로의 민권운동 탄압의 한층 강해진 움직임 속에서 정치적 언론활동은 더욱더 자유롭지 못했으며, 여자에 의한 정치적 의지의 표명이 더욱더 곤란함에 직면한 것은 사실이다. 그것은 나카지마 토시코조차도 여권확장론에서 현모양처주의로의 '전회'를 이루고 있었던 시기였다(鈴木祐子, 「解說」, 『岸田俊子評論集・湘煙選集』 1, 不二出版, 1985.2). 집회조례에 대해서는 토시코가 "조례로 능히 형체를 속박할 수 있어도 다만 어쩌나, 진보하는 여자의 뇌를 장악해서 제거할 수 없는 것을"(「內助の功益내조의 공익」, 『女學雜誌』 226호, 1890.8.16)이라 비판하였으며, 시킨도 마찬가지로 "어찌하여 여자는 정담 집회에 참가할 수 없는가"(『女學雜誌』 228호, 1890.8.30)라고 하며 반론을 전개하고 있다(이 잡지는 234호의 부록으로 「女學時事여학 시사」를 내걸어 巖本善治의 「衆議院婦人傍聽の事중의원 부인 방청에 관한 것」, 紫琴清水豊子의 「泣て愛する姉妹に告ぐ울면서 사랑하는 자매에게 고함」 및 「同件に付板垣伯を訪ふの記동건에 관해서 이타가키백을 찾은 기록」을 수록했다). 그러나 시킨이 그 반대론의 근거를 "무릇 여자는 대체로 사람의 어머니・아내가 되므로 그 정치상의 관념은 아내가 되어 남편을 돕는 데에도 꼭 필요하다. (…중략…) 제2의 국민인 어머니로서의 부인을 모두 정치상의 귀머거리와 벙어리로 만들면 양육자는 먼저 국민이라는 관념을 감소시켜 애국이라는 뜻을 잃고 마침내 국가에 대해 자기가 직접적으로 책임을 져야 할 바를 모두 망각한다. 그 손에 양육되는 소아에게 국민적 사상의 발휘를 구하는 것이 어찌 가능하겠는가"라고 하고 있듯이, 여성의 정치활동에 대한 관여는, 후술하는 '간호'와 같은 사회활동에 대한 참가와 마찬가지로, 국가주의적인 현모양처론과 위험스럽게 접속하는 것이었다. 혹은 마찬가지로, 이러한 사례의 하나로서 국가주의적인 현모양처주의를 대표하는 잡지로 되어 있는 『이라츠메』에서의 집회조례에 대한 반대론이 "아이구 어쩌나 아이를 키움에 있어 "엄마, 정치가 뭐야"하고 물어도 일본여성은 이에 대답할 수 없구나"(六つかしや, 「女子の政談여자의 정담」, 『いらつめ』 67호, 1890.8.20)라고 맺고 있는 것을 들어도 좋을 것이다. 「두 잎 접시꽃」이 드문 예라고 하지 않을 수 없는 이유이다.

---

결락시키고 있기 때문에 남자에 의해서 쓰인 소설과 똑같이 남자에게 편리한 여자를 히로인으로 앉히고, 정절과 순종, 수동성과 비주체성과 같은 특성을 부여했던 것이다.

이미 살핀 바와 같이 '여덕'은 히로인을 선별하는 기준이며, 여성 등장인물을 서로 대립시키는 원리였다. 이것은 『덤불속의 휘파람새』를 기원으로 하는 '일日'ㆍ'양洋'의 대립적 도식이 그만큼 강고히 이야기의 구도를 지배하고 있었던 것을 나타내는 것인데, 주목할 만한 것은 이 대립원리가 남성 주인공의 성격규정에는 적용되지 않는다는 것이다.

『덤불속의 휘파람새』의 츠토무를 필두로 「어린 솔」의 코타로公太郎, 카호여사 「갈대 마디蘆の一ふし」(『女學雜誌』 194호, 1890.1.1)의 신이치新一, 스미레여사 「반개한 매화半開の梅」(『都の花』 55호, 1891.1.18)의 나오에直江, 슈코秋香여사 「두 가인二人佳人」(『都の花』 91~94호, 1892.9.18~11.6)의 히데오秀雄 및 키요시淸, 카호 「싸리 도라지萩桔梗」(『文藝俱樂部』 제12편 임시증간호, 1895. 12)의 카즈오一雄와 같이, 히어로가 서양유학 예정 / 서양유학 중 / 서양에서 귀국했다는 설정은 '여류소설'의 줄거리의 공약수로 착각할 정도로 풍부하다. 더욱이 『덤불속의 휘파람새』의 츠토무가 "5년 동안의 서양행"에서 감탄한 것이 "서양인의 손가락이 움직이는 대로" 조정당하는 "현황'"에 대한 비판적 인식이며, 혹은 「가슴속의 그리움」의 히데오의 화가론和歌論이 기조나 셰익스피어를 인용하며, 사이교西行와 테이카定家의 화가和歌 작품의 비교를 단테와 밀튼의 대비에 빗대고 있듯이, 그들의 서양적 교양은, 여자의 서양학문이 "온순한 여덕을 파괴하"는 결과밖에 초래하지 못하는 것과 달리, 결코 전통적인 가치에 저촉되는 것이 아니라 오히려 '일'ㆍ'양'의 대립을 초월한 보편적인 것으로서 다루어지고 있다.

이러한 이야기에서 여자 대학적 덕목을 여자들에게 요구하는 남권원리는 전통적 가치의 보수적 측면을 비전통적=서양적 가치의 마이너스면과 함께 여자에게만 할당함으로써 양자 사이에서 여자들을 떼어내서 대립시킨다. 그리고 그럼으로써 자기 자신은 그 대립의 국면 밖에 있으면서 서양의 학문과 기술을 과점하고, 고루한 구폐를 타파하는 '혁신적 세력'으로서 행동하고 있는 것이다.

여자 대학류의 여덕을 완비한 히로인이 남자를 선수로 하는 결혼게임의 전리품이라는 유형 속에서, 부정당하고 끊임없이 배제된 서양식의 결혼관이나 여권사상에 플러스가치를 부여하여, 여덕을 강요하고 압제결혼에 복종하게 만드는 남성원리에 대항하는 새로운 여성원리로서 그것을 제시하려고 한 시미즈 시킨淸水紫琴의 「깨진 반지こわれ指環」(『女學雜誌』 246호, 1891.1.1)는, 따라서 정치성을 띤 '여류소설'과 마찬가지로 극히 이색적인 것이며, 또한 「산속의 명화」나 「두 잎 접시꽃」이 명시하지 않았던 여자들의 공동성을 지향하고 있는 점에서 강한 이미지성을 가지고 있다.

「깨진 반지」는 '나'가 '너'에게 말하는 이야기이다. 타이틀은 '나'의 손가락에 끼어 있는 옥이 뽑힌 반지에서 온 것인데, 그것은 '나'에게 자신의 결혼과 그 파탄, 그리고 그간의 "괴로움과 한탄"이 '나'에게 초래한 "버젓한 인간이 되지 않으면 안 된다는 분발심"의 "기념"품이다.

"여자 대학을 그대로 자신의 몸에 행하고 해석해 보이"는 것 같은 어머니의 슬하에서 자라, "오로지 지나支那풍의 수신학"을 가르치는 여학교에서 교육을 받은 내레이터는 여자가 놓인 처지에 대해 "어딘가 다소 석연치 않은 부분"이 있는 것을 느끼면서도 거듭되는 혼담에 반항하지 못하고 결국 아버지의 눈에 든 남자에게 "마음이 약해져 시집"을 간다. 남편에게도 새로운 가정에도 익숙해지지 못하는 위화감을 계속 가지고 있던 어느 날, '나'는 하녀의 대수롭지 않은 말에서 남편이 결혼 며칠 전까지 여자와 동거하고 있었던 것을 알았고, 게다가 남편에게 도착한 편지에서 아직 그 관계가 청산되지 않은 것을 깨닫는다. 빈번해지는 남편의 외박에 오로지 견딜 뿐이었던 '나'는 때마침 발흥하던 "태서의 여권론"을 접하고 "여자를 위하여 강개하는 몸"이 되어 "어쨌든 일본의 부인도 지금 다소 천부의 행복을 완수할 수 있어야 한다"고 생각하게 된다. 그러나 '나'의 이러한 변화는 반대로 부부간의 갈등과 알력을 증대시켜 "결국 서로 헤어지"기에 이른다. '나'는 이 사태를 "기념"하기 위하여 반지에서 옥을 빼고 "꼭 이 반지를 위해 행동하여 가련한 많은 소녀들의 전도를 지키고, 옥 같은 처녀들에게 나와 같은 전철을 밟지 않도록 하고자 하는 소망"을 품었다고 말하며 이야기는 서두의 내레이션 장면으로 돌아간다.

뽑힌 반지의 '옥'은 '여자' 그 자체의 비유인데, 마지막에 보이는 것처럼 옥과 받침이 갖추어진 반지는 '온전한' 결혼의 상징이다. 그러나 「깨진 반지」에서의 결혼은 한 쌍의 남녀가 서로 동등한 의무를 상대에 대해 지면서 그 완수를 향해 노력하는 상호행위가 아니었다. "나에게 그만큼의 가치가 없기 때문에 생긴 일이니, 아아 나에게 모니카 정도의 힘은 없더라도 적어도 지금 다소 남편의 존경을 받을 만한 가치가 있었더라면…… 하고 무심코 신세를 원망하게 되었습니다"라고 하여, 잔인한 이교도 남편을 교화시킨 모니카를 비유로, 부부의 불화는 아내로서의 정실함이 부족한 때문이라고 '나'는 말하고 있다. 부정행위는 남편 쪽에 있음에도 불구하고, 파경의 책임은 여자 쪽의 가치의 결여로서 '나'에 의해 한 몸에 떠맡으려 했던 것이다.

결혼 전에 그러했듯이, 히로인이 남편이 될 남자에게 아무런 기대도 요구도 없고, 단지 "나는 자신의 의리를 지키"는 것을 결혼의 의무로 간주하는 '소극적 각오'에 머무는 한, 이혼에 대한 자책감은 모니카적 자기상의 좌절이라는 내부완결적인 자기책임으로 끝난다. 그러나 이혼이라는 사태는 아내를 마주대하려고 하지 않는("내가 아뢰는 것은 쉽게 마음에 담아두지 않습니다") 남편으로부터 "불행하고 비참"한 여자의 처지 그 자체, 여자들의 운명으로 그녀의 눈을 향하게 하여, 그녀들을 위하여 일하는 것을 자기책임으로 하는 "버젓한 인간"을 자기상으로서 그녀는 내걸게 되었던 것이다. 그리고 이로써 「깨진 반지」는 단순히 '파혼'을 묘사했을 뿐만 아니라, '그 후'까지 그리려고 한 소설로서 읽혀야 하는 것이 되었다.

지금까지 많은 「깨진 반지」론, 시미즈 시킨론이 이 줄거리를 작가의 실제 이력, 즉 시미즈 토요코とよ子의 첫 번째 결혼의 파탄이라는 사실과 겹쳐서 언급해왔다.[5] 실제로 이시바시 닌게츠石橋忍月가 그 평에서 "다소 지금의 여성에 대해서 느낀 바도 있어, 깊은 마음을 담아서 쓴 것"이라는 작가로부터의 편지를 끝부분의 내레이터의 "소망"과 비교하여 "여사의 편지의 취지와 서로 통하고 말만 다를 뿐, 읽으면서 이에 이르러 무심코 사람의 마음을 움직이는데, 이것은 어쩌면 저자의 실제 이력이 아닐까"라고 언급했듯이,[6] 이 작품의 리얼리티는 작가의 실체험과 그것에 대한 깊은 성찰에 의해서 달성된 것이었다.

그러나 부부의 모순과 이혼을 둘러싼 심리적 갈등이나 회한과 같은 묘사의 박진감을 이 작품에 대한 찬사로 부여하는 해석은 「깨진 반지」의 절반을 읽은 것에 지나지 않는다. 왜냐하면 『도쿄경제잡지東京経済雑誌』가 "소설 속의 히로인의 남편이 그 여자에게 한 몰인정하고 불친절한 행동을 조금 더 자세히 서술해주기 바란다. 이혼의 이유가 너무 가벼운 감이 없지 않다"고 평했던 것처럼,[7] 「깨진 반지」는 이혼 그 자체를 테마로 하는 소설로서만 읽기에는 당시의 상황에 비추어보아도 설득력과 현실미가 없기 때문이다. 그러나 만약 해석의 시점을 '원치 않은 결혼과 그 파탄까지'라는 스토리 라인에서 '파탄 그리고 그 후'로 옮겨보면 그러한 비판은 옳지 않음을 깨달을 것이다.

과연 "남편의 소행"이 '나'에게 준 "고통과 한탄"은 많은 평자를 감동

---

5) 相馬黑光, 『明治初期の三女性명치초기의 세 여성』, 厚生閣, 1940.9; 塩田良平, 『明治女流作家論』, 寧樂書房, 1965.6; 笹淵友一, 「清水紫琴論」, 『明治大正文學の分析』, 明石書院, 1969.11 등.

6) 「こわれ指環깨진 반지」, 『國會』, 1891.1.17.

7) 「田口鼎軒氏主筆の經濟雜誌評타구치 테이켄서 주필의 경제잡지평」, 『女學雜誌』 248호, 1891.1.17.

시키는 완성도로 묘사되어 있기는 하지만, 그러나 그것은 이혼 후의 내레이터가 "세상 많은 부인들의 불행을 구하고자 하는 소망"을 품게 되는 계기이며, 테마는 오히려 그 사상적 전회에 중심을 두고 있고, 스토리 자체는 그녀의 행동의 원천이 되는 사회적 의무감 쪽으로 열려져 있다. 「깨진 반지」에서 종래의 '여류소설'에서는 여자에 대한 처벌을 의미하는 것일 수밖에 없었던 파혼이라는 경험은, 낙인과는 반대로 히로인에게 가치를 부여하는 '성혼'으로서 정위되어 있었던 것이다.

닌게츠의 평은 그 점에서 작품의 주안점을 잘 포착했다. 그는 「깨진 반지」의 미래로 향한 시선을 쇼요의 「아내細君」의 비극적인 결말과 비교하여 다음과 같이 평가하고 있다.

> 그 주인공이 관계상 원만한 행위를 바라여 능히 불행을 알면서 희망을 구하는 것은 「아내」와 크게 다른 점이다. 일대 희망이 부서지고 더 새로이 별종의 희망을 추구하며 만족하려 한다. 이것이 본서의 주안점이다. 인간은 희망의 동물이니, 희망이 완전히 끊어지면 생을 보존할 수 없다. 나는 그것을 최근에 속출한 가사裂裟소설, 일명 비구니소설(여자 주인공이 절망의 처지에 빠져 머리를 깎고 비구니로 끝나는 소설을 말한다)과 비교할 때 그 안광 탁출한 주안점의 신생면을 비추어낸 것을 기뻐한다.

따라서 「깨진 반지」의 내레이터에 작가의 자기투영을 보고자 한다면, 실제로는 시킨의 이혼까지의 경력뿐만 아니라, 그 후의 그녀의 "쿄토에서 부인단체를 조직하여 자유주의의 한 단체를 만들고자 목하 분주하다"[8]는 움직임이나, 혹은 상경 후에 『여학잡지』를 매개로 동포를 향하여 발신된 수많은 평론·취재활동도 합쳐서 음미되어야 완전한 것이 될 터이다.

물론 발표 당시, 그러한 작가의 경력에 관한 다양한 사항은 알려져

---

8) 「女報」, 『女學雜誌』 198호, 1890.2.1.

있지 않았으며, 닌게츠가 그랬던 것처럼, 작가의 "실제 이력"은 그 감동의 원천으로 약간의 추측과 함께 언급된 데 지나지 않는다. 불과 15세의 소마 콧코相馬黑光에게 "작품의 중심은 실로 애절한, 꾸밈도 장식도 없는, 여자로서의 고민"에 대한 "깊은 동감을 느끼"게 한 것은, 작가의 현실에서의 경험 그 자체가 아니라, 그것에 뒷받침됨으로써 수많은 요건을 채우고 달성된 허구의 힘이었다고 하지 않으면 안 된다.9)

「깨진 반지」와 이소가이 운포의 「토모모리경知盛卿」을 신년부록에 게재한 『여학잡지』 246호는 완성된 후 부록만을 증쇄하여 별도로 판매할 정도의 판매고를 보였다.10) 이것은 「깨진 반지」의 호평에 의한 것으로 보아야 하며, 사실 이 작품은 그때까지 출현한 '여류소설' 중에서 드물 정도로 주목을 끌어 다수의 평이 제공되었던 작품이었다. 그 대부분이 히로인을 "나의 전철을 밟으려고 하는 세상의 부녀자를 구해야 한다는 결의와 희망을 품고 있는 유망한 여사"라고 파악하거나,11) 혹은 "적막한 단편 중에 유교교육의 악풍, 남존여비의 누습, 압제결혼의 폐해 및 그 악풍들, 누습, 폐해 속에 처해 숙살鷫殺・참담한 처지에 몇 번이나 단장을 애고 몇 번이나 짠 눈물을 머금고, 중심이 산산한 한 여자가 반동의 세력에 의하여 여기에 사상의 변천을 초래하여 그 변천된 사상은 충실・진지, 능히 자신이 바라지 않는 바를 남에게 시키지 말라는 격언에

---

9) 相馬黑光, 「紫琴女史の片影시킨여사의 편영」, 앞의 책, 273면. 후쿠다 히데코(福田英子, 1865~1927)의 『妾の半生涯저의 반생』을 필두로 콧코의 이 저서도 포함해서 시킨에 관한 전기적 자료는 오문誤聞과 전문傳聞으로 상당히 왜곡되어갔다. 이 왜곡이 사실의 정치한 조사에 의하여 시정되는 것은, 실로 시킨 사후 40년을 지나 발표된 야마구치 레이코山口玲子의 노작 『泣いて愛する姉妹に告ぐ-古在紫琴の生涯울면서 사랑하는 자매에게 고함-코자이 시킨의 생애』(草土文化, 1977.8)에서였다.

10) 『여학잡지』 248호(1891.1.24)의 표지 뒷면에는 "여학잡지 신년부록이 있는 제246호는 품절됨에 따라 위의 부록, 즉 「토모모리경」, 「깨진 반지」의 2장만을 별도로 제작하여 판매가 3센, 우편세 2센으로 수요에 응한다. 지금 호평이 계속 이어지고 절판이 너무나도 아쉬워 일단 이와 같음"이라 되어 있다.

11) 天牢囚民, 「女學雜誌及國民之友の新年附錄こわれ指環と夢現境여학잡지 및 국민지우의 신년부록 깨진 반지와 몽현경」, 『女學雜誌』 248호, 1891.1.17.

걸맞게, 희생·헌신적이 되어 더더욱 강고히 그 기념으로서 반지의 옥을 뺄 정도의 상태를 묘사한 수완에 저도 몰래 감복할 뿐"이라고 칭찬하는 것12)으로 보면, 내레이터의 이 사상적 전회야말로 작품의 요체라고 하는 작가의 의도는 동시대에서도 잘 이해되었다고 할 수 있을 것이다.

그렇다고는 해도, 전자의 평이 "이 깨진 반지가 그것을 준 자의 손에 의해서 다시 원래의 온전한 것으로 될 수 있다면"이라는 말미의 한 구절에 대해 "왜 원래의 해로를 다시 대면하는 희망을 남기게 했는가?"라고 의구심을 표명하고 있듯이, 작품의 수미에 일관되지 않는 점이 남는다는 비판은 피할 수 없으며, '그 후'에 품은 희망도 마찬가지로 "이 반지를 위하여 일한다"고 하는 행위가 어떠한 것인지가 구체적으로 묘사되어 있지 않기 때문에, 그 결의는 아직 "소망"에 머물러 있는 듯이 보이는 것도 명백하다.

그도 그럴 것이, 깨진 반지를 온전한 것으로 하기 위하여 요구되는 것이 옥을 가는 것, 즉 '나'가 "모니카정도의 힘"을 가지는 것이라고 한다면, 그녀의 '그 후'는 현모양처로 향한 자기연마일 수밖에 없으며, 그 결과 불행한 결혼으로부터 여자들을 구할 방도도 마찬가지로 "옥 같은 여자들"에게 그러한 수양을 과함으로써 "나와 같은 전철을 밟지 않도록" 인도하는 것을 의미하기 때문이다. 『여학잡지』가 게재한 「아우구스틴의 어머니 모니카전アウガステン母モニカ傳」(27~30호, 1886.6.25~7.25)은 "친절한 며느리, 정실貞實한 아내, 자애로운 어머니"인 모니카가 난폭하고 잔혹한 남편을 "온순한 주인"으로 바꾼 것은 "일찍이 한 마디도 원망하지 않"고 남편의 호통에 "단지 거스르지 않도록 조용히 하고 어느 정도 지난 추에 따뜻하게 그것을 책망하"는 방식이었다고 설명한다. 작가의 모니카에 대한 언급이 이 「가전」란에 유래한다면, 이상으로 삼는 여성상은 "남편이 만약 불의가 있고 잘못이 있으면, 내 색깔을 줄이고 목소리

---

12) 不動劍禪, 「こわれ指環を讀む깨진 반지를 읽다」, 248호, 1891.1.17.

를 기쁘게 하고 자기를 낮추어 충고해야 한다. 충고를 듣지 않고 화를 내면, 우선 잠시 그친 후에 남편의 마음이 누그러졌을 때 다시 충고해야 한다"(「여자를 가르치는 법」)와 얼마나 다른 것이었을까.

여덕과 여권의 조화가 여자교육 발족 이래의 과제이며, 그것이 최종적으로 현모양처주의로 수렴되어가는 흐름에 있었다는 것은 이미 언급했다. 여성용 잡지에 게재된 수많은 부인전이 외국이름을 가진 여성의 전기를 「열녀전」의 틀 속에 집어넣었던 것처럼, 「깨진 반지」의 "뇌리에 사무친" "태서의 여권론"도 곧바로 현모양처사상에 의하여 전통적인 여덕과 종이 한 장 차이로 부합될 가능성을 가지고 있었던 것이다.

그렇다면 여성을 둘러싼 이러한 상황 속에서 "괴로움과 한탄" 끝에 '나'가 도달한, 여자가 여자를 구원한다는 공동성의 원리는 지배적인 남성원리와 어떻게 관련을 맺고, 그 후 어떻게 전개되려 했던 것일까.

## 4. 좌절하는 공동성─「싸리 도라지萩桔梗」

이미 살핀 바와 같이 『덤불속의 휘파람새』 이래로 여자 대학적 덕목은 히로인을 선별하고 그것을 결락시킨 여성 등장인물을 배제하여 처벌하는 기계를 장착한 신神으로서 계속 힘을 발휘해왔다. 여덕은 여자들을 분리시키고 고립시키는 대립원리였을지언정 억압이나 복종에서 여자를 해방시키고 자립시키는 공동원리일 리가 없었는데, 적어도 히로인에 관한 한, 덕은 고孤이며 반드시 이웃이 있지는 않았다.

허구를 떠난 자서전이나 회상록에서 글 익히는 아이나 바느질하는 아이, 혹은 음곡의 훈련을 받는 소녀들이 공동체로서의 여성문화 속에서 자라는 연대감이나 우정으로 가득 차 있는 것을 우리들은 종종 볼 수 있다. 그럼에도 불구하고, 여학교나 여숙의 학생들을 등장시키는 '여류소설'이 그리는 세계가 여학생의 '소굴 찾기'로 읽힐 뿐, 그들을 생활이나 감정의 공통성을 기반으로 한 집단으로서 파악하는 경우가 적은 것은 극히 기묘한 사실이라고 하지 않을 수 없다.13)

---

13) 『여학잡지』124호(1888.8.25)의 사설 「女性の朋友여성의 붕우」는 "지금까지는 물론 여자분들에게 교제라는 것은 없었다. 따라서 또한 물론 붕우라고 할 만한 것이 없었기 때문에 그 결과 풍습이 오늘날에 미쳐, 오늘날에도 여전히 여자분들에게 붕우가 없는 것 같다"고 언급하고, 그 실태를 다음과 같은 것으로 간주하고 있다.

여기에 남성의 눈에 비추어 너무 이상한 것으로서 아뢰는 것은, 처음에 우리들이 위와 같은 여자분들을 엿보며 몰래 그 교제의 모습을 배견했을 때와, 한번 그 외면을 갈라 한층 안으로 들어가 그것의 내부를 음미했을 때는, 그 교제의 성질에 대단한 차이가 있음을 발견하는 그것이다. 그래서 익숙하지 않은 남자가 처음 부인분끼리의 교제를 보면, 그 말씨가 서로 친근한 듯하고 그 이야기가 몹시 돈독하여, 나설 때에는 인력거를 같이 하지 않으면 몹시 토라지시는 일도 있다. 들어가서는 자리를 나란히 하지 않으면 대단히 불만족스러워할 뿐인가, 때로는 옷을 똑같이 입기도 하고, 때로는 머리 위의 꽃장식을 한 쌍으로 하거나 하여, 흡사 이것은 골육과 같아, 진짜 자매 같이 보임에도 불구하고, 명백히 쌍방의 내정內情을 뚫어 보면, 여전히 피차가 확연하여 서로 구별하며, 결코 상대방에게 알리지 않으려는 일부분의 생각이 숨어 있다. 고로 아무리 대화가 돈독해도, 아무리 털어놓을 것은 털어놓아도, 이 전당 중의 전당은 결코 열지 않으며, 굳게 닫아 서로 숨기는 것이다.

그러나 '여자의 우정은 성립하지 않는다'든지 '여자의 적은 여자' 같은 담론이 누구에 의해서 서술된 것인가에 대해서는 주의가 필요할 것이다. 『여자신문』102호(1890. 2.25)는 "프랑스의 모 부인회에서 신실한 친구는 남자인가 혹은 여자인가라는 의제로 이야기한 적이 있었는데, 조금 재미있어서 그 대의를 번역하여 귀사에 투고한다고 이다정飯田町의 시바 아야코司馬あや子양이 기고하였다"고 하는 다음과 같은 잡보를 게재하고 있다.

또한 한 부인이 말하기를 (…중략…) 저는 남자가 친절하다는 것을 알았습니다만, 나이를 먹으면서 남자의 친절은 부인의 친절과 달라 대단히 자기를 위해서 하는 것이 아닐까 하는 의심을 발견했습니다. 그 이유는 내가 다른 데로 시집 간 후에는 지금까지 받은 친절도 사라지고 또한 한두 분은 원수로 변했습니다만, 부인한테는 더더욱 친절과 사랑을 받았습니다. 나를 존경하고 탄미해 주었던 남자조차도, 내가 수려한 혼인을 한 후에는 말도 많이 하지 않게 되었습니다. 그래서 결혼하지 않은 처녀에 대한 남자의 친절은 자기의 이익에 기인한 것이라고 생각합니다. 아직 누구에게도 속하지 않는 동안은 어떤 의미에서는 자기의 소유물로 생각하고 애무하지만, 타인의 소유물이 되면 완전히 불이 꺼진 것과 같습니다. 이에 반해서 부인은 남자만큼 열심이 아닌 대신에 그 친절함은 작심삼일이 아니라고 언급했다.

이 점에 대해 Deborah Kaplan, *Jane Austen among Women*(Baltimore and London : The Johns Hopkins University Press, 1994)은 19세기말의 영국에서 가부장적인 "지배적 문화"

두 여자를 농락하려고 하는 악한으로부터 친구들을 구출하는 여성을 주인공으로 하는 「매화 향기」가 거의 예외적으로 여자의 우정을 그려 냈지만, 그래도 여전히 그 히로인에게는 다른 두 사람과는 대조적인 여덕이 부여되어 있었다. 「깨진 반지」의 6년 후에 시킨이 발표한 「현대두 여성當世二人娘」(『世界之日本』 13호, 1897.3.1)은 이것과 모티프를 같이 하여 악한 남자를 사이에 둔 두 여자의 운명을 나누어 그린다.

그 안티 히어로 코다 요시로甲田義郞는 결혼을 미끼로 사쿠라이 하나코櫻井花子를 농락하는 한편, 그녀의 친구 타케무라 키미코竹村君子를 삼키려고 그 아버지에게 아부하고 있다. 하나코와 키미코는 몇 차례 결혼에 대해 서로 상담하면서 혼담의 상대나 그 실태를 얼버무리거나 혹은 자신의 기분을 서로 숨기며 진실을 털어놓지 않기 때문에, 요시로의 결혼사기 같은 소행은 드러나지 않는다. 요시로의 정체가 폭로되는 것은 하나코와 그의 밀회의 장소에 우연히 키미코가 같이 있어서 이야기를 엿듣는다는 우연 덕택이었을 뿐, 키미코가 "독사의 입을 피할" 수 있는 것은 기숙사 한 방에서 "여학생 34명이 단결하여 서로 약속"했던 여학교시절의 추억을 바탕으로 이루어진 것은 아니다.

이처럼 결혼 전의 여자들이 향수하는 연대나 우정이 장면으로 점철되는 경우는 있어도, 그 공동성이 그녀들을 운명이라는 악마의 손에서 구해내어 스스로의 미래를 개척하는 것을 지원하는 힘으로서 플롯을 움직이는 경우는 거의 없다.14)

---

와 "여성문화"의 "이중성"에 의해 여성들이 찢기고 분열되어 있는 상황을 상술하며, 오스틴의 문학을 그녀의 초고를 읽고 독려하여 "작가"로의 성장을 지지하고 종용하는 여성들의 커뮤니티 속에 정위하는 대단히 자극적인 저작이다.

14) 이 의미에서 키타다 사치에北田幸惠가 "무력한 소녀들이 연대결속으로 무력하다는 현실을 역전시켜가는, 아케보노의 '여성주의'"를 읽어내려고 하는 「부녀의 귀감」은 재평가되어야 하는 텍스트이다(「女性文學における〈少女性の表現〉여성문학에서의 '소녀성의 표현'」, 『女性の自己表現と文化』(水田宗子 편), 田畑書店, 1993.4). 다만 쿠로사와 아리코黑澤亞里子가 지적하듯이, 이와 같은 '여자의 우정'이 이야기 속에 대량으로 쓰이게 되는 것은, 교육기간의 연장과 결혼연령의 상승으로 비교적 장기의 유예시간을

카호의 「싸리 도라지萩桔梗」(『文藝倶樂部』 1895.12)는 히로인 아이코愛子를, 이웃집 딸 나미코浪子에 대해 "제 남편은 나미코씨. 남자 남편은 아주 싫다"고 할 정도의 강한 애정을 품은 소녀로 묘사하고 있다. 그러나 "저는 아이로 언제까지나 이렇게 있고 싶다", "평생 당신과 놀면서 지내고 싶다"고 하는 소녀시절의 우정은 서양에서 귀국한 육군소좌少佐 이소가이 카즈오磯貝一雄와의 혼담이 다른 루트로 아이코한테로 흘러들어간 것을 안 나미코가 몰래 발을 빼서 아이코가 카즈오와 결혼함으로써 종지부가 찍힌다. 때마침 발발한 청일전쟁에 임하여 특지特志간호부가 된 아이코가 중상을 입은 카즈오를 간병하는 곳에, 아이코 등의 배려에 의해 카즈오의 친구와 맺어진 나미코로부터 아기의 사진이 배달된다. 카즈오는 아이코의 헌신적 간호에 의해 일단 회복되지만, 삼국간섭에 대해 분개한 나머지 다시 인사불성에 빠지고 말미에 아이코의 불행을 암시하는 문장을 남기고 이야기는 끝난다.

1887년 6월, 아리스가와노미야有栖川宮비 등을 발기인으로 하여 일본적십자사의 여성회원들이 결집해서 설립된 일본적십자사 특지간호부인회에서는 군의를 강사로 부상자의 간호법이 교습되었다. 일찍이 「나이팅게일전ナイテインゲール傳」(31・32호, 1886.8.5・8.15)을 연재했던 『여학잡지』는 높은 관심을 가지고 종종 그 활동에 대하여 지면을 할애했다. 「깨진 반지」가 게재된 그 해에 이 잡지는 「여성에게 공동결사의 힘이 있는가女性に共同結社の力ありや」(286호, 1891.10.10)라는 제목으로 "여자는 프랜드가 없다. 단지 있는 것은 남편이라는 프랜드뿐. 여자는 공동 작업에 적합하지 않다", "여성은 대개 집회결사의 힘이 부족하다"고 하는 세평에 대한 반론으로 『북미평론잡지北米評論雜誌』 중의 기사를 수록하고 있다.

---

가질 수 있게 된 대정大正 말기부터 소화 초기에 걸친 '신중산층' 여성의 출현을 기다리지 않으면 안 된다(「少女たちの地下同盟－吉屋信子の「女の友情」をめぐって소녀들의 지하 동맹－요시야 노부코의 「여자의 우정」을 둘러싸고」, 『ニュー・フェミニズム・レビュー 2 女と表現』, 學陽書房, 1991.5).

저 남북전쟁이 시작되었을 때 당여경세黨與經世를 위하여 분주한 것은 남자 뿐만 아니었으며, 애국의 대의는 저절로 부녀의 열정을 움직여 빈부귀천에 관계없이 서로 목숨을 털끝보다 가벼이 여겨, 나라를 위해서라면 행하지 않은 일이 없었다. 이 때 여러 곳의 회원이 된 부녀가 합계 만 명에 이르며, (…중략…) 혹은 부상병의 간호에 자비의 마음을 쓰거나 혹은 위험한 장소에 뛰어들어 친절한 땀을 자아내고, 연약한 몸으로 짐을 나르고 가족을 위로하며, 군의를 도와 몸이 피곤한 줄도 모르고 병원의 당번으로 밤낮 잠을 못 자는 것을 슬퍼하지 않았다.

합중국과 마찬가지로, 일본에서도 간호활동이 조직화되고 확대되는 것은 청일・러일의 양 대전에 처했을 때였다. 아이코라는 특지간호부 히로인의 등장은 바로 청일전쟁 후에 신문지면에 군인의 아내나 딸들에 의한 총후銃後의 활동이 요란스럽게 게재되는 시기였다.

특지간호부인회 설립의 취지가 "실은 간호사업에 여성을 참가시킴으로써 여성을 부국강병책 속에 조직하기 위한" 것이었다고 지적되어 있듯이, 얼핏 자주적이고 자립적으로 보이는 그 활동도 비상사태에 직면하면 갑자기 국가주의로 빨려 들어가는 것이었다.15) 명치 말기에 편찬이 기획되었던 적십자사사史에서는 특지간호부인회의 설립에 한 장을 할애하여 "명치 27, 8년 전역" "명치 33년 청국사건" "명치 37, 8년 전역"과 "전시구호"를 서술할 때마다 이 모임의 "업무"에 대해 언급하였다.16)

---

15) 龜山美知子,『近代日本看護史 1 日本赤十字社と看護婦』, ドメス出版, 1983.7, 28면. 또한 龜山美知子,「看護婦の誕生간호부의 탄생」,『女と男の時空Ⅴ 鬩ぎ合う女と男-近代』, 藤原書店, 1995.10.

16) 日本赤十字社,『日本赤十字社史稿』(판권 페이지가 없는데, 松方正義社長의 「緒言」은 "명치 44년 12월"이라 되어 있다). 이 책의 부록에는 각각의 구호에서의 유공훈장 수여자 목록이 게재되어 있다. 그것에 따르면, 청일전쟁시의 구호원 수여자 1,256명에는 603명의 간호부가 포함되었고, 서훈자 107명 중의 그것은 10명이다. 러일전쟁 당시에는 이것이 4,640명 중 2,725명, 마찬가지로 서훈자는 3,456명으로 1,967명으로 과반수를 점하게 되었다. 이것은 당연히 희생자의 수에 반영되어 있는데, 러일전쟁의 전몰 구호원으로 야스쿠니신사靖國神社에 합사된 77명 중 여성은 26명에 이른다. 물론 나베시마鍋島후작 부인을 회장으로 하는 특지간호부인회의 회원인 「싸리 도라지」의 히로인 아이코愛子에

청일전쟁 시기에 히로시마예비병원으로 파견된 일본적십자사의 간호부 감독 타카야마 미치코高山盈子는 간호부들에게 "여러분 과연 결사로 부덕을 완수할 각오가 있는가"라고 말하고, 전시구호의 마음가짐으로서 "자기의 감정을 통어하고 지조가 있을 것"을 요구했다.17) 나이팅게일 (Florence Nightingale, 1820~1910)의 활동이 "지금까지 소양훈련 없는 간병인의 저급하고 거친 간호에 맡겨진 병사는 이제 부드럽고 온정이 봄과 같은 간호부의 친절하고 혼절한 간호를 받음에 이르렀다. 이제 그들의 더러운 누더기는 청정한 리넨으로 바뀌고 거친 식사는 맛있는 것으로 바뀌었다. 아아 그렇다. 그들 부상병이 자네들의 한없는 자비가 천자天子와 같아 탄미경모嘆美敬慕함에 이른 것은 필경 이상한 일이 아니다"라고 언급되어 있듯이, 혹은 간호부의 자격에 '순종'이나 '온화'와 같은 덕목이 열거되어 있듯이, 이 여성들에게 요청되었던 것이 종래의 규범에 모순되지는 않았다는 것은 명백하다.18) 여자들의 활동은 '가'정 내에서 국'가'로 그 범위가 바뀌었을 뿐, 거기에 요구되는 부덕의 내실, 이상적인 여성상에는 아무런 변경도 생기지 않았던 것이다.

---

게 이것은 별세계의 사건이다.

17) 亀山美知子, 『近代日本看護史 1』, 46~51면.

18) 川俣馨一, 「クリミヤ戦爭とナイチンゲールの義擧크리미아전쟁과 나이팅게일의 의거」, 『日本赤十字發達史』, 日本赤十字發達史發行所, 1911.5, 29~30면. 『여학잡지』는 코켄생香軒生, 「看護婦の資格간호부의 자격」(237호, 1890.11.1)에서 "건강 · 극기 · 신실 · 청결" 등과 함께 "순종 · 온화"를 그 "자격"으로서 요구하고 있었는데, 이 기사의 말미에는 "실로 간호부는 영광스러운 임무이며 여자의 적임이라고 할 수 있다. 근래 우리나라에서도 점차 이 임무를 맡는 자가 많아지고 있다고 하는데, 국가를 위해 축하할 만한 소치로 본다. 나는 더욱더 여자가 분발하여 이 영광된 직책을 맡기를 희망한다"고 하는 기자의 말이 부가되어 있나. 구미에시의 간호사의 이미지 형성에 대해서는 앤 허드슨 존즈 편, 『看護婦はどう見られてきたか-歷史, 芸術, 文學におけるイメージ 간호사는 어떻게 보여 왔을까-역사 · 예술 · 문학에서의 이미지』(時空出版, 1997.7)를 참조. 또한 제2차세계대전하의 일본에서의 여성 대중동원을 시각적 프로파간다로서 분석한 와카쿠와 미도리若桑みどり의 『戰爭のつくる女性像-第二次世界大戰下の日本女性動員の視覺的プロパガンダ전쟁이 만드는 여성상-제2차세계대전하의 일본여성동원의 시각적 프로파간다』(筑摩書房, 1995.9)에는 간호사를 묘사한 수많은 비주얼 이미지가 등장한다.

그러나 행인지 불행인지 「싸리 도라지」의 히로인은 이러한 국가적 봉사에 목숨을 걸지 못하고, 그 활동은 개인적인 애정의 세계에 머물고 있다. "아이코는 요즘 일실에만 있고 다른 병실을 둘러보지도 않으며 오로지 마음을 다한다"고 묘사되어 있듯이, 그녀의 헌신은 부상병이라는 보통명사의 남성이 아니라, "해로동혈偕老同穴의 인연이 깊은" 한 남자에게 바쳐지고 있다. 다만, "사리독영私利獨營을 떠나 함께 높은 목적을 위하여 협동한다"는 "애국의 대의"(「여성에게 공동결사의 힘이 있는가」)보다, 아내로서의 애정을 우선시킨 아이코의 "간호의 공"도 국운에 목숨을 바치고자 하는 남편을 자신의 손에 탈환할 수 있었던 것은 아니지만.

시대적으로는 거슬러 올라가지만, 카호의 「짝 잃은 메추리片うづら」(『都の花』 103호, 1893.3.19)에 묘사된 고독한 히로인은 이 아이코의 후신이라고 할 만한 여성이다. 17세로 시집간 남편이 불과 3년 만에 죽어 비탄에 잠긴 마츠코松子한테 고향 친구 요시코芳子가 찾아온다. 호방한 요시코와 동거생활을 하는 동안 마츠코는 얼마간의 생기를 회복하여 산파학을 배워 개업하게 된다.

명치 초기 이후, 낙태금지와 얽히면서 산파업은 공권력에 의한 개입의 대상이 되었다. 서양의학은 그것을 산과학産科學으로 확립할 것을 요청하여, 면허제도 아래 1870년대 후반에는 도쿄부립 산파교수소를 비롯한 다양한 산파학교가 설립을 보게 되었다. 1880년대부터 1890년대에 걸쳐서는 습속적인 '애 받는 할머니'를 대신하여 '출산을 돕는 부인'으로서의 '조산부'라는 신조어가 출현한 시기였다. 『규수신지』 창간호 (1890.5.15)의 잡보 「여학교 및 여학생의 인원수女學校及女生徒の員數」에는 메이지여학교明治女學校나 토요에이와여학교東洋英和女學校 등에 섞여, 도쿄 산파학교東京産婆學校 66명을 필두로 총계 258명의 "여학생"을 끌어안은 7개 산파학교가 거명되어 있다. 마츠코는 "근래 산파업이 크게 진보하여 이미 시험을 거쳐 졸업한 자도 많은데, 그 중에는 젊은 여성, 아니 산파도 다수19)"라고 하는 그 중의 한 명이었던 것이다.

그러나 "여자의 큰 역할"인 출산을 도와 새로운 생명을 처음으로 받아 안는 그 빛나는 직업도 마츠코의 공소한 마음을 치유하지 못한다. 그뿐인가, 이 직업은 역으로 그녀로 하여금 여자로서의 행복이 충족되지 않는다는 생각에 시달리게 한다.

세상에 나오니 새로이 마음에 느끼는 바도 더하여 그만큼 외롭고 남편 생각도 나서 일주기가 벌써 지났는데도 어제와 다름없는 것은 마츠코의 마음이다. (…중략…) 세상을 등진 짧은 머리, 검은 옷을 입고 누가 보아도 5~6세는 많아 보이는 얼굴, 이 세상에 나와 이윽고 고고한 울음소리 우렁찬 아기를 씻는 대야를 보는 것도, 내가 생각해도 슬프다. 아기의 울음소리를 듣고 미소를 감추지 못하는 그 아버지의 얼굴을 보면, 아아 나에게도 이런 유복자가 있었다면 얼마나 좋을까 하며 가슴을 막고 솟아나는 눈물을 감추며 집으로 돌아와 (…후략…)

'여자의 행복은 결혼에 있다'고 하는 명제는 미혼 여성을 결혼으로 내몬다. 그리고 그 명제는 이어서 '여자의 행복은 어머니가 되는 데 있다'를 끌어내어 그에 따를 것을 요구한다. 마츠코의 결락감은 이와 같

---

19) 「産婦院設立」, 『女新聞』33호, 1889.2.3. 같은 잡지에서는 5호(1888.7.15)의 타테노 나미코立野なみ子에 의한 투서 「「産婆」といふ字·산파'라는 글자」를 계기로, 13호(1888.9.9)에 이르기까지 10호를 뺀 매 호에 산파의 호칭을 둘러싼 투서가 게재되어 있다. 논의의 요점은 산파婆'라는 글자와 "요즘 졸업하시는 산파분을 보면 영양이라고도 숙녀라고도 소녀라고도 할 만한" 실태(紅水生, 「産婆と云ふ字の弁·산파라는 글자의 변」, 6호, 1888.7.22)와의 괴리를 논하는 것으로, 모두 15통의 투서 중에는 "조산부助産婦" 혹은 "신괴부産科婦"라고 해야 한다는 제안이 보인다. 투서란을 점령하는 것처럼 보이는 이 논의의 응수는 "신지新誌를 뒤덮이 독자의 커다란 피해"(前田生, 「婆の字の事に付御相談·파자에 관한 것에 대한 상담」, 13호)라는 비판의 투서로 인해 일단 끊어졌지만, 이 잡지는 104호(1890.3.10)의 「産婆の婆の字は愈よ不適当·산파의 파자는 더더욱 부적당」이라는 제목의 잡보에서 쿄토부의 산파시험 합격자에 13세 소녀가 포함되어 있었던 것을 보도하였으며, 다음 호에도 그 속보를 게재하고 있다. 근대 일본에서의 생식의 관리통제에 대해서는 후지메 유키藤目ゆき 『性の歴史學-公娼制度·堕胎罪体制から賣春防止法·優生保護法体制へ·성의 역사학-공창제도·낙태죄체제에서 매춘방지법·우생보호법체제로』(不二出版, 1997.2)를 참조할 것.

은 명제에 대한 순종에서 유래하는 것이다. 그녀의 불행은 비선택적이고 경직된 행복의 정의에 얽매임으로써 아내도 아니고 어머니도 아닌 한 여자, '여자 자신'으로서의 인생에 의미를 발견할 수 없는 데에 있다.

그래서 "언젠가는 그 영광에 헤맸던 눈의 어두움을 씻고 우러러볼 때가 올 것이다. 다만 길은 한 사람을 가시밭 안을 헤매며 다른 방향으로 향하게 하려는 것이 슬프다"는 생각으로 "자매처럼 서로 친"한 요시코의 우정도 신앙도, 마츠코의 허무함을 채울 수 없다. 끝머리에 한 쌍으로 키우고 있었던 메추리 새장 앞에 앉은 마츠코는 그 가슴을 억누르면서 수컷을 잃은 암컷에게 이렇게 말을 건다—"나의 이 마음을 알아주는 것은 요시코도 아니고 아무도 아니고 다만 너뿐이다."

## 5. '새로운 남성'의 창조—「환고의 사슬苦患の鎖」

결말에 놓인 '결혼식'이 상징하듯이,[20] 많은 '여류소설'에서는 '목표로서의 결혼'이 플롯의 종결을 형성하고 있으며, 이야기는 이것을 경계로 해서 그 이후를 묘사하지 않는 것이 통례였다.[21] 부부관계의 갈등을

---

20) 『덤불속의 휘파람새』의 마지막 회는 "홍엽관紅葉館"에서의 츠토무와 히데코의 피로연이며, 「두 가인」의 말미는 두 쌍의 남녀가 "어젯밤 드디어 제국호텔에서 축복된 결혼식을 거행하셨다"라는 신문기사의 인용으로 맺어져 있다. 혹은 「어린 솔」의 "그렇다면 모인 이 자리에서 집안끼리의 축하로, 꺼내는 술잔銚子盃도 송죽매의 세 개를 겹쳐 정조를 바꾸지 않는 어린 솔이 몇 천대나 변함이 없도록 축복하는 노래도 정말로 복되다", 「여자다움」의 "약에 사용하는 포도주병을 들고 술잔에 따르는 흔들리는 손 세 잔에 세 번 마시는 부부의 굳은 언약 자매의 인연도 엷은 죽기 직전에 머금는 물", 또한 「갈대 마디」의 "오시즈는 그 후 어떤 학교에 다니면서 면학에 힘써 함께 부르리 타카사고(高砂; 혼례 등에 상용되는 축하곡)나, 이 갯바람에 돛을 올려 귀조할 날을 기다린다"라는 결구 등, 그 묘사에 대한 집착은 결혼 '후'의 부부의 묘사에 대한 냉담함과 대조적이기조차 하다.

서술하여, 로한露伴으로 하여금 "남편이 밤늦게 귀가한데다가 취해 있으면서도 꽤 태평한 선생이라는 등 아내를 탓하는 장면 모두를 묘사해내어 그 아내가 말을 못하는 것에 대한 소감을 독자에게 깨닫게 하는 기량이 느껴지며, 또한 그 전후의 한 구절은 절망 속에서 희망을 이어가 끙끙 앓지 않고 이른바 슬퍼하지만 상심하지 않는 자"라고 평하게 했던[22] 「깨진 반지」가 결혼과 이혼, 그리고 그 후를 묘사하려고 했던 것을 제외하면, 결혼식을 대단원으로 하는 해피엔딩의 이야기는 물론, 파혼의 이야기나 혹은 아내라는 여자를 히로인으로 하는 이야기에서조차 그들의 결혼생활에 대한 묘사에 할애되는 페이지는 결코 많지 않다.

---

21) 물론, 이것은 '여류소설'뿐만 아니라, 이른바 '재자가인소설'이라 불리는 작품의 대부분에 공통되는 특징이다. 『여학잡지』의 시공자是空子, 「明治小說, すじがき명치소설, 줄거리」(130호, 1888.10.6)에서는 이러한 패턴이 "제1편 재자가 연설하다. 제2편 가인이 갈망하다. 제3편 재자가 가인을 동반하다, 축하 축하"라고 야유당하고 있다. 또한 『이라츠메』의 「婚礼後혼례 후」(38호, 1890.1.10)라는 무서명의 소설은 그 서두에 "저의 이 이야기는 짧습니다. 하지만 사들인 깃발, 예의 가위와 풀로 이어붙이는 식의 긴 이야기보다 읽어서 이익도 있는 편입니다. 우선 남자주인공과 여자주인공의 혼례로 이야기가 끝나는 것이 아니라, 혼례에서 이야기가 시작됩니다. (…중략…) 보세요 신○니 ○작이니 하며 나오는 것이 그 취향은 모두 천편일률, 백치가 미로로 들어간 것처럼 애매하게 써갈 때마다 독자를 따돌리고는 결국에 가서는 뭐도 없다, 혼례의 축하 축하, 그것만이 지금의 소설가님의 수완이십니다"라고 언급하고 있다(다만, 이 작품은 「第一」회로 끝나 버려, "혼례 후"에 어떠한 부부상이 그려지려 했는지 명확하지 않다). 나중에 『문예구락부』의 「규수소설」호를 "탁월하게 독보해가야 할 문계文界의 산출물이라기보다는 오히려 교혜巧慧한 소학교 학생의 붓장난인 영재신지穎才新誌라고 하는 편이 적당할 것이다"라고 혹평한 우치다 로안도 마찬가지로 "연우사의 여러 재자才子가 대단히 인기가 높았을 무렵, 한편으로, 그 재자들의 작품이 천편일률적이었으며, 항상 가인재자의 연애담을 소재로 하는 것을 비웃는 자가 있었다. 지금 「규수소설」에 대해 흡사 이러한 느낌이 없지 않다. 연애는 인정의 열쇠이므로 그것을 재료로 하는 것은 본래 문제가 없다고 하더라도, 여류가 언내를 설파함에 있어 남자보다도 열 배 더 계신戒愼을 요함은 여덕의 일단이다. 소설은 유희문자가 아니라, 군자의 마음으로 붓 을 잡지 않으면 어찌 인정의 비흥秘興을 꿰뚫을 수 있겠는가. 경박한 연애이야기를 짓는 것은 남자에 비교하여 더욱 보기 흉하다"고 언급하고 있다(「「閨秀小說」を評す규수소설」을 평함」, 『每日新聞』, 1896.1.3~1.8).
22) 『여학잡지』 248호의 재록에서 인용. 그러나 이 잡지가 「國會新聞紙上の露伴氏の評국회신문지상 로한씨의 평」이라고 하는 이 기사는 해당시기의 『국회』에는 보이지 않으며, 또한 『露伴全集로한전집』에도 수록되어 있지 않다.

예를 들면, 남편의 '부정'으로 파탄난 불행한 결혼이 아내 쪽의 편무片務적 '정절'로 회복되는 「오다마키이야기」의 신화적 텍스트에서 이것을 교훈으로 얻었을 딸 오시에의 결혼생활에 대해서는 거의 아무것도 묘사되지 않았다. 혹은 "의기투합하여 후지산 · 비와琵琶호 저리가라 할 정도의 사랑"으로 맺어졌다는 요시코芳子와 칸이치幹一부부를 주인공으로 한 「산속의 명화」 10회 중에서, 둘의 대화를 묘사하는 것은 제8회 한 장면에 불과하며, 게다가 그것은 '애정'보다 '국가의 중요성'을 생각하는 칸이치가 그 때문에 '여행'을 갈 것을 고하는 '이별'의 장면이었다. 부부의 대등한 대화는 「싸리 도라지」의 아이코와 카즈오의 그것으로 이어지고 있다고 할 수 있겠지만, 전 7회 중에 그들의 결혼생활이 묘사되는 것은 (6)과 (7)의 불과 2회에 머무르며, 마지막 회에서는 카즈오가 죽음을 맞이하고 있다. 그리고 「짝 잃은 메추리」에 이르러서는 남편은 이야기 서두부터 이미 "백골나무 위패"에 지나지 않았다. 이러한 마땅히 있어야 하는 결혼의 부재상황, 묘사되어야 하는 부부상이 초점을 맺지 않는 사태는 도대체 무엇을 의미하는가.

결혼을 목표로 하는 이야기에서 그 아버지는 대개 '압제결혼'을 강요하는 권력 그 자체이거나 그렇지 않으면 '자유결혼'의 장애가 되는 인물이었다. 결혼을 기피하기 위해서 사범학교 진학을 제의하는 히로인을 "뭐! 사범학교. 홍. 소학교 교사가 되어서 그리고 나서는 어쩌려고 그래. 평생 혼자서 살아가는 것은 쉬운 일이 아니야. 그, 그런 말도 안 되는 소리 하지 말고, 말을 듣거라. 이제 와서 어쩌겠다는 거야"라고 호통을 치는 「깨진 반지」의 부모를 압제타입의 전형이라고 하면, "나는 네가 보는 것처럼 도움도 안 되는 장님이지만"이라고 하는 전제에서, 자신의 사후에 "너 같은 고아는 안전한 사람한테 맡기고 싶다"고 부모끼리 정한 결혼이야기를 꺼내는 「정혼의 굴레」의 아버지는 그 "유화한 얼굴", 자애의 마음으로 히로인의 '자유결혼'을 막고 있다.

슈게츠여사의 「두 가인」에서 히로인 중 하나인 타니무라 츠유노谷村露

野가 사랑하는 상대인 카스가 키요시春日淸와의 결혼을 단념한 것은, 아버지의 요시다吉田가문이 단절될 위기에서 츠유노가 상속인으로 지정되어 양자를 맞을 것이 요구되었기 때문이다(이야기의 결말 자체는 츠유노가 또 한 명의 히로인 하루에春枝와 결혼상대를 교환함으로써 해피엔드로 끝난다). "만약 이런 나를 너의 아버지라고 생각한다면 지금 말한 대로 요시다가문으로 가다오 카스가한테는 서로가 납득하도록 거절할 테니까. 받아들일 수 없다고 하면 어쩔 수도 없지만, 가능하다면 들어다오 그것이 나에 대한 최고의 효도이다. 지금까지는 나도 네가 원하는 것은 모두 들어주었는데, 이게 아버지의 첫 부탁이니까. 응? 츠유노"라는 아버지의 말은 형식적으로는 의뢰문이면서도 내실은 명령문 이외의 아무것도 아니다. 게다가 그것에 따르지 않으면 자신이 이혼을 해서 친정으로 돌아오는 부분에 이르러서는 거의 협박에 가깝다고 할 수밖에 없다. 혹은 『덤불속의 휘파람새』에서 하마코와 야마나카의 '자유결혼'이 가능해진 것은 아버지의 죽음을 계기로 하고 있는 것을 부기해도 좋을 것이다.

한편, 이러한 아버지에 대해 어머니는 어떤가 하면, 아버지의 그늘에 가려 이야기 속에서는 거의 존재감이 없다. 「깨진 반지」의 어머니는 "아버지를 대함에 있어서도 문지방을 사이에 두고 두 손을 가지런히 마루에 짚은 상태로 주로 이야기를 나누는데, 대개 아버지를 대하는 태도가 손님을 접하는 듯 했습니다"라고 히로인이 말하듯이 여자 대학의 실천자이며, 혼담을 둘러싼 아버지와 딸의 응수에도 "험악한 아버지가 두려워"서 아무 말도 못하고, 남편이 나간 후에 "글썽글썽한 목소리"로 딸을 타이르는 것밖에 못한다. 「두 가인」에서는 이혼도 불사한다는 남편에 대해, 아내인 히로인의 어머니가 어떠한 의지를 가지고 있는지는 전혀 묘사되지 않았으며, 「정혼의 굴레」에서는 애초에 어머니가 존재하지 않는다.

여성에 의해 쓰인 다수의 소설에서 남녀를 불문하고 중심적 캐릭터의 대부분이 '부모'를 상실하고 있는 것은 놀랄 만한 사실이다. 지금까지 언급한 작품으로 말하면, 『덤불속의 휘파람새』의 히데코, 「부녀의 귀감」의 히데코, 「정혼의 굴레」의 소노코, 「두 가인」의 하루에, 「가슴속의 그리움」의 히데오, 「어린 솔」의 츠루코, 「여자다움」의 오유키는 부모 중 한쪽 혹은 양쪽을 잃었다.23) 여기에 「깨진 반지」의 히로인이나 「싸리 도라지」의 아이코 같이 이야기 시작 후에 부모를 잃는 주인공을 더하면, 그 수는 더 커진다. 이러한 이야기의 설정은 '부모 죽이기' 플롯을 감추고 있다고까지는 할 수 없어도, 적어도 지배적인 가족관계에 대한 의식되지 않는 "동의 거부"로서 파악할 수 있을 것 같다.24)

「깨진 반지」의 부모의 부부로서의 관계성은 히로인에게 "부인의 운명"의 "덧없음"이나 그에 대한 "납득할" 수 없음을 느끼게 하여, 결혼을 기피하게 만드는 하나의 요인이 되고 있었다. 이것을 기존의 결혼, 부모

---

23) 아시야 요시코蘆屋よし女「夜の錦밤 비단」(『讀賣』, 1888.11.8~11.22)의 주인공 와시오鷲雄는 편모슬하의 외아들, 나기조노여사의 「자매」(『都の花』 19호, 1889.7.21)의 자매는 큰아버지한테 맡겨진 고아이며, 마찬가지로 나기조노여사(단, 휴간 양해의 글에서 필자는 佐々木光子임이 판명되어 있다)의 「들녘의 제비꽃」에서도 히어로 코지孝治는 고아이며, 히로인 오하나お花는 어머니를 잃었다. 그 외에 아케보노여사 「부녀의 귀감」이나 카게츠花月여사「痴蝶の刃미친 나비의 칼」(1889.4), 카호의 「薄命박명」(『女學雜誌』 241호, 1890.11.29)이나 「枯尾花시든 억새」(『女學雜誌』 294·295호, 1891.12.5·12.12) 등, 이러한 설정의 소설은 일일이 셀 수가 없다. 처녀작 「闇櫻어둠 속의 벚꽃」으로 시작되어 「たま襷어여쁜 옷고름」「別れ霜이별 서리」「五月雨장마」「経づくえ경 읊는 책상」으로 이어지는 이치요의 초기 비련소설군도 마찬가지로 이와 같은 '유형'의 예외가 아니다. '엄마 없는 아이'의 설정은 필연적으로 '계모'의 설정을 초래하는데, 이것을 중요한 모티프로 하는 것으로는 「박명」이나 「시든 억새」 이외에도 코바이紅梅여사의 「繼母계모」(『女新聞』, 1889.8.30~9.20)나 유호幽芳여사 「未開紅미개홍」(『大和錦』, 1889.1.1~12.1) 등 다수의 작품을 들 수 있다. 사악한 '계모'와 그녀에게 내리는 천벌이라는 이야기가 가지는 부권적 폭력에 대해서는 길버트와 구버가 「王妃の鏡왕비의 거울」(『屋根裏の狂女』, 朝日新聞社, 1986.11)에서 예리한 분석을 행하고 있다.

24) 여성작가의 작품에서의 가족관계, 특히 어머니와 딸의 갈등을 둘러싼 텍스트 분석에 대해서는 Marianne Hirsch, *The Mother / Daughter Plot : Narrative, Psychanalysis, Feminism*(Bloomington and Indianapolis : Indiana University Press, 1989)을 참조(일본어역 『母と娘の物語어머니와 딸의 이야기』, 紀伊國屋書店, 1992.9). 프로이트가 오이디푸스의 그림자에 은폐해 버린 어머니 이오카스테와 자녀들과의 관계에 대한 페미니스트적 정신분석에 대해서는 C. 올리비에, 『母の刻印－イオカステーの子供たち어머니의 각인－이오카스테의 자녀들』(法政大學出版局, 1996.7)을 참조할 것.

세대의 부부의 모습에 대한 명시적인 비판이라고 한다면, 아버지나 어머니의 결손이라는 설정은 그 소극적, 암시적인 표명으로서 읽을 수는 없을까.

아버지와 어머니가 쌓은 가정이 그 아이들에게 결코 모델이 될 수 없는 것이라는 사실은 「싸리 도라지」에서도 제시되고 있다. 거기에서는 히로인 아이코의 "병든" 어머니는 텍스트 안에는 전혀 등장하지 않고 마지막 회에 그 죽음이 언급될 뿐인 존재인데, 아이코가 "남자 남편은 아주 싫다"고 단언하며 혼담을 거부한 데에는 실은 이유가 있었다. 은행의 총재직을 아들에게 물려주고 은거신분을 즐기는 아이코의 아버지에게는 아무래도 첩이 있는 듯하여 밖에서 보면 원만해 보이는 그 가정도, 내실은 "하마마치浜町의 그 사람 때문에 이러쿵저러쿵하며 부딪치는 파도에 노젓기가 힘든" 상황이었던 것이다. 기생을 데리고 꽃구경에 빠진 관리 같은 남자를 보고 "그 꼴을 봐서 그런지. 저걸 보아도 관리는 싫어. 남자도 싫어. 남자의 마음은 대개 그래. 집에서는 잠못이루며 우는 아내도 있을 텐데. 나 혼자 저것을 보는 것도 역겨운 금수들"이라며 매도하는 아이코가 마지막으로 직면하는 것은 어머니의 사후 "하마마치의 누구의 세상이 되어 의지할 데도 없어"진 친정의 모습과, 자신의 남편의 죽음이라는 두 개의 결혼생활의 종언이다.

바람직한 부부관계의 가능성, 비압제적인 결혼의 성취를 모색하는 딸들은 그 모델의 제공자, 지원자로서의 강력한 여성상을 필요로 하고 있지만, 어머니들은 거의 무력하다. '딸의 친구'로서의 여자들이 공동성의 원리를 찾으려고 하는 데에 반해 '딸의 어머니'로서의 여자들은 부권원리에 대항하지 않거나 혹은 반대로 그 대리를 행함으로써 오히려 그것을 뒷받침하기까지 하는 인물이다.[25]

---

25) 남성원리로의 가담은 부재한 어머니뿐만 아니라, 과부로서의 어머니가 망부의 역할을 인수하여 자녀들의 결혼을 결정하는 경우에 전형적으로 보인다. 이와 같은 선행세대로서의 여성의 성격부여는 「가슴속의 그리움」의 타코코龍子나 「어린 솔」의 오츠타

물론, 「깨진 반지」가 그렇듯이 많은 '여류소설'에서 이러한 어머니의 무력함에 대한 히로인의 감정은 반발이라기보다는 안타까운 애정이자 동정이다. 왜냐하면 '어머니'도 또한 '나'와 마찬가지로 '여자 대학'적 규범에 속박된 가부장제의 희생자이기 때문이다. 여성을 "여자의 처지"를 변혁하는 주체로 앉힌 「깨진 반지」는, 따라서 '어머니'가 아니라 '아버지'에 대해 그 지원자 되기를 요구한다.

> 다만 다행히 저의 아버지는 아직까지 건강하셔서 저의 다년간의 고생을 대단히 불쌍히 여기시어, 늙은이의 도움도 안 되는 간섭으로 인해 아까운 어린 나무의 가지를 꺾었으니, 하며 끊임없이 편지를 보내 저를 위로해 주시어, 지금은 오히려 저의 지망을 칭찬하며 자주 저를 격려해 주시니까 저는 이것이 무엇보다 즐거워, 슬픔 속에서도 기쁜 나날을 보내고 있습니다.

강제로 결혼을 추진하는 남편에 반대를 못하고 사위의 부정을 듣고 단지 눈물만 흘릴 뿐, "자애" 이외에는 딸을 지원할 것을 갖지 못한 채 병사해 버린 어머니를 대신해서, 히로인은 자신의 지망을 칭찬하며 격려하는 아버지를 손에 넣게 되었다. 즉, 여덕에서 여권으로의 여성원리의 전환은 지금까지 여자를 억압해온 가부장제의 원리에서 새로운 남성원리로의 변화를 초래하는 것으로서 묘사되었던 것이다.

카호의 「환고의 사슬苦患の鎖」(『女學雜誌』 282~285호, 1891.9.19~10.3)은 이 의미에서 「깨진 반지」를 계승하고 있다. 스토리 자체는 좋아하는 사람끼리 맺어진 부부가 충돌하여 결국에 별거하는데, 깊은 곳에서는 서로에 대한 신뢰를 버리지 못하여 상대에 대한 애정을 확인하고 원래대로

---

お蔦, 혹은 「싸리 도라지」 속에서 "좋은 기량, 얌전한 모습"의 나미코를 칭찬하는 시어머니의 "당세풍의 여자 학자들과는 하늘과 땅 차이"라는 말이 아이코에게 "며느리라는 신세의 허망함을 알"려 주는 것이듯이, 전통적인 '여덕'을 요구하며 자녀들의 결혼생활도 지배하는 '남편의 어머니'로서 가장 선명한 상을 맺고 있다(「정혼의 굴레」의 큰어머니 이쿠요는 그 변종으로 간주할 수 있다). 혹은 이러한 '의모義母'물을 '계모'물의 계열에 두는 것도 가능할 것이다.

돌아간다는 단순한 것이다(아내의 주장은 이 시기의 중류 이상의 가정에 갇힌 여자의 폐색감이나 답답함을 대변한 것이라고 할 수 있을지도 모르는데, 다만 충돌의 원인은 구체성을 결여하여 확실하지 않다). 그러나 연애결혼의 '그 후'의 부부 관계를 묘사하려고 하는 점에서, 또한 그 관계성에서 새로운 남성상을 형상화하고 있는 점에서 이것은 주목할 만한 작품이다.

히로인 마츠코를 방문한 그의 친구는, 질투심이 많아 여자 친구와의 사귐마저 금지하는 남편과 이혼한 이유에 대해 이렇게 말하고 있다.

친구라는 것은 각자의 취향으로 친구로 삼는 바가 있습니다. 저는 어느 일부분을 친구로 삼고 그 일부분에 대해서는 충분히 그만큼 진력합니다. 하물며 남편의 범주가 아니지 않습니까. 다른 친구와 교제했다고 해서 남편에 대한 애정이 줄어드는 일은 결코 없을 터입니다. 밤낮 두 사람이 사슬로 이어진 것처럼 하고 있을 수 있습니까. 책이라도 읽지 않는다면 비교하는 생각이 없으니까 몰라도, 눈이나 귀는 사방으로 달려도 몸이 자유롭지 못하면 무간지옥입니다.

대개의 경우 등장인물을 얄궂게 비판하기를 꺼리지 않는 카호의 소설에는 드물게, 이 의견에 대해서는 내레이터도 "귀와 눈만 활동하고 의지가 뒤따르지 않는 세상, 남자의 대부분은 부부동체라는 것을 환고의 사슬로 묶는 것으로 이해하고, 자기 혼자 흐르는 사랑의 둑이 되는 것이 연애의 비결로 존중하는 것이야말로 사리에 맞지 않는다"며 동의했다.

아내는 "남편을 무시하고 제 의지를 휘두르려는 생각은 전혀 없"으며, 단지 그 "활발하고 과민한 성향"이 "향하는 바가 자신과 똑같아 충돌하게 되는 것이 불쾌해서 매사에 마츠코의 뜻을 꺾고 굴복시키려고 하"는 남편의 방식에 견디지 못하기 때문에 부부간에 알력이 생기는데, 그 책임은 쌍방에 있는 것으로 그려지고 있다. 그들이 별거를 해소할 수 있었던 것은 "이번에 많은 사람과 교제해 보고 비로소 진정한 사랑,

부부간의 사랑이라는 것을 보았습니다. 인간의 성질에도 요철이 없으면 둘이 잘 들어맞지 않는다는 것도 깨달았습니다"라는 아내에게 답한 남편의 다음과 같은 말이다.

> 정말로 그렇다. 역시 단적으로 말하면 참을성이다. 지금까지 한 말 중에 좋지 않았던 것도 조금은 깨달았어. 지금까지 기계 취급한 것은 좋지 않았어. (…중략…) 이제 당신을 나 한 사람의 것으로는 하지 않겠어. 남편이라는 인류의 친구로, 아내라는 인류라고 생각해. 그것만이 별거로 얻은 신사상이야.

이것은 결혼생활에서의 양성의 대등한 관계성의 주장이라고 할 만한 것인데, 이 대칭적인 관계에서는 인내도 일방적으로 아내에게만 과해지는 의무가 아니라, 남편도 마찬가지로 그것이 요구된다고 한다. "뇌리에 신운동·신사상·신의견을 가지"는 히로인이 여자다움의 지배적 담론으로부터 해방되기 위해서는 히어로도 마찬가지로 남자다움의 규범과는 다른 "신사상"을 획득한 남자상으로서 그려지지 않으면 안 되었던 것이다.26)

---

26) E. 쇼월터는 『姉妹の選擇자매의 선택』(みすず書房, 1996.7)에서 『작은 아씨들』의 히로인의 한 사람인 조에게 집필활동을 포기하게 하고 베어교수와 결혼시킨 것을 "여성의 자기희생이라는 중산계급의 이상"에 대한 올콧의 굴복으로 해석하는 페미니스트비판에 대해, 베어가 "미국의 남자다움의 규범에 얽매이지 않은, 마음이 따뜻하고 애정이 넘치고 감정이 풍부한 인간"으로서 그려져 있는 것을 지적하고, "올콧은 베어교수를 조에게 '어리석은 선택' 이상의 것으로 하려고 의도했다"고 반론하고 있다(86~94면). 설령 히로인을 독자가 요구하는 '결혼'이라는 틀로 끼워 넣었다고 해도, 그것이 규범에서 벗어난 것, 즉 히어로가 스테레오타입에서 해방되어 있거나, 혹은 그들의 '결혼생활'이 기대되는 것과는 다른 특징을 가지는 것일 경우에는, 그러한 텍스트는 도저히 문학적 캐논에 복종한 것으로 생각되지는 않는다는 것으로 보인다.

## 6. 빙해 밑에서

『덤불속의 휘파람새』이후, 불과 얼마 되지 않아 여자가 쓰는 소설이 보여준 확대와 변화의 양상에는 놀랄 만한 것이 있었다. 이것을 가능케 한 것은 앞 장에서 살핀 바와 같이 '소설의 시대'와 그것을 밑받침했던 미디어의 발흥이라는 사태와, 그리고 이것에 능동적으로 관여하려 했던 무수한 독자 혹은 작가로서의 여성들이다.

『덤불속의 휘파람새』에 기고한 서문에서 "마담 다브레이의 어린 시절의 붓놀림도 절로 떠오르"는 그 완성도를 칭찬하며 "일본의 오스틴여사(Jane Austen, 1775~1817)"를 목표로 정진하도록 격려한 쇼요의 문학적 구상은 "서구의 노블"을 기준으로 하는 만큼, '여류소설'을 배제하는 것은 아니었다. "소설이 성행하는 이 명치의 성대를 고금 미증유"라는 시대 인식을 제시하며 그 "개량진보"를 시도하려고 한 그의『소설신수』는 서구문학의 진화론적 발전을 그 문학론의 기저에 앉힘으로써 명치의 소설을 전대의 희작에서 절단한 것인데, 그것은 작가를 "희작작가"에서 "충분한 학력을 가진" "학자"(「소설작가」,『讀賣』1884.11.9)와 같은 존재로 끌어올리려는 움직임을 가속시키고 교양계층의 소설계로의 참가를 재촉하였으며, 그리고 거의 동시에 여자가 소설을 쓰는 사태를 현출시키게 되었다.

『여학잡지』138호(1888.12.1)는「소설의 전염小說の類燒」이라는 제목으로 "근래의 서생사회에는 다소 소설지망자가 많은 것은 아닐까"라는 우려를 표명하고, 이 상황이 나아가 여학생들 사이에도 퍼지고 있는 사실을 보도하고 있다.

소설의 세력이 조금은 누그러졌다고 생각했더니, 의외로 근래에 이르러 더욱더 왕성한 것 같다. 아마도 지금까지는 짚불의 시대였지만, 생각건대 이제부터 점차 소나무의 대목에 옮겨 붙을 것으로 보인다. (…중략…) 그리고 동시에 여류 사이에서도 마찬가지로 점차 소설가가 출현하려 한다. 우리가 여류의 손으로 이루어진 미완성 소설 초고를 보는 일이 요즘 들어 점점 많다. 필경 머지않은 장래에 나타날 일이지만, 백 편의 쿠사조시草双紙보다 한 편의 엉클 톰스 케빈을 거듭 바란다. 지금의 여해女海는 들뜬 위안거리를 위하여 진력할 시대는 아니다.

'여류소설'이 시대의 문학 속에서 탄생한 것처럼, 그 작가도 마찬가지로 그 사회 속에서 사는 존재였다. 여기에서는 『덤불속의 휘파람새』를 기점으로 논술을 해나갔기 때문에 여자가 쓰는 소설은 '결혼소설'로서 한데 묶일 정도로 편협한 세계밖에 그릴 수 없었다고 생각할지 모른다. 그러나 이 이야기세계의 협소함은, 한편으로 여자를 둘러싼 현실세계에서의 여성 자신이 선택할 수 있는 인생의 폭을 반영하고 있다. 아내이자 어머니라는 것이 인생의 목적으로 여겨지고 글쓰기의 보증으로 간주되는 인간에게 '결혼'을 주제로 하는 소설을 쓰는 것은, 요컨대 존재의 근거를 묻는 일이었다. 일견 동공이곡으로밖에 보이지 않는 각각의 이야기를 주의 깊게 읽어 가면, 여자의 행복=결혼이라는 지배적 담론에 맹종하는 것에 대한 회의나 주저가, 의식적으로든 무의식적으로든 담겨져 있었던 것을 부정할 수는 없을 것이다.

여자에게 '여자의 이야기'를 쓰는 것은 여자가 처해 있는 처지에 대한 의식을 첨예화시킨다. 쓰는 행위는, '여자의 운명'을 앉아서 한탄할 뿐이든 그 타개를 시도하여 투쟁하든, 여자들의 상황을 대상화하고 그 속에 존재하는 한 사람의 여성으로서의 존재방식을 자기자신을 향해 묻지 않을 수 없는 것이기 때문이다.

『여학잡지』에 의한 '글쓰기'에 대한 질문장에 대해, 나기조노여사는 "소설을 쓴 것은 가슴속에 깊이 응어리진 것이 있기 때문에 쓰고자 한 것이다"라고, 여성의 자기표현의 핵심을 찌르는 말을 했다.27)

자기의 내부에 응고되어가는 글쓰기에 대한 내압內壓은 고등여학교 졸업 후, 해외유학을 희망하면서도 전형적인 억압자로서의 아버지의 반대로 좌절되고, 그 명령으로 맞이한 남편의 부정으로 이혼한 후에 「부녀의 귀감婦女の鑑」 이하 수편의 소설을 남기고 불과 19세로 요절한 아케보노여사 키무라 에이코木村榮子에게는 더욱더 절실했을 것이다.

저는 다른 영양들처럼 야회나 원유회園遊會 같은 당시 유행하는 흥미로운 교제를 하는 것을 허락받지 못했고, 저자신도 그다지 바람직하게 생각하지 않아서 집에만 틀어박혀 세상일에 어둡고 즐거움도 따라서 적어 하루 종일 적적하게 보낸 날도 많았습니다. 그래서 여러 가지로 생각해 보니 붓을 잡고 위안거리로 삼는 것이야말로 한없는 즐거움이어서, 그로부터 오로지 소설에 마음을 두었습니다. (…중략…) 소설을 쓰기로 한 이상, 근거도 적은 세상의 내막을 찾아서 한때의 흥이 될 뿐인 글쓰기는 바람직하지 않습니다. 설령 유치하더라도 한 가지 주의하는 점이 있는데, 얼마간 여자의 훈계가 되기도 하고 또는 가르침이 되기도 할 정도의 것을 쓰고 싶다고 항상 희망하고 있으며, 남에게 말할 때도 단지 이것만을 주장합니다.[28]

에이코가 바랐지만 허락받지 못했던 유학이나 경제적 자립을 히로인에게 가탁한 그녀의 처녀작 「부녀의 귀감」은, 유치하기는 하지만 그녀 자신의 폐색적인 현실 속에서 만들어진 '상상의 해방구'로서 읽히지 않으면 안 되는 세계로서 존재한다.

여자가 쓰는 소설은 자기표현의 근원에 육박하는 듯한 깊이에 도달해 있었을 뿐만 아니다. '여류소설'이 논해져야 하는 것은, 아무리 부주의한 눈이라 하너라도 무시할 수 없는 양과 확대를 가지고 그것들이 존재하기 때문이다. 여기에서 다룰 수 있었던 신문이나 잡지는 미디어의 발흥기로서의 명치라는 시대를 만들어내는 방대한 양의 활자 중에 극히 적

---

27) 앞의 글, 「규수소설가 답 제4」.
28) 「閨秀小說家答 第二」, 『女學雜誌』 206호, 1890.3.29.

은 부분밖에 되지 않으며, 더욱이 일부라고는 해도 그 중에서는 적지 않은 지면을 할애해서 게재된 '여류소설' 중의 소수를 논할 수 있었을 뿐이다. 이 신문·잡지들을 매체로 출현한 '여류소설'은, 극히 한줌의 작가를 정점으로 하는 빙산의 일각이 드러났을 뿐, 수면 아래의 작가와 그 작품을 포함하는 전체상은 거의 불분명한 상태로 남겨져 있다.

그러한 널찍함의 일부는, 예를 들면 미키 시게코三木しげ子의 「호랑이 이야기虎の卷」(『讀賣新聞』 1890.1.3~1.7)나 산모三茂여사의 『꽃의 경쟁 우에노 사철 개화花競上野四季咲』(『讀賣新聞』 1890.7.7~8.8), 혹은 나기조노여사의 「소나무의 탄식松の歎息」(『都の花』 74호, 1892.1.3)과 같은 작품에 보이는 패러디나 벌레스크와 같은 요소로서 구현되어 있다. 그것은 『덤불속의 휘파람새』, 나아가서는 『소설신수』가 지향했던 인정과 세태풍속의 리얼리스틱한 묘사라는 방향성과는 이질적인 경향을 나타내고 있으며, '근대소설'의 또 하나의 가능성에서 볼 때, 문학사 전체의 움직임 속에서 파악될 만한 것이다.

'근대문학사'라는 관점에서 보면, 간과할 수 없는 번역소설 등도 마찬가지로 고찰의 대상에서는 빠져 있다. 그것들에 대해서 서둘러 부언해 둔다면, 명치시대의 '여류번역가'를 대표하는 한 사람인 와카마츠 시즈코若松しづ子의 작품군도, 조부모나 부모, 숙(백)모, 유모와 같은 다양한 양육자 중에서 '어머니'가 부상하는 상황, 즉 교육되어야 하는 '자녀의 발견'과 그 담당자로서의 어머니 역할의 돌출이라는 현모양처적 규범의 성립을 빼고서는 논할 수 없을 것이다. 혹은 또한 코가네이 키미코小金井喜美子가 번역한 「거죽 한 겹皮一重」(『しがらみ草紙』 4호, 1890.1.25)이나 「인육人肉」(『しがらみ草紙』 6~10호, 1890.3.25~7.25)도 원작이 가지는 전기성의 그늘에 부부의 관계성에 대한 신랄한 고발을 감추면서 인간성의 암부를 엿보고 있어, 단순한 로망스로서는 도저히 읽을 수 없는 작품이다.[29]

---

29) 여자가 쓰는 소설에서의 중요한 장르인 고딕소설에 대해서는 E. 모아즈의 『女性と文學여성과 문학』(研究社出版, 1978.12)이나 쇼월터, 『女性自身の文學여성 자신의 문학』

이러한 극히 다양한 세계를 자아낸 여자들의 자기표현에 담겨진 생
각에 대해서 빙산의 정점에 놓인 여성과 수면 아래에 있는 무명의 작가
에게 물어 보자.

하나 "저도 죽을 때까지는 노자와 하나野澤花라는 사람은 이만큼의 일을 하
고 죽었다는 말을 들으며 죽고 싶습니다."

타케 "주제 넘는 말 하지 마. 여자 주제에 …… 그런 말은 진짜 가능성이 있
을 때 하는 거야. 정말 주제넘어서 어쩔 수 없군."

하나코는 조금 토라져서,

하나 "어, 이상한 말씀을 하시네요. 자기 생각을 말하는데 가능성이 있으니
없으니 할 필요가 없잖아요. 오라버니는 요즘 사람, 게다가 서양유학까지 한
사람에 걸맞지 않는 하찮은 말을 해서, 무슨 말만 하면 주제넘게 주제넘게, 하
는데 …… 어디가 주제 넘는다는 거예요"

아오 "오하나씨의 말도 맞아요. 다행히 명치시대에 태어났으니 분발해서 사
회를 위하든 뭐든 힘을 다하는 게 좋아요"

타케 "글쎄, 사회를 위하여 힘쓴다는 게 뭔지 모르겠어. 도대체 부인이라는
건 일가의 아내가 되어 집안을 잘 다스리고 남편을 유쾌하게 하는 것이 임무
인데, 연극으로 말하면 검은 옷을 입고 거드는 역할 같은 것으로, 그렇게 해
가기만 하면 그것으로 간접적으로 사회를 위하여 몸바치고 있는 거야. 굳이
남자처럼 분주하게 일을 할 필요가 없어. 그것도 과부가 되었거나 뭐 그런 거

(みすず書房, 1993.3) 등이 논하고 있다. 여성에 의해서 치유되는 상처받은 남성주인공
의 '다크 히어로'적 측면에 대해서는 Mary Jo Putney, "Welcome to the Dark Side", in
Jayne A. Krentz ed., *Dangerous Men and Adventurous Women : Romance Writers on the Appeal
of the Romance*(Philadelphia : University of Pennsylvania Press, 1992)를 참조할 것. 다만 키미
코의 「거죽 한 겹」에서는 원작 「畫皮화피」(『聊齋志異』 第四〇話)에 있는 마귀에 들려
서 목숨을 잃는 원인이 된 엽색행각을 번역하는 것이 회피되어 있다. 이 의미에서는
"얄팍한 뼈를 덮은 가죽 한 겹, 헤매는 마음이 어리서었다"라는 화가和歌를 단 촉루도
髑髏圖를 남긴 타사와 이나부네(田澤稻舟, 1874~1896)의 내적 세계나 그녀가 「しろば
ら백장미」(『文藝俱樂部』 제12편 임시증간호, 1895.12)에서 형상화한 끔찍한 이야기—
클로로포름으로 의식을 잃은 사이에 강간당한 히로인의 익사체를 쪼아 먹으러 까마귀
가 날아오는 마지막 장면—는 재검토해야 할 것이다. 에도의 쿠사조시草双紙에 불가
결한 성적 유혹이나 폭력, 혹은 자살이나 독살과 같은 선정적인 플롯이 '근대문학'에
어떻게 관련되었는지는 명치의 '독부毒婦물'의 행방과 함께 중요한 문제이다.

라면 몰라도 말이야. …… 뭐 그런 말 굳이 안 하는 게 좋아."

하나 "그래도 모처럼 이 세상에 태어나서 노자와 하나라는 게 어느 구석에서 뭘 했는지, 개죽음 같은 건 하고 싶지 않아요."30)

이것은 "칸다의 한 여학생神田一女生"이 「무명소설」이라는 타이틀로 『이라츠메』에 투고한 연재소설에 묘사된 히로인 노자와 하나코野澤花子와 그 오빠 타케이치武一와 그들의 사촌 아오야마 사토시青山敏 사이의 대화 장면이다.

그리고 다음은 이치요의 일기 중의 유명한 한 구절.

스스로 생각해도 덧없는 희작의 부질없는 말로 내가 붓을 잡는 것은 사실이다. 의식주를 위함이라고 하더라도 눈비를 견디기 위함이라고 하더라도 유치한 것은 누가 보아도 유치할 것이다. 내가 붓을 잡는다는 이름이 있는 이상은 도저히 대개의 세상 사람처럼 한번 읽고 끝나면 쓰레기통에 버려지는 것은

---

30) 『いらつめ』 78~84호, 1891.2.5~6.22. 이 작품은 그때까지의 현상문예 당선작과 달리, 각 호마다 페이지 안에 꽉 짜여진데다가 『이라츠메』의 쪽번호와는 달리 일련번호가 매겨져 있다. 연재 제1회의 말미에 "위의 무명소설은 전기前期대로의 서명으로 투고된 것입니다. 붓놀림도 상당히 익숙한 잘된 작품이므로 결국 본 호부터 여기에 싣게 되었습니다. 다만 완성 후에 정리하는 편의를 위하여, 일부러 무례하지만 1호를 할애하여 실었습니다"라고 하는 "이라츠메 기자"의 부언에서 추측할 수 있듯이, 『이라츠메』의 폐간으로 미완으로 내던져진 이 작품은 투고 당시에 이미 완결되어 있었으며, 연재 종료 후에 단행본으로 출판될 것이 기획되어 있었던 것으로 보인다. 시오타 료헤이塩田良平는 「田澤稻舟타사와 이나부네」(앞의 『明治女流作家論』)에서 "무서명의 「무명소설」은 그녀의 작품이라고 믿어진다"고 언급하고 있는데, 그 근거에 대해서는 제시되고 있지 않다. 이 잡지 71호(1891.10.5)의 「통신문답」란에는 "칸다의 한 여학생" 앞으로 "투고하신 소설 초고는 아직 자세히 보지는 않았습니다만, 어쨌든 상당히 능란한 작품에 거의 경복했습니다. 본명을 알 수 없는 것은 답장을 보내거나 다른 상담을 드릴 때에는 대단히 유감입니다. 부디 알려주세요"라는 답장이 쓰였으며, 나아가 78~79호의 권말에는 "칸다의 한 여학생은 본 호에 게재되는 무명소설의 저자인데, 숙소도 성명도 몰라, 여러 가지로 면담도 바라오니 부디 스스로 당사로 알려주시기 바랍니다. 성미사"라는 사고가 연이어 게재되었다. 작가의 신원이 이때 불분명했다고 한다면, 1891년에 쿄리츠共立여자직업학교 도화과圖畵科 을乙에 입학한지 얼마 되지 않아 비묘와 접촉을 갖고 그 후에도 밀회를 계속했다고 하는(「田澤稻舟年譜」, 『田澤稻舟全集』(細矢昌武 편), 東北出版企劃, 1988.2) 이나부네가 그 저자일 가능성은 높지는 않을 것 같다.

쓸 수 없다. 인정 부박하여 오늘 반기는 것이 내일은 버려지는 세상이라고 하더라도 진정에 호소하고 진정을 그려내면 한 장의 회작이라고 해도 얼마간은 가치가 있지 않을까. 나는 비단옷을 바라지 않으며, 대궐집을 원치도 않는다. 천 년에 남길 이름을 어찌 한 때를 위하여 더럽히겠는가. 한 쪼가리 단문 세 번 퇴고하여 세상의 평을 우러르려 하는 것도 헛되어 지필의 낭비로 끝난다면 그 또한 천명으로 여길 뿐.[31]

후세에 남길 만한 "이름"은 현세의 명리를 추구하는 입신출세주의를 넘어, 영원한 것을 동경하는 일종의 낭만주의만이 가능하며, 생의 한정성을 뿌리친 곳에 스스로의 가치를 발견한다. 나고 자란 배경을 달리하는 두 작가가 스스로의 생과 그것을 증명하는 작품에 담으려고 한 것이 이 정도로 가까운 것은, 여자에게 주어진 "진정으로 시시한" 운명(「깨진 반지」)을 생각하면 이상한 것이 아닐지도 모른다. 그 의미에서는 여자의 글쓰기는 모두 현세에 대한 절망을 아로새긴 경문經文으로서 내세의 생을 획득하려고 하는 영위였다고 할 수 있을 만한 것이었기 때문이다.

그러나 그렇다고 해도 거의 때를 같이 하여 쓰인 이 두 개의 말이 거기에 담은 생각을 같이 하면서도 이만큼이나 다른 '형태'로 나타난 것은 도대체 어째서였을까.

다음에 물어야 할 것은 '여자의 스타일', 즉 여성의 문체가 어떠한 의미를 부여당하려 했으며, 또한 그들이 그것과 어떠한 투쟁을 벌이면서 글쓰기를 손에 넣어가는가라는 문제이다.

---

31) 「森の下艸 一숲의 잡초 1」, 『樋口一葉全集』 제3권(下), 筑摩書房, 1994.6. 집필시기에 대해서는 보주에 "최후의 단장이 쓰여진 것은 이(1891) 11월부터 이듬해 1892년 3월에 『武藏野무사시노』 제1편에 「闇櫻어둠 속의 빛꽃」이 실릴 때까지의 사이로 추정되는데, 정확한 시기는 단정할 수 없다"고 한다(723면).

## 제4장 여자의 문체(style)를 가늠하다

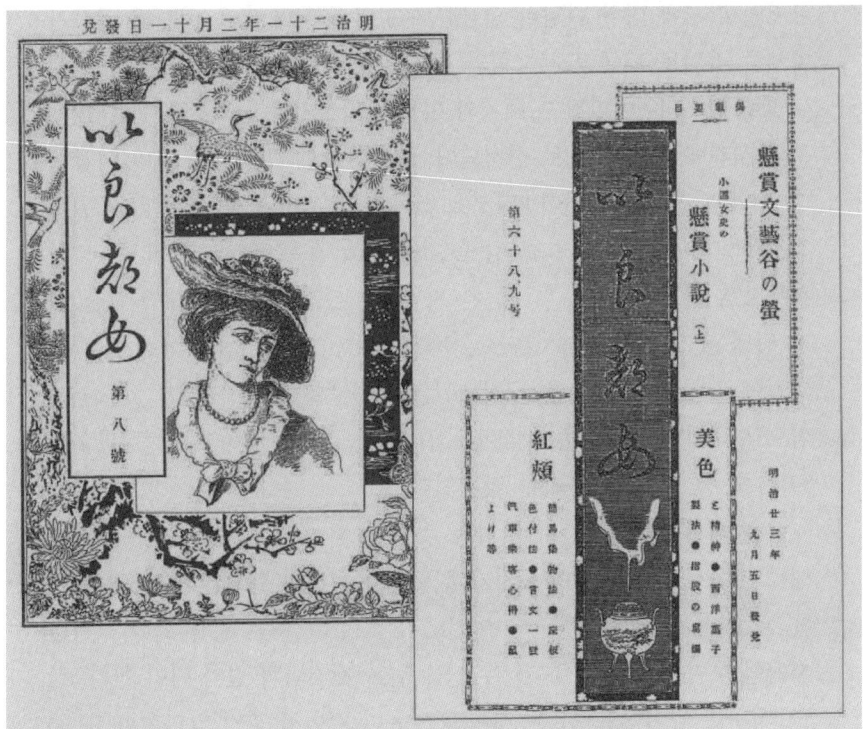

왼쪽 : 『이라츠메』 제8호 표지(1888.2.11) (도쿄대학 법학부 부속 명치신문잡지문고 소장)
몇 번에 걸쳐 변천된 『이라츠메』의 표지 중에서도 제18호(1888.12.15)까지 사용된 이 표지그림은 가장 화려하고 하이칼라한 것.
오른쪽 : 『이라츠메』 제68·69호 표지(1890.9.5) (도쿄대학 법학부 부속 명치신문잡지문고 소장)
『이라츠메』는 한때 2호분을 합본하여 발행했었는데, 이것은 쇼렌(小蓮)여사에 의한 현상소설 당선작이 게재된 마지막 합본 호. 목차에는 「서양과자 제법」 등과 함께 「언문일치」라는 글자가 보인다. 제자 아래에 그려져 있는 것은 세이 쇼나곤의 향로봉 일화에 연유한 디자인으로, 제28호(1889.10.22)에 등장한 이래, 폐간(제84호, 1891.6.22)에 이르기까지의 장기에 걸쳐 합본 호의 속표지 그림 등에 사용되었다.

## 1. 서간문적 규범과 일탈하는 본문(body)

여자의 글쓰기에 대한 규범은 우선 서간문의 통칙을 거기에 덧씌움으로써 이루어졌다. 여자의 글쓰기를 사적인 영역에 가두어 두려는 힘이 소설과 같은 글쓰기에까지 미치는 것은 '언문일치'라는 문체를 그 최전선으로 하여 '어떻게 써야 하는가'라는 논의가 일어나게 된 후의 일이다. 거기에 이르는 동안에 그때까지 유일하게 여자에게 허락된 글쓰기인 편지에 대한 다양한 담론은 여자의 문체나 혹은 여자의 글쓰기 자체를 후위로 되돌리려는 힘의 근거로서 작용했다.

발행 당초의 『여학잡지』에서의 여성의 글쓰기를 둘러싼 담론은 대부분이 서간에 관한 것으로 한정되어 있다는 것에 대해서는 이미 언급했다. 여자의 편지는 남편이 "타지에 있을 때"에 "비밀 등"을 알리기 위한 것(「부인의 네 가지 기예女中の四芸」 4호, 1885.9.10), 혹은 "안을 다스리는 것을 직분으로 하는" 여자가 "내 몸은 가지 않아도" 다른 집안과 연락을 맺기 위해 불가결한 것(「편지를 쓰는 수칙文を書く心得」 9호, 1885.11.25)으로 간주되었던 것처럼, 그것들은 근저에서 여자를 "항상 규문 안에 있으면서 밖으로 나가"지 않는 존재(「여자를 가르치는 법」)로 규정하고, 그 당위로서 "편지를 쓸" 것을 요구하는 것이었다.

"여자의 편지에는 가나를 섞은 것이 통상 좋다고 하니, 될 수 있는 대로 알아보기 힘든 가나표기가 없도록 유의해야 할 것"(「편지를 쓰는 수칙」 2호, 1885.8.10), "여자편지에 야전夜前·작야昨夜 같은 것을 쓰면 남자편지처럼 보여서 너무 강하다. 어젯밤이나 어제저녁과 같이 써야 한다. 간밤, 지난밤 같이 쓰면 같은 것이라도 유녀 같아서 좋지 않다"(「편지를 쓰는 수칙」 7호, 1885.10.25)고 하는 것처럼, '이래야 한다'고 하는 긍정문적 요구는 '이래서는 안 된다'는 부정적 명령과 한 쌍을 이루고 있다. 이와 같은 규범의식에서 보면, 여자가 쓰는 편지는 "소로候가 자꾸 나오는 것

도, 하고 싶은 말을 완곡하게 표현하는 것도 꼭 탓해서는 안 된다. 요즘 아는 체하는 여자들이 쓰듯이 '첩은 불초하지만 어째서 그렇습니까. 남편이 다행히 현려賢慮함을 걱정하지 마세요' 같은 것보다는 훨씬 나은"(「여자의 편지女のふみ(上) 33」, 1886.8.25) 것이었다.

여자의 편지가 히라가나로 쓰이지 않으면 안 될 것, 남자의 서간문 같은 한자어의 사용을 피하지 않으면 안 될 것 등, 주지의 약속이 새삼스럽게 반복되는 데에는 그 나름의 사정이 있었다. "훼리스여학교フェリス女學校 학생 마츠다 미치코松田みち子"에 의한 「편지의 의무音信の義務」라는 제목의 다음의 투고(52호, 1887.2.19)는 그 사정의 일단을 나타내고 있다.

> 우리나라에서도 단지 한 통의 서간으로 혹은 남편을 간난艱難 속에 위험할 경우에 그것을 위로하고 그것을 구한 여류가 적지 않다. (…중략…) 그런데 일단 아국我國 한학의 유행이 심해지면서 여류의 문면이 모조리 변하여 옛날의 미풍은 바뀌고 난삽하고 정체된 한문이 되어, 이것을 고상하고 풍류한 것으로 여겨, 이로써 자신의 학식을 자랑하는 등의 폐해에 빠져, 그 사이에 남편을 위로하고 부모를 편안케 하며, 붕우朋友에게 친정親情을 주는 미훈美薰은 없어졌다. (…중략…) 설령 교묘한 짜임새가 부박한 남자를 경해驚駭하게 만들더라도, 과연 능히 진정으로 애국심 진충盡忠한 의기를 그 안에 자아낼 수 있을까.

남편을 뒷받침하고 위무하는 '내조의 공'으로서의 서간이라는 의식, 학식을 과시하는 한자어·한문의 배척이라는 그 문체관으로 보면, 이것은 앞에서 인용한 수많은 '여자편지의 수칙'과 다를 바는 없다. 그러나 그러한 수칙을 등재한 말의 형태 그 자체—인용문 중에는 나타나지 않지만, 그녀는 스스로를 "오인吾人"이라 칭하고 있다—는 그 주장을 배반하고 있다. 도대체 이와 같은 '배신행위'는 어떠한 사태를 배경으로 해서 가능해졌을까.

에마 사이코江馬細香나 야나가와 코란梁川紅蘭, 혹은 카메이 난메이龜井南冥의 손녀딸 쇼킨小琹을 필두로 하는 '귀문 세 여걸龜門三女傑' 등, 유학적 교양과 한시문의 사조詞藻에 풍부한 여자들을 근세문학사 속에서 골라내는 것은 그다지 곤란한 작업은 아니다. 문사어용文事御用 담당으로서 황후에게 『맹자』의 진강을 했다는 나카지마 토시코의 존재 등은 그 계보 위에 놓여야 할 것이다. 그러나 근세의 엘리트여성이 무사계급 중에서도 극히 일부의 예외였던 데 비해, 명치 전반기의 한시문의 유행이나 여자교육의 성과는 그러한 여성의 범위를—물론 절대수에 있어서 소수임에 변함은 없다고 해도—대폭적으로 늘렸던 것이다.

『여학잡지』의 뒤표지에는 창간호부터 "시문 첨삭"의 광고가 산견하는데, 1886년에 들면, 그 대상이 여성에게까지 미친다. 26호(1886.6.15)에 게재된 "동양언지학회東洋言志學會"의 광고는 「여자 시문 첨삭女子詩文添削」이라는 큰 글자 아래 다음과 같이 독자에게 호소하고 있다.

> 사례는 다소를 불문한다. 단 우표를 대용해도 무방함. (…중략…) 원고 중 걸작으로 인정되는 자는 하나하나 옮겨 써서 『명치 재원 시문明治才媛詩文』을 편집하여 출판한 후 무상으로 증정한다. 아울러 『여학잡지』 및 『여학총지』 등에도 때때로 게재를 부탁하여 열심히 규원閨媛 제군을 장려하고자 한다. 강호 유지의 재원 제군이여, 끊임없는 투고가 있기를 부탁한다.

다음 27호의 「기서」란에 당장 「언지학회 금옥言志學會金玉」이라는 제목의 3편의 한시가 "언지학회 회장 카와무라 간조河村嚴城"의 평과 함께 게재되어 있는 점으로 보아, 이 학회의 업무는 이 광고 이전부터 행해 졌던 것 같다. 31호(1886.8.5)에는 "나리타 켄유成田賢雄"에 의한, 마찬가지로 「여자 시문 첨삭」이라는 광고—그러나 이쪽은 "무료"—가 보이는 점으로도 추찰할 수 있듯이, 여성용 시문첨삭업은 상당한 수요를 가지고 있었다.

같은 잡지에는 그 외에도 "매화음려梅花吟廬", "화월관花月館", "홍성음사弘城吟社" 등 다양한 결사에 의한 시문이나 화가和歌의 첨삭광고가 게재되었으며, 『삽도 여학신문繪入女學新聞』 창간호(1887.1.15)에도 "욱문관郁文館 신지국新誌局 간리幹理 와카바야시 코슈若林篁洲"에 의한 「문시 평열文詩評閱」 광고가 게재되어 있었다. 그들 중에는 "동양시문회東洋詩文會"처럼 "절구 2센, 율 4센"에서 "소설 60센"에 이르는 첨삭료를 명기하고, 월회비 30센으로 첨삭 및 회원의 시문을 편집한 잡지를 제공한다는 "시문첨삭 및 회원모집"을 하는 곳도 있었는데, 이 시문회는 "부인"회원이 소학교 교원이나 학생, 군인과 더불어 "반액"의 대우를 받는다고 선전하고 있었다.

여성의 한시문에의 접근은 이들 통신교육 루트뿐만이 아니었다. 전년에 『여학잡지』가 게재한 관·사립 20여 교의 여학교 혹은 여숙의 교원 목록에 따르면, 태반의 학교에서 영학이나 재봉과 함께 "한학"이나 "화한和漢학"이 교수되었음을 알 수 있다.[1] 따라서 12호부터 새로이 설치된 「기서寄書」란에 화가和歌나 화문에 섞여 여성명의 칠언절구 등이 종종 보이는 것은 전혀 이상한 일이 아니었던 것이다. 투서 중에는 같은 여학교에 재학하는 학생에 의한 같은 표제의 문장이 몇 편이나 등장하고 있어, 이 기서란은 여학교에서 과제작문을 피로하는 장이 되었던 것 같기도 하다.

같은 잡지 33호의 총화 「여자의 편지」가 "아는 체하는 여자들"을 비판한 것처럼, "여자 편지의 수칙"과 같은 수많은 세칙이 반복해서 강조되지 않으면 안 되었던 것은 이러한 사태가 그러한 약속사항들을 주지

---

[1] 「內國女學校集報(一)(二)」, 『女學雜誌』 25·27호, 1886.6.5·6.25. 또한 『이라츠메』 19호가 세재힌 「東京府下女學校案內도쿄부내 여학교 안내」를 보아도, 고등사범학교 여자부, 고등여학교를 필두로 하여 그 교수과목에 「국어」, 「영어」와 함께 「한문」을, 혹은 「皇漢學황한학」이나 「和漢學화한학」을 드는 여학교가 많이 리스트업되어 있다. 이들 각 여학교의 상세한 교육과정에는 편차가 있는데, 예를 들면 1년급(입학연차)의 『國史覽要국사람요』를 시작으로 『日本外史일본외사』, 『十八史略십팔사략』, 『蒙求몽구』, 『史記사기』, 『文章軌範문장궤범』으로 나아가, 5년급의 『八大家文(당송)팔대가문』, 『孟子맹자』에 이르는 쇼에이頌榮여학교의 과정(「頌榮女學校規則摘要」, 『女學雜誌』 196호, 1890.1.18, 찌라시광고) 등을 거의 평균적인 「한문」 커리큘럼이었다고 간주할 수 있을 것이다.

의 것으로 하지 않는 글쓴이를 배출했기 때문이다. 81호(1887.10.22)의 사설 「여학교 학생에 대한 불만女學生徒への苦情」은 여름방학에 귀성한 여학생 손녀의 행태—밤새고 아침에 잠, 밤나들이, 예절이 바르지 않음, 논쟁투의 말대답, 가사의 무능—를 한탄하는 "한 할머니"의 투서를 인용하는 체재로 씌어 있다. "서양의 서적은 다소 읽을 수 있게 되었다고 해도, 일전에 시골의 의사선생님께 보낼 계절문안편지를 써 달라고 했더니, 한 줄도 알 수가 없어서 곤란했습니다"라는 그녀의 불만에 대해, 사설자는 "현금의 여학생분의 이 폐해는 곤혹스러운 것"이라며 동의를 표하고 있다. 이 할머니가 "일본의 학문도 다소 연습하도록 하고 있지만, 작문은 어쩐지 남자 같아서 신문처럼 느껴집니다"라고 언급하고 있듯이, 여학교의 교육은 규범에서 일탈한 글쓰기를 산출하는 원흉으로 간주되었다.

『여학잡지』에서는 "오사카잇치여학교大坂一致女學校 오하시 케이소쿠大橋景尼"가 "여자는 편지 쓰는 것도 남자 같이 한풍으로 쓰면 듣기도 거북하니, 새삼스레 강조할 필요도 없이, 다만 자신이 생각하는 바를 부드럽게 써내려가는 것이야말로 여자의 편지라고 하는 것이다"라는 투서를 보냈고,2) 논설에서는 지넨도사自然道士가 여학교 졸업식에서의 송답사를 들어 "문장을 배우는 이상, 왜 비천함을 우미함으로 바꾸지 않는가, 왜 분방함을 유창함으로 바꾸지 않는가, 왜 점차 쇠퇴해가는 한문체, 숙녀에게 어울리지 않는 난해한 문장에서 보통 활달한 화문체, 유려한 문장을 배우지 않는가. 아니, 이것은 배우는 자의 잘못이 아니라 가르치는 자의 잘못이다"라고 언급하여, 학교측의 교육방침을 비판했다(「모 여학교 졸업식에 임하여 느낀 바某女學校の卒業式に臨みて感あり」 119호, 1888.7.21).

---

2) 「ふみのかきかた편지 쓰는 법」 77호, 1887.9.24. 이 투서는 말미에 "오사카의 잇치여학교에서 배우는 여자가 이따금 쓰신 편지를 보고"라는 서언을 가진 "오바 마스코大庭增子"의 화가和歌가 첨가되어 있다. 혹은 이 학교에서도 후술하는 『梅花餘香매화여향』이나 『つぼみつぼ미』 같은 교지가 발행되었던 것일까.

『여자신문』은 『여자용 소식문女用消息文』(大野定子 저, 佐々木弘綱 열, 1888.10)의 비평에서, "아언雅言이나 한자어 등을 어설프게 사용한 것이 아니라 보통 익숙한 글자"를 사용한 점에서 평가한다.3) 동일한 서적을 『여학잡지』는 "서양문은 훌륭히 쓸 수 있으면서, 또한 "여배余輩 여성이 어찌 절치액완切齒扼腕 강개비분慷慨悲憤의 정을 금치 않기를 바라지 않을 수 있겠는가" 같은 문장은 쓸 수 있으면서, 판에 박은 계절안부의 편지조차 마땅히 쓸 줄 모르는" 여학교 교육에 대한 비판으로 사용했다(136호, 1888.11.17, 신간비평). 이처럼 "그 학우와 주고받는 데는 방문邦文을 사용하지 않고 영어를 쓸" 수 있으면서 "보통의 소식문조차 쓸 수 없는" 여학생(「다학의 폐인가 무학의 폐인가多學の弊か無學の弊か」, 『國民之友』 60호, 1889.6.22)에 대한 비난은 하나하나 들면 한이 없을 만큼 다양한 잡지에서 넘치고 있었다.

　『여학잡지』 228호(1890.8.30)의 이쿠노 후미生野ふみ[淸水紫琴]의 인터뷰기사 「보모주의의 여숙保姆主義の女塾」은 "작문과 같은 것도 굳이 기사·논설 등은 쓰게 하지 않고, 주로 사용문私用文을 짓게 했다"고 하는 시즈여숙靜女塾의 주인 히라오 미츠平尾みつ의 말을 기록하고 있다. 이러한 교육방침에 따라 이 여숙에서는 숙주塾主에 대한 의견도 '서한'을 사용할 것이 학생들에게 요구되었다. 통신첨삭업의 확대나 여학교에서의 작문교육의 성과는 단순히 서간문적 규범을 반동적으로 강화시켰을 뿐만 아니라, 여자의 글쓰기가 "계절문안 편지"나 "화문和文"의 규칙을 넘은 곳, 즉 '서양문'이나 '한문', 혹은 기사·논설문에까지 미치는 것을 규율하려고 하는 힘을 자극했던 것이다.

　그러나 이와 같은 비난의 쇄도는 현실의 지면을 다 덮을 수는 없었

---

3) 28호, 1888.12.23, 잡보. 『여자신문』 26호(1888.12.9)에 게재된 이 책의 광고에는 "최근에 편지의 문체에 구래로 남녀가 그 취향을 달리 한 것은 그 근거가 없다는 여론이 있어서, 모두 개량하여 용어는 부인의 본분인 완숙한 문체를 잃지 말며, 또한 자체도 평이한 행초行草 히라가나혼용으로 크게 썼다"는 것을 선전하고 있다.

다. 여학생용 잡지의 대부분은 여자의 글쓰기를 서간문의 틀 속에 머물게 하려는 규범을 써대는 한편으로, 여자의 글쓰기를 거기에서 일탈시키는 움직임에 박차를 가하는 듯한 장소를 지면 속에 만들어내고 있었기 때문이다.

『여학잡지』의 경우, 그것은 '득점 글짓기点取り文'라 불리는 기획이었다. 이 잡지의 창간호에는 「일본부인 개량론日本婦人改良論」이라는 과제의 투고모집이 보인다. 22호(1886.5.5) 부록의 「제1회 득점 글짓기 전말」에서는 총수 111명의 응모가 있었고, 그 중에 여성의 것은 15통이었던 것이 보고되었는데, 결과는 갑을병 모두가 남성에 의한 것이었다. 제2회 이후 응모수는 한 자릿수에서 기껏해야 두 자릿수 정도로 격감하였으며, 응모 그 자체가 59호(1887.4.9)의 제5회로 끝나버렸지만, 반대로 응모자에 점하는 여성의 비율은 제4회에서는 30% 가까이까지 증가하였으며, 그 중 몇 편이 입상을 하게 되었다.

같은 기획이 『여자신문』에서는 「현상문제懸賞文題」라는 이름 아래 행해지고 있었다. 제8호(1888.8.5)에 게재된 사고는 다음과 같은 것이다.

> 우리 회사는 금년 6월 10일로 『여자신문』 제1호를 발간함에 있어 「일본여자의 급무」라고 하는 현상 제목을 광고하여 널리 편장篇章을 강호江湖에 모집했다. 이래로 그에 응하여 기고가 있었던 것이 53통(남 20통, 여 33통)에 이르렀다. 지금 그 중에 예정대로 갑을병 3편을 선택했다. 그 3편은 제9호부터 매호 본지에 게재할 것이다.

제2장에 제시한 여학잡지류의 발행부수 표에서 1887년의 총 부수 10만여 부를 2년 후에 배증시킨 것은 주로 이 신문의 힘 때문이다. '여자신문'이라는 제호로는, 1875년 창간된 『꽃의 수도 여자신문花の都 女新聞』이 이미 존재했지만, 이것은 소신문의 창간러시 때에 그 하나로 등장한 격일출판 신문으로, '여자신문'이라는 이름을 내걸고 있으면서도 그

투서란은 소위 단골 투서가를 필두로 거의 남성에 의하여 점령되어 있었다. 이에 대해, 여성잡지 유행의 시대를 맞이하면서 "그 중에 망라하는 논설·학예는 비근한 기사 같은 것에 이르기까지 모두 남자의 손으로 이루어지는데, 여자가 쓴 것은 단지 화가和歌, 하이쿠에 지나지 않다"는 것은 유감이라고 하며, "타인이 떠들어대는 천만 마디의 말도 한 번의 기침의 가치도 없다는 것을 잘 알아라. 그리고 바라건대 자기의 일언일행은 다른 백만 번의 조언보다 낫다는 것을 잘 알아라"라고 여성들의 분발을 요구하는 투서(紅粉生, 「여자 제군에게 바람女子諸君に望む」 30호, 1889.1.13)를 게재한, 10년 후의 『여자신문女新聞』에 있어서는 그 현상논문의 입선작도 모두가 여성에 의한 것이었고, 여성의 투서가 기서란을 점유하는 비율도 훨씬 높은 것이 되어 있었다.

여성용 미디어의 융성은 이들 상업잡지에 의해서만 형성된 것은 아니다. 1888년 창간된 『부인교풍회잡지婦人矯風會雜誌』는 이듬해에는 『아키타 부인교풍회잡지秋田婦人矯風會雜誌』와 같은 지방 부인교풍회에서의 잡지의 발행을 촉진시켰으며, 1886년에 훼리스여학교의 시습회時習會가 선두를 끊은 교내잡지의 등장이 각지의 여학교에서 수많은 교내지를 탄생시켰고, 수년 후에는 연합할 기세까지 보인다.4) 1889년 3월 창간된 오사카 바이카여학교梅花女學校의 흥문회興文會에 의한 『매화여향梅花餘香』은 그러한 교내잡지 중 하나인데, 이 흥문회는 나아가 이 학교와 쿄토 도시샤同志社, 코베 에이와英和, 오카야마 산요에이와山陽英和 등 4개 여학교가 연합한 '여문회女文會'를 발족시켰으며, 이듬해 1월에는 『츠보

---

4) 1890년, 여학잡지사는 "각 여학교 각 문학회를 공동으로 하여, 그 기관이 되어 서로의 장려에 편리하고, 또한 그 운동을 공표하여 세평의 시비를 정하"려는 것을 목적으로, 『女學生여학생』을 창간했다(이 잡지 19호 사설 嚴本善治, 「女學生」, 1890.5.21). 이 잡지의 "편집조합"에 가입한 것은, 사쿠라이櫻井, 아토미跡見, 토요에이와東洋英和 등 11개 여학교로, 창간호에는 카케이나 사사키 토요시佐々城豊壽, 사쿠라이 사쿠코櫻井さく子 등의 축사, 혹은 이와모토, 이소가이 등 여학잡지사의 집필진에 의한 논술에 더하여 각 여학교 학생들이 쓴 논설이나 시가, 작문 등이 등재되었다.

미(つぼみ; 꽃망울)』제1개開가 그 회지로 발간되었다. 회칙에 따르면, 동회는 동맹 각교의 교원·졸업생 및 "다른 귀녀·신사" 등의 특별회원과, 각교 학생인 회원, 그리고 "교외 유지의 자매"인 회우會友로 이루어진다. 간기의 편집명의인은 호리구치 료헤이堀口良平인데, 실제로 매월 회원들의 원고를 모으고 배포나 회계사무를 행한 것은 교사와 학생으로 이루어진 회원들이었다.

논설에 해당하는 「회설會說」이나 「프랑스 여걸 샬롯, 고르데 소전佛國謝錄多. 可爾的小傳」 같은 전기를 모은 「유방遺芳」란, 또한 어빙(Washington Irving, 1783~1859)이나 존슨(Samuel Johnson, 1709~1784) 등의 번역이나 원문을 소개하는 「이식」란 등의 지면 중에, 뭐니뭐니 해도 압권인 것은 회원·회우의 여학생들이 쓴 매호 10여 편에 이르는 글을 열거한 「화단花壇」란이다. 창간호에 게재되어 있는 11편 중에 "~하옵나니"와 같은 히라가나쓰기 화문和文체는 불과 2편, 나머지는 모두 카타카나를 섞은 한문체로 쓰여 있으며, 주장하는 바도 "오인吾人이 만약 오늘 난難을 싫어하고 안安을 구하면 어찌 일을 이룰 수 있겠는가. 다행히 이 기機를 얻어, 만약 자기를 돕고 타인을 이롭게 하지 않고 헛되이 썩어 떨어진다면 무슨 명목으로 세상에 서겠는가. 분발하자, 아아噫"와 같은 호소를 담은 것이었다.

『츠보미』는 제2개 이래로 "츠보미에 관한 여러 신문의 비평"을 전재하고 있다. 그 문체에 관해서는 "권 중에 이미 방향복욱芳香馥郁한 문장도 있어서 독자로 하여금 백화총중百花叢中을 소요하는 느낌을 들게 한다"(제2개, 『東雲新聞』)와 같은 평도 있었지만, "나는 여자의 문장은 과연 이처럼 어려워야 하는지 잘 모르겠다. 만약 여자의 특질이 우완미려優婉美麗한 것이라고 한다면, 문장도 좀 더 재미있었으면 좋겠다"(제3개, 『女學雜誌』)나, 혹은 "역시 문장이 어려워서 앞으로는 되도록 매화의 고결함과 국화의 웅건함에 더하여, 벚꽃처럼 우미하고 유수처럼 유려해야 한다"(率直生, 「『츠보미』를 읽고『つぼみ』を讀て」 제4개)는 비판이 대세를 차지했다.

그 중에서도 다음에 인용하는 이소가이 운포의『츠보미』평은 이 잡지에 주어진 혹평 중에서 가장 가혹하다고 할 만한 것이었다.

남녀가 평등하게 인간이다. 함께 사회를 조직하는 필요분자라는 것은 의심할 여지가 없다. 그래도 그 사회에서의 위치, 다해야 할 천직에 이르러는 몹시 다르다. 남자는 사회의 표면에서 분주하고, 여자는 이면에서 진력한다. 남자는 남이 보는 곳에 서고, 여자는 남이 보지 않는 곳에 숨는다. (…중략…) 그 천직이 이와 같고, 그 책임이 이와 같으며, 그 특질이 또한 이와 같다. 그 글에 이르러서도 또한 자연히 달라야 하는 것은 자연의 기세인 만큼 새삼스레 논쟁할 필요도 없다. 그런데 우리나라 여자는 조금 교육을 받으면 당장 남자에 길항하거나 혹은 남자를 능가하고자 하는 자가 없지도 않다. 그리하여 그 문장과 같은 것도 애써 남자와 같기를 바라여 남자가 한문직역 같은 문체를 사용하면 여자도 마찬가지로 그것을 흉내 내고, 남자가 신문체 같은 가나를 섞은 글을 쓰면 여자도 또한 그것을 따라하여, 그 자구의 구조 등이 조금도 남자의 문장과 다른 바가 없다. 아니, 최근에 이르러는 남자의 문장이 오히려 여자의 문장보다 평이하고 알기 쉬운 것이 많다. 이는 어찌 피차를 전도시킨 것이 아니겠는가. (…중략…) 평이우미한 문장을 써야 하는 여자가 한문직역 같은 것을 내서 자매교의 수교나 문학의 장려 등 큰소리치며 득의양양한 것은 도대체 어찌된 연유인가

— 운포자雲峯子, 「『츠보미』 잡지를 읽고 감상을 적음「つぼみ」雜誌を讀みて感を記す」,
『女學雜誌』 202호, 1890.3.1

운포가 상정하는 여자에 걸맞은 우미한 문장이 "~하옵나니"와 같은 서간문을 염두에 두고 있었던 것은 "「화단」, 「명원名苑」란 중에 10여 명의 문장이 대부분 거칠거칠한 것뿐. 내가 이상으로 하는 문장에 가까운 것은 불과 1~2편 있을 뿐"이라고 비판하고, "나는 일본의 띠자 제군이 이러한 무용의 글자에 귀중한 뇌력腦力을 낭비하는 것보다 오히려 장래의 실용에 적합한 서간문을 쓸 것을 희망하는 자이다. 한자의 배열에 고심하기보다는 오히려 온유유려溫柔流麗한 가나문을 배울 것을 권고하

려는 자이다"라는 주장에 명백할 것이다. 이것은 여자의 글쓰기를 히라가나표기의 편지글이라는 전통적 규범의 틀 속에 가둬 두고자 하는 노골적인 압력 이상의 아무것도 아니었다. 지금까지 보아온 '편지도 제대로 못 쓰는 여학생'에 대한 비난의 대합창에도 불구하고, "남이 보지 않는 곳에 숨"어야 하는 여자의 글쓰기가 문체에 관한 규범을 침범할 뿐만 아니라 "문학의 장려"라고 칭하면서 일용 서간의 범위를 넘어 허락받지 않은 장소에까지 넘쳐흐르게 된 것에 대한 짜증으로 보이는 반응을 여기에 읽을 수 있다.

『츠보미』제3개(1890.3.20)의 회설「운포자의 호의雲峯子の好意」는 이 비판이 "여자를 집안에 가두어 세사에 대해서는 선인仙人연하라는 주문"에 다름없다는 것을 간파하고, 다음과 같이 반격하여 여학생들을 질타 격려했다.

곰곰이 우리 사회의 실상을 내다보면, 여자의 영분인데도 남자에게 강탈당한 곳이 결코 적지 않다. 보라, 오늘날 여자에 관한 사업을 보라. 완전히 여자의 손안에 있는 것은 얼마나 되는가, 우리 여성을 대표하는 여학잡지는 과연 누구의 손에 있는가. (…중략…) 우리들이 진취하고자 하는 바는 남성계의 일이 아니라, 우리 여성계의 일이다. 그를 위해서는 저술을 할 필요도 있으며, 또한 신문잡지를 낼 필요도 있다. 무교육한 여자가 이것에 임하는 것은 애초에 불가능한 일이니, 교육을 받은 자가 그를 대신하여 대국大局에 임하지 않으면 안 되는 책임이 있으므로, 오늘날에 그 준비가 있어야 한다. 그러므로 논의문을 짜내는 것도 괜찮고, 한문을 저작하는 것도 괜찮으며, 영문을 쓰는 것도 또한 가능한데, 어찌 서간문만을 배우고 그치겠는가. (…중략…) 아아 경애하는 자매여, 세간의 선악의 비평으로 인해 진보를 방해받지 말고 오히려 그 비평을 이용하여 더욱더 정련하지 않으면 안 된다. 본지는 만개한 꽃이 아니다. 아직 무취미한 꽃망울이니 살풍경한들 무슨 창피할 것이 있겠는가. 힘내라, 노력하라.

여자의 글쓰기는 그 이후 한층 시끄러운 "세간의 선악의 비평"에 노출되기 시작할 것이다. 왜냐하면 이미 이때 여자들은 다채로운 문체의 획득을 도모하면서 하필이면 '소설'마저 쓰려고 했기 때문이다.

## 2. 『이라츠메ぃらつめ』 혹은 유행잡지

여성용 잡지에 게재된 문장첨삭의 광고 중에 그 대상으로서 '소설'을 포함하는 시문회가 있었던 것을 떠올리기 바란다. 그 모임에 얼마만큼의 여성회원이 포함되어 있었는지, 또한 얼마만큼의 소설초고의 첨삭의 뢰가 있었는지 등의 실태는 완전히 불분명하다. 그러나 글짓기를 모집한 잡지 중에는 이 주변의 상황을 상당히 극명하게 엿볼 수 있는 것이 있다. "영덕令德을 진보進排시킬" 것을 목적으로 야마다 비묘山田美妙의 소설을 「귀녀의 거울姬鑑」란에 게재하고, 「잡록雜錄」란에는 "미술에 관한 사항을 게재하여 사상의 품격을 기르"는 일조로 삼을 것을 목적으로 발행된 『이라츠메』가 그것이다(「이라츠메 발행의 취지ぃらつめ發行の趣旨」 제1호, 1887.7.9).

이 잡지가 통상의 부인지에 비해 많은 지면을 투서에 할애하였으며, 또한 문예잡지로서의 특색을 강화하게 되는 것은 상당히 이르다. 독자의 편지에 대한 답장을 기재하는 「통신문답」란이 설치된 것은 11호(1888.5.20)였는데, 처음에 향수 만드는 법이나 신발 손질법 등, 한두 통의 문의에 간헐적으로 답하는 데 지나지 않았던 이 코너는 "숙녀분들께서 문의하신 사항을 대체로 답변을 달아 매호에 이와 같이 게재하겠습니다"(16호, 1888.10.15)와 같은 확장방침에 따라, 매호 여러 면의 지폭을 부여받게 되었다. 그리고 점차 읽을거리 혹은 글쓰기를 둘러싼 질문에 대한 회답이 일정부분을 점하기 시작했다. 22호(1889.4.15) 이하, 몇 호분의 통신문답란에서 하나씩 예를 뽑으면 그것은 다음과 같은 것이다.

"우선 화문和文을 닦으려면 『난소 사토미 팔견전南總里見八大傳』『옛
인형綟手摺昔人形』『이나즈마뵤시昔話稻妻表紙』 등을 보세요. 다음으로는
『태평기太平記』, 『고금저문집古今著聞集』, 『신황정통기神皇正統記』, 『그리움
에 태우는 잡목折たく柴』, 『금석이야기今昔物語』 등으로 옮겨가서 점차로
『츠레즈레구사徒然草』나 『마쿠라노소시枕草子』나 『겐지』에 이르세요. 조
사·조동사 등을 익히기에는 중앙당中央堂출판 모즈메 타카미物集高見씨
의 『테니오하교과서てにをは敎科書』가 초학에는 좋습니다"(22호), "화가和歌,
창가 등의 작법은 다음 호부터 내겠습니다"(23호), "『상고가자격尙古假字
格』이라는 책도 초학이 가나표기법을 익히기에 좋은 책입니다"(24호),
"시켄思軒거사가 번역하신 『탐정 유벨探偵ユーベル』은 위고(Victor Hugo, 1802
~1885)의 쿠데타입니다, 영역도 있습니다"(25호), "형용도 재미있고 취향
도 고상하며 우미한 것은 스코트의 『호상의 미인湖上美人』입니다. 어구
도 그다지 어렵지는 않습니다"(26호), "화가和歌 독습서에는 『여러 가지
말言葉の千草』『우이야마부미うひ山ぶみ』 등이 좋습니다. 모두 화서和書를
파는 책방에 있습니다"(27호), "스윈튼(William Swinton, 1833~1892)의 『만국사
萬國史』를 읽을 정도의 힘이라면 존슨의 『라셀라스전らせらす傳』 등을 읽
는 것이 문학연구에 좋습니다"(28호).

이런 종류의 질문의 증가는 18호(1888.12.15)에 광고되었던 "문예 현상"
의 모집으로 인해서 초래된 것은 아니었을까. 그것은 하나 혹은 두 개
의 "제목"을 내걸며 1개월 후를 기한으로 투고를 모집하고, 나아가 그
한 달 후의 지면에 결과를 발표하는 형식을 취하는 것이었다. 월간의
시기에는 거의 격월로, 발행 회수가 월 4회로 증가한 28호(1889.10.22) 이
후는 거의 매호에 입선작이 게재되었는데, 이것은 마지막 회(84호,
1891.6.22)에 이르기까지 계속되고 있다. 응모작은 "시가歌" — 화가和歌·
하이쿠·이마요今樣·창가 등 다양하다 — 와 "문장" — "어떠한 문체라
도 괜찮다", 다만 "광체狂体, 골계체滑稽体, 부도덕한 종류"는 거절당한다

—으로 나누어 선고되었으며, 일등·이등·등외 작품에는 각각 『이라
츠메』 1년분에서 1부까지의 상품이 부여되었다. 20호(1889.2.15)의 제1회
발표에서는 140여 종의 응모작 중에서 일등상에 나기조노여사와 타카
하시 마키타로高橋滿喜太郎의 화가和歌가, 문장부에서는 일등에 토바이자
藤梅子와 쿠모노야雲のや가, 이등에 잇신제一眞齋의 작품이 뽑혔다.

『도쿄부 통계표東京府統計表』에 따르면 1888년 중의 『이라츠메』의 발행
총 부수는 13,217부였으므로, 1호 당 1,000부 내외, 잡지는 회람되는 것
이 통례였다고는 해도, 140 남짓의 응모 수는 결코 근소하다고 할 수는
없을 것이다.[5] 입선작은 회를 거듭할수록 증가하여, 제7회(33호, 1889.11.30)
발표에서는 총 33편에 이른다. 제18·19회의 선고결과를 게재한 52호
(1890.5.10)에서는 42명 75편의 작품에 대하여 총 16면 중 10면이 할애되어
있는데, 이 시기가 되면 투고수는 제1회에 비해 비약적인 숫자로 늘어

---

[5] 『이라츠메』 창간 당초의 동인이었던 나카가와 코주로中川小十郎는 그 "판매부수"에
대해서 "100부를 낼까 말까 하는 정도였다"고 회상하고 있다(「『いらつめ』と言文一致
이라츠메와 언문일치」, 『立命館文學』 1권 6·7호, 1934.6·7). 그러나 판매부수와 인쇄
부수는 일치하지 않는다고는 해도, 『도쿄부 통계표』에 따르면, 1887년 중에도 4,482부
에 이르므로, 대략 1호 당 700부 정도를 인쇄했다는 계산이다. 나카가와는 판매부진의
이유로 자금부족 때문에 신문광고를 낼 수 없었던 것이나 판매루트의 불비함과 함께
"그래서 표지 모양이라도 눈에 띄는 것이라면 좋았을 테지만, 46판의 소형으로 면수도
50면으로 제한되어 있고 쥐색 표지였으므로, 사람들의 눈을 끌만한 매력이 전혀 없는
데다가 펼쳐 보면 게다가 어려운 사설이 10면 이상이나 있으니까, 독자 앞에 나갈 수
조차 없었"던 것을 들어, 결국 나카야마나 오카다 료헤이·마사키 나오히코正木直彦
등 초기의 동인들은 "어쩔 수 없이 이것을 야마다씨 혼자의 손에 맡기고, 어려운 논의
는 전혀 없는 것으로 하여, 단순한 소설잡지로서 야마다씨가 계속해서 언문일치 소설
을 그 지상에 발표"하게 되었다고 말하고 있다. 비묘의 이름이 "편집인"으로 기재되기
시작하는 것은 14호(1888.8.15) 이후의 일인데, 『이라츠메』의 "소설잡지"로의 방향전환
이 언제씀의 일인지를 관계지의 증언으로 제시하는 것은 곤란하다. 그러나 사설이 10
면을 넘은 것은 창간호뿐이었으며, 그 후에는 점차 감소경향을 나타내고 있다. 신문광
고는 제9호분이 『東京繪入도쿄 삽도』(1888.3.24)에 보인다. 사람의 눈을 끄는 의장으로
서도, 일찍이 비묘의 『風琴調一節풍금 한 가락』에 양면삽화가 수록되어 있고, 표지도
마찬가지로 46배판으로 확장한 7호(1888.1.4) 이후는 삽화를 넣은 화려한 체재로 변해
있었다. 이러한 점으로 보아, 나카가와의 증언은 극히 초기의 『이라츠메』에 한정되어
야 하는 것으로 생각된다.

있었을 것으로 추측된다.

응모작 중에 여성투고자에 의한 초고가 어느 정도의 비율을 점하고 있었는지는 명확하지 않지만, 입선작에 기재된 인명으로 추정하여, 여성의 작품은 과반수에 육박했던 것이 아닐까 생각된다. 67호(1890.8.20)의 「현상문예 득점 합산표」는 제25회까지의 입상자 중에 66명을 득점순에 랭킹한 것인데, 이 표의 상위 10명은 모두 여성이며, 상위 30명을 뽑아도 성별을 확인할 수 없는 "류쿄流嬌" — 이것 또한 남성의 아호로는 보이지 않지만 — 를 제외하면, 나머지는 모두 여성명 혹은 "여사"를 자칭하는 인물에 의해서 독점되어 있다. 득점의 반수 이상이 여성의 문예로 간주되고 있었던 "화가和歌"에 의해서 획득된 것이라는 점을 감안하더라도, 매회 2, 3편이 뽑히는 "문장"부에도 반드시 여성의 입상작이 포함되어 있으며, 화가和歌를 모집대상에서 제외한 제8회에서는 문장 7편 중실로 6편에 여성명이 씌어 있었다.

"문장"이라고는 해도, 하이쿠회句會・화가회歌會의 미리 알려진 제목을 떠올리는 출제형식에 속박되어, 그 내용도 "봄의 들놀이"나 "반딧불잡기"와 같은 것을 그려내는 스케치적인 묘사, 장면의 제시에 머물러, 그 대부분이 소설적인 체제를 갖추는 데 이르지는 못했다. 물론 이것은 지폭의 제약으로 "1,500자 이상은 삼가"라는 응모규정이 초래한 것이었지만, "현상문예"의 시도는 이러한 단편적인 창작에 만족하지 않는 응모자를 만들어내게 된 것 같다.

24호(1889.6.15)는 다가오는 7월의 3주년 축하기획으로 "강호의 숙녀, 군자 중에서 소설을 쓰셔서 그 산정刪正을 바라시는" 분에 대해, 초고의 반송료만으로 이것을 첨삭해 준다는 사고를 게재했다. 반응은 충분히 있었던 것 같다.[6] 27호(1889.9.15)에서는 규정을 개정하여 "소설문장 류"

---

6) 27호의 사고에는 "8월 16일부터 9월 10일까지 첨삭을 부탁받은 초고 1, 교사(소설, 저자 신사). 2, 물결치는 대로(소설, 저자 신사). 3, 선잠 자는 까마귀(소설, 저자 숙녀)"가 보이는데, 한 달도 채 되지 않아 3편의 소설초고의 첨삭의뢰가 있었음을 알 수 있다.

는 1,200자 당 "이라츠메 1권분의 대가"(이 당시 8센), "가곡 류"는 800자 당 같은 잡지 1권분의 "첨삭수수료"를 징수하는 등으로 정해졌다.

양은 질도 동반하고 있었던 것 같다. 개정규약에는 "초고는 사정에 따라 성미사(成美社; 『이라츠메』의 발행소)에서 상당한 값을 요구하여 『이라츠메』나 혹은 다른 신문잡지에 낼 경우도 있음. 단 그 취사는 성미사의 자유에 있음"이라고 언급되어 있었는데, 다음 28호에는 "전에 첨삭을 부탁받은 「물결치는 대로浪のまにまに」는 『후쿠오카 일일신문福岡日日新聞』과 약정이 정비되어 그쪽에 팔렸습니다"라는 사고를 볼 수 있다. 이 호부터 연재가 개시된 『이라츠메』지상 첫 '여류소설'인 모후야毛布野여사의 「마음을 다하여心づくし」(28~41호, 1889.10.22~1890.2.8)도 아마도 이 첨삭사업의 성과라고 보는 것이 타당할 것이다.

성미사에 의한 첨삭은 이후에도 속행되었는데, 그것은 또한 새로운 사업 참가자를 만들어냈다. 42호(1890.2.15)의 광고란에서는 오사카 미나미호리에南堀江의 "기문회嗜文會"가 「현상소설 모집광고」를 게재하여 「춘계春季」를 제목으로 하는 "1쪽 12행 1행 24자로 50쪽 이내"(14,400자, 400자 원고용지 36매 상당)의 소설원고를 모집하고 있다. 이것이 성미사와 타이업한 것이었다는 사실은 "일등 금 10엔, 이등 금 5엔, 삼등 금 2엔, 이하 빼어난 것 5종을 선발하여 『이라츠메』 1년분에서 3개월분까지 또는 그에 상당하는 서적, 잡지"를 획득하는 작품의 선고에 "편찬자 야마다 비묘 제주인齋主人"이 담당하고 있는 것에서 추찰할 수 있다. 수상에 해당하는 작품이 있었는지는 분명하지 않지만, 작가 지망자가 상당한 수에 이르렀을 것이라는 사실은 44호(1890.3.9)에 "기문회 주인"이 투서를 보내 "본회가 광고한 현상소설 모집에는 그 제목에 대하여 이것저것 서면으로 문의하시거나, 또는 심지어 본 모임까지 오시는 수고를 하신 분들도 이미 8~9명에 이르렀습니다"라고 언급한 것으로 엿볼 수 있을 것이다.

이 해에는 그 외에도 "규수가문회閨秀歌文會"에 의한 「현상가문 모집광고」가 게재되었는데, 『이라츠메』에서도 통례의 "현상문예"와는 별도로 「현상소설 모집광고」를 냈다(61호, 1890.7.5). "무색비단白縮緬 한 필"과 『이라츠메』게재를 상금으로 건 이 사고로부터 기한까지의 한 달여 사이에 투고된 소설초고는 합계 28편, 응모자의 거주지도 이와키磐城, 이와시로(岩代; 둘 다 지금의 후쿠시마현)에서 히고肥後, 치쿠고(筑後; 둘 다 큐슈지방)에 이르는 광범위한 것이었다.7)

『이라츠메』의 이러한 투서잡지적 성격에 대하여, 야마다 유사쿠山田有策는 오자키 코요 등의 연우사 멤버들과의 불화와 절연이 『이라츠메』 지상에서의 비묘의 고군분투를 강요했으며, 그것을 이 잡지가 "거의 투서잡지라고 할 만한 성격으로 변모하지 않을 수 없게 된" 원인의 하나로 간주하고 있다. 야마다는 이 잡지가 대부분의 여성독자로 하여금 신체시나 소설에서 활약하게 했지만, "유감스러운 것은 그녀들이 거의 문학적으로 자립할 수 없었다"고 하며, "문학자를 한 사람도 키워내지 못했다고 한다면, 『이라츠메』의 투고잡지로서의 가치도 없는 것이나 다름없다"고 언급했다.8)

그러나 이것은 너무나도 문단중심주의, "문학자"중심주의적인 평가라고 해야 할 것이다. "문학적 자립"을 이념이나 이론의 확립으로 간주한다면, 이 시기의 많은 문학적 주장이 『소설신수』의 영향을 벗어나지 못하는 것이었으며, 쇼요에게 능히 대항할 수 있었던 것은 초기에 후타바테이 시메이, 나중에 모리 오가이와 같은 소수를 들 수 있을 뿐이다. 이념이 아니라 현실을 의미한다면, 확실히 소설을 씀으로써 자활할 수 있었던 여성은 전무했고, 『이라츠메』의 현상문예 입선자의 이름을 '문학사'에서 찾는 것은 곤란한 것도 사실이다. 그러나1880년대 말에 붓 하나로 생계를 유지하는 것은 남자에게도 쉬운 일이 아니어서, 그것이 가능한 소장 작가는 거의 존재하지 않았다. 연우사의 무리들도 이 시기에는 그 대부분이 부모에게 신세지는 생활을 했었던 것이다.9)

---

7) 「懸賞小說領收目次현상소설 영수 목차」, 『以良都女』 67호, 1890.9.5.
8) 山田有策, 「解題」, 『『以良都女』 解題・總目次・索引』, 不二出版, 1983.12, 18~19면.

9) 타카다 사나에(高田早苗, 1860~1938)에 의하면, 입사 당시 코요가 일취사에서 받은 월급은 "30엔 정도"였으며, 이와야 사자나미巖谷小波나 에미 스이인(江見水蔭, 1869~ 1934), 카와카미 비잔(川上眉山, 1869~1908) 등의 연우사 사원들은 "사에서는 월급도 못 받았다"고 한다(『半峯むかしばなし한포 지난 이야기』, 早稻田大學出版部, 1927.11, 124면). 그들의 게재작에는 아마도 성과급과 같은 고료가 지불되었겠지만, 요미우리신문뿐만 아니라 사원이 집필한 작품이 그 원고료와 함께 코요의 지휘아래 있었던 것은 사자나미일기小波日記 1889년 3월 27일조에 "코요를 방문함. 원고를 가지고 감. 그한테서 첫 단풍初紅葉 원고료 금 10엔을 받음"이라고 되어 있는 것에서 추측할 수 있다(「己丑日錄」, 『明治文學全集』 제20권 수록. 『첫 단풍』은 사자나미가 전 년에 『我樂多文庫』에 연재한 「五月鯉」를 게재하여 동년 4월에 春陽堂에서 간행된 것으로, 그는 그후 하인을 통해서 5엔, 직접 春陽堂에서 5엔 모두 20엔을 수령하였다). 일기에 의하면, 사자나미는 매달 용돈 외에 수업료나 서적비 등으로 상당한 금액을 제공받고 있었으며, 그 생활실태는 '부모에 기생'했다고 단언해도 된다. 1888년에 연우사의 사원이 된 스이인이 소설고료를 수입에 계상할 수 있게 되는 것은 1890년의 일로, 그 해 수입 장부에는 총액 117엔이 원고료로 기입되어 있는데, 그의 경우, 여기에 "80엔 남짓을 에미 가문의 재산 중에서 보충"하여 "모자 두 사람이 생활했다"고 하는 검소한 생활이었다 (水蔭, 『自己中心明治文壇史』, 博文館, 1927.10, 123면. 아울러 이듬해인 1891년의 총수입은 "소설 18종의 고료, 합계 214엔 45센"이었다고 한다). 그렇다고 한다면, 코다 로한이 처녀작 「露団々이슬 방울방울」(『都の花』 9~20호, 1889.2.17~8.4)로 금항당金港堂에서 받은 50엔이라는 원고료는 파격적인 것이었다고 할 수 있는데, 그리고 해도 여기에 이르기까지는 "가난하고 가난해서 너무 가난해서 옅지만 수염난 얼굴을 하고 부모에게 용돈을 구걸하는 것도 슬프고, 또한 소중한 붕우에게 푼돈을 모아 달라고 부탁하는 것도 속 보이는 것 같아 분해서, 마침 여동생한테서 받은 50엔 1엔을 절약하고 또 절약하여, 철도마차를 타고 싶은 것을 꾹 참고 겨우 담배를 살 정도로 한심스러웠던 시절"(「醉興記」, 『露伴全集』 제14권, 岩波書店, 1978.11, 23면)이라는 자복雌伏의 시기를 보냈다. 코요와 함께 『요미우리』에 초빙되면서 "공부의 여유"를 위하여 "월급을 반으로 해 달라고 해서 객원이 되었"던 로한의 첫 원고료는 친구와의 축배와 여행으로 없어졌다고 하는데(柳田泉, 『幸田露伴』, 中央公論社, 1942.2, 89면), 로한이 부모의 집을 나와 독립세대를 갖추는 것은 『국회』 신문에 입사한 1890년 말의 일이었다. 이러한 현상이면서도, '여류'소설가라는 것이 경제적 자립의 가능성으로서 간주되었다는 것은 『이라츠메』 78호(1891.2.5)의 통신문답란이 "지금 문학의 원고료는 10행 20자 원고용지 1장 50센 이싱 1엔 50센 이하(다만 이것은 오늘날 대가라는 사람들)입니다"라는 회답을 여성독자에게 제공하고 있었던 것으로 보아 부정할 수는 없다. 아울러 1897년 12월의 『早稻田文學와세다문학』은 "소설 쪽은(앞 단에 "신체시로는 도저히 생계를 유지하는 것도 불안하다는 것을 알아야 한다"고 언급한 것을 잇고 있다) 이 한두 해 조금 값이 올라, 달필인 사람, 그렇지는 않더라도 평판이 좋은 명가는 붓에 의지하여 그럭저럭 일가를 세워가는 것은 어렵지 않다"고 하는 휘보를 게재하고 있다(「作家と報酬작가와 보수」). 그러나 그래도 여전히 이 휘보는 "잡지·서점 등에 대해서는 판로에서 평판이 좋을 경우 일·이류의 명가는 20행 20자 1장 통례 4, 50센부터 1엔 안팎까지, 그 이하

사간社幹 코요가 요미우리신문 일취사에 소설기자로서 입사한 것은 1889년 12월의 일인데, 그 후 이 신문의 문예란이 연우사 사원의 발표장이 되어, '여류소설'이 쫓겨난 것은 제1장에서 언급한 대로이다. 사원에 한 명의 여성도 없으며, 그 기관지에 「자만 여작가自惚 娘作者」와 같은 여성소설가 지망자를 야유하는 작품을 내건 이 결사 사람들이 작가 혹은 독자로서의 여성을 어떠한 것으로 간주했는가는, 그들이 집필한 대량의 연애소설에 묘사된 여성상과 함께 재고되지 않으면 안 되는 사항이다.10)

『이라츠메』 지상에서 "현상문예"를 모집하여 독자에게 지면이 열린 것은, 현실적으로는 비묘의 '개인잡지'로서의 실무적인 요청에 의한 것이었다고 하더라도, 그러나 소설모집의 기획에 의해 여자가 소설을 쓰는 것이 적극적으로 후원을 받은 것은 경시되어서는 안 된다.11) 오히려

---

는 이 · 삼류 이하의 작가 1장 20센 정도를 최하로 하고, 가장 내려와서는 1편 얼마 1회 얼마로 하는 것을 범례로 한다. 그래서 일류작가에 1엔, 조금 내려와서 6, 70센, 그것도 서점에 따라 경우에 따라 담판의 상황에 따라 고저가 있으므로, 최하의 수준을 4, 50센으로 어림잡아도 될 것이다. 지금 평균 1장 50센으로 할 때는 1개월 50엔의 수입을 얻기에는 매월 쉬지 않고 100매를 쓰지 않으면 안 되는데, 이름이 알려진 작가가 이와 같으니 기타는 짐작할 만하다"고 언급했다. 붓 한자루로 젓가락 두 짝과 싸우는 것이 쉬워지는 데는 상당한 시간을 요했다고 보아야 할 것이다.

10) 활판 비매본 『我樂多文庫가라쿠타문고』(제9집~제16호, 1886.11.1~1888.2)에 게재되어 있는 신입사원 합계 59명 중에는 여성 이름이 하나도 보이지 않으므로, 1885년 5월의 제1집으로 시작되는 필사본 회람 시대의 사원 중에, 즉 대학 예비문의 학생들을 중심으로 하는 결성 당초의 연우사에 여성사원이 포함되어 있었다고 생각되지는 않는다. 그 기관지에 "아즈마야 코웨이吾妻やこゑい" "료카여사菱花女史"와 같은 사원에 의한 신체시나 광구狂句가 출현하는 것은 공간 제1호(1888.5.25) 이후의 일이다. 그러나 그것은 『가라쿠타문고』가 『문고』로 개칭되는 최성기에 100명에 달했던 사원 중의 미미한 세력에 지나지 않아, 『이라츠메』의 두터운 투고자층과는 비교도 안 된다. 그럼에도 불구하고 공간 이후의 『가라쿠타문고』에 매호마다 보이는 광고가 『이라츠메』의 대광고주이기도 했던 오키나야翁屋(약재상)의 "화장수 꽃구름花の雲", "향주머니 꽃그늘花乃蔭"이며, 또한 서적 광고 중에 나타나는 것이 『이라츠메』 그 자체(단, 코요가 비묘와 헤어진 후에는 역시 게재되지 않는다), 혹은 『新婦人새 부인』이었다는 것은 작가로서의 여성은 물론 독자로서의 그녀들을 무시하고는 이 잡지라고 해도 존립하기 어려웠던 것을 시사하는 것 같다.

11) 실제로는 이 시기의 비묘는 문단의 총아로서 다수의 작가와 접촉을 가지고 있었으므

---

눈여겨보아야 하는 것은, 비묘의 극히 저널리스틱한 후각과 그것을 자극한 다수의 여성독자 및 작가예비군의 존재이다. 아마도 그녀들이 없었다면, 문학잡지의 유행도, 신문 문예란의 성황도 다소 소규모에 머무르지 않으면 안 되었을 것이다. '문학자'와 그 작품을 서술의 주축에 두는 '문학사'는 애초에 남성중심주의의 편광필터를 통해서 성립되어 있다. 소설을 쓰는 것은커녕 읽는 것조차 억압하려는 담론에 둘러싸여, 그래도 압살되지 않고 부상한 여자의 글쓰기를 건져내는 작업은, 설령 그것이 보잘것없는 편린에 지나지 않더라도 그러한 '문학사'의 편향을 역으로 비추어내어 폭로하는 시도에 다름 아니다.

『이라츠메』가 다른 여성용 잡지와 그다지 다르지 않은 가사기사나 현모양처사상 주입용 읽을거리를 주로 한 잡지에서 투고를 중심으로 하는 여성을 위한 문예잡지로의 방향을 명확히 하는 것은, 앞에서 언급한 문장첨삭규칙의 개정 이후이다. 이 방침전환을 단행하게 한 것은, 역시 독자로부터의 요구였던 것이 27호(1889.9.15)의 통신문답란에서 그 규칙개정을 언급하며 "비슷한 주문이 많이 계셔서 문장 산윤刪潤의 규약을 고쳤습니다. 사고를 어람하십시오"라는 취지의 응답이 복수의 독자에게 제공되고 있는 점에서 추측할 수 있다. 다음 28호(1889.10.22) 권두의 「발행회수 증가 및 체재개정의 취의」에서는 이것이 한층 명료하다.

이 달부터 『이라츠메』는 월간에서 월 4회의 발행으로 바뀌어 "우리가 제양·제군의 반려가 되고 또한 조언자가 되는 내용으로서, 이 제28

---

로, 집필의뢰가 곤란했다고 보이지는 않는다. 인쇄인으로서 이름을 내건 『수도의 꽃』에서는 편집인 나카네 기요시中根淑와 함께 편집실무도 담당한 것으로 보이며, 요다 갓카이의 일기 중 1888년 9월 25일조에는 "야마다 타케타로山田武太郎 오다. 비묘제라고 하는 소설가다. 여름 숲속夏木立이라는 책을 써서 언문일치 문장을 주장하는 재주꾼이다. (…중략…) 금향당에서 소설 잡지를 발행한다고 한다. 나에게 편집의 서명을 청했다. 나카네 키요시와 내가 되었다"고 하는 기술이 보인다(『學海日錄』 제7권, 岩波書店, 1990.11, 276~277면). 아울러 그가 『수도의 꽃』에 제공한 원고는 "1매 50센에 팔리"게 된다. 이에 대해 "성에 차지 않았지만 정말로 어쩔 수 없어서 수락했다"고 썼다(10월 26일조, 위의 책, 285면).

호부터는 마땅한 학교에서 수업하시고, 또는 세고世故에 숙련하신 영명 있는 귀부인 숙녀를 뽑아 편집 일부의 담당을 청하"게 되었다. 발행 회수의 증가 그 자체는 이 달 1일에 시행된 우편세 개정에 의하여 서적이나 신문잡지 등 간행물의 우송료가 내린 것에 편승한 것이지만, 그 내적 요인으로서 독자의 요구에 즉응하는 잡지만들기를 들 수 있는 것은, 이 취의서에 "통신문답과 같은 것은 시급을 요하는 것도 없지 않은데, 1개월 후—사정에 따라서는 2개월—답을 본다는 것은 대단히 쓸데없는 일로, 이번의 개정에서는 그것도 감안"했다고 언급되어 있는 점에서 추측할 수 있다.

이 호부터 연재가 개시된 「마음을 다하여」의 작가 모후야여사가 제1회 현상문예 당선자인 "토바이자藤梅子"였다는 점으로 보아도,12) 또한 새로이 등장한 표지그림의 의장—산이 그려진 향로—이 "세이 쇼나곤에 연유한 그림"(물론 향로봉의 유머)이었다는 점에서도13) 이 쇄신이 여성의 참가를 촉진하고 여자의 글쓰기를 권장하는 것이었으며, 아울러 그 호소에 응하는 독자의 존재가 확실히 인식되었다는 것은 의심할 여지가 없다.14)

이리하여 명확한 편집방침이 천명되어 그것에 입각한 지면 만들기가 행해짐에 따라 『이라츠메』의 여성문학잡지로서의 색채는 더욱 농후한 것이 되었다. 소설란이나 문예 관련 비평, 잡록이 증가하는 것은 물론이

---

12) 『いらつめ』 43호, 1890.2.22, 통신문답란.

13) 『いらつめ』 53호, 1890.5.10, 통신문답란. 『마쿠라노소시』에 소개된 일화로, 세이 쇼나곤이 모시던 중궁이 "향로봉의 눈은 어떤가"라고 묻자, 쇼나곤이 백거이白居易의 "향로봉의 눈은 발을 치고 본다香爐峰雪撥簾看"는 시구를 알아채고 발을 쳤다는 이야기.

14) 여자가 쓰는 소설에 대한 비묘의 후원은 "바이카梅花여사"에게 "소설에 열심이시니까 일부러 조언도 드립니다만, 그것에 대해 무엇이든 문의하시지 않으시면 대답도 드릴 수 없습니다"(49호, 1890.4.10)라고 답하고, 혹은 언문일치체소설을 쓰는 수칙의 교시를 요구하는 "화영호자花英好子"에 대하여 "소설이 완성되신 후에는 정성껏 첨삭도 해 드리겠습니다. 일단 써 보세요"(61호, 1890.7.5)라고 종용하듯이, 「통신문답」란의 회답에도 반영되어 있다.

지만, 이것을 독자 측에서 보면, "현상문예"의 응모수나 그것에 할애되는 지폭의 확대, 혹은 통신문답란에 보이는 "문학연구"에 도움이 되는 서적이나 잡지, 또는 "문학이 진보하고 있는 여학교"에 대한 문의의 증가와 같은 현상으로 파악할 수 있다.15) "현상문예"나 문장첨삭의 시도는 나아가 "현상소설" 모집으로 발전하는데, 이것이 여성을 주요 대상으로 설정하는 것이었다는 사실은, 60호(1890.7.5)의 「영국 부인잡지의 현상소설론英國婦人雜誌の懸賞小說論」에 언급되어 있는 대로이다.

> 영국의 걸즈 오운 페이퍼The Girl's own Paper에서 「무언의 이야기」라는 제목의 현상소설을 독자 제양諸孃 중에 모집한 것에 대해서는 그 당시의 이라츠메에 냈습니다. (…중략…) 우리 이라츠메는 부인잡지 중에서 현상문예를 모집한 선두이며, 더욱이 그 현상문예는 매호 대체로 빼지 않고 오늘에 이르러는 이미 20여 회까지 수를 거듭해 왔습니다. 그것도 오로지 애호 제양이 문학에 열심이신 것이 이룩한 바로, 항상 우리 기자들이 그 문예들에 대해서는 우선 다시금 진심으로 조사하겠습니다. (…중략…) 그것을 모방해서 이라츠메에서도 재래의 현상문예 외에 또 다른 제목을 냈습니다. 뜻이 있으신 제양은 붕우들께도 추천하여 투고하시기 바랍니다.

이 요구에 응한 28편의 투고 중에 여성에 의해서 쓰인 것이 몇 편이었는지는 알 수 없다. 왜냐하면 67호(1890.8.20)에 게재된 「현상소설 영수목차」에는 제목과 수령일 및 투고자의 거주지는 명기되어 있지만, 그

---

15) 몇 가지를 들면 다음과 같은 것이다. "영어 잡지 중에 문학상 재미있는 것이 실려 있는 것은 하버스 먼슬리, 스크리너즈 매거진, 리핑코츠 매거진 등입니다"(49호, 1890.4.10), "일본의 문화日本之文華와 규수신지 중 어느 것이 우미하고 문학에 도움이 되는지를 문의하셨는데, 이것은 좀 대답하기 곤란하지만, 우선 규수신지 쏙이겠지요"(59호, 1890.6.20), "부내에서 가장 문학이 진보한 여학교는 메이지여학교, 사쿠라이櫻井여학교 등인데, 그 여학교에 입학하는 데는 보통의 여학교에 입학하는 것과 비슷한 정도로 가능합니다"(65호, 1890.8.5), "여자를 위하여 문학과만을 가르치는 학교란 이 땅에는 없습니다. 메이지여학교 정도입니다. 남자를 위해서는 전문학교, 킨조錦城학교 등이 있습니다"(75호, 1890.12.5).

이름에 대해서는 성의 첫 글자를 기록할 뿐이었기 때문이다. 그러나 이 발표형식이야말로 실은 여성에 의한 응모작이 많았음을 이야기해 주고 있었다. 일등을 획득한 "쇼렌여사"는 그 당선작 "현상소설"의 서두에 다음과 같이 쓰고 있다(68호, 1890.9.5).

> 저는 올해로 17년 6개월의 소녀, 세상의 풍파는 아직 만나지 못했고, 부모에 여전히 의지하며 소설삼매경에 빠져 때로는 학업의 울적함을 풀고 있습니다. 여기에 비묘선생님이 감독하시는 이라츠메는 이전부터 애독하여 지금까지 여러분의 금옥의 글을 배견하고 저도 모르게 부러워할 뿐이었는데, 현상소설의 행사에 스스로의 불초를 잊고 마침에 이와 같은 덧없는 것을 썼습니다. (…중략…) 다만 만일 뽑아 주시기라도 한다면 부디 본명만은 가려 주셨으면 합니다. 지금 학교에 있는 신분으로 동급생들에게도 감추고 있으므로 부디 여기에 대해서는 누가 물어도 감추어 주실 것을 바랍니다.

제2장에서 살핀 여자의 글쓰기, 특히 "여학생이 쓰는 소설"에 대한 떠들썩한 비난의 목소리를 생각하면, 그녀의 요청은 완전히 기묘한 것은 아닌데, 그것의 방증은 얼마든지 있다. 예를 들면 단행본으로 출판된 소수의 여성 소설의 하나인 카게츠花月여사 『미친 나비의 칼痴蝶の刃』(1889년 5월)은 "봄비 내리는 저녁 슨다이駿台 교정에서" 쓰인 타카야스토요高安東洋한테 보낸 서간을 서두에 싣고 있다.

> 이 초고에 대해서도 학우들로부터 다양한 평을 들었습니다. 어린 여자의 몸으로 소설본을 구실삼고 우키요에浮世繪를 그리는 것은, 속된 말로 이른바 주제넘지 않은가 하며 처음부터 웃음을 샀을 때는 실로 부끄러운 마음이 들어 일단은 그만둘까 생각했지만, 선악미추는 세상 사람들이 각자 보는 바가 다르니, 한 사람의 혹평으로 없었던 것으로 하는 것은 실로 본의가 아니라고 생각했습니다. 주제넘다고 하든 철면피라고 하든 소녀의 재능이라고 하든, 이제 와서는 독자의 감정鑑定에 맡길 수밖에 없습니다. 전에 말씀드린 대로 이름만은 가려 주세요. 뜻에 따르지 못해 대단히 죄송할 따름입니다만, 부디 제발 부

탁드립니다.

또한 『요미우리』에 연재된 아시야 요시코蘆屋よし子 「밤 비단夜の錦」 (1888.11.8~11.22) 마지막 회에는 아에바 코손饗庭篁村이 다음과 같은 후기를 달고 있었다.16)

아시야 요시코여사의 「밤 비단」은 이렇게 갑자기 해피엔딩이 될 예정은 아니었다. 치치부秩父에서 헤어져 다시 만나는 동안이 가장 주안점이고, 뒤얽힌 줄거리도 있을 이야기인데, 요시코여사는 아직 어느 학교에 계시는 몸으로, 소설 따위를 쓰는 것은 무엄한 것이라고 꾸지람을 들은 것 같아, 의도대로 글을 쓰지 못하고 아쉬운 비단 베틀을 끊으셨다. 소설을 비천한 것으로 생각하는 구습이 사라지기 힘든 사정이 있음을 한탄할 뿐이다.

『이라츠메』가 문장첨삭의 규약 중에 "초고 영수증을 내지 않는 대신, 매호의 이라츠메에 1개월간 영수한 초고의 제목을 게재. 단 이 경우에 저자의 이름을 달지 않음"이라는 조항을 내걸고, 또한 현상소설 모집에서도 이름의 공표를 삼간 것은 이와 같은 현실에 대한 배려에서 나온 것이었다. 이 잡지의 통신문답란에는 종종 유행작가나 『이라츠메』 기고자의 본명이나 연령, 혹은 기혼·미혼의 조회에 응하는 기사가 보인다.

---

16) 이보다 앞서 『요미우리』에서는 만유생漫遊生이 「匿名の著述を許すべし익명의 저술을 허락하라」(1887.2.24)에서 "그 작가의 숙소, 성명 및 본적에 이르기까지 반드시 그 권말에 게재"할 것을 정한 출판조례를 비판하고, "점차 우리나라의 문운이 진전되고 절묘한 학자분이 늘어나고 부인 대학자가 생기게 되어도, 마담 다브레이(영국의 여사) 같은 부인은 어쨌든 두려워하고 부끄러워하여, 가슴속에는 덥수룩한 남아를 능가할 만한 훌륭한 대 서술을 품고 있으면서 결국에 출판하지 않고 끝나는 일도 있을 것이다. 필경 소설이라든지 전기라든지 하는 인정이 전부인 저작에서는 흔히 남자보다도 여자 쪽이 훨씬 교묘한 경우도 있지만, 부인은 천성이 조심스럽고 겁이 많은 경향이 있다. 루이스의 부인이 조지 엘리어트라고 가명한 것이 가장 저명한 예가 아닐까. 기타 미국의 스토여사와 같은 경우도 처음에는 이름을 감추고 소설을 썼다가 나중에 뇌명을 떨친 것으로 기억한다. 이와 같은 예는 더 찾으면 얼마든지 있을 것이다"라고 언급했다.

최초의 '여류' 연재소설 작가 "모후야여사"가 제1회 현상문예의 당선자 토바이자임이 판명되는 것은 이 코너의 정보에 의한 것인데, 그러나 반드시 모든 문의에 회답이 제공되는 것은 아니었다.

53호(1890.5.10)의 이 코너에는 "쇼후요小芙蓉씨의 본명은 본인의 요구에 따라 말씀드리지 않겠습니다. 연세는 17세. 모 여학교 학생입니다"라고 되어 있고, 또한 65호(1890.8.5)에서도 "사사카와 하루코笹川はる子양과 같은 현에서 사시니 더욱더 방명芳名이 그리워서 주소를 듣고 싶다고 하셨습니다만, 이것은 성미사의 재량으로 대답할 수 없으므로, 어쨌든 본인에게 문의해 보지 않으면 답변드릴 수 없습니다"라고 답하고 있는데, 본명이나 주소 같은 개인정보의 개시 혹은 은닉에 대해서는 본인의 희망에 따르는 것이 엄수되었다고 생각해도 좋을 것이다. 이 보증이 있기 때문에 여성은 안심하고 자신의 작품, 특히 소설을 투고할 수 있었던 것이며, 역으로 말하면 이러한 배려를 기대할 수 없는 매체는 형식적으로는 여성을 배제하지 않았다고 해도, 실질적으로는 여성 작가에게 열린 장소가 될 수는 없었던 것이었다.

투서나 투고를 중시하는 미디어가 보내는 이와 받는 이의 상호교통을 초래한다는 것은 초기의 소신문이 그 전형이라고 할 수 있지만, 『이라츠메』의 지면 또한 편집자 비묘와 무수한 독자의 목소리가 교착하는 장이었다. 이 잡지의 문예잡지로의 전개나 그 편집에 있어서의 익명투고에 대한 배려 등이 독자의 목소리에 귀를 기울임으로써 실현된 것이라고 한다면, 독자는 역으로 언문일치체소설의 기수이자 신체시의 창작을 필두로 운문의 개량을 시도하고자 하는 비묘의 주장의 지지자이며, 그것을 실천하려고 지면에 참가하는 사람들이었다.

『이라츠메』 창간에 관여한 오카다 료헤이岡田良平, 나카가와 코주로中川小十郎 등의 그룹이 언문일치론자이며, 비묘의 기획도 그 관점에서 파악해야 한다는 것에 대해서는 이미 지적되어 있는 대로이다.[17] 비묘의 소설이 언문일치의 보급이라는 노선을 잡지에 끌어들이려는 기대에 부응하고자 했다는 것은 창간호부터 연재된 『풍금 한 가락風琴調一節』의 서언緖言에 명백하다.

> 언문일치는 문명의 증표라고 어떤 사람도 말한 대로 이만큼 좋은 것이 없으므로 요즘에 이르러는 우리나라의 글에 관해서 조금은 초려하는 사람도 나온 것은 고마운 일이다. 하지만 무슨 말을 하든 습관이라는 큰 적이 있으므로, 일단 신기한 속체로 고치면 어기語氣가 천박하다는 둥 풍운風韻이 부족하다는 둥 이상하게 피상에 빠져 있는 사람이 시끄럽게 떠들며 나온다. 그래서 모두 뒤로 미루어 아직 속체의 규율을 꿰뚫고 그것을 전용한 자도 없다. 특히 세태를 그린 소설에 이르러는 그 말만 겨우 속체로 되어 있고 그 지문은 역시 아문체의 '나리(ナリ; だ'의 고어)', '케리(ケリ; 과거 조동사)', '베시(ベシ; 당위 조동사)' 등을 사용하여 지문과 말이 모순되는 것은 실로 보기 흉한 것이다. 아무래도 그것을 고치지 않으면 안 된다. (…중략…) 과연 아문체에는 속문체가 미치지 못하는 점도 있지만, 또한 속문체라고 해도 안배만 잘 하면 아문체보다 못할 바 없고 오히려 자연히 규율도 있고 뭐라 말할 수 없는 묘미도 있다.

언문일치체로 여성이 글쓰는 것의 곤란함이나 그 결과로서 언문일치체소설이 드문 것에 대해서는 다음 절에서 상세히 검토하겠지만, 이 서언에는 곤란함의 주원인이라고 해야 할 "속체"에 대한 세상의 멸시나 "습관"이라는 규범을 극복하고 새로운 문체를 "창조할" 각오와 그 이념적 백본인 "문명의 증표"라는 의식이 선명하게 제시되어 있다.

물론 현상문예의 선고는 이와 같은 비묘가 그 임무를 수행했다고 볼 만한 것인데, 그 중에 "문장"부에서는 제1회부터 언문일치체의 작품에 일등상이 수여되었다. 그 이후에도 매호, 이 문체에 의한 당선작이 지상

---

17) 山本正秀, 「『いらつめ』同人らの言文一致活動『이라츠메』동인들의 언문일치 활동」, 『近代文体發生の史的研究』, 岩波書店, 1965.7; 木戶若雄, 『明治の教育ジャーナリズム명치의 교육 저널리즘』, 大空社, 1990.3(복간), 156~160면. 동시대의 증언으로 中川小十郎, 앞의 글, 『『いらつめ』と言文一致』; 正木直彦, 『回顧七十年』, 學校美術協會出版部, 1937.4 등.

에 게재되었으며, 제8회(37호, 1889.12.30)에서는 입선작 7편 모두가 언문일치풍의 문체 ― 입니다(です)・합니다(ます)체, 명사종결, 다양한 구두점의 사용 ― 로 쓰였다.

"문장이라면 어떠한 문체라도 좋다"고 하는 응모규정에도 불구하고, 선고 결과가 이와 같은 것이었다는 사실은 당연히 독자 측의 언문일치에 대한 적극적인 접근을 초래하지 않을 수 없다. 구두법에 대해서는 이미 「잡찬雜纂」란을 무대로, 30호(1889.11.8)에서 인용부호의 사용법을 설명하였고, 34호(1889.12.8)에서는 다양한 기호와 그 창시자를 제시하는 기사가 보였는데, 통신란에서는 이에 더해 문체 그 자체에 대한 회답이 종종 출현하게 되었다.[18] 49호(1890.4.10)에 "언문일치소설 중에서 가장 빼어난 것은 『첫사랑初戀』, 『부운浮雲』, 『무사시노武藏野』 등입니다"라는 답서가 등장한 후에 55호(1890.5.25)에는 다음과 같은 답장이 "화영호자花英好子" 앞으로 보내졌다.

> 언문일치체의 문장이라고 한마디로 말해도, 그것을 쓰는 사람은 그 속언 중에 비천한 말을 피하는 마음가짐이 가장 간요합니다. 다음의 주의사항은 되도록 어구를 간략하게 처리하는 것입니다. 그 다음의 주의는 평상시의 말과 가능한 한 다르지 않게 하는 것입니다. 오늘날의 언문일치가는 당초에 시험에 희생되었기에 그 사람들의 이전 글들에는 상당히 나쁜 것도 있습니다. 하지만 실은 비묘 저 자신으로 말하면 조금 숙련된 것은 「딸기공주いちご姬」 이후의 문장 정도입니다. 만약 배우신다면 이것을 참고해 주세요. 그 외에는 목하 이 잡지에 내고 있는 「숯검정炭ぐろ」의 글로, 이것들에 이르러 과거미래법의 나눠 쓰기가 어느 정도 정해졌습니다. 통신문답란은 좁아서 자세한 말씀을 못 드립니다만, 귀양뿐만 아니라 다른 분한테서도 문의가 있어서 다음 호부터 대강의 수칙을 이 잡지에 게재하고자 합니다.

---

18) 언문일치체와 구두점에 대해서는 平田由美, 「近代文學とパンクチュエーション근대문학과 구두법」, 『十九世紀日本の情報と社會変動』(吉田光邦 편), 京都大學人文社會學研究所, 1985.3 참조.

56호(1890.6.10)에 게재된 「언문일치체를 배우는 수칙言文一致体を學ぶ心得(一)」은 실은 소설쓰기, 특히 언문일치체의 그것을 쓰고자 하는 "다른 분한테서의 문의"에 대한 응답이었던 것이다.

그 이후에도 「문학에 뜻文學にご篤志」(67호, 1890.8.20)을 두는 독자에 대한 다양한 정보나 주의, 지시가 제공되었으며, 투서란에서는 독자가 언문일치론을 둘러싸고 논쟁할 정도로까지 되어 있었다.[19] 75호(1890.12.5)의 통신란에 보이는 "언문일치체 문장연습란의 요청을 감사히 생각합니다. 어쨌든 궁리해서 얼마 후에 본지에 설치하기로 하지요"라는 답서는 현상문예를 더욱더 일보 진전시킬 것을 요구하는 독자 측의 희망이 있었음을 엿보게 한다. 이것은 결국 실현되지 않은 채, 반년 후『이라츠메』는 종간을 맞이하는데, 그 이전에 언문일치체의 인지와 보급을 도모한다는 창간 이래의 시도는 어느 정도의 도달점을 제시할 수 있었다고 해도 좋을 것이다.

이와 같이 이 잡지의 문예잡지로서의 최대의 공적은, 이 새로운 문체의 인지와 보급을 독자 참가의 지면만들기로 실현시켰다는 점에 집약할 수 있다. 그러나 그것이 언문일치체의 정련이나 완성, 혹은 정착에까지 이르지 못하였으며, 또한 어느 정도라는 유보를 달지 않으면 안 되는 것은, 새로운 글말의 창조에서 최대의 쟁점이었던 언문일치체를 둘러싼 다양한 고찰이나 논의, 실천이 이 잡지에서는 단지 비묘 혼자의 견해로 대표되었고, 더욱이 그를 "선생님"으로 추종하는 신봉자에게 그것이 유일무이한 지침이 되어 있었기 때문이다.

비묘는 다양한 신문・잡지를 매체로 그 언문일치론을 전개하였으며, 거기에서는 많은 논객을 상대로 논쟁을 했음에도 불구하고, 『이라츠

---

19) 69호(1890.9.5)의 시오자와 쇼키치塩澤庄吉, 「言文一致についての意見언문일치에 대한 의견」을 계기로 그와 미사카 키누三坂きぬ 사이에서 몇 번에 걸친 응수가 있었는데, 여기에 언문일치론자가 "같은 편끼리 싸우면 어떻게 하나" 하고 끼어드는 투서(まゝ子, 「新年初刷の以良都女신년 첫판 이라츠메」78호, 1891.2.5) 등이 나타나, 투서란은 대단히 활발한 논의의 장이 되었다.

메』에 등장하는 언문일치론은 겉핥기식의 극히 간략하고 피상적인 것에 머물러 있다. 앞의 「언문일치체를 배우는 수칙(1)」은 전 호의 문답란에서 "화영호자"에게 제시한 3개조를 그대로 반복한 것에 지나지 않으며, 구체적인 차이라고 하면, 언문일치체에서는 "우츠쿠시키 하나(ウツクシキ花; 아름다운 꽃)"가 아니라 "우츠쿠시이 하나(ウツクシイ花)"라고 해야 하며, "키레이나루(綺麗ナル; 어여쁜)"의 "나루"와 같은 표현은 써서는 안 되며, 한자어에 붙은 "타루(タル; 문어 'タリ'의 연체형)"는 경우에 따라서는 사용가능하다고 하는 사소한 주의사항이 더해져 있는 점밖에 없으며, 그 이상은 파고들지 않은 채 「(2)」 이하는 쓰이지 않고 끝났다.

언문일치론의 전개에 대한 비묘의 이러한 포지션의 차이는 아무래도 발표매체와 그 독자층의 차이와 관련이 있는 것으로 보인다. 비묘는 『이라츠메』 마지막 회에 「운문작법지침韻文作法指針(一)」을 게재했는데, 그것은 『국민지우』 소재의 「일본운문론日本韻文論」의 간략판에 지나지 않은 것이었다.[20] 『이라츠메』의 독자는 『국민지우』나 『학해지지침學海之指

---

[20] 『국민지우』에 게재된 「日本韻文論일본운문론」은 76호(1890.10.3)에서 107호(1891. 11.23)까지 모두 8회에 걸친다. 제1회의 「例言예언」 중 「총목차」에 제시된 당시의 구상은 "○산문과 운문의 구별 정의 ○운문의 명의 ○유물주의와 이학理學의 불가사의론파가 운문에 끼친 영향 ○일본운문 역사 ○운문제정의 방침 ○단구와 장구의 비교우열 ○인간의 발음과 음악 ○7구 및 5구 ○풍조風調 ○각종 구법론 ○음악에 대한 각국언어의 차이 ○평측 악센트 ○격식 ○어법 ○국어에 활기가 부족하다는 주장 ○한자어의 편의 여부 ○한·양어 병용 정도 ○언어의 아속에 대한 망상 ○의인법 ○이중의미표현掛詞, 연관표현緣詞, 대구표현對詞 ○노노구치 타카마사野々口隆正 ○화가和歌론 비판 ○각국 시상의 차이 그 원인 ○압운의 이해 ○시인의 본령 등"이라는 장대한 것이었으나, 실제로는 「운문제정의 방침」까지를 전개한 "제1편"과, 목차에는 없었던 「운격韻格」에 대해서 언급한 "제2편"에서 중단되었다. 『이라츠메』의 「운문작법 지침」은 「일본운문론」의 이념적이고 추상적인 논의를 모두 삭제하고, 제2편의 극히 일부, 예를 들면 고전시학 용어의 부분을 발췌해서 나열하는 데 머무른다. 서두의 "제양諸孃의 권유에 따라 드디어 본 호부터 운문작법을 간략히 여기에 내기로 했습니다"라는 말대로, 너무나도 "간략"한 기술로, 이것으로 인해 "제양"의 요구가 충족되었을지는 의문이라고 하지 않을 수 없다. 「일본운문론」과 비교하면, 지폭의 차이는 크다고 해도, 그 간략함이 이해되는 것을 전제로 하고 있다기보다, 열의의 부재 혹은 독자에 대한 모욕 같은 것을 느끼게 하기 때문이다.

針』의 구독자일 수 없는 여성들, 즉 독음표기 없는 한자로 쓰인 지면으로의 악세스에 곤란을 겪는 "친구들"[21], "여자교육의 꿈도 못 꾸는 산골"을 벗어날 수 없는 소녀[22], "스윈튼의 만국사를 읽을 정도의 힘"[23]에 머무를 수밖에 없는 독자였던 것이다. 비묘는 극히 냉정히 이러한 독자의 실태를 파악하고 값을 매기면서 그들의 지불능력에 걸맞은 제품으로서 자설을 팔아치우고 있었던 것이다. 『이라츠메』의 언문일치체의 보급이란, 그들 여성의 표현에 대한 갈망과 그들이 강요당하고 있는 리터러시에서의 차별적 처지를 기화로 실현된 것이라는 측면을 가지고 있었던 것은 숨길 수 없는 사실일 것이다.

"화영호자"에 대한 답서에서 자신이 쓴 「딸기공주」 혹은 「숯검정」을 참고하라고 비묘가 언급한 대로, 독자에게도 언문일치로 쓰는 것은 비묘의 문장을 기준으로 삼아 그것을 모방한다는 행위에서 벗어나지 못

---

21) 『이라츠메』 11호(1888.5.20)는 다음과 같은 사고를 게재하고 있다. "이라츠메 제1호 발매 이래 한자의 독음표기는 우선 처음에 나온 글자에만 달고, 그 독음표기가 대조하기 쉬운 곳에 나온 한자에는 일부러 독음표기를 안 했는데, 이라츠메의 친구들로부터 충고를 받은 적이 많이 있어서, 본 호부터는 한자에는 빈틈없이 독음을 달겠습니다. 적어도 이라츠메를 읽으시는 묘령의 숙녀의 한자 공부에 도움이 되었으면 하여, 당초 기자가 품은 노파심을 관철하지 못하는 것은 대단히 유감이지만, 친구분들의 충고도 일리가 있으므로 그 뜻에 따랐습니다."

22) 18호(1888.12.15)에 게재된 "아부쿠마逢隈川강 한켠의 이와세岩瀬마을의 카노마타 마츠나혜かのまた まつなへ"에 의한 투서는 "왜 저를 꽃의 수도의 고등여학교나 카조쿠華族여학교나, 가쿠슈인學習院이나 아토미여학교나 여자직업학교나 세이리츠학사成立學舍 같은 곳에서 낳아 주시지 않았"는가 하고 한탄하며, "우리 후쿠시마福島현 같은 데는 고등소학교를 졸업한 여자를 교육한다든지 취급한다든지 하는 곳은 없습니다. 부녀사들의 집회 같은 것도 없습니다. 하물며 남녀교제 같은 것은 시사신보의 잠꼬대나 하등사회의 봉춤盆踊り 이외에는 없다고 생각하고 있습니다. (…중략…) 중등 이상 분들의 따님들은 13, 4세 정도까지는 소학교에 다닙니다만. 그 이후에는 태양을 보지 못하는 날이 많고 친구를 만나는 날이 적은 무리로 부모 곁에 쭈그리고 있거나, 그렇지 않으면 하녀나 양견洋犬이나 고양이를 상대로 떠들어대는 정도라고 합니다"라고 호소한다. 통신문답란에는 이런 종류의 투서가 종종 보이는데, 아마도 그 독자에게 『이라츠메』는 "중등사회"에 어울리는 여성으로서의 자기형성을 도모할 희망을 채우는 것처럼 여겨진 극소수의 수단이었던 것이다.

23) 28호, 1889.10.22, 통신문답란.

했으며, 거기에 표현자로서의 내적 필연성을 인정하는 것은 곤란하기도 했다. 이 점에서 보면, 비묘의 문장은 유행의 최첨단을 대표하는 한에 있어서 독자의 모델이었으며, 『이라츠메』는 카탈로그잡지 그 자체였던 것이다.

『이라츠메』 독자의 관심은 '유행'이라는 키워드로 묶을 수 있다. 그 것은 "진귀한 신풍 유행이 요즘 나왔습니다. (…중략…) 다음 호를 안 보는 사람은 그 귀여운 유행을 모르고 지내겠지요 요컨대 그것은 지금 하나 둘 상류사회에 나타난 것, 일반 숙녀분은 아직 모르십니다. 다음 호에는 그 그림을 실어서 내겠습니다. 낭자분, 다음 호를 안 보고 후회 하지 마십시오"라는 예고(51호, 1890.5.1)나 「유행」이라는 표제로 잡찬란에 게재된 복식관련 기사뿐만 아니라, 문답란에 등장하는 의류나 장신구를 둘러싼 유행통신과 같은 수많은 기사로 알 수 있다.

저널리스트로서의 비묘의 약삭빠름이 그것을 부채질한 측면은 무시 할 수 없다고 해도, 독자의 '유행'에 대한 탐욕스러움은 '문학'에 대해 서도 발휘되고 있다. 문답란에는 패션기사와 나란히, "최근에는 서양에 서 아래와 같은 책이 조금 유행합니다. (…중략…) 미세스 히먼즈의 시 집 같은 것은 1엔 정도로 일본에서도 구할 수 있어 선물로 안성맞춤입 니다"(26호, 1889.8.15), "세계어는 독일에서 다소 행해지고 있지만, 아직 눈 부실 정도는 아닙니다"(동일), 혹은 "당시 유행한 것으로 문장이 정확하 여 여자의 모범이 될 만한 완전한 서적은 없습니다"(61호, 1890.7.5)와 같 은 회답이 종종 등장하고 있다.

이와 같은 문답란에 의해서 드러나는 것은 작문지침서나 시집이 가 슴장식이나 양산과 마찬가지로 '유행'에 대한 관심에서 추구되었다는 측면일 것이다. 그러나, 그렇다고 해서 여자가 시가를 패셔너블한 선물 로서 주고받는 것과 같은 '문학'에 대한 홍미를 비난할 수 있을까. 왜냐 하면 이 시기의 '문학'이 가지고 있었던 유행열과 같은 성격을 생각하 면, 그것은 『이라츠메』 독자의 유행적 현상에 대한 감도를 설명하기는 해도, 경박함을 나타낸다고는 도저히 말할 수 없기 때문이다. 우치다 로안内田魯庵은 "범속함"이 "유행의 시녀"로 화한 세상에서, 분연히 "혼자 각성"해야 하는 "문학계"가 "유행"에 들뜨는 행태를 비판하여 다음과 같은 충고를 발했다(楠仙子, 「문학상의 유행文學上の流行」, 『女學雜誌』 191호, 1889.12.14).

> 그런데 지금의 유행은 뭐야! 사이카쿠종西鶴宗! 로한자露伴子도 코요산인紅葉山人도 타케노야竹の屋의 노거사도 모두 그 제자로 귀의한 신자가 대단히 많다. (…중략…) 세상의 선남선녀, 번뇌의 못에 빠져 유행의 개가 되지 말라. 단지 좋은 사람이 되어 귀여움을 받고 싶다면 유행이 내딛고 있는 바를 깨달아 단지 피상에 헤매지 말고, 우선 그 숨은 뜻을 맛보고 이것을 가슴속에 감추어 절대로 당세의 남자 혹은 당세의 여자의 거동을 아는 체 한다고 비웃지 마세요.

코요와 함께 반언문일치파로 보였던 로한이 눈부시게 등장하여,[24] 둘의 소설이 '문예신문'으로서의 지보를 이미 굳히고 있었던 『요미우리신문』의 1월 부록을 장식한 1890년 초두에 「명치 22년 문학상의 사건월표」라는 제목의 비평이 같은 신문에 나타났다(1890.1.13). 이것은 전년의 문학계의 동향에 대하여 달마다 개관한 것으로, 무서명이기는 했지만, 츠보우치 쇼요에 의해서 쓰인 것이었다. 9월의 상황을 "사이카쿠의 글이 점차로 유행하여 언문일치가 조금 수그러들었다"고 언급한 이 비평에 이어, 쇼요는 「명치 22년 문학계(주로 소설계)의 풍조明治廿二年文學界(重に小說界)の風潮」(1890.1.14·15)를 게재했다. 거기에서는 단편소설 성황의 이유 중 하나로 "소설잡지 유행"을 들며, "문장을 중시하는 경향과 문학계의 반동이 경합하여 언문일지열이 크게 야해지고" "사이카쿠열이 최고조에 달했다"고 하는 총괄이 더해졌다.

비묘가 이러한 문단의 '유행' 현상에 극히 민감하게 반응했던 것은

---

24) (역주) 오자키 코요와 코다 로한이 두드러지게 활약한 1890년대를 일본문단사에서 특히 '코로시대'라 불렀다.

아직 1889년이 저물기 이전에 쇼요에 앞서서 『이라츠메』 35호(1889.12.15)에 집필한 「명치 22년도의 일본문학세계明治廿二年度の日本文學世界」에서 볼 수 있다.

　　명치 21년 후반기부터 나타난 문체는 이른바 비묘제주인의 언문일치체로, 이를 이어 그 문체가 가장 융성에 달한 것은 명치 22년 즉 올해 전반기의, 그것도 처음 얼마간이었습니다. 그러나 사회상에 국수보존, 혹은 보수의 주장은 결국 그 촉수를 문학에도 넣어 그 파도가 미치는 곳에 나타난 것이 코요산인의 『정욕 참회色懺悔』였습니다. 그것에 대해 전날의 언문일치체가 유행했을 때와 마찬가지로 배우는 자의 대세가 마침내 이 후반기에 이르러 거의 극도에 달했습니다. (…중략…) 이후에 코요산인의 사이카쿠체 유행에 합동의 힘을 실은 것은 아에바 코손씨, 로한씨였습니다. (…중략…) 요컨대 22년도의 문학세계는 언문일치를 대신하여 아속절충체雅俗折衷體가 나온 시기였습니다.

　　따라서 문학의 '유행병'이 언문일치열에서 사이카쿠열로 변화된 후, 『이라츠메』의 문답란에 "로한자의 문체도 우선은 아속절충체입니다. 확실히 이 분은 24세나 25세였습니다"나 "사이카쿠의 저서는 『호색 일대 남아好色一代男』, 『호색 일대 여아好色一代女』, 『사이카쿠가 남긴 말西鶴織留』, 『사이카쿠가 남긴 선물西鶴置土産』 등입니다"(55호, 1890.5.25)와 같은 회답이 게재되는 것은 아무런 이상할 것이 없을 것이다. 아마도 비묘나 『이라츠메』 독자에게, 그리고 또한 대다수의 작가나 독자에게도 '문학'은 양산과 마찬가지로 시대의 최첨단을 달려야 하는 것이었다.[25]

---

25) 이 시기 문단에서의 '사이카쿠 부흥'의 유행적 상황에 대해서는 히라타 유미, 「流行と反動－明治の西鶴發見유행과 반동－명치의 사이카쿠 발견」(『人文學報』 67호, 京都大學人文科學研究所, 1991.3) 참조.

## 3. '색다른 차림'으로서의 언문일치체

아직 언문일치체가 "수그러들"기 전에 『이라츠메』가 문학잡지로서의 기치를 선명하게 하려고 했을 무렵, 이 문체의 융성을 양장의 유행과 마찬가지로, 패션에 지나지 않는 것으로 비판하는 여성으로부터의 투서가 『요미우리신문』에 등장했다.

> 최근의 글의 모양에 언문일치라고 해서 글도 말도 똑같이 쓴 것을 많이 보았다. (…중략…) 첩이 생각건대, 이 언문일치라는 체는 우리나라에 서양제국의 독서의 길이 섞이면서 일기 시작했고, 결국에는 서양 것만 좋아하는 사람의 흥얼거림에서 유행이 된 것인데, 서양 나라들에서도 일용의 말과 문장은 저절로 구별이 있어 속언의 사투리를 올바른 문장 쓰기로 고친다고 들었다. 그런데도 우리나라처럼 속언과 문장이 현저한 차가 있는 것을 단지 일률적으로 속언으로만 고치려고 하는 것은 무엇 때문인가. 이것은 그 이유도 깊이 생각하지 않고 단지 한때의 유행에 휩쓸려 신기함을 즐기는 것으로, 저 부인들이 단지 유행하는 서양복을 사용하여 위생상 해로움도 돌아보지 않고, 우미하고 고상한 우리나라의 옷을 버리는 것과 다르지 않으니, 참으로 한탄스러운 일이다.
>
> ── 요시카와 히데吉川ひで, 「언문일치言文一致」, 1889.3.20

이에 대해 언문일치체를 "여자의 양복에 비유하신 것은 잘못"이며, 그 주장은 예를 들어 말하면, "아주 아주 낡은 옛날 옷을 입고 벽돌담거리를 헤매는 것과 같은 것"이라고 비판하는, 이 또한 여성의 손으로 쓰인 투서가 곧바로 같은 신문에 투고되었다.

> 글도 말도 세상과 함께 변하는 것으로, 무라사키 시키부가 쓴 『겐지이야기』도 첫부분과 끝부분의 「우지 십 첩宇治十帖」이 문체가 바뀐 것도 70여 년의 일을 기록하므로 말도 저도 몰래 변한 것을 보여주었다든가. 다만 고인의

헤아림만을 조심하여 변해가는 세상에 글의 길만 그대로 두는 것을 본심으로 생각하는 사람은 없을 것이다. (…중략…) 말에 아속의 구별이 있다면, 글에도 그 구분이 있다. 언문일치를 말하는 사람은 오랜 옛날의 이미 죽어 버린 문법을 옮기기를 그만두고자 할 뿐이지, 아언을 버리려고 하는 것은 아니다.

― 호시노야 테루코の家てる子, 「언문일치라는 것에 대해言文一致といふことに就て」,

1889.3.24

이 비판에는 요시카와 히데吉川ひで가 다시금 반론을 보내고, 나아가 연우사의 시안외사思案外史가 가세해, 전년 말의 논설에 단을 발한 언문일치논쟁은 여성투서자도 끌어들인 광범위한 것이 되었다.26) "요시카와 히데"라는 이름이 전 달까지 『요미우리』에 연재되었던 아케보노여사 「부녀의 귀감」의 히로인 "요시카와 히데코吉川秀子"와 혹사한 점에서 상상할 수 있듯이, 그리고 "호시노야 테루코星の家てる子"라는 이름이 코가네이 키미코와 함께, 이 해 10월에 창간된 『시가라미소시しがらみ草紙』에 등장하는 소수의 여성 이름 중의 하나라는 점에서 예상되듯이, 이 논쟁의 주체는 실은 아케보노여사와 코가네이 키미코였다.27)

"다만 오늘날의 언문일치체에 대해 아직 그 법이 괜찮다고 할 수는 없다. 또한 그 의미가 알기 어려워 사람을 감동시키는 것이 없음이 유

26) 논설 「思付きたる事 其一(言文一致생각난 것 그 일(언문일치)」, 1888.12.13; すべった 樓ころんだ, 「思付きたる事 其一(言文一致생각난 것 그 일(언문일치)」, 1888.12.16 · 18; 吉川ひで, 「言文一致언문일치」, 1889.3.20; 星の家てる子, 「言文一致といふことに就て언문일치라는 것에 대하여」, 1889.3.24; 思案外史, 「言文一致に附いて언문일치에 대하여」, 1889.3.31; 吉川ひで, 「星の家てる子孃に答ふ호시노야 테루코양에게 답함」, 1889.4.3; 梅本とし子, 「女子は小說を書くべからざるか여자는 소설을 쓰지 말아야 하는가」, 1889.4.12.

27) 후술하는 「閨秀小說家答규수소설가 답」의 「제이」에서 아케보노는 "일전에 어떤 친구의 권유로 요미우리신문에 언문일치에 대한 논문를 썼는데"라고 밝히고 있다(『女學雜誌』 206호, 1890.3.29). 한편, "호시노야 테루코"가 키미코의 별명이었다는 것은 1890년 10월말에 오가이의 센다千朶산방에서 만난 오치아이 나오부미落合直文에게서 받은 "구름 속에서도 결국에는 춤추려나, 별의 집星のや 정원으로 떠났네. 가엾은 새끼 학"이라는 화가和歌에 대해 "그 무렵 호시노야라는 이름으로 조금 썼던 것을 기억하고 계셨다고 생각됩니다"라고 언급하는 그녀 자신의 회상으로 판명된다(小金井喜美子, 『森鷗外の系族』, 大岡山書店, 1943.12, 133면).

감이다"라는 것이 아케보노여사의 주지이며, 키미코의 반론은 "언문일치의 소설이 세상에 나온 후로 고문으로는 표현할 수 없는 곳까지 그려내는 것은 참으로 잘된 일이라고 느꼈습니다"라는 점에서 발해진 것으로, 양자의 언문일치체소설에 대한 평가는 완전히 대립하고 있다. 그러나 '언문괴리의 일본어', '언어의 시간적 변천'이라는 언어인식이나, '문'에 있어야 하는 '법'이라는 의식—이 '문법'이 '언'에 있을지의 여부가 이 시기의 언문일치론에서의 초점 중의 하나이다—혹은 말과 문장에서의 아속의 대립과 같은 것을 논의의 틀로 삼고 있는 점에서 그들은 같은 씨름판에 있었다. 둘은 명치 초년 이래의 수많은 문체개량론이나 언문일치체 소설을 둘러싼 논쟁의 근저에 있는 문장의식이나 문학관에 다대한 영향을 받으면서 그 논의를 전개하고 있었던 것이다.

둘 다 이 시기의 작가에 공통된 소양인 바킨의 소설에 열중한 소녀시대를 보낸[28] 그들은, 가정환경의 차이는 있지만, 똑같이 여학교에서 외국어를 배웠고, 똑같이 새로운 시대의 문학을 접했다. 이미 몇 편의 번역을 발표한 키미코는 당연하고, 언문일치체의 난점이 "서양의 글을 모르는 자"가 이해하기 어려운 데에 있다고 하는 아케보노도 "영·불 양어에 능통"했다고 전해지며,[29] "양서는 미숙하기 때문에 서양의 대가가 쓰신 소설은 읽기 어렵지만, 최근에 점차로 세상에 번역된 셰익스피어沙翁 등 명가의 작품을 읽었는데, 섬세한 인정을 그려내신 구절구절 참으로 재미있게 느꼈"다는 체험이 있었던 것을 스스로 언급하고 있기도 하다.[30]

---

28) 논쟁이 되었던 투서 속에서 키미코는 "어렸을 적부터 몹시 즐겨, 당신이 칭찬하시는 쿄덴, 바킨 등의 소시草紙를 학교에서 돌아와 그날 일이 다 끝나면, 밥 먹는 것도 잊고 읽기 시작하여 늘상 밤을 샜다"고 언급하고 있다. 한편 아케보노도 「규수소설가 답」에서 "항상 주변에 두고 즐기는 것은 연의삼국지演義三國志, 서유기, 홍루몽 같은 종류 및 쿄덴, 바킨옹의 저작 같은 소시 등입니다"라고 대답하고 있다.

29) 淸花女史, 「曙女史, 木村榮子の傳(上)아케보노여사, 키무라 에이코전 (상)」, 『女學雜誌』 237호, 1890.11.1.

30) 앞의 글 「閨秀小說家答 第二규수소설가 답 제이」.

따라서 언문일치체를 양복에 비유하는 것의 적부를 쟁점의 하나로 하는 둘의 논의는, 요컨대 그것이 서양문학의 영향하에 발생한 것 자체를 둘러싼 평가의 대립에 있다고 보기보다는, 현실적으로 쓰여진 문장 중에 어떤 것을 언문일치체의 모델로 간주할 것인가를 둘러싼 불일치에서 유래했다고 생각해야 할 것 같다. "이색적인 법에도 맞지 않는 서양복"으로서의 언문일치체를 비아냥거리며 "아아 이게 죽은 사람······ 정말 놀랐네······ 그래도 귀납법······ 아아 참을 수 없어 이런 의사를 만나면, 실로 빨리······ 타산지석을 지고 오니······ 서양에서······ 완전히 강요다 누름돌처럼"이라고 흉내 내어 보이는 아케보노에게 그것은 비묘의 문장으로 대표되는 것과 같은 "진귀한 문체"에 다름 아니다. 한편, 키미코가 "어떤 박식한 사람"한테서 들었다는 독일어에서의 언어의 역사적 변화에 대해 언급하고 있는 점에서 추찰할 수 있듯이, "서양의 좋은 글을 타산지석으로 삼아 우리글을 고치고자" 시도하는 언문일치론자에는, 전년 9월에 독일에서 귀국하여 정력적인 문학 활동을 전개하고 있던 오빠 모리 오가이森鷗外가 포함되어 있었다. 오가이는 키미코 등의 논쟁의 장이 되었던 『요미우리』에 유학 이전부터 종종 투고했으며, 귀국 후에도 거기에 다양한 평론이나 동생 미키 타케지三木竹二와의 공동 작업에 의한 번역소설, 혹은 희곡을 발표하고 있었다. 그들 중의 몇 편은 언문일치체로 쓰여 있는데, 그것은 아케보노가 과장해서 보여 준 비묘의 문체의 기묘함을 뽐내기 위함일 뿐인 비유나 없어도 될 도치어법과 같은 결점에서는 많이 벗어난 자유로움을 가지고 있었다.[31]

---

31) 쇼요는 전술한 「明治卄二年文學界(重に小說界)の風潮(續)명치 22년 문학계(주로 소설계)의 풍조 (속)」(1890.1.15)에서 언문일치체의 유파를 "하나는 비묘제주인을 원조로 하여 서구문의 원소가 많으며, 하나는 보통의 담화를 체體로 하여 속俗에 가깝다. 시안외사, 류로시柳浪子, 사자나미산인의 문체는 이것이다"라고 대별하고, 이들 "두 파와도 다른" 언문일치파로서 "후타바테이주인과 오가이어사漁史"를 들고 있다. 야마모토 마사히데는 이 관점에 입각하여 오가이의 번역문체를 "후타바테이의 역문과 비교하여 간결한 점에 오가이 독자적인 언문일치체의 특색이 보이며", "비묘식의 생생한 직역풍이 아니라, 적당히 일본문풍으로 분해해서 잘 처리한 점에 후타바테이와 공통적인 경

그러나 "이렇게 말하는 저도 언문일치의 소설 같은 것을 쓴 적이 없다"고 언급하는 언문일치 지지론자인 키미코도, 또한 "첩은 언문일치의 취의에 반대하는 자가 아니"라고 거듭 강조하는 아케보노도, 똑같이 그 투서를 "하베리(はべり; 정중의 조동사)" "난메리(なんめり; 추량의 조동사)"와 같은 화문체로 썼던 점은 주의하지 않으면 안 된다. 그들의 논쟁에서 입론의 틀 자체가 그런 것처럼, 언문일치를 둘러싼 논의에 참가하는 것은 새로운 문체의 창출과정에서의 다양한 담론을 수용하는 것을 의미하고 있다. 그리고 아래에서 보듯이, 언문일치체를 둘러싼 담론에는 젠더나 계급과 같은 '근대어'로서의 글말의 성립과 관련되는 다양한 규범이 깊이 묻혀 있기 때문에, 그들의 논의의 스타일 그 자체는 그것들에 의해서 규정되기 시작했다. 여성의 글쓰기의 양식에 대한 그와 같은 규범은 언문일치체를 지지하든 비판하든, 논의의 장에 가담할 것을 스스로 선택한 글쓴이에 대해서도 압도적인 제약을 가하고 있었던 것이다.

이 구속력이 투서와 같은 것에 대해서보다도 '소설'에 한층 크게 작용하고 있었던 것은 양자의 소설이 모두 화문체和文體에 의거해 있었다는 사실뿐만 아니라, 예를 들면 언문일치체에 의한 소수의 실작인 카게츠여사의 『미친 나비의 칼』이 그 문체 때문에 "로쿠도祿堂, 자이이치在一두 거사居士의 서문도 있어서 정말일까 하고 생각해도, 이것을 수려한 여사의 글로 보기가 어렵다"고, 여성에 의해 쓰인 것에 대해 의심을 받고 있는 점에서 명백할 것이다.32) 물론 이와 같은 상황 속에서 이례적인 '문체특구'를 형성했던 『이라츠메』에서는 현상소설에서 일등을 획득

___

향이 보인다"고 정리하고 있다(山本, 앞의 책, 582면).

32) 「花月女史『痴蝶の刃』카게츠여사 『미친 나비의 칼』」, 『女學雜誌』 163호, 1889.5.25. 그러나 이 소설 자체는 같은 시기의 언문일치체 작품과 비교해도 문제가 되지 않을 정도로 낮은 레벨의 혼란을 보여주고 있으며, 허술한 교정도 거들어, 거의 읽을 만한 것이 되지 못했다. 이것을 여학생에 의해서 쓰인 소설의 대표작이라고 간주한다면, 사자나미의 빈정거림도 운포의 야유도, 혹은 야타베의 비난도 빗나갔다고 할 수 없다고 여겨질 정도이다.

한 쇼렌여사의 작품이 언문일치체로 씌어 있었을 뿐만 아니라, 이 문체에 의한 많은 투고를 볼 수 있다. 그러나 거기에 처음으로 등장한 모후야여사의 「마음을 다하여」도, 또한 이 잡지의 '여류소설'로서 출중한 작품인 칸다의 한 여학생의 「무명소설」도 모두 아속절충체로 씌어 있어, 적어도 여자가 쓰는 소설에 관한 한 『이라츠메』 지상이라고 해도 언문일치체는 반드시 압도적 우위에 서 있었던 것은 아니었다.

'여류소설'에 이 문체가 채용되기 어려운 이유 중 하나에는 아케보노여사가 그것을 양복에 비유했듯이, 그 유행이 '서양 추종'의 상징으로 간주되고 있었던 것을 들지 않으면 안 된다. 이미 구화주의의 쇠락을 거쳐 그 반동기에 들어선 이 시기에, 여자가 쓰는 소설이 '서양복'의 빌린 옷을 몸에 걸칠 수는 없었다. 아케보노와 키미코의 논쟁에 관련해서 쓰인 투서 중에 우메모토 토시코梅本とし子가 "부녀자가 붓을 쥐는 것은 저 무도회에 들떠서 춤추며 밤을 지새워, 그 중에는 남한테 손가락질 받는 행동마저 해대는 지나친 자보다도 훨씬 낫고 귀엽고 우아하다"고 하는 점에 여성이 소설을 쓰는 정당성을 찾았던 것도 상기해야 할 것이다.

『여학잡지』 204호(1890.3.15)는 "서양에 심취하는" 것이 원인으로, 주로 "양장의 미인을 좋아하는 어린 서생"이 걸리는 "언문일치병"에 대해 다음과 같은 진단과 처방을 내리는 잡록을 게재하고 있다.

**징후** 경증으로는 문구를 거침없이 쓰는 것에만 힘써, 그로 인해 전편이 맹물을 마시는 것과 마찬가지로 아무 맛도 없습니다. 독도 안 되고 그렇다고 약도 안 됩니다. 중증으로는 논리학 강의처럼 단지 거칠 뿐, 혹은 2~3년 전에 볶은 누에콩을 먹는 것 같아서 아무래도 소화가 잘 안 되고, 그래서 위병을 앓는 자입니다. (…중략…) **치료** 강한 설사로 서양심취의 마음을 내리고, 두 달 정도는 『겐지이야기』나 사이카쿠의 것을 들려주고, 동시에 초근목피를 삶아 5~6개월 계속 복용하면 대개 났습니다. 눈물의 호수에 안구가 헤엄치고 있으면, 그럴수록 병이 무거워져서 치료가 좀처럼 어렵습니다.

—水魚仙, 「小說病소설병」

아케보노가 언급하듯이, 여자의 본문(body)은 "서양복"이 아니라, "우미하고 고상한 우리나라의 옷"을 걸치고 있어야 하는 것, 즉 여자의 글쓰기에 대한 스타일이란 『겐지』와 같은 화문和文체나, 자유롭다고 해도 기껏해야 사이카쿠와 같은 아속절충체에 머물러야 하는 것이었다.[33)]

이와 같은 규범의식에서는 언문일치체를 형성하고 있는 '속어'의 성격과 관련한 두 번째 이유를 끌어낼 수 있다. 그것은 앞 절에서 인용한 『풍금 한 가락』의 서언에서 비묘가 "신기한 속체"에 대한 비판의 일단을 "어기가 천박하다"고 표현했듯이, 이 문체가 너무나 품위 없는 것으로 간주되었다는 점이다. 근세 이래의 전통적인 문장관에서는 대화문은 작중인물의 응수를 옮긴 입말로 여겨지고 있었고, 지문은 이야기를 제공하는 작가 자신에 의한 글말로 이해되고 있었다.[34)] 따라서 뒷골목 주민이든 밤도둑·불량배들이든, 그러한 세속의 때로 뒤범벅된 인물을 등장시키는 이야기의 대화문이 아무리 천박하고 촌스러운 말을 옮겨도, 아니 오히려 그러면 그럴수록 지문은 작가의 품성을 의심케 하는 것이어서는 안 되었다. 하물며 오늘날의 소설작가인 자는 그러한 수상쩍은 이야기의 작가인 희작작가와는 완전히 다른 존재, 문명의 표상인 "미술"의 체현자이기를 요청당했기 때문에 스스로의 말을 표기하기 위한 문체를 주의 깊게 선택할 필요가 있었다는 것은 말할 필요도 없었다.

문장이 작가의 인품·풍채도 반영하는 것인 이상, 그것이 저속하고 추잡한 것으로 빠질 위험을 가장 세심하게 피하지 않으면 안 되는 것이 여성이었다는 것도 또한 군말이 필요 없을 것이다. 『도쿄 삼도신문』에 연재된 마츠모토 키시코松本岸子의 「미하라이야기三原ものがたり」(1883.6.30~

---

33) 다만 스이교센水魚仙의 비평은 동시에 언문일치체소설 유행의 반동으로서 나타난 사이카쿠문체의 유행도 "일본에 심취하는 것과, 무슨 서양에만 가문佳文이 있다는 것이냐 하며 듣지 않는 것"이 원인으로 발병하는 "사이카쿠병"으로 상대화해 보이고 있어, 일방적인 비난중상이라고 할 수는 없는 성격을 가진다.

34) 平田由美, 「會話文と地の文—文學テキストにおける表現と表記대화문과 지문—문학 텍스트에서의 표현과 표기」, 『人文學報』 59호, 京都大學人文科學研究所, 1986.2.

9.21)는 여자의 글쓰기의 내용과 형식을 둘러싼 곤란함을 잘 드러내고 있다.[35] 문체로 보면, 이 작품은 대화와 지문의 구별을 하지 않고, 모든 것을 내레이터에 의한 지문으로 서술하는 문장, 이야기풍의 의고문으로 쓰여 있다. 오사카의 어떤 가게를 무대로 친정어머니와 남편의 밀통을 괴로워한 끝에 스스로 목숨을 끊는 여자를 중심인물로 하는 이 이야기는, 기자가 "비록 문체는 옛날이야기풍이지만, 사건은 작년 가을부터 올해 5~6월까지의 실화를, 다소 꺼리는 바도 있다고 하여 외설스러운 체재로 하지 않고자 그렇게 썼다고 한다"는 양해를 달고 있듯이, 실제의 사건에 취재한 것이었던 듯하다. 그것이 사실이라면, 극히 동시대적인 센세이셔널한 신문 연재물에 어울리는 제재라고 할 만한 것이지만, 실제로는 그 "옛날이야기풍"의 몽롱한 문체로 인해 사건의 직접성이나 시간감각은 상실되어 버려, 인물의 오뇌나 동요의 묘사는 독자에게 육박해 오는 힘을 전혀 가지고 있지 않다.

『소설신수』에서의 쇼요가 화문체의 특질을 평가하여 "격절의 감정, 호방한 거동 혹은 웅대한 정황 등을 그려내는 데 적합하지 않다. 하물며 살벌한 정경 등을 이 우유부단한 문체로 묘사해내는 것은 극히 어렵다"고 언급하며, 이것을 "목하의 세태"의 묘사에는 부적절한 것으로 단정한 것처럼, 이 연재물은 그려내고자 하는 세계와 문체의 미스매치로 인해, "세태"를 그려내는 신문지면에서는 완전히 유리되어 버렸다. 똑같

---

35) 이것은 여성명을 작가로 하는 연재물로서는 극히 드문 작품으로, 연재의 후반 부분에는 삽화도 삽입되어 있다. 그녀의 이름은 이후에 이 신문에는 등장하지 않아, 작가에 대해서는 분명하지 않다. 여성 작가에 의한 신문 연재물은 사건에 따르는 한, 『東京朝日新聞도쿄 아사히신문』 연재 카토 야온加藤野媼, 「石井の淸水猪名の濡衣이시이의 샘물, 이나의 젖은 옷」(1880.1.24~2.5)이 가장 이르다. 타카기 타케오高木健夫는 그 필자를 "효고兵庫현의 여교사로 신문의 단골투서가"였던 야마다 준코山田淳子로 단정하고 있다(『新聞小說史年表』, 國書刊行會, 1987.5, 20면). 『여학잡지』 17호(1886.3.5)에는 "사립 오사카여학교 교원 야마다 준조山田淳女"에 의한 투서가 보이는데, 그녀의 이름은 1888년 창간된 화가和歌잡지 『筆の花붓의 꽃』에도 산견하고, 『なにわがたなにわ가타』 2호(1891.6.4) 권말에는 니시무라 텐슈(西村天囚, 1865~1924)나 모토요시 켓신(本吉欠伸, 1865~1897) 등과 함께 "나니와문학회浪華文學會원"의 명부에 올라 있다.

은 것은 "특히 즐겨 바킨馬琴파의 사실소설을 읊조리고 단연코 원록元祿
풍을 배제하려는 의지가 있다"고 평가되었던[36] 아케보노여사의 소설에
대해서도 들어맞을 것이다.

> 순사 "이건 말 많은 여자네. 관리에게 무례하군. 빨리 사라지지 않으면 너한
> 테도 맛 좀 보여줄 거야"라고 거칠게 화내며 북적거리자 여자는 조금도 두려
> 운 기색 없이
> 여자 "설령 역원이라고 해도 도리는 도리잖아요 내 몸을 벌주실 거라면 함
> 께 데리고 가서 따져 주세요 조금도 싫지 않으니까……"라고 대답을 다하고
> 죄인을 향해
> 여자 "큰아버님께서는 어디에 사세요 …… 한데 어떤 잘못으로 인해 이렇
> 게 되었어요" 라고 알지도 못하는 여자의 말을 듣고 수상쩍게 생각했지만 잘
> 되었다 싶은 마음에
> 남자 "이 변두리의 황폐한 뒷골목에 살았는데, 가난에 쪼들려 어쩔 수 없이
> ……"라고 하는 것을 폴리스는 험악하게
>
> —「부녀의 귀감」, 제24회, 『讀賣』 1889.2.15

"폴리스"라는 독음이 달린 "순사"의 두 글자 이외에 여기에는 그것이
당대의 "미국 뉴욕"에서의 대화를 서술한 것이라는 사실을 엿보게 하는
것은 아무것도 없다. 물론 거기에는 똑같은 "관리"라는 말에 순사의 대
화에서는 "관리", 히로인 히데코의 그것에서는 "역원"이라는 독음을 다
는 궁리에 의해, 위압적인 말투와 부드러운 말투를 나눠 쓰는 시도가
보인다. 그러나 "예순의 고개를 둘 셋, 허리도 팔다리도 자유롭지 못하
고", 혹은 "손을 짚는 바닥의 타타미疊조차도 헤어진 빈민굴"이라는 틀
에 박힌 묘사가 지문에서 이루어지지 않는다면, 대화문만으로 그 대시
의 주인이 가난으로 도둑질을 하게 된 노인이라는 것을 읽어내는 것은

---

36) 「曙女史木村えい子逝去す아케보노여사 키무라 에이코 서거함」, 『讀賣新聞』, 1890.
10.22.

아마도 불가능할 것이다.

다만 아케보노의 문체는 지문은 말할 것도 없고 대화문에도 속문체를 배척하는 것이기는 했지만, 그러나 이것을 "바킨파"의 문체라고 하는 것은 옳지 않다. 바킨의 요미혼讀本에는 여기에 보이는 것과 같은 "……"은 물론, 대화문의 앞에 그 화자를 나타내는 형식이나 각각의 대화의 행바꾸기 같은 것은 존재하지 않았으며, 모든 대화문을 지문에 종속시키는 형식이 취해졌기 때문이다. 언문일치체를 "서양 것만 좋아하는 사람의 흥얼거림"으로 비판하는 아케보노에게도, 구두법이나 행 바꾸기, 새 단락에서 한 칸 들여쓰기와 같은 "서양제국의 독서법"이 초래한 텍스트의 변화에서 초연하지는 않았다는 것은 간과할 수 없다.[37]

그런데, 그 바킨은 『난소 사토미 팔견전南總里見八犬傳』 속의 머리말 「간단 췌언簡端贅言」에서 다음과 같이 언급했다.

> 화한和漢이 그 글을 달리하지만, 정태를 잘 묘사할 수 있고, 그 멋을 다하는 것은 속어가 아니면 이루기 어렵다. 피차가 마찬가지이다. 그렇다고 해서 지금의 이언俚言·속어의 심한 전와·주리侏離를 그대로 글로 해서는 안 된다. 내 글이 박잡한 것은 이 주리·비속을 피하고자 함이다.[38]

바킨은 리얼리스틱한 표현소재로서의 "이언·속어", 즉 입말의 힘을 확실히 인식하고 있었다. 그러나 그것은 입말이기 때문에 불가피한 음성적인 전와나 비속한 말투를 피할 수 없다. 그러므로 그는 자신의 작품을 속문체가 아니라, "굽혀서 아雅도 아니고 속俗도 아니며, 또한 화和도 아니고 한漢도 아닌 박잡두찬駁雜杜撰한 붓", 즉 아속절충, 화한혼효和

---

37) 마찬가지의 것은 반언문일치를 표방했던 시기의 오자키 코요의 텍스트에 대해서도 해당된다. 이에 대해서는 平田由美, 「……******(( ))── ! ?」, 『紅葉全集』 월보3, 岩波書店, 1993.12.

38) 「第九輯下峡中卷第十九簡端贅言제9집 하질 중권 제19 간단 췌언」, 『南總里見八犬傳』 (七), 岩波文庫, 1990.7, 220면.

漢混淆의 양식으로 쓰지 않으면 안 되었던 것이다.

　근대의 소설작가를 지배하고 있었던 것은 바로 이와 같은 문장관이었다. 『소설신수』 하권은 그 절반가량을 "문체론"에 허비하는데, 쇼요는 그 중에 「속문체」 항에서 이 「간단 췌언」을 인용하면서 다음과 같이 단정하고 있다.

　　속언대로 글을 쓸 때는 혹은 음조가 너무 주리하거나 혹은 그 기운氣韻이 너무 천박하여 대단히 풍아한 취향조차 몹시 천박한 것이 되어 저속하다는 비평을 받는 경우가 많다. (…중략…) 고로 나는 단연코 말하건대, 속언으로 이야기의 말(이야기 중에 나온 인물의 말을 일컫는다)을 옮기는 것은 방해가 되지 않는다. 다만, 지문에 이르러서는(우리나라의 속언에 일대 개량이 일어나지 않는 한은) 속언으로 옮기지 말아야 한다.

　물론, "인정세태"의 생생한 묘사를 골수로 하는 "소설"에 있어서는 "하류의 정태를 묘사하고자 할 때는 그 인물의 말 등에 비리鄙俚·저속한 말이 있는 것은 본래 어쩔 수 없는 것"이다. 그러나 그러한 비속한 말은 작중인물이 발하는 대화의 묘사에서만 허락되는 데 지나지 않고, 그것을 그려내는 주체로서의 작가의 말인 지문에서 속언은 어디까지나 배제되지 않으면 안 되었던 것이다.

　속문체가 가지는 이와 같은 "하류의 언어"로서의 성격은, 여성이 쓰는 소설이 언문일치체를 취하기 힘든 세 번째 이유인 '여류소설'에 대해 과해진 취재대상의 한정과 결부되어 있다. 『덤불속의 휘파람새』는 카호 자신이 그 서문에서 언급하듯이 "고명한 서생기질을 보았는데 재미를 억누를 수 없어서 마침내 그 문체를 흉내 내어" 쓰인 것이었다. 이 작품이 '당세 (여)서생 기질'로 평해도 좋을 만큼의 영향을 거기에서 받았던 것은 주말의 기숙사에 남아 있던 여학생들의 생태를 거의 그 대화만으로 그려낸 제6회에 넘치는 "서투른 영어"나 유행어, 동료들 사이의 수많은 은어에서 확실히 인정할 수 있다. 이 작품에 첨삭을 가한 후에

서문까지 제공한 쇼요도 또한 "제6회는 압권으로 보입니다. 저는 도저히 미치지 못합니다. 바로 이런 것을 진정한 소설이라고 해도 좋을 것입니다"라고 칭찬하고 있다.

그러나 문제는 그 다음에 있었다. 쇼요의 평은 이어서 "제7회의 마부와 차부車夫의 문답은 과연 전날의 이야기대로 상당히 괴로우셨으리라 추찰됩니다. 그러나 어쨌든 그처럼 하류의 말을 추려내셔서 경복"했다고 칭찬했는데, 그것은 시노하라 츠토무篠原勤가 엿듣는, 약혼자 하마코의 불량함을 언급한 다음과 같은 대화문이다.

> 차부 "어이 이봐. 요전에 말이야. 나 젠장 기분 나빠서말야."
> 마부 "왜 그래."
> 차부 "왜 그러구 말구. 니 주인말야. 니 쪽의 오하네씨가 말야. 예의 과부 집에 와서, 지금 와 있는 야마나카라는 놈을 꼬드겨서 무코지마向島까지 몰래말야 같이 외출한 것 같애. 처음엔 내가 정직해서 이상하다고 생각했지. 과부랑 그렇고 그런 사이라는 소문이 있는데도 상대가 다른 것이 이상하네 하고 있었잖아. 화려했던 시절하고는 틀려서 사람도 별로 안 드나들잖아. 그런데 그놈. 오하네씨의 인력거에 같이 타고 갔어. 할 수 없어. 우는 애한테는 못 당하니까. 바보 같은 낯짝으로 빈 수레 끌고 뒤따라갔지. 안쪽 우에한植半에 가서 점심 먹더라구. 너무 역겨워서.
> 마부 "그래서 요전에는 기모노로 외출한다 싶더라구."
> 차부 "엄지손가락은 모르냐."
> 마부 "참 알 리가 없지. 이놈이나 저놈이나 쇠재갈이 물려서. 몰라 몰라.

칭찬은 했지만, 이것은 너무나도 젊은 여자가 쓰는 소설에는 어울리지 않은 것이었던 듯하다. 능란한 필치에 감탄하며, 몇 번이나 "도움을 받았"는지의 유무에 대해 의심을 품은 쇼요는 서문 마지막에 "괴로워하시며 서민의 실정을 묘사하신 것은 손해이시니까, 앞으로의 작품에는 가능하면 상등사회만을 묘사하셨으면 한다"고 하는 조언을 적지 않으면 안 되었다.

"소설"이 "인정"이라고 하는 이름의 인간의 욕망을 도려내야 한다는 것, 그리고 그 점에서는 "현賢·불초不肖의 변별" 없이, 남녀노소 모든 사람들의 "선악정사正邪의 심중"이 묘사의 대상이 될 수 있음을 설파한 것은 쇼요 자신이었다. 그러나 그는 실제로 출현한 '여류소설'에 대해서는 "서민의 실정"의 묘사가 작가에게 "손해"라고 하는 남을 위하는 투의 말로 이것을 억누르고 "상등사회"를 그 재료로 삼아야 한다고 권고했던 것이다.

　나카지마 우타코中島歌子가 이 작품에 제공한 발문도 마찬가지로 쇼요의 서문과 똑같은 취지의 것을 언급하고 있다. 카호가 낭독하는 『덤불 속의 휘파람새』를 들은 스승은 당대의 소설의 동향에도 어느 정도 정통해 있었던 듯, "범상한 글이 아니라 지금 세상에서 말하는 소설이라는 것이 되었다"고 인지하고 있다. 우타코는 "현대적으로 다양한 사람의 품성을 잘 나눈 것은, 말은 천박하지만 저절로 젊은 남녀의 교훈이 될 만한 줄거리를 썼다"고 평하면서도 "덤불속에 숨어 우는 휘파람새도 품위가 있는 꽃으로 옮기는 것을 잊지 말라"고 하는 화가和歌를 내걸며 "고풍스러운 버릇" 때문에 마지막에 훈계를 하는 것을 잊지 않았다.

　여기에서 제2장에서 살펴본, 여자가 쓰는 소설을 둘러싼 극히 양의적인 요구를 상기하기 바란다. 남녀 간의 애정을 테마로 하는 '여류소설'은 그 재자가인才子佳人소설적인 "시야의 천박하고 좁음"을 비판당하여, 여자의 글쓰기에는 예창기나 죄수, 환자나 가난한 자와 같은 약자의 구제와 그들을 낳는 사회의 개량이라는 사명이 부과되어 있었다. 그러나 그 한편으로, 그러한 사회적인 모순이나 억압에 대해서 "그 인애仁愛청결한 사상에 자극되어 붓을 쥐고 눈물을 몰로 삼고 열혈을 먹으로 삼아 곧바로 본심의 가장 맹렬한 감정을 적어내"야 하는 여자의 소설은 남자들의 그것과 같은 "불결한 문자"를 기록할 것을 금지당하고 있었던 것이다. 나카지마 토시코의 다음의 논설에는 '여류소설'이 놓였던 이와 같은 더블 바인드의 상황이 그 취재대상 세계와 언어표현의 관련으로서 여실히 드러나 있다.

안에 선인만 있고 한 사람의 악인도 없는 것은 소설이 아니라고 말해서는
안 된다. 비애의 처지만 있고 환락의 고향이 없는 것은 소설이 아니다, 귀녀신
사의 관계만 있고 마부도 차부도 안 나온다고 해서 소설이 아니라고 해서는
안 된다. (…중략…) 세태인정을 남김없이, 신사귀녀의 경우에서 목욕탕 때밀
이의 말까지 전부 알고 싶어 한다. 그것을 알자 당연히 본업인 때밀이보다 더
한층 격한 말을 써내기에 이르렀다. 이것은 필경 독자의 경박한 감정과, 박식
을 자랑할 수 없음을 두려워한 데서 기인할 것이다. 하지만 너무 박식하여 책
속에 다소 먼지를 띤 느낌은 없는가. 특히 부인의 저술에는 예기·불량배 등
의 거동·언어를 적나라하게 묘사하는 것은 그다지 오묘하지 않은 느낌이 든
다. 물론 때로 이와 같은 저술이 드물게 세상에 나오는 것도 가능하다. 하지만
소설 종류라는 것이 모두 동일한 전철을 밟는 것은 대단히 바람직하지 않다
고 생각한다. 지금 부인 저자가 떼 지어 나오려 함에 있어, 염두에 오로지 독
자의 경박함을 두려워하여 오히려 너무 능숙해져서 우취아결優趣雅潔한 붓을
더럽히는 일이 없기를 바란다
　　　　　　　　　　　　　　—「부인의 문장婦人の文章」,『女學雜誌』 128호, 1888.9.22

소설이 그려내는 대상세계의 다양성을 시인하는 토시코는 신사숙녀
만으로 점령되고 차부·마부를 등장시키지 않는 허구의 세계의 편협함
이라는, '여류소설'에 대해 종종 내려지는 비판에 동의하지 않는다. 오
히려 소설이 "세태인정"을 주안으로 한다는 주장 아래 때밀이·불량
배·기생과 같은 패거리의 말을 과장해서 묘사하는 것에 독자에 대한
영합이나 작가의 자기현시를 냄새 맡는 그녀에게 그러한 사람들이 사
는 세계는 소설이 묘사해야 하는 세계의 전역이 아니라 "세태인정"의
국소에 지나지 않는다. 따라서 토시코는 "남자의 저서와 여자의 저서가
구별될 필요를 느끼지 않는다"고 말하면서도 "부인의 저술"이 다양한
세계 속에서 그러한 때 묻은 세계를 굳이 선택할 것을 용인하지 않는다.
여자의 글쓰기에 "우취아결한 붓"을 요구하는 이 주장은,『덤불속의 휘

파랑새』의 몇 개월 후라는 발표시기에서 보아도 "상등사회의 것만"을 그려야 한다고 지시하는 쇼요의 서문이나 "품위가 높은 꽃"으로 옮길 것을 요구하는 우타코의 발문과 멋지게 공명했다고 할 수 있겠다.


## 4. 일인칭이라는 모드


어떠한 세계를 소설의 취재대상으로 삼을지가, 어떠한 말로 그것을 그려낼지와 불가분의 관계로 맺어져 있었다는 것은 이 시기 사람들의 '언어'가 그 의상이나 행동 등과 함께 지위·신분·성과 같은 그들의 속성을 지금 이상으로 직접적으로 반영하고 있었기 때문이다. 쓰여진 것이 작가의 품위를 반영하는 것과 완전히 마찬가지로, 그들의 말은 그들이 사는 세계의 표상 그 자체였던 것이다. 따라서 그들의 입말을 그려낸 것으로 여겨졌던 속문체를 언문일치체라는 소설언어로 사용하는 데 방해가 되는 것은, 앞에서 본 바와 같이 우선 지문에서는 그러한 비속한 언어가 견식 있는 작가의 말로서 어울리지 않는 점, 나아가 대화문에서는 작품이 그려내는 세계가 그것으로 인해 '하류사회'의 색체를 어쩔 수 없이 부여받는 점에 있었다. 이러한 장애는 여성작가에게는 특히 중대한 것이었다고 해도, 그러나 남성도 또한 그 예외일 수는 없었다.

카호에게 "상등사회"에서 소재를 취하라고 권고한 쇼요 자신이 『당세 서생 기질當世書生氣質』의 제3회 말미에 "작가가 가라사대, 본편 중에 그려낸 서생과 같은 것은 대개 서생계의 상류를 점하는 자이다. 고로 그 말하는 바도 조금 고상한 곳이 있고, (…중략…) 사숙의 서생들의 정태와 같은 것은 누외陋猥하여 천박함은 거의 묘사하기 곤란한 점이 있다. (…중략…) 고로 나는 굳이 상류의 풍습을 그렸다. 조예가 깊은 자여, 부디 책망하지 말라"고 부언했다(단, 텍스트의 현실은 제6회 말미에서 이 것을 당장 "본편 중의 서생과 같은 것은 결코 상류의 서생도 아니니 독자는 그런 줄 알고 읽어 주세요. (…중략…) 혹시라도 자립의 뜻이 있는 자는 그 행위에 약간 티가 있더라도 그럭저럭 중류에 있었으면 좋겠다"고 정정하지 않으면 안 되는 것이기는 했다). 이것 이후에도 "밀매하는 여자의 정태"나 "소매치기의 내막"을 묘 사하는 "디킨즈"를 인용하며 "하등의 정태를 그리고 비속한 언어를 사 용하는 것은 원래 패관이 장점으로 하는 바. 설령 아무리 정태언어에 비속한 성질이 있더라도 그 정신까지 천박하지 않다면 그것을 누외하 다고 매도해서는 안 된다"(제10회 서두)고 방어전에 열중하지 않으면 안 되었던 것은 "비속한 언어"에 대한 비난이 그만큼 치열했다는 것을 말 해주고 있다.

후치안주인不知庵主人 우치다 로안은 바킨·타네히코의 "유려한" 아속 절충체를 칭찬하는 입장에서 쿄덴·산바·잇쿠·슌스이 등의 "속문"이 라고 해도 그 지문은 아속절충체라는 것을 지적하여, 비묘의 언문일치 체를 다음과 같이 비판했다.

> 생각건대, 부려富麗와 호탕을 겸비하고 골계와 곡려曲麗를 함께 묘사하는 것 은 아속절충 이외에 없다. 대인(大人; 비묘)의 글은 일류독득一流獨得하고 일 종의 묘미가 지상에 약동하는데, 아뢰기는 조금 꺼려지지만 시골사람이 겪은 꽃처럼, 장미의 빛깔이 아름답다고 해도 가지 모양도 나쁘고 꺾은 부분도 가 시가 돋쳐서 무턱대고 천한 느낌이 든다. 특히 대인은 하류의 언어를 주로 사 용하시는데, "이해하기 쉽기 때문"이라고 하면 도리에 맞는 듯이 들려도, '무 엇 무엇이다', '어이 무엇'처럼 대단히 풍취가 적어, 한심스럽게도 이 때문에 대인의 작품을 거부하는 자가 있다.
> —「야마다 비묘대인의 소설山田美妙大人の小說(其二)」,『女學雜誌』 134호,
> 1888.11.3

속문체의 세련되지 않은 서술방식, "하류의 언어"로서의 비천함을 힐

난하는 후치안에 대해 비묘는 언문일치의 주지가 화문체가 가지지 않는 "간략"함에 있다는 것을 주장하고, 이 문체 선택의 사정에 대해 다음과 같은 해명으로 응답했다.

그래서 '간략'함이라는 점에서 상중하 삼류의 어법을 조사하면, 지금 생각하면 잘못되었지만, 하류의 어법이 가장 그 점에서 급제할 것 같았습니다. 그러고 나서 그 어법을 사용해 왔는데, 그렇게 되자 가장 당혹스러웠던 것은 '무엇 무엇이다'라고 하는 어법이 나왔다는 사실이었습니다. '다/이다'는 음조마저 대단히 귀에 거슬리는 것을 심지어 하류에서 거칠게 사용하자 더더욱 수상쩍게 보이기 시작했습니다. 하지만 지금까지의 어법에 인조의 강한 변화를 주는 것은 본래 소생이 좋아하지 않습니다. '다/이다'라는 조동사를 빼고 명사로 맺는 것은 정말로 '미'라는 점에서는 더할 나위 없지만, 그렇게 해서는 완전한 글(문법상의)이라는 것이 거의 불가능해질 정도입니다.

— 「후치안대인의 비평을 배견하고 회답하려고 만든 참회문
不知庵大人の御批評を拝見して御返答までに作った懺悔文(其二)」, 『女學雜誌』 136호, 1888.11.17

여기에 보이는 "상중하 삼류의 어법"이란, 문말을 형성하는 동사나 조동사들 중에 대우표현, 즉 표현주체와 그 대상 혹은 표현되는 사항과의 관계—신분이나 지위, 연령과 같은 사회적 상하관계나 혹은 친소親疏관계와 같은 심리적 거리 등—를 나타내는 표현이 그 관계성에 의하여 세 단계로 변별되는 것을 말한다(더 덧붙이면 대우표현에는 이와 같은 대자對者적 배려에서 오는 경어와는 별도로 표현주체의 자기에 대한 배려, 즉 표현자 자신의 품위를 높이는 것으로서의 정중이나 미화어 등도 포함된다). 비묘가 거론한 '다/이다'체로 에시하면 '꽃이다', '꽃입니다', '꽃이옵니다'와 같은, 이른바 상체常體·경체敬體·최경체最敬體라 불리는 문체의 차이가 그것이다. 지금 생각하면 잘못이라고 말하고 있듯이, 그는 처음에 채용한 '다/이다'체를 버리고 이 시기에는 인용에 보이는 것과 같은 '입니다·합니다'체를 사용했다. 그것은 비묘에게 언문일치의 요체로 여겨졌던 '간략'함에

서 "중류와 하류 사이에는 그다지 간용簡冗의 차이는 없"는 한편, "중류"
에는 "하류"가 가지지 않는 "천박하지 않다는 이익"이 있다고 생각되었
기 때문이었지만, 이것은 언문일치체의 또 하나의 거장 후타바테이 시
메이와는 완전히 역방향의 '행보'였다.

후타바테이는 『부운』 집필 당시를 회상하며 "산유테이 엔초三遊亭円朝
를 흉내 낸" 언문일치체 채용이 쇼요의 시사에 의한 것이었다는 사실,
또한 '제가……이옵니다'조와 '나는 싫다'조의 선택에서도 "츠보우치
선생님은 경어가 없는 편이 좋다고 주장하셨"기 때문에 상체가 채택되
었다는 사실을 말하며 다음과 같이 언급하고 있다.39)

---

39) 「余が言文一致の由來나의 언문일치의 유래」, 『文章世界』 1권 5호, 1906.5. 인용은 『二
葉亭四迷全集』 제5권, 岩波書店, 1965.1. 그러나 『부운』 이전에 "30쪽 정도의 구어역"
을 후타바테이한테서 받은 쇼요는 그 때의 일을 다음과 같이 회고하고 있다. "그 고골
리의 번역투는 예를 들어 말하면, 뒷골목투(프롤레타리아조)라고 할 법한 거친 말투였
다. "이래서는 중류사회로 느껴지지 않는다"고 하자, "아니다, 외국의 부부는 대등하니
까, 그렇게 번역하지 않으면 진상에서 멀어진다고 생각한다"고 하여, 부부의 문답이 모
두 경어가 없는 "너", "나", "그래", "그렇게 해"와 같은 어투로 씌어 있었던 것이다. (…
중략…) 이래가지고는 자네, 뒷골목의 부부로밖에 느껴지지 않아. "너"를 "경卿"이라고
하든가, "그렇게 해"를 "청컨대 무엇무엇하오"라든지, 한문을 풀어서 쓴 것으로 하면
몰라도, 하며 서로 논했다. 집착이 강하고 반성가이며 회의가인 그는 그 후 더더욱 여
러 가지로 구어투의 표현에 고심했다"(「柿の蔕감 꼭지」, 『逍遙選集』 별책 제4, 第一書
房, 1977.12, 418~419면). 이와 같은 양자의 언어관에서 보면, 후타바테이의 언문일치
체는 쇼요의 "가르침"에 따랐다는 외재적 요인이 아니라, 표현주체의 선택적 행위로서
간주하지 않으면 안 될 것이다. 엔초의 속기본이 '이옵니다ございます'체인 것은 텍스트
의 구전성─내레이터와 듣는 이가 동일한 시간에 좁은 공간에서 대면하고 있는 무대
라고 하는 장─을 반영하고 있기 때문이다. '근대의 소설'로서의 후타바테이의 텍스
트는 시공을 달리 하는 불특정 독자로 향해져 있는데, 거기에서는 작가가 독자와 단절
되고 그 거리는 점점 멀어져서, 결국에는 독자의 눈에는 보이지 않게 되고 만다. 『부운
』의 서술은 이 변화를 선명하게 체현하고 있는데, 이렇게 장치화하는 서술에 있어서
듣는 이나 독자에 대한 배려인 경어표현도 자기배려인 정중어표현도 불필요할 뿐만 아
니라, 그 변화에 역행하는 것일 수밖에 없다는 것은 말할 필요도 없다. 이것에 대해서
는 久保(平田)由美, 「近代文學における叙述の裝置─明治初期作家たちの〈立脚点〉を
めぐって근대문학에서의 서술 장치─명치초기 작가들의 '입각점'을 둘러싸고」, 『文學』 52권 4
호, 岩波書店, 1984.4 참조.

잠시 후에 야마다 비묘군의 언문일치가 발표되었다. 보니 '저는……입니다'의 경어조이다. 나와는 다른 파이다. 즉 나는 '다/이다'주의, 야마다군은 '입니다'주의이다. 나중에 들어보니, 야마다군은 처음에 경어가 없는 '다/이다'조를 시도해 보았으나, 아무래도 잘 되지 않아서 '입니다'조로 고쳤다고 한다. 나는 처음에 '입니다'조로 하려고 생각했는데, 결국 '다/이다'조로 했다. 요컨대 행보가 전혀 반대였던 것이다.

후타바테이와 비묘가 취한 언문일치에서의 두 개의 방향은 '근대소설'의 성립에 있어서의 중요한 분기점이 되는 것이었다. 토야마 시게히코外山滋比古가 지적하듯이, 문학의 근대를 둘러싼 커다란 구조변화에는 구비문학에서 사본寫本의 시대를 거쳐 활판인쇄의 보급이라는, 작품이 전달되는 형식의 발달에 따른 작가와 독자의 거리의 증대, 양자 간에 있었던 "예전의 필연적 연대는 보장되지 않는" 것이 포함된다.[40] 이 "필연적 연대"는 예를 들면 이야기를 둘러싼 문맥이나 그 수용에 있어서의 코드의 공통성과 같은 것으로서 예전에 작가와 독자 사이에 가로 놓여 있었던 것이다. 그러나 그러한 문맥이나 공통 코드에 의존할 수 없게 된 텍스트는 묘사되는 대상을 중심으로 그 주변상황의 세부에까지 이르는 치밀하고 구체적인 묘사에 의하여 그 스스로 완결되어 전달될 수 있는 높은 현전성現前性을 가지지 않으면 안 된다. 19세기 일본에서의 서양소설의 독자를 경악케 한 것은 이와 같은 작가와 독자의 절단으로 초래된 텍스트의 특성이었다.

이러한 변화의 결과, 근대의 소설에 일어난 것은 텍스트세계에서의 내레이터의 추방, 혹은 서술하는 주체의 은폐라는 사태이다. 이것을 이해하기 위해서는 표현주체에 관련되는 문장 구조에 대한 설명이 필요할 것이다. 일반적으로 문장은 표현되는 사항의 부분과 그 사항에 대한 표현자의 심적 태도를 표시하는 부분으로 이루어져 있다. 그것은 예를

---

40) 「讀者の誕生독자의 탄생」, 『近代讀者論』, みすず書房, 1969.1, 17~25면.

들면 토키에다時枝문법에서의 '사詞'와 '사辭', 혹은 미카미 아키라三上章나 테라무라 히데오寺村秀夫가 말하는 '사항'과 '무드'로서 파악되는 요소이다.41) 앞의 예문으로 말하면, '꽃'이 전자이고, '다/이다·입니다·이옵니다'의 부분이 후자이다.

이 '사항'은 언급대상에 대한 화자의 주체적인 태도표명이 부가되지 않으며, 무채색의 중립적인 의미내용이 개념 그 자체로서 내던져진 것이다. 이에 대해 무드의 부분은 사항에 대한 주관적인 판단이나 감정, 의지 등의 다양한 정보를 전달하려고 하는 표현주체의 심적 태도가 반영되어 있다. "꽃이었을지도 모르겠네"는 화제가 되고 있는 사실의 인지가 발화 시점에서 보아 과거에 행해졌다는 '사항'이, 그 확정에 관한 화자의 판단의 불확실함이나 그러한 판단에 대한 동의를 요구하는, 혹은 강조하려고 하는 청자에게 작용하려고 하는 다양한 무드 표현에 의해 감싸여 있다.

후술하는 바와 같이, 소설언어의 경우, 이와 같은 '사항'의 부분은 내레이터가 개재하지 않는 극히 시각적인 영상으로서 독자에게 수용되는 경우가 있다. 앞에서 비묘가 문장에서 '다/이다'를 제거하고 명사로 맺는 것이 "미"라는 점에서 더할 나위 없는 것이라고 언급한 것은 그가 '사항'의 그러한 기능을 자각하고 있었던 것을 시사하는 것 같다. 서양 문법의 규범에 얽매어 있는 비묘는 주어와 술어의 완비를 문장의 성립

---

41) 時枝誠記, 『日本文法口語篇』, 岩波書店, 1987.3(개판), 196~241면; 三上章, 『續·現代語法序說』, くろしお出版, 1972.10(복간), 108~130면; 寺村秀夫, 『日本語のシンタクスと意味Ⅰ 일본어의 신텍스와 의미Ⅰ』, くろしお出版, 1982.11, 49~61면. 토키에다를 비판적으로 계승한 미카미가 샤를르 바이이(Charles Bally, 1865~1947)의 용어인 딕툼dictum과 모두스modus를 도입하면서 전개한 "사항"과 "무드"의 개념은 현대 일본어학에서는 프로포지션(명제)과 모델리티로서 더욱 발전되어 있다. 모두스라고 하든, 무드, 모델리티라고 하든 어원적으로는 하나인데, 그 정의하는 바는 논자에 따라 다소의 차이가 있다. 본고에서는 주로 무드라는 말을 사용하고, 때때로 이것을 모드, 모델리티라고 말하기도 하지만, 그 정의는 테라무라의 앞의 책 『일본어의 신텍스와 의미Ⅰ』 및 같은 책 Ⅱ(くろしお出版, 1984.9)에 의거한다.

요건으로 삼고 있기 때문에, 명사문을 '완전한 문장'으로 간주하지 않지만, 오히려 체언종결은 일본어의 문장 종지법의 하나이며, 후타바테이와 마찬가지로 비묘의 작품에서도 그것은 문말형식의 10% 이내를 점하는 것이었다고 지적되고 있다.[42] 이것은 '다 / 이다'라는 상체의 문말이 가지는 귀에 거슬리고 천박한 어감을 기피했기 때문이라고 할 수도 있지만, 그러나 '꽃입니다', '꽃이옵니다'와 같은 경체에 의한 문말형식은 그 결점을 면하는 한편, 독자에 대한 경의의 표명이 내레이터의 존재를 현전시켜 버림으로써 이야기를 내레이터에 의한 매개물로서 간접적으로 수용할 수밖에 없는 입장에 독자를 놓는다. 이 내레이터는 요미혼에서의 그것과 마찬가지로 종종 이야기의 주재자로서의 개입적 언사를 늘어놓아, 예를 들면 등장인물의 심리나 감정을 자신의 추측이나 판단의 결과로서 독자에게 제시하려고 한다. 그 때문에 이러한 내레이션은 독자의 허구세계의 추체험이나 등장인물에 대한 감정이입을 방해하는 것이 되지 않을 수 없다.

물론 '다 / 이다'체라고 해도 이 난점을 피할 수 있는 것은 아니었다는 사실은 『부운』 서두의 "아아 부러운 일이다"와 같은 조소적인 내레이터의 현현이 드러내고 있다. 그러나 상체에 의한 내레이션은 '근대소설'에 요구되는 주관을 배제한 세부에 걸친 상황묘사와 함께, 내레이터가 개재하지 않는 직접적인 심리묘사의 실현으로 이어지는 것이었다. 1887, 8년경의 언문일치체에 있어서의 상체와 경체의 문체 차에 대하여, 연우사 사원이었던 마루오카 큐카丸岡九華는 다음과 같이 회상하고 있다.[43]

---

42) 松下貞三, 「近代文体の創始(二)근대문체의 창시(2)」, 『日本文學』 1955.6; 水野淸, 「「浮雲」「あひびき」「めぐりあひ」―地の文における文末語について「부운」, 「밀회」, 「만남」―지문에서의 문말어에 대하여」, 『言語生活』, 1958.5; 遠藤好英, 「初期言文一致文の文末形式―文芸作品四つを對象に초기 언문일치문의 문말 형식―문예작품 4편을 대상으로」, 『國語學論說資料 5』 제3분책(論說資料保存會 편), 1968 등.

43) 丸岡九華, 「硯友社文學運動の追憶연우사 문학운동의 추억」, 『早稻田文學』 232호, 1925.6. 큐카는 또한 이 회상기의 마지막 회에서 이시바시 시안石橋思案의 「可愛い子귀여운 아이」(『文庫』 22호, 1889.6.17)를 인용하여 "시안자子의 언문일치는 당시 모두

이보다 이전에 비묘는 외국문의 담화어와 문장어의 일치를 국문에도 응용해 보려는 의견을 이따금 우리들에게 상담한 적이 있었는데, 동사의 변화어미의 구성법 또는 의인법, 기타 외국문에서의 구두법 등을 어떻게든 능숙하게 응용하려고 고심한 결과, 극히 단편물 한두 편을 시도했지만, 아무튼 어미의 구성법 불충분으로, 혹은 창조자 자신에게도 귀에 익숙하지 않은 탓에 '……이었다', '……했다', '……재미있었다' 따위로는 귀에 거세게 들리고 또한 극히 거친 독백처럼 들리기도 하지만, '……이었습니다', '……했습니다', '재미있었습니다'와 같이 정중하게 쓰면 군말이 많고 너절하여 붓에 힘이 없는 어세가 된다.

큐카가 상체의 문말을 "거친 독백"으로 읽어낸 것은 그것이 듣는 사람에 대한 배려를 결여하고 있어서 이 문체에 의한 말이 타자가 아니라 화자 자신을 향한 것으로 들리기 때문이다.[44]

쓰여진 것은 원래 음성을 동반하여 재현된 것은 아니기 때문에, 이 "독백"이 실제로 소리로 발해진 것인지, 아니면 소리로 나오지 않고 심중에서 언어화된 것인지의 구별은 그 묘사에 부가된 '……라고 혼잣말을 했다', '……라고 생각했다'와 같은 지문에 있어서의 설명적 언사로 판단할 수밖에 없다. 이 때문에 그러한 지문이 줄어들 경우, 독백은 심리묘사에 극히 근접한 것이 될 수 있다.

---

이러한 풍이어서, 그뿐만 아니라 당시의 언문일치는 모두 남을 향해 아룁니다풍으로 '있었습니다ありました' '있었사옵니다ございました'라는 어미를 붙인 것이다"라고 언급하고 있다(「硯友社の文學運動(承前完結)연우사의 문학운동(앞을 이어 완결)」, 『早稲田文學』 243호, 1926.4).

44) 소설이나 시나리오에서의 '독백·혼잣말'을 고찰한 니타 요시오仁田義雄는 "여기에 '정중체'를 도입하는 것은 불가능하다. '정중체'를 도입하여 '보통체-정중체'와 같은 대립을 낳게 해 버리면, 순식간에 이것들은 '청자 부재 발화'에 머물 수 없으며, 듣는 이가 필요한 '청자 존재 발화'가 되고 만다. 이것은 환언하면, 문장이 표출되는 말로 발화되더라도, 그것이 듣는 이를 목표로 하지 않는 '청자 부재 발화'와 같은 것에 의하여 '정중함'과 같은 문법 카테고리의 발현이 억제되고 있는 것을 나타내고 있다"고 분석하고 있다(『日本語のモダリティと人稱일본어의 모델리티와 인칭』, ひつじ書房, 1991.6, 195~196면).

'근대소설'이 이룩할 수 있었던 도달점의 하나를 이와 같은 것으로 파악하고, 이것을 '여류소설' 속에 투영시켜 보면, 그 언문일치체의 획득에 있어서 내레이터의 현현에서 소실로, 심리의 해설적 묘사에서 직접표출로 등의 거의 유사형의 프로세스를 좇을 수가 있다. 지문에 구어체를 사용하는 '여류' 작품을 열거했을 때, 우선 처음으로 등장하는 것은 독자에게 말을 거는 개입적 작가의 존재이다.

　쇼운여사의 「잣새의 부리」(『女新聞』, 1888.9.9~10.7)의 제1회는 갑자기 "아아 정말 화나서 화나서 견딜 수가 없어. 그만큼 아침 9시까지 와달라고……타케야竹や 너 어젯밤에 진짜 미용실에 갔겠지"라는 여자의 대사로 시작된다. 대화문에는 "……"를 다용하여 생각이나 짬의 재현을 시도하려고 하는 한편, 기본적으로 '타리(たり; 동작의 완료를 나타내는 조동사)', '케리(けり; 과거회상의 조동사)'의 문어체를 사용하는 지문에는 이미 첫 회에서 "지금이 중재의 역할. 특히 전에는 중요한 사절로 보내진 그 공로가 지금 드러난 하녀는 가슴에 용기가 생겼다. 일단 이 자리에 장단을 맞춘 필생의 기지다. 능력 있는 자다. 기특한 자다"와 같은 내레이터에 의한 구어표현이 산재하며, 그것과 함께 체언종결이나 도치법이 빈출하고 있다.

　내레이터의 존재는 제2회에서는 "여기에는 무언가 이유가 있겠지. 이유가 없으면 손쉬운 여자라고 설마 그런 알 수 없는 가시 돋친 말을 할 리가 없다. 그 이유는 무엇인가. 이건 여사(쇼운)가 좀 들려주오 네, 네. 당장 말씀드리겠습니다. 본디 지금 나타난 호남 타마다 키요시라는 자는 오하루お春의 소꿉친구입니다"라는, 독자의 대표 혹은 평자의 입장을 쥐하는 신원불명의 제삼자와 작가의 대화에서 현현되고 있다. "그래서 타마다가 경박한 본성에 오하루의 사랑을 이 오아키お秋로 옮겼습니다. 하지만 오하루도 싫지 않다. 오아키는 본시 사랑스럽다. 봄의 꽃 가을의 단풍 어느 것을 꺾을지 지금 한창 숙고 중입니다"라고 남자의 속셈이 설명되듯이, 이와 같은 서술은 작중인물의 사유를 직접적으로 그려내기

에 이르지 않았다. 그러나 제4회 전후가 되면, 내레이터의 개입적 언사는 "(설마)", "(가엾게도)", "(좀 재미있네)"와 같이 괄호를 달아, 그것이 붙어 있지 않은 지문과 구별하여 표시되기 시작한다. 그리고 그와 동시에 인물의 심중은 "오아키는 타마다가 일전부터 이상한 행동을 해서 조심하고 있었다. 도둑을 끌어 방에 들이는 것은 현자가 군이 행하지 않는 바다. 방어가 약한 곳으로는 가능하면 적을 끌어들이지 않는 것이 좋다고 각오하고 있었다"라고 해설적인 묘사와 직접묘사의 경계로까지 이행하고 있다.

나기조노여사의 「가슴속의 그리움」(『都の花』 1889.1.6~2.3)에서는 이 변화는 한층 두드러져 있다. 연재 첫 회의 세 번째 장면에는 서두에 "한낮의 더위를 낮잠 자는 동안에 어디론가 가져 간 소낙비"라는 비유표현에 이끌리듯이 "가지에서 우는 매미 소리도 지금은 슬프게 들린다"고 하는 구어문이 처음으로 등장한다. 이리하여 아속절충체의 문장은 서서히 지문의 구어화를 초래하면서, 제5회에서는 거의 소멸하였고(단 그 문체는 '다 / 이다', '입니다'가 혼재되어 통일되지 않았다), 그것에 동조하듯이 체언종결이나 도치어법이 증가하고 있다. 제7회에서는 "츠유코는 내 서재의 기둥에 기대어 무언가 생각하고 있습니다"라는 서두의 지문 다음 행부터 "아아, 이카호伊香保로 가신 지 벌써 열흘이 된다. 정말로 세월은 지나가는 법. 엊그제 보낸 편지는 언제쯤 도착할까"로 시작되는 츠유코의 심중의 '무언가'가 장황하게 묘사된다. 이카호에서 이 츠유코를 그리움에 휩싸이게 하고 있는 히데오가, 츠유코와 또 한 명의 여성 타네코에 대한 사모를 저울질하려는 심중도 마찬가지로 — 하지만 거기에는 보다 다량의 리더(……)를 투입하여 — 묘사되고 있다(제8회).

> 이 서글픈 경치를 보는 둥 마는 둥, 슬픈 벌레 소리를 듣는 둥 마는 둥, 팔짱을 낀 채 무언가 생각하며 혼자 나무그늘의 벤치에 앉아 있는 것은 우메조노 히데오 (…중략…)

"집에 있어도 재미도 없다. 어슬렁어슬렁 여기까지 왔지만 '어디나 똑같'다. 무심한 풀잎의 이슬마저 …… 이슬 …… 슬픔을 더하는 씨앗 …… 씨앗. 아아 어제 본 백화원百花園의 모습은 정말로 이상하다. 야마다라는 남자와 사이좋게 이야기하고 있었는데 …… (…중략…) 어제 헤어질 때 타네코씨가 "일요일에 놀러 오라"고 했는데 …… 사랑스러운 목소리로 말했는데 …… "

수많은 생각에 빠진 히데오의 어깨를 뒤에서 살짝 두드리는 사람이 있다.

이와 같은 묘사는 작중인물의 심중을 신의 시점으로 독자에게 들려주는 내레이터나 허구세계의 제삼자로서 서술하는 내레이터의 모습을 지우고, 인물의 심리가 내면언어로서 직접적으로 표출된 것이라고 할 수 있겠다. 지문에서도 제7회에서 츠유코의 상념을 "뭔가 생각하고 있습니다"라고 서술하는 내레이터와는 달리, 히데오의 배후에 있는 인물의 움직임의 묘사에는 '합니다'와 같은 듣는 이에 대한 배려를 나타내는 언표주체의 표현은 없다.

이리하여 근대의 소설은 누가 서술하고 있는가를 숨긴 텍스트로서 전개되기 시작한다. 현전성을 과시하는 텍스트는, 묘사가 흡사 주관을 배제한 진실을 서술하고 있는 듯이 위장함과 동시에, 이 내레이터의 소거는 표현의 주체를 은폐함으로써 여성이 표식 없는—성의 표식을 가지지 않는—표현주체로서의 남성의 언어를 획득하는 것을 가능케 했다. 여성이 언문일치체로 쓴다는 것은 지문에서는 현실의 여사라는 성을 가지는 작자와는 분리된 주체에 의한 표현을 실현하는 것이었다. 그리고 그것은 대화문에서도 서술의 무표無標화·무인칭화에 의한 묘사로 인해 남성 등장인물의 심리나, 그의 눈으로 본 세계를 묘사할 수 있음도 의미하는 것이었다.

그러나 한편으로, 이 방향과는 완전히 반대로, 서술하는 존재를 텍스트의 전면에 밀어내어, 심리를 발화로 서술하는 묘사에 여자의 성을 부여함으로써 남장 문체에 의거하지 않는 언문일치의 가능성이 열려 있

었다. 작중인물을 내레이터로 세워, 그녀(「추억의 선물忘れ形見」을 제외하면 내레이터의 대부분은 여성이다)에게 자신의 내면을 토로하게 만드는 나의 서술이라는 장치, '일인칭체'라는 모드가 그것이다. '여류소설'에서의 언문일치체소설 목록은 몇 가지 예외를 제외하고, 이 일인칭모드에 의해서 형성되어 있다. 와카마츠 시즈코의 창작 「저편의 이별お向ふの離れ」이나 번역 「추억의 선물」, 카호의 「박명薄命」이나 시킨의 「깨진 반지」, 그리고 이치요의 유일한 구어체소설 「이 아이この子」도 마찬가지로 '나'가 서술하는 이야기였다.

언문일치문체인 경체·상체라는 문체 차를 둘러싼 문제점을 떠올리자. '입니다', '이옵니다'체는 속문체에 부착되어 있는 비속함에 대한 비난을 회피할 수 있지만, 그러나 내레이터의 개입을 초래하기 쉽다. 한편, '다/이다'체는 "하류"라는 비판이 수반되지만, 그 "독백과 같은" 서술방식은 쉽게 작중인물의 심리묘사에 육박할 수 있다. 그렇다면, 작가와는 다른 존재인 내레이터를 작중의 인물로서 설정하고, 그녀에게 '입니다'로 서술케 하는 이야기는 경체·상체의 문제가 각각 가지는 결점을 버리고 이점만을 손에 넣을 수 있는 것이라고 할 수 있겠다.

이러한 소설목록의 처음에 위치하는 것은 나기조노여사의 「자매姉妹」(『都の花』 19호, 1889.7.21)이다.

제妾가 여덟 살 여동생이 다섯 살 겨울에 찬바람이 가을비에 섞여 불어댈 무렵이었습니다. 아버님은 우연한 병이 겹쳐 나뭇가지의 잎사귀보다 덧없이 이 세상을 떠나셨습니다. 그것을 슬퍼하신 나머지 사십구재도 못 넘기고 어머니마저 마찬가지로 기댈 곳 없는 자매를 뒤에 남기시고 돌아오지 않는 여로를…… 아아 지금 돌이켜보아도 슬픔이 복바칩니다. 그래서 우리 자매에게는 유일하게 의지할 만한 사람이라 할 수 있는 큰아버님 댁으로 들어가 양육되었습니다.

이야기는 고아가 된 자매 중의 언니의 서술을 통해서 개시된다. 거기에서는 단 한 명의 여동생 "하나보花坊"와 헤어져서 며칠을 보내게 된 그녀의 근심이나 여동생을 걱정하는 마음이 '나妾'의 서술로 현현되어 있고, 봄 들판의 무대 같은 "재미있는 경치"도 그녀의 눈에 비치는 풍경으로 묘사된다. 이러한 일인칭에 의한 서술은 예를 들면 어떤 건물을 대상으로 한 경우에, 그 묘사가 내레이터가 있는 방향에서 보이는 부분을 묘사하고 그 측면이나 뒷면에는 미칠 수 없듯이, 이야기의 시공에 있어서의 시점인물의 위치에 얽매어 있다. 심리묘사에서도 마찬가지로, 자기표현의 주체인 내레이터의 인식 틀이 그것을 통제하고 있어서, 주체에 의해서 대상화되지 않는 그(녀) 자신의 심층심리나 무의식의 깊이에까지 내려가는 것은 곤란하다. 그러나 이러한 사실은 일인칭에 의한 내면의 묘사가 삼인칭의, 혹은 무인칭의 서술에 의한 그것에 비하여 천박하고 피상적인 것에 머무는 것을 의미하지는 않는다. 예를 들면 「자매」는 다음과 같이 '나'가 꾸는 악몽을 묘사하고 있다.

> 기쁜 나머지 서둘러 그것을 실에 꿰어 대단히 아름다운 꽃다발을 만들었습니다. 그러자 문득 뒤에서 그것을 빼앗으려는 자가 있다. 놀라서 돌아보니 항상 나를 괴롭히는 심술궂은 유모입니다. 나는 기를 쓰고
> "뭐 하는 거예요"라고 말하려고 해도 자유롭게 말을 할 수가 없습니다. 목청이 막힌 것 같은데, 유모는 여전히 몰래 빼앗으려 한다. 나는 주지 않으려고 한다. 서로 싸우는 사이에 유모는 급히 그것 참 아주 커다란 개로 변했다.
> "멍멍" 하고 짖으면서 달려들려고 한다.(…중략…)
> 외쳐댄 내 목소리에 눈을 떠서 사방을 둘러보자 주변에는 들도 없다. 잣밤나무도 없다. 하나보도 유모도 개도 없다. 단지 어둑어둑한 등롱 불빛뿐입니다.

극히 영상적인 장면이라고 할 수 있는데, 이 묘사가 시사석인 효과를 가지는 것은 다그치는 듯한 현재형의 문장이 어스펙트(완료나 진행 등의 표현)는 물론, 텐스(과거·현재·미래의 시간표현)마저도 벗겨낸 사항=표현 내용 그 자체의 제시를 이룩했기 때문이다.[45] 그것은 서술의 일인칭모

드가 텍스트 전체를 통괄하고 있기 때문에 묘사에 있어서의 어스펙트와 같은 다른 양식modality표현의 소실을 보증하고 있는 데에서 기원하며, 그 의미에서는 일인칭체라는 모드는 심상풍경이나 이미지나 꿈과 같은 것을 내레이터의 표현태도 없이 그대로 던져내는 것을 가능케 하여 심리의 직접적인 표출에까지 육박할 수 있는 가능성을 가지는 것이라고 할 수 있다.

일인칭서술은 근대 이전의 문학에서도 전혀 없었다고 할 수는 없지만, 이것이 '자서체自敍體'라 불리며 하나의 장르를 문학사 속에 만들어내게 되는 것은 바로 이 시기, 즉 1880년대 후반에서 1890년대에 걸친 일이다. 그것은 『로빈슨 크루소』의 최초의 일본어역인 쿠로다 키쿠로(黑田麴廬, 1827~1892)의 『표황기사漂荒紀事』(1850년경)의 "여余"가 서술하는 이야기를 원류로 하여, 카타야마 헤이자부로片山平三郎 구어역 『걸리버의 섬여행鵞瑮瞱兒回島記』(1880.3)의 "소생小生"이나 이노우에 츠토무井上勤 역 『로빈슨표류기魯敏遜漂流記』(1883.2.)의 "여余"를 거쳐, 후타바테이의 「밀회あひゞき」(1888.7)의 "본인自分"에 도달하는, 서구문학과 근대 일본의 소설과의 만남에 의해서 방향이 정해지는 흐름이다.46) '여류소설'에 있어서의 일인칭서술도 그들 번역소설이나 그 영향하에 탄생한 다양한 일인칭소설군의 일각에 정위할 수 있을 것이다.

모리타 시켄이 일인칭소설에 대하여 "한 인물이 어떠어떠한 처지, 어떠어떠한 입장에 놓였을 때의 감정상태를 각화刻畫하여 절실함에 변함

---

45) 平田由美, 「虛構の時間と時制の形式허구의 시간과 시제의 형식」, 『人文學報』 63호, 京都大學人文科學硏究所, 1990.3.

46) 키쿠로의 『표황기사』는 네덜란드어판의 중역이다. 네덜란드역의 일인칭 Ik를 '여'로 고친 이 번역은 "로빈슨 크루소魯敏孫嘬瑠須 저"라고 하여 로빈슨 자신을 작가로 간주하고 있는데, 이것은 네덜란드어역 타이틀 페이지가 원작과 마찬가지로 "로빈슨 크루소의 생애와 모험 (…중략…) 모두 본인 스스로의 서술에 의함"이라고 기록했기 때문이었다(飛鳥井雅道·齋藤希史 편, 『注釋漂荒紀事』, 京都大學人文科學硏究所, 1996.4, 19면). 「밀회」에서의 일인칭 "본인"의 특이함에 대해서는 谷川惠一, 「自分の登場본인의 등장」, 『敍說』 24호, 奈良女子大學, 1997.3을 참조할 것.

이 없어야 한다. 읽는 자가 홀연히 신들려 실제로 그것을 목도하는 듯한 마음이 들게 하는 묘는 자서체의 독무대"(「소설의 자서체 기술체小說の自叙體記述體」, 『國民之友』 8호, 1887.9.15)라고 평한 바와 같이, 이 모드는 허구의 높은 재현성이나 묘사의 직접성과 같은 표현효과로서 논해지는 것이다. 그러나 이것이 비평가를 포함한 동시대의 독자에게 제공되었던 것은 아니었다는 사실은, '여류'의 일인칭소설에서 중요한 의미를 가지고 있다.

일찍이 『걸리버의 섬여행』은 그 범례에서 "편 중에 기자記者 등등이라고 쓴 것은 스위프트斯維弗的씨가 걸리버鷔瑻嚥兒라는 이름을 설정하여 스스로 칭한 것이므로, 그것을 걸리버가 자칭한 것이라고 간주해야 한다"고 하는 조항을 달고 있었는데, 이야기 안의 내레이터와 작가의 구별을 명시하지 않으면 안 되는 상황은 그 후에도 크게 변하지는 않는다. 코엔정사香緣情史・마케이거사麻溪居士 역 『전장의 꽃戰場之花』(1887.11)의 「역자 식어譯者識語」는 "보통의 소설은 인물을 삼인칭으로 해서 쓰지만 이 책과 같은 것은 그렇지 않은데, '뉴튼 노르크리프'(즉 본서의 주인공)는 기자 자신인 것처럼 여余라고 썼다. 고로 글 중에 여라고 되어 있는 것은 모두 '뉴튼 노르크리프'로 알아야 한다"고 주의를 환기하였으며, 타카하시 유호高橋雄峯 역 『로빈슨 크루소 무인도 표류기ロビンソンクルーソー一絶島漂流記』(1894년 10월 재판, 서언은 같은 해 2월)에 이르러서도 "이 책은 대개 자서체를 사용한 고로 책 중에 '여' 혹은 '여 등等'이라는 글자를 사용하는 경우가 많다. 타인과의 문답 중에도 로빈슨 자신에 관한 것은 간간이 일인칭으로 쓴다. 이 책을 읽는 자가 미리 주의해야 하는 요점이다"라는 단서가 필요했다.

번역소설에서는 그래도 '역자'는 '원작자'와도, 또한 일인칭으로 서술하는 내레이터와도 확연히 나뉘어져 있는 데 비해, 창작에서의 작가와 일인칭 내레이터와의 경계는 보다 애매한 것이었다. 후자의 내레이터가 대개의 경우, 허구세계의 주체적 행위자라기보다는 행위나 사건의 관찰

자라는 사실, 코모리 요이치小森陽一의 말을 빌리면, "타자인 그(그녀)를 둘러싼 사건을 거의 동반자적으로 서술하"[47])는 방관자이자 국외자라는 것은, 한편으로는 현실존재로서의 작가의 외재성이 허구세계에 내재하는 내레이터로서 사건에 관여하는 것에 저촉되기 때문이라고 생각된다. 내레이터가 행위자인 경우, 일인칭모드에 의한 이야기가 종종 작가와 내레이터와의 동일시를 동반하여 읽혔다는 사실은 일인칭체 소설을 둘러싼 수많은 동시대평에 명백하다.[48])

아에바 코손의 일인칭소설 「달 밝은 밤良夜」(『國民之友』 58호 하기부록, 1889.8.2)에 대한 요다 갓카이의 비평도 그 하나이다. 갓카이는 "이 편은 자서체로 되어 있지만, 기실은 온전한 소설로 보였다"고 말하면서, 작중

---

47) 小森陽一, 「'서술하는' 일인칭 / '기술'하는 일인칭」, 『構造としての語り』, 新曜社, 1988.4, 326면.

48) 현실에서의 배경을 등에 업은 채 독자를 대하는 에도 회작작가에 익숙해진 독자에게, 이것은 어떤 의미에서 당연한 반응이었을지 모른다. 「박명」이나 「깨진 반지」의 수개월 전에 『여학잡지』에 연재된 "카호루かほる"(磯貝雲峯)의 소설 「浮世속세」(214～225호, 1890.5.24～8.9)는 어려서 어머니와 사별한 "여"가 냉담한 계모를 맞이하고 아버지의 죽음에 직면한다는 그 후의 인생의 신산을 병상에서 서술하는 것이었는데, 소설이 아니라 작가의 자전일 것이라는 목소리나, 그 이력은 마치 자기와 너무 똑같아서 도저히 눈물 없이는 볼 수 없다고 하는 투서가 연재 중에도 속속 기고되었다. 이것들을 간과할 수 없어서, 필자는 "여는 자서체를 사용하여 이 편을 썼다. 생각건대 제군이 혹은 도저히 읽을 수가 없다고 하거나, 실전實傳일 것이라고 오인하신 것은 이때문일 것이다. 본래 실전을 기록하면 누구의 생애라도 한 편의 좋은 소설이 될 것이다. 하지만 여는 본래 속세에서 쓴 것과 같은 불행을 겪지 않았으며, 다만 세상의 참상을 보고 크게 느낀 바가 있어서, 기회를 얻으면 극도로 비참한 소설 한 편을 쓰고자 일찍이 생각했었다. 고로 여가 예전에 보고 들은 바와 상상을 합쳐서 여기에 한 인물을 그려 그것을 주인공으로 삼고, 그 혀를 빌려 그 생애기를 소설로 했다. 물론 실화가 아니라는 것은 새삼스레 말할 필요도 없다. 독자는 무릇 이것을 들으라"고 하는 글을 완결 후에 더했다(小説「浮世」の後に書す「소설 「속세」 후에 씀」, 226호, 1890.8.16). 그리고 이와모토 요시하루도 마찬가지로 비평란에 「小説「浮世」を讀む「소설 「속세」를 읽다」(227호, 1890.8.23)를 게재하여 "속세의 저자는 본래 그 자전을 쓴 것이 아니다. 우리들은 필자가 하는 말을 믿기를 바란다. 그래도 세상에 넘치는 회작작가처럼 다만 생각도 못한 것을 날조하여 붓장난을 한 것이 아니라, 확실히 그 심중경험의 감상을 묘사한 것이다. 그렇지 않으면 그토록 사람을 움직일 정도로 교묘하게 인정을 제조하는 것은 어렵다"고 언급하지 않으면 안 되었다.

의 "여子"를 작가 자신과 떼어내는 데 실패했다. 이야기의 중심이 소녀의 투신미수사건에 있으며, 내레이터가 그녀를 구하는 행위자이므로, 이 소녀가 "여의 경애하는 아내"가 되어 있다는 그 결말은 작가의 현실적 존재로부터의 일탈이라고 느껴졌던 것이었다. 비평은 "이 한 편은 소설이지만, 코손군이 자서체를 취한 이상, 이 소녀에 관한 것을 서술하는 말미는 심하게 육박하여 오히려 신비롭지 않게 느꼈다"고 하는 작가와 내레이터의 혼동에 의한다고 할 수밖에 없는 비판을 가하여, 소녀와 내레이터와의 "인연"을 구체적으로 묘사하는 것을 피하고 "막연히 몽롱하게 붓을 멈춰"야 했다고 맺고 있다(「하기부록의 평언夏期附錄の評言」, 『國民之友』 63호, 1889.10.21).

그래도 코손처럼 경력이나 실생활이 알려져 있는 대가의 경우에는, 허구의 내레이터와 혼동될 가능성은 아직 낮다. 「박명」(『女學雜誌』 241호, 1890.11.29)에서 일인칭서술을 도입한 카호는 이후에도 몇 편의 일인칭소설을 발표했는데, 세키 레이코關禮子가 그것들을 "카호의 처지·성정과는 간격이 있는 허구성·비극성으로의 경도를 보인다"고 설명하고 있듯이, 그 내레이터들은 모두 현실의 작가 자신과는 확실히 분리되어 있었기 때문이다.[49]

이야기에 붙은 저명한 작가명이라는 상표가 이러한 절단을 보장하는

---

49) 關禮子, 「戰う「父の娘」―一葉テクストの生成투쟁하는 '아버지의 딸'―이치요 텍스트의 생성」, 『語る女たちの時代―一葉と明治女性表現』, 新曜社, 1997.4, 161면. 그러나 이 작가와 내레이터의 분리는, 세키가 말하듯이 카호와 내레이터의 처지의 차이와 같은 사실과 허구를 둘러싼 문제나 '비극성'이라는 이야기내용과는 별도로, '카호'라는 작가명이나 「枯尾花시든 억새」(『女學雜誌』 295~296호, 1891.12.5·12.12)에 보이는 액자소설이라는 수법, 혹은 「車の轍바퀴 자국」(『女學雜誌』 257호, 1891.3.21)에 부가된 "이 「바퀴 자국」은 묘령 미혼의 여 수재의 손으로 이루어졌다. 본래 스스로의 경험은 아니다. 또한 인간이 아는 한 일찍이 아직 이러한 사실은 없다. 우리들은 두 개이면서 확실히 알아, 그것을 읽는 사람에게 굳게 보증한다. 한 편의 흐르는 듯한 글자, 아래에 범상치 않은 이상을 갖고 있다. 그것은 여사의 높은 학식 탓이다. 구조의 취향에 이르러서는 모조리 이것은 소설이다"라는 이와모토 요시하루의 「識語식어」같이, 텍스트를 외부에서 감싸 안고 있는 담론의 시스템으로서도 고찰되지 않으면 안 되는 것이다.

것이었음에 반해, 「깨진 반지」의 "츠유코"라는 무명이라고 할 수 있는 작가명이 일인칭서술의 내레이터와 작가의 동일시를 초래할 위험성은 현격하게 높았다. 이시바시 닌게츠는 「깨진 반지」 평 속에서 결말에 제시된 "가련한 많은 소녀들의 장래를 지키"고 싶다는 내레이터의 결의를, "츠유코"한테서 받았다는 서간의 말과 중첩시킴으로써 이야기를 "이것은 어쩌면 저자의 실제이력이 아닐까"라고 이해하고 있었다. 카호도 마찬가지로 "읽어가는 구절마다 만든 이야기라고 느껴지지 않고, 흡사 그 사람 스스로가 충고하고 격려하는 듯하다"고 언급하고, "츠유코 여사 혼자 우리 여성계의 희생이 되어, 완명고루頑冥固陋한 부모에 압제당해 박행무정薄行無情한 남편한테 시집가서 우수에 찬 나날을 보내는 자매들에게 동감을 표하며, 아직 결혼하지 않은 다른 처녀들에게 결심의 힘을 더해주신 것에 감사한다"고 하여, 내레이터에서 "츠유코" 그 자신을 보고 있었다(「女學雜誌」, 258호, 1891.3.28).

물론 이와 같은 이해는 「깨진 반지」가 작가 자신의 처지를 짙게 반영하고 있었던 것에 기인하고 있다. 그러나 이야기의 리얼리티는 확실히 과거의 사실을 성립기반으로 하는 데에 힘입고 있다고 해도, 그것만으로는 이 작품이 가지는 독자에 대한 호소력이 달성되지 않았을 것이다. 앞 장에서 지적했듯이, 「깨진 반지」는 결혼의 파탄으로 끝나는 것이 아니라, 그 "고통과 한탄"을 통과함으로써 내레이터가 획득하는 "버젓한 인간이 되지 않으면 안 된다는 분발심"을 전회점으로 하여, "처녀들"의 미래를 위해 일한다는 내레이터의 '그 후'로 향하여 열려 있었다. 이것이 과거를 이야기하는 것만으로 완결되지 않는 것은, 내레이터의 그 "지망"이 허구와 현실의 경계선을 넘어 작가에게 공유되고 있었기 때문이다.

여기에서 「깨진 반지」의 서술구조는 중요한 의미를 띠고 있다. 이야기는 다음과 같이 개시된다.

당신은 저의 이 반지의 옥이 빠져 있는 것이 걱정되세요. 그건 당신이 말씀하시는 대로예요. 이렇게 부서진 채로 끼고 있는 것은 너무 볼품없으니까 무엇이든 갈아 끼우면 될 텐데 …… 하지만 저에게는 이 반지가 깨진 것이 기념이어서, 아무래도 이것을 갈 수가 없어요.

「깨진 반지」의 일인칭서술은 모놀로그가 아니라 "당신"을 향해서 서술되어 있다. "당신"은 내레이터와 대면하고 있는 듣는 이임과 동시에 "저"가 서술하는 메시지의 수취인, 그녀가 그 "장래를 지키"기를 결의한 "옥과 같은 처녀들"이며, 나아가서는 이야기의 독자인 여자들이다. 「깨진 반지」의 서술에서의 이 대화구조는 "저"의 "지망"이 단순히 사상적 전회의 자기 확인에 머무는 것이 아니라, 텍스트세계에서의 행동으로서의 메시지 발신이 이미 개시되어 있음을 나타내고 있다. 그리고 그것으로 인해서 서술은 텍스트세계의 바깥으로 향해 열려 현실의 독자로서의 "당신"에게 호소하는 힘을 획득한 것이다.

"당신"을 향해 이야기하는 것이 "저"에게 그 사상적 전회의 결과로서 선택된 행위임을 의미하는 이 일인칭서술의 위상은 작가 시킨이 이 이야기를 서술해내는 것이 현실과의 투쟁, 남자에 의한 억압에 대한 저항을 표현주체로서 인수했음을 의미하는 것에 다름 아니다. 이것은 동일한 일인칭서술의 텍스트를 참조하면 한층 명료하다. 예를 들면, 마찬가지로 그 성장에서 시작하여 지금에 이르기까지의 "저"의 인생을 서술하는 후타바테이의 「평범平凡」(『東京朝日新聞』, 1907.10.30~12.31)에서는 텍스트의 일인칭서술은 "하물며 한심스러운 인간이 한심스러운 것을 쓰는 것이 고금의 문단의 ………(끝)"으로 중단되어, 그 말미에는 다음과 같은 단서기 붙어 있다.[50]

후타바테이가 아룁니다. 이 고본稿本은 야시장을 돌아다니면서 손에 넣은

---

50) 인용은 『二葉亭四迷全集』(제4권, 岩波書店, 1981.2)에 의한다.

것입니다만, 뒤는 찢겨서 없습니다. 마치 통화중에 전화가 끊어진 꼴이지만 어쩔 수 없습니다.

여기에서 "후타바테이"라고 밝히는 내레이터는 '현실'과 '허구'를 폭력적으로 절단함으로써 자기와 내레이터를 뚝 끊어, "저"가 서술하는 이야기를 주체로서 인수하기를 거부하고 있다. 확실히 허구 그 자체의 완결성은 이러한 액자소설의 구조로 인해서 높아지고, 그것은 현재진행형에 의한 묘사의 현전성도 보장하는 것이 될 수 있었다. 그러나 일인칭서술의 메시지성은 역으로 그것으로 인해 공중에 떠서 "저"의 서술은 누구한테 향해져 있는지가 명확하지 않은 채, "찢"긴 모놀로그로서 제삼자일 수밖에 없는 독자의 앞에 던져져 있는 것이다. 일인칭서술에 끌려 다니며 이끌려온 독자는 이 결과에 의하여 메시지의 수취인으로서의 입장을 박탈당하여, "후타바테이"에게 불평을 토로할 수도 없이 책을 덮을 수밖에 없다.

내레이터와 작가와의 동일시라는 위험에도 불구하고 「깨진 반지」에서 선택된 일인칭모드가 작가 자신의 표현행위의 주체로서의 담보 그 자체—"저"가 서술하는 말에 대하여 글쓴이로서의 책임을 떠맡는 증거—라는 것에 대해 닌게츠에게 발송되었다는 "츠유코"의 서간에서 시킨은 다음과 같이 언급하고 있다.[51]

전략. 다소 당금의 여성에 대해서 느낀 바도 있어, 가볍지 않은 마음을 담아 쓴 것이옵니다만, 문학상의 신서로서는 볼 가치도 없지만, 어리석은 한 여자가 겨우 이러한 것을 쓰기에 이른 그 마음을 헤아리셔서, 만약 일람하신 후에 이런저런 비평을 해주신다면, 얼마나 기쁠까 하며 무례하게 아룁니다. 이만 줄입니다.

"전략" 부분에 적혀 있었던 것은 어떠한 말이었을까. 그것을 알 수

---

51) 「こわれ指環깨진 반지」, 『國會』 1891.1.17.

없는 것은 대단히 유감이지만, 이 얼마 안 되는 단편으로도 작가의 생각은 충분히 전달된다. 시킨은 이 작품을 "문학상의 신서"로서 무가치한 것이라고 겸양함으로써 그것이 "문학"이라는 허구의 이야기임을 시사하면서도, 또한 거기에 담겨 있는 것이 스스로를 포함한 여성이라는 존재가 처해 있는 상황에 대한 "가볍지 않은 마음"이라는 것을 전하고자 하고 있다. 그것은 여자들이 "천부의 행복을 완수"할 수 있도록 분투하는 것을 "저"에게 결의하게 한 "덧없"고 보잘것없는 "부인의 운명"에 대한 슬픔, 남자들의 압제나 불성실함에 대한 깊은 분노로서 형상화되어 있는 것이다. 자신으로 하여금 "이러한 것을 쓰기에 이르"게 만든 그 "마음"들을 읽어주기를 바란다는 시킨의 호소에는 서술하는 것과 서술된 것의 관계성에 대한 명료한 의식이 있다. 「깨진 반지」에 서술된 것은 서술하기, 표현하기를 주체에게 재촉하는 것과 불즉불리不卽不離이다. "저"가 서술하는 것들은 허구의 세계의 사건이기는 하지만, 그것을 작가에게 쓰게 한 사태는 현실의 것이며, 그것을 읽어내는 것은 작가에게 이 작품이 "비평"되기 위한 최대의 요건이었던 것이다.

　서술의 공간에 현실의 표현주체=글쓴이인 '나' 이외의 "저"를 정위하는 것은 '나'와 "저" 사이의 거리를 설정하는 것이며, 그것은 묘사되어야 할 "저"를 대상화함과 동시에 현실의 '나'도 대상화하는 것으로 이어진다. 글쓴이인 '나'는 내레이터인 "저"로 변하여 그녀 스스로 허구세계의 상황이나 사건을 경험하고 인식한다. 이것이 언어표현으로서 정착될 때, '나'와 "저"에 의하여 주체화된 상황인식을 "저"가 존재하는 허구세계와는 다른 시공, 현실이라는 시간과 공간에서 다시금 객체화한다는 이중의 작업을 행하게 된다. 이때 인식의 대상이 되어 있는 사태가 '나'에게도 중대한 의미를 가지는 것이라면, 즉 '나'와 "저"가 사는 세계가 평행선으로 '우리들'이 문제를 공유할 수 있다면, 이 작중인물의 객체화는 '나' 자신도 반성의 대상으로 삼는 것이다.

　「깨진 반지」는 바로 이 지점에서 쓰인 것이었다. 이야기를 지배하는 힘의 원천으로서 행동하는 내레이터에 의해 서술되는 이야기는, 설령 등장인물을 둘러싼 사태가 글쓴이에게도 어쩔 수 없는 문제이더라도, 아마도 이와 같은 일인칭서술이 표현주체에게 들이대는 듯한 깊은 성찰을 요구하지 않을 것이다. "저"가 아닌 '나'란 도대체 누구인가. 허구 세계에서 아무런 권력도 갖지 못하고, 그뿐 아니라 종종 다양한 힘의 억압대상이기조차 한 "저"가 처해 있는 상황은, '나'가 살기를 강요받고 있는 '여자의 운명'과 다른가, 아니면 같은가. '나'는 무엇인가를 물음으로써 출현하는 자기존재와, 그 표출로서의 일인칭서술—시킨이 이 작품에서 달성해낸 것은 일인칭이라는 모드의 극한임과 동시에, 허구의 근원성에도 다가가는 것이었다고 하지 않으면 안 된다.

## 5. 여자의 스타일북

시끌벅적한 비난 속에 한시나 한문체의 논술로 시작된 여성의 일탈적 글쓰기는 신체시나 소설로까지 넓어져, 결국에는 일인칭체 서술로서의 자기표현마저 손에 넣기에 이르렀다. 이미 논한 바와 같이, 이러한 삼출渗出적인 확대를 보여주는 여자의 텍스트는 '학문'의 개방기, '활자'의 시대, 혹은 '소설'의 발흥기와 같은, 글쓰기를 둘러싼 커다란 상황변화를 문맥으로 가지고 있다.

쓰여진 것은 사회적·문화적으로 고유한 기능을 맡게 되며, 그 용도나 장르에 따라 양태를 달리 한다. 근세에는 봉서奉書나 서사誓詞, 고시문告示文이나 고찰高札, 마을규약村掟 등에서 차용증문이나 이혼장三行半에 이르기까지의 사회적인 문서가 고유의 양식을 가졌으며, 문화적인 글쓰기도 마찬가지로 사서나 묘비, 기행이나 일기 등, 공사에 걸친 다양한 기록류나 창작이 각각의 문체에 따라 쓰이고 있었다. '문학'에 대해서 보아도, 희작으로 한데 묶이는 산문의 문체가 동일하지 않듯이, 운문도 마찬가지로 한시나 화가和歌, 하이카이俳諧 등의 장르에 따라 다른 문체 영역을 구성하면서, 나아가 그 내부에서는 광시狂詩·광가狂歌와 같은 이탈과 세분화에 의한 문체의 차이가 구축되어 있었다. 그리고 그 작품들은 그 기능에 따라 용지나 장정, 판형을 달리했으며, 자종이나 자체, 서법 등, 특유의 표기형식까지 구비하고 있었던 것이다.

글쓰기의 이와 같은 다양한 형태는 근대에 그대로 계승되었다. 창생기, 즉 1870년대의 신문을 살펴보자. 『요미우리신문』이나 『가나요미신문』 등에는 정부·관청이 공포하는 "고시御布告"가 독음이 달려서 재록되었으며, 이것을 설명하는 문장이나 보도기사, 혹은 도도이츠都々逸 개사가 섞인 투서와 함께, 동일 지면상에 동일한 서체의 활자로 인쇄되었다. 대상으로 하는 독자층이 비교적 확실했던 이 소신문들과 달리, 대신문에서는 기사에 따른 문체의 편차는 훨씬 크다. 원문대로 기재되는 포고나, 히라가나가 섞인 문어체로 쓰이는 경우가 많은 보도기사에 커다란 차이는 없다. 그러나 『초야신문朝野新聞』의 지면에는 카타카나가 섞인 한문체로 쓰인 논설이나 투서가 다른 것에 비해 많이 보이는 한편, 『요코하마 마이니치신문横浜毎日新聞』에서는 아마도 카나가키 로분이 쓴 것으로 보이는 속문투의 잡보기사가 종종 출현했으며, 『우편 호치신문郵便報知新聞』에는 가나문자론자의 것으로 보이는 전문 히라가나 띄어쓰기 투서가 보인다.

읽을거리로서의 잡지의 경우에는 이러한 문체의 차이는 한층 다기에 걸친다. 『마루마루진문團々珍聞』(1877년 3월 창간)에서는 사설란(이것은 나중에 '자설茶說'로 개명된다)에 게재되는 문장이 화문·한문으로 다양한 것과 마찬가지로, 잡보란에도 "…… 사정이라"나 혹은 "전혀 모르겠습니다" "…… 그랬대"라는 소신문풍의 기사에 섞여, 부패관리를 풍자하는 "한학자"의 탐방기사가 훈독점을 단 한문으로 쓰였으며, 대역이 붙은 영어 회화까지 수록되어 있다. 그 외에 독자의 투고에 의한 "광시·광가"나 "도도이츠·광구狂句"에서 소로문으로 쓰인 사고에 이르기까지, 거의 장난감상자를 쏟아 놓은 듯한 그 지면은, 이것을 추종하여 출현한 잡다한 잡지에 답습되었다.

문예잡지로서 화려하게 등장한 『수도의 꽃』의 지면 또한 다종다양한 것이 내던져진 잡동사니주머니 같다. "소설은 문장의 정수이며, 문장은 개화하는 세상의 선도"라고 호언하는 코테이우인香亭迂人(편집인 나카네 키요시)의 「발행의 연유發行のゆゑよし」로 시작되는 창간호(1888.10.21)에는 언문일치체에 의한 비묘의 창작 『꽃수레花ぐるま』와, 마찬가지로 후타바테이에 의한 투르게네프의 번역 「만남めぐりあい」이 있으며, 그 다음에 위치하는 것은 "노벨"이 아니라 "부유婦幼"를 위한 "부회附會"의 작품이라는 단서를 내건 류슈산인流鷲散人의 장회소설풍 「학술기담 중원의 사슴學術奇談 中原の鹿」이다. 나아가 갓카이거사居士의 희곡 「정당미담 숙녀의 정조政黨美談 淑女の操」, 카이도잠사槐堂潛史의 번역 「서양소설 새신랑의 꿈西洋小說 花婿之夢」이 이것을 잇고, 메이카생(迷花生; 나카네 키요시) 「요문평석 화분의 나무謠文評釋 鉢の木」로 끝나는 권말의 여백에는 "전국각지의 제현諸賢이여, 부디 고작高作을 아끼지 말고 투고해 주십시오 이에 대해서는 배견한 후에 상당한 보수로 인수하겠습니다"라는, 출판사 금항당에서 낸 「광고」가 게재되어 있다.

똑같은 언문일치체라고 해도, 비묘의 그것이 '경체', 후타바테이의 것이 '상체'인 것처럼, 「중원의 사슴」과 「새신랑의 꿈」의 아속절충체도 동일하게 묶을 수 없다. 마찬가지로 희곡이라 일컬어지는 것이어도, 해석을 달지 않으면 안 되는 「화분의 나무」의 텍스트와, 갓카이의 카부키 대본풍의 그것 사이에는 커다란 차이가 있다. 그들 다양한 장르·문체에 의한 텍스트가 하나의 지면 속에서 작은 꽃의 일러스트와 타이틀, 필자명만을 구획으로 하여 백화난만했던 것이다.

여자의 글쓰기가 산출된 것은 바로 이 상황 속에서였다. 『수도의

꽃』에서 볼 수 있는 적지 않은 '여류소설'이 출판사의 "광고"에 응하여 투고된 것인지 아닌지는 확실하지 않지만,52) 그것들이 "아침햇살에 빛 나는 벚꽃도 있다. 당풍의 매화도 있다", "빈도리꽃의 단백함, 모란의 농후함" 혹은 "박래한 향기 좋은 장미"가 만발한 "수도의 꽃의 색 겨루 기"(「발행의 연유」)라는 소신을 체현하는 것이었다는 점은 의심할 여지가 없다. 나기조노여사가 「가슴속의 그리움」이나 「자매」에서 달성한 내면 의 묘사와 일인칭서술은, 그 후의 란코藍江여사 「선잠うたゝね」(46~48호, 1890.9.7~10.5)의 심리묘사나 스미레여사 「반개한 매화」(55호, 1891.1.18)의 언문일치체를 이끌어냈다고 할 수 있는데, 그것들은 이치요의 「매목うも れ木」(95~97호, 1892.11.20~12.18)이나 카호여사 「짝 잃은 메추리」(101호, 1893.3.19) 같은 아속절충체의 이야기 속에서 히로인의 내면으로 육박하 는 것과 대립하지 않았으며, 한결같이 여자의 글쓰기의 풍요로움을 나 타내고 있다.

지금까지 수차례 언급한 『여학잡지』의 「규수소설가 문답閨秀小說家問 答」은 이 다양성을 말해주는 좋은 자료이다.53) 같은 잡지 204호(1890.3.15) 의 「예고預告」에 따르면, 질문사항은 "1 귀하가 소설을 저작함에 이르신 연유 및 경험, 2 소설에 관한 귀하의 이상·희망 및 지론, 3 평소 애독

---

52) 이 잡지에서 최초의 '여류소설'인 슈게츠여사의 「정혼의 굴레」 제1회에 부가된 편자 의 식어에는 "남자도 쓴다고 하는 소설이라는 것을 여자도 해보고자 하여 삿포로札幌 의 슈게츠여사가 위의 이야기를 지어, 일전에 그 땅의 신문에 실렸다. 그런데 최근에 거듭 한 편의 책자로 만들고 싶다는 취지를 우리 쪽에 물어오셨는데, 마침 수도의 꽃 이 발행되어서, 그 속에 게재하고 싶다는 뜻을 전하여, 이윽고 주인의 허락을 얻어, 오 늘부터 장을 거듭하여 여기에 싣는다"고 하여, 이 작품의 게재가 출판사에 대한 작가 로부터의 적극적인 작용에 의해서 실현된 것임을 엿볼 수 있다. 그 외의 저작의 게재 를 둘러싼 사정에 대해서는 거의 밝혀져 있지 않은데, 이치요의 「매목」이 카호의 주선 에 의한 것이었다는 사실은 이치요일기 1892년 9월 15일조에 기록되어 있다.
53) 「閨秀小說家答 第一 小金井きみ女史규수소설가 답 제일 코가네이 키미여사」, 『女學雜 誌』 205호, 1890.3.22; 「第二 曙女史 木村榮子제이 아케보노여사 키무라 에이코」 206호, 3.29; 「第三 若松しづ子제삼 와카마츠 시즈코」 207호, 4.5; 「第四 竹柏園女史제사 나기조노 여사」 208호, 4.12; 「第五 花圃女史 田辺龍子제오 카호여사 타나베 류코」 209호, 4.19.

하시는 소설, 4 근래의 소설문학에 관한 의견 여하"라는 것으로, 회답자는 코가네이 키미코, 아케보노여사 키무라 에이코, 와카마츠 시즈코, 나기조노여사, 카호여사 타나베 류코의 5명이었다.

불과 5개의 샘플에 지나지 않음에도 불구하고, 일인칭 하나만 보아도 이 시기에 사용 여하가 문제시되고 있었던 "첩妾"이 없고,[54] "나おのれ" "저私くし" "소매小妹" 등 다양하며, 그 문체도 상당히 폭넓은 다양성을 형성하고 있다. 예를 들면 나기조노여사 사사키 마사코佐々木昌子의 회답은 "받자왔습니다. 일찍 답장을 올려야 할 것을 얼마 전부터 바람의 기운에 걸려 쉬어서"라고 쓰기 시작한 우미한 화문체로, 『겐지』만을 "되뇌어 보았습니다"라는 태생과 교양을 그대로 그려낸다. "당장 답장을 올려야 할 것을 뭔가 정신을 빼앗겨 그만 미루어져서 뭐라 말씀드려야 할지 모르겠습니다. 나쁘게 생각 마시고 용서를 부탁드립니다願上候"로 시작되어 추신까지 달린 아케보노여사 키무라 에이코의 답장은, 그 울적한 생활을 반영하여 내향적인 면을 보여준다. 한편, 동일한 소로문候文 서간으로 쓰여지기는 했지만, 카호여사 타나베 류코의 것은 죽은 오빠의 친구인 이와모토巖本 앞이라는 홀가분함도 있었던지, "개인적으로는 논쟁 같은 것은 대단히 서투르게 느껴지는데다가 패기도 없어서 도저

---

54) 『여학잡지』에는 이미 44호(1886.12.15)의 신보란에 「妾첩」이라는 제목으로 "부인이 자칭하여 첩이라고 하면, 이것은 첩이라고 훈독해서는 안 되고 저라는 의미라고 명심하는 것도 중요할 것이다"라는 기사가 보이는데, 이 문자의 사용에 대한 비판이나 새로운 일인칭의 제안이 나타나게 되는 것은 1889년의 후반이 된 후의 일이다. 이 잡지 170호(1889.7.13)에 게재된 오손산사鴨邨散士의 「妾の字を用ゆべからず첩이라는 글자를 사용해서는 안 됨」을 계기로 173호(1889.8.3)의 고산사사轟山仕士, 「君僕妾の文字用ふべからず너, 나, 첩이라는 글자는 사용해서는 안 됨」이나 『여자신문』의 단 세이키치段清吉, 「妾첩」(63호, 1889.8.5)이나 이소 마츠코磯松子 「妾첩」(66호, 1889.8.20) 등이 연이어 나타났고, 『貴女之友귀녀지우』(胡桃浜吉, 「妾字の廢棄案첩자의 폐기안」 69호, 1890.3.25) 등으로 번져 갔다. 인칭대명사를 포함하여, 여성표현에서의 문체분석에 대해서는 타카다 치나미高田知波, 「雅號・ローマンス・自称詞―『婦女の鑑』のジェンダー戰略아호・로망스・자칭사―『부녀의 귀감』의 젠더전략」(『日本近代文學』 55, 1996.10; 이후 高田 편, 『近代文學の起源』, 若草書房, 1999.7에 수록)을 참조

히 평이라든지 논이라든지 꽉 짜인 것은 쓸 수 없다고 생각됩니다存じ候"라는 솔직하고 격의 없는 쾌활함을 보여주고 있다. "근래 기자족하足下는 심절한 생각이 있으셔서 여류소설가 제매諸妹를 향해 수개 조의 질문을 보내셨다고 하는데, 소매한테까지 일부러 혜송惠送해 주셨습니다. 이것은 아마도 일전에 연습 삼아 한, 두 번 시도한 번역 등을 잡지에 실어주신 인연으로 소매를 황송하게도 여류소설가의 한 사람으로 여겨주신 것이라 사료되옵니다만, 여기에는 다소 부끄럽고 또한 약간 불만스럽게 느낀 바도 있었으므로, 그대로 버려두었습니다"라는 구어문의 글쓴이는 물론 와카마츠 시즈코이다. 이러한 사태는 서간문과 같은 좁은 범위 안에서조차도 여자의 글쓰기가 풍요로운 선택지를 보유하고 있었음을 말해주고 있다.

지금 시험 삼아 어떤 시점과 어떤 장소를 특정하여, 거기에서 여자의 글쓰기를 잘라내보자. 완성된 문체견본첩은 다음과 같이 다채롭다.

오호嗚呼 유감입니다…… 때때로 동포자매同胞姉妹의 신문지상에 악평을 접하면…… 그러나 그때마다 첩이 원망하는 것은…… 신문기자 특히 소신문기자입니다…… 소신문기자는 대단히 무정…… 동도東都 수백의 학교…… 수천의 여학생이 있음에도 불구하고 그 한 사람이 무슨 잘못이라도 하면 곧장 씁니다…… 모某…… 어떤…… 학교의…… 무슨 무슨 자는 하며…… 마치 익명…… 극히 애매…… 이리 되면 읽는 사람은 어떠한 감정을 일으키겠습니까……(…중략…) 이렇게 심하게 말하는 것도 필경은 동포자매의 복수

또 하나는 말씀드릴 것까지도 없습니다만…… 동포자매를 양성하는 학교에서는 가급적 교칙의 엄숙함과 감독의 주의가 미치는 것을 세상에 알려서 사람들이 안심하도록 부탁합니다.

이렇게 해야…… 오호 유감의 말도 동포자매의 신변을 떠나게 됩을 우표를 붙여서 보증합니다

— 우메자와梅澤さん, 「동포자매를 위해서同胞姉妹のために」, 『女新聞』,
1890.4.30

유신 이후 지금까지 사람들은 황국의 위치를 올려. 문명개화의 경역에. 나아가야 한다고 광기가 되어 서양의. 문학뿐인가 예술을. 몹시 앞 다투어 취할 뿐. 선악정사도 대수롭지 않아. 식별하는 판단 없고 결국에는 서양의. 것이라고 들으면 싸워서. 하나도 둘도 없이 완전히 취해. 아국 고유의 미묘美妙함도 무엇 때문에 참아야 하는가. (…중략…) 오호 첩의 경애하는 영양들이여. 심사숙고하세요. 결코 유행열에 빠지지 말고. 착실히 수덕연구修德硏究하고. 여자의 권리를 확장하여. 진정한 일본의 여자답게. 후일의 규문閨門을 정리하고 …… 후일의 자손을 교양하여 …… 후일의 국가를 융성으로 향상하도록 하라 …… 영양들이여 어떻게 생각하시는지

— 사토 타메코佐藤ため子, 「친애하는 동포영양들에게 한마디 올린다
親愛なる同胞嬢達に一言呈する」, 『女新聞』, 1890.6.10

남존여비라는 것은 문명사회에서 칭찬할 만한 것이 아닙니다 이 세상은 남녀동권이므로 이전의 세상처럼 일 있으면 여자가 그 수고에 복무하여 주식酒食 있어 남자가 먹는 것과 같은 비굴한 것을 지키고 있으면 철망치가 물속에서 흐르듯이 언제까지나 고개를 들 때가 없고 안에서는 사산私産 없고 밖에 나가 지위 없으며 주거의 집은 남자의 집이고 교육하는 자식은 남편의 자식이다 재산 없고 권리 없고 또한 자식조차 없어서 흡사 남자의 노예 같아 도저히 여비女婢의 악폐를 고칠 수는 없습니다 세상의 자매제군이여 오늘날은 이미 여자는 삼계三界에 집이 없는 등의 유교주의를 고수할 때는 아닙니다 스스로 일어나 여비의 폐를 회복하지 않으면 안 됩니다 오늘날 여권을 회복하는 것은 다만 부녀를 위할 뿐만이 아닙니다 국가의 힘을 왕성히 하고 국권을 신장하는 기초이오며 실로 목하의 일대 급무입니다

— 야마모토여사山本女史, 「자매에게 바란다姉妹に望む」, 『女新聞』,
1890.6.15

『여자신문』 중에서 유사한 타이틀을 가지는 투서를 스크랩한 것인데, 모두 여자가 여자에게 보낸 궐기를 촉구하는 메시지이다. 그 입장이나 언어의 형태에 차이는 있어도, "동포자매"인 여자들을 향해 발해져 있다는 점에서 각각의 텍스트는 한결같이 메시지의 상대를 지향하고 있

다. 문제를 제기하고 이야기를 거는 것이 메시지의 발신자로서의 '나'와 수신자인 '너'를 기동시켜, 이 회로를 통하여 오고가는 메시지에 대한 공감, 응답이 '우리들'의 목소리가 공명하는 공간을 만들어낸다. 이러한 이야기를 거는 행위와 그 스타일의 선택이 명료한 의식 아래 이루어진 것이라는 사실은, 첫 번째 예문의 필자가 동시에 다음과 같은 문체견본의 제공자이기도 하다는 점에서 알 수 있을 것이다.

> 본래 이것은 동일한 국토이다 피차에 어찌 빈부강약貧富强弱의 차가 있겠는가 이와 그가 있는 것은 실력을 진기振起하는지 안 하는지에 의한다 본래 이것은 동일한 생령生靈이다 남녀가 어찌 현우존비賢愚尊卑의 별別이 있겠는가 이와 그가 있는 것은 근본을 배양하는지 안 하는지에 의하는 고로 국권을 확장하는 데는 집을 부유케 하고 나라를 강하게 하지 않으면 안 되는데 이것은 식산殖産이든 공업이든 실력의 진기를 도모하지 않으면 안 되는 소이所以이다 여권을 확장하는 데는 독립의 정신 아니 지식을 구비하지 않으면 안 되는데 이것은 교육이든 직업이든 근본을 배양하지 않으면 안 되는 소이이다 국권확장에 관한 것은 첩이 감히 참견할 바가 아니다 여권확장에 관한 것은 다소 비견卑見이 없지 않아 부디 그것을 진술陳述하고자 한다
> ― 우메자와 긴梅澤ぎん, 「여권확장에 대해女權擴張の事に就て」, 『女新聞』,
> 1890.6.30

불특정한 상대를 향해 던져진 메시지는 개방적인 호소의 목소리라기보다는 그 주장이 직면할 비난공격에 대해 몸을 웅크리며 발신되어 있다. 이 투서는 곧바로 "하야시 요시네林よしね"에 의한 비판의 투서를 끌어내었으며, 그에 대해 "우메자와 긴"이 당장 반론을 제기하여, 기서란은 잠시 논쟁의 장을 만들어내는데, 거기에서 양자에 의해 선택된 것은 호소나 공감과 같은 정동적인 기능을 서설하는 듯한 한문체인 것이다.[55]

---

55) 林よしね, 「梅澤女史に質す우메사와여사에게 질문한다」, 『女新聞』, 1890.7.10; 梅澤ぎん, 「林愛姉に答併せて愛姉に反問す하야시 애매에게 답하고 아울러 반문한다」, 『女新聞』, 7.15; 林よしね, 「梅澤愛姉に答ふ우메사와 애매에게 답한다」, 『女新聞』, 7.30. 이것에 개

이와 같이 여자의 텍스트에는 '국민'으로부터 배제된 잔여 속에서 다양한 타자와의 관계를 맺을 수 있는—물론 거기에 '국민'으로의 참가 희망이나 혹은 내셔널리티를 매개로 한 '동포'로서의 '우리들'을 창출하는 욕망이 감추어져 있었다고 해도—다양한 주체의 정립과 거기에 걸맞은 스타일이 있다. 특히 허구의 언어가 만들어내는 세계는 그러한 다양한 주체가 폭주하는 장으로서 모든 스타일의 선택을 작가에게 허락한다. 여성에 의한 언문일치체소설은 예를 들면 「가슴속의 그리움」과 같이, 어떤 국면에서는 무취의 표현주체로서의 남성성을 띤 의장擬裝문체를 실현하는 것이며, 다른 국면에서는 「깨진 반지」와 같이 '일인칭·여성'의 서술로 반전됨으로써 주체와 객체 사이에서 전위轉位하는 인식의 다층구조의 획득을 가능케 하는 것이었다. 「깨진 반지」에서의 일인칭서술이 호소의 상대인 복수의 '너'와 함께 "저"와 '나' 사이의 긴장을 배태한 자기를 출현시키는 것이었듯이, 여자가 손에 넣은 쓰는 행위는 하나의 바위로 여겨졌던 것에 균열을 가해, 그것을 내부에서 붕괴해가는 힘, 배제와 통합에 의한 '국민화'에 대항하고 그 폭력을 파헤치는 주체의 영위이다.

"요즘 요미우리 부록의 뒷면에 규원재조閨媛才藻의 명문옥장名文玉章. 속속 나오는 것을 보고, 사라져가는 여성작가의 기염이 재흥하는 것을 기뻐함에 부쳐. 그대들에게 도모할 것이 있다. 그대들은 빨리 문장상의 남편을 정해. 그 좋아하는 바의 정인情人의 문체를 익히고. 그 저작을 숙독완미하여. 빨리 비결을 얻을 것에 열중하시기를 바라는 것으로, 즉 문학상의 남편을 구하실 것이 이것이다"라는 "카초花鳥"의 투서56)에 대해

---

입하여 「梅澤林兩愛姉に一言を呈す우메사와·하야시 두 애매에게 한마디를 올린다」(『女新聞』, 8.5)을 보낸 사토 타메코佐藤ため子의 투서도 두 사람과 마찬가지로 한문투에 의하고 있었는데, 우메사와 긴의 「法律第五十三号第四條を讀て感する所を記す법률 제53호 제4조를 읽고 느낀 바를 적음」(『女新聞』, 8.10)에 이르기까지, 이 논쟁에서 동의나 동감이 형성되는 일은 끝내 없었다.

56) 花鳥, 「文學上夫婦を定む可き議문학상 부부를 정해야 하는 논의」, 『讀賣新聞』,

아케보노여사의 친구 미키 시게코三木しげ子가 보낸 다음의 답서는 하나의 바위에 박힌 쐐기이기를 스스로 요구하고 있다. 그것은 쓴다는 행위에서 여자가 조우하지 않으면 안 되는 다양한 애로—서간문 속에 가두기나 그로부터의 일탈에 대한 징벌, 혹은 '여류소설'에 대한 양의적인 요구 등등—를 여자라는 주체를 떠맡음으로써 역으로 개척해 가려는 결의의, 멋진 표명이다.

첩 등에게 빨리 문학상의 남편을 정하라는 권유이신데, 첩은 문학을 위해서는 몹시 다정한 성품이어서 진정으로 일생을 의지하여 이세二世에도 삼세三世에도 변치 말자고 언약을 맺을 정도의 정인情人은 지금 세상의 남자분들 중에 한 사람도 볼 수 없으며, (…중략…) 이 몸은 좋다 탕녀라는 염문을 퍼트리고 붓의 정조를 정하지 못한다는 비방을 받더라도, 많은 남자분에 섞여 그 높으신 코의 털을 세고, 품속에 황금이라며 감추고 계시는 금심수장錦心繡腸을 꺼내어 훔쳐가지고자 생각합니다, (…중략…) 대개 문학상의 건남健男, 소설계의 치랑冶郎으로 보일 때는 이 사람 저 사람 할 것 없이 아사즈마배朝妻船 같은 얕지 않은 정을 팔아 그 원기를 착취하고 재낭材囊을 설사하게 하여 카쵸씨가 말씀하시는 비결인지를 찾기를 바라여, 한 사람의 남편을 그리워하는 히레후루산領振岳의 돌을 따르지 않고57) 나스那須들판의 돌이 된 타마모玉藻를 흉내어내어 삼국三國 사람들의 생피를 빨아먹겠다고,58) 달기姐己와 똑같은 말괄량이, 말을 하지 않으면 배가 부풀어 올라 비방을 잉태하는 씨앗이니 마음먹은 것을 팔아치웠다
　　　　—「생각지도 않은 남편 찾기思ひも寄らぬ夫定め」, 『讀賣』, 1890.1.24

1890.1.18. 단 이 투서의 후반부에는 "그래도 그 문체, 취향을 그대로 모방하라고 아뢰는 것은 아니다. 그 남편을 엉덩이에 깔아야 가능하다"고 하는 말이 있다. 시게코의 응답은 이것을 훨씬 격렬하게 전개시킨 것이라고 할 수도 있다.
57) (역주) 히젠국肥前國에 살았다는 미녀가 조정의 명령으로 임나 구원을 떠나는 남편과 이별을 서러워하며 히레후루산에 올라가 천을 흔들있나는 전설에 의한다.
58) 평인시내 날기에 미녀로 변해서 천황의 총애를 받던 구미호가 그 정체가 탈로나자 나스那須들판으로 도망갔다. 하지만 그 뒤에도 악행을 계속하여 토벌군을 조직하여 구미호를 잡았다. 그러자 그 구미호는 "살생석殺生石"이라는 돌로 변해 접근하는 사람들의 목숨을 모조리 빼앗았다. 그것이 후세에 한 승려에 의하여 파괴되었다고 하는 전승에 의한다.

여자의 글쓰기를 남자의 그것의 닮은꼴로 하라는 요구, 글쓰기에 있어서도 여자가 기댈 곳은 남자이어야 한다는 주장에 대해, 그녀가 답한 것은, 문필에서의 정숙함의 거부, 강렬한 "탕녀"선언이다. 여성이 남성 언어를 몰래 훔침으로써밖에 서술할 수 없을 때,[59] 시게코는 그것을 약취나 절도뿐인가 음도淫盗로서 행할 것도 불사한다. '문학'이란 음란한 표절행위가 넉살좋게 행해지는 거의 유일한 장이며, 거기에서 여성은 과격할 정도로 자기 자신의 글쓰기의 주체이다.

"키노 츠라유키(紀貫之, 868?~945?; 최초의 칙찬 화가집인『古今和歌集』의 편자)의 숨겨놓은 아내, 히카루 겐지(光源氏;『겐지이야기』의 주인공)의 그리움의 대상", "나관중羅貫中의 측실에서 셰익스피어의 양첩洋妾"이 될 것도 꺼리지 않으며 "『매화 달력梅曆』의 단지로丹次郎에게도 옷끈을 풀고,『도보여행膝栗毛』의 키타하치喜太八에게도 옷고름을 푸"는 이 '독부毒婦'와 같은 작가는 모든 서적에서 그 정수를 빼앗고, 게다가 모방이나 추종에 안주하여 단 하나의 문체에 정조를 바치거나 하지 않는다. 이만큼 위험하고 도발적인 말이 여성의 입에서 나온 적이 지금까지 있었을까. 그녀의 스타일북에 스크랩되려고 했던 것은 동시대는 물론, 사이카쿠나 나관중, 셰익스피어에까지 이르는 동서고금의 남성작가들의 생피·골수·내장이었다.

여자이기 때문에 감수하지 않으면 안 되는 무수한 강박과 억압에 항거하여, 여자라는 것을 역으로 이용함으로써 견지되는 쓰는 주체로서의 가능성이, 이와 같은 가공할 만한 표현주체를 탄생시켰다고 한다면, 그것은 그 후 얼마만큼 위험한 글쓰기를 낳게 되는 것일까.

---

59) 트린 T. 민하(Trinh T. Minh-Ha),『女性・ネイティヴ・他者－ポストコロニアリズムとフェミニズム여성・내이티브・타자－포스트콜로니얼리즘과 페미니즘』, 岩波書店, 1995.8, 25~33면.

'길'이 말할 수 있는 것이라면 그것은 불변의 '길'이 아니다. '이름'이 붙일 수 있는 것이라면 그것은 불변의 '이름'이 아니다. 하늘과 땅이 출현한 것은 '무명'(이름 붙일 수 없는 것)에서부터였다.

—『노자老子』

대리보충은 첨가되는 것이고 쓸데없는 것이다. (…중략…) 그것이 첨가되는 것은 단지 대리를 하기 위해서일 뿐이다. 그것은 무언가의 대신에 개입하며 슬며시 끼어든다. 그것이 무언가를 메운다면 빈 공간을 메우는 것과 같다. 그것이 대리를 하고 대신이 되는 것은 현전에 선행하는 결여 탓이다. 보족하고 대리하는 것으로서, 대리보충은 하나의 부가물이며, 대신이 되는 하급장치이다. 그것은 대체물로서 단순히 현전의 적극성에 부가되는 것은 아니다. 그것은 어떠한 기복대립도 낳지 않으며, 그 경우 어떤 빈 공간의 각인에 의해서 구조 속에 할당되어 있다.

—J. 데리다,『그라마톨로지에 대하여』

모든 것을 다 쓴 지점에서 또 다시 무언가를 쓴다는 것이 사후 약방문적 행위에 지나지 않는다는 것을 털어놓으면, 실은 서술된 수많은 말들을 줍는 것을 통하여 느꼈던 것은, 말로 표현할 수 있는 것은 결국 말에 지나지 않는다는 사실이었다.

"목소리를 줍"는 것으로 출발하면서 결국 주울 수 있었던 것은 종이에 기록된 글자로서의 말, 혹은 그것들이 아로새겨진 마이크로필름이 투사하는 그림자로서의 말이다. 그것은 발화된 말의 웃물, '글쓰기'를 특권적으로 손에 넣은 남자들에 대한 항의나 원망을 토로하는 것을 특권적으로 가지고 있는 여자의 서적의, 그것도 극히 일부에 지나지 않는다. 마음이 가는 것은 그 아래에 있었을, 예를 들면 하세가와 시구레의 상자에 담긴 글처럼, 썼지만 태워 없어진 말, 혹은 쓰려고 하는 몸짓으로서만 읽을 수 있는 말, 그리고 또한 그것조차 되지 못하고 삼켜진 수많은 말들이다.

그러한 말조차 되지 못했던 말은, 하지만 들어주는 사람 없이 시간의 저편으로 사라져갔다고 느껴지지는 않는다. 읽히지 못하고 버려져 있는 글의 발굴작업은 다양한 유물을 찾아낸다. 그것은 빙하 속에 갇힌 안데스의 소녀처럼 손톱이나 피부의 탄력까지도 생생한 것일 경우도, 또한 뼈나 화석이 되어 남겨진 것일 경우도, 그리고 그 파편 혹은 흔적에 지나지 않은 경우도 있다. 그러나 나 자신이 이 작업에서 맞닥뜨린 것처럼 느끼는 것은 그 어느 것도 아닌, 지층 속에 있는 커다란 공동이었다.

공동은 주변의 흙과 서로를 받쳐 주면서 거기에 있다. 그것은 흙에 둘러싸임으로써만 형태를 이루는, 발굴할 수 없는 말이다. 아무것도 존재하지 않는 공무空無가 아니라, 텅 비어 있음으로 인해 드러나는 것의 형태—마치 폼페이의 유적에서 화산재에 완전히 묻힌 사람들이 공동으로 석고를 흘려 부음으로써만 그 고뇌의 모습을 드러내는 것, 상상력이라는 석고에 의해서밖에 확인할 수 없는 존재.

쓰여진 말은 말로 할 수 없는 것을 내포하면서 존재하며, 글쓰기는 항상 공백을 거기에 써넣으면서 계속 써내려간다. '읽기'란, 이 공백을 읽어내는 것이 아닐까. 우리들은 항상 공백을 묻으면서 읽고 있었던 것은 아닐까.

쓰여진 말과 쓰여지지 못한 말 사이에는 뛰어넘어야 하는 울타리가 있다. 글쓰기에 의해서 과감히 도약할 때, 사람은 울타리 저편에 있는 자신을 몽상하면서 울타리 이편에 남겨지고 마는 것, 말이 될 수 없었던 많은 것을 본다. 말은 말이 되지 않는 것을 떨쳐냄으로써 말이 된다. 그러므로 쓰여진 것은, 항상 이미 그러한 공백을 내부에 끌어 안게 되는데, 읽는 행위란, 그러므로 그 공백을 생각하는 것이며, 그것이 가능해지는 것은 상상력에 의해서만이다.

천만 마디를 써서 말할 수 있는 것이 말로는 표현할 수 없는 것의 존재증명, '말이 없다'고 하는 사태라는 것은 실로, 말이 말이기에 초래되는 귀결이며, 말이 출현하는 기원일까.

본서의 기점이 된 것은 「근대의 문법近代の文法」을 특집한 『사상思想』 845호(1994.11)에 게재된 「여자의 목소리를 줍다—명치초기 소신문의 투서女の聲を拾う—明治初期小新聞の投書」이다. 이 논문을 출발점으로 하여, 여성의 자기표현을 생각해가는 과정에서 논점이 충분히 전개되지 않은 것을 통감했지만, 전면 개고는 벅찼다. 결국, 가필은 최소한으로 하고 주기의 형태로 몇 가지 문제와 과제를 쓰기로 했다. 제2장 이하는 모두 새로 썼다.

이 특집의 기획자인 나리타 류이치成田龍—씨, 당시 『사상』의 편집담당으로 본서의 집필을 권유해주신 코지마 키요시小島潔씨께 감사의 뜻을 표한다.

1999년 8월
히라타 유미

# 눌린 자의 목소리 읽어내기

## 1. 근대의 명암과 명치 여성의 읽고 쓰기

이 책은 명치유신(1868)을 전후하여 서구열강을 모방하며 강력히 추진된 일본의 근대화 과정 속에서 '국민화'에서 배제된 여성들이 남성들에 의하여 영도된 표현의 세계에서 표현의 주체로서의 공간을 획득하기 위하여 벌인 투쟁과 그 속에서 획득된 여성 표현의 가능성을, 주로 1880년대에 일본의 여성들이 근대 미디어를 통해 쏟아냈던 방대한 말을 고찰함으로써 가시화한 것이다.

1880년대란, 명치의 출범과 함께 '문명개화'의 슬로건 아래 왕성히 추진되었던 서구화가 1880년대 초두의 자유민권운동의 급속한 쇠퇴를 거쳐 1889년의 대일본제국헌법 공포, 1890년의 제국의회 소집과 교육칙어 반포 등으로 상징되는 근대국가시스템의 구축으로 수렴되어가면서 그것을 뒷받침하는 국수주의의 기운이 1880년대 후반 이후에 한층 가

열되어가던 시기였다. 그런데 종래에 일본 근대의 여성들에 의한 표현을 다룰 때 논의의 대상으로 주목되어온 것은, 실은 이러한 과도기가 끝나고 근대문학이 국민국가의 장치로서 정착한 1890년대 이후, 그 중에서도 특히 히구치 이치요가 (남성)문단에 의하여 높은 평가를 받으며 '혜성' 같이 등장한 1890년대 중반 이후였다. 하지만 본서는 '여성표현의 일본 근대사'라는 이름을 내걸면서도 그토록 거대한 존재인 히구치 이치요를 무시하고, 명치초기부터 이치요 이전까지의 여자들의 읽고 쓰기의 실상을 광범위한 자료조사를 기반으로 추적하여, 예창기의 투서를 포함한 수많은 무명의 여성들의 읽고 쓰기를 발굴해냈다. 그것은 1890년대 이후에 여류작가가 일제히 문단에 등장할 수 있었던 배경에는 수많은 무명의 여성들의 표현의 장을 획득하기 위한 투쟁이 있었음을 드러내기 위해서이며, 또한 여성이 (남성)문단에 인정받는 "'여류작가'가 되기 위하여 스스로가 묻어버린 어둠을 문제화"[1]함으로써 여류작가 '미만'의 여성들의 글쓰기가 가진 여성표현으로서의 또 하나의 가능성을 드러내기 위함이기도 하다. 이 어둠은 종래의 페미니즘비평 — '유명성'을 갖춘 여성작가들의 정전화나 남성작가들에 대한 페미니스트 비판 — 만으로는 도저히 빛을 비출 수 없는 영역이었다.

　실제로 명치 초기 이래의 여성들의 읽고 쓰기의 치열한 희구는 『요미우리신문』을 대표로 하는 '부녀동몽'을 위한 소신문의 투고란을 화려하게 장식했으며, 나아가 1884년의 『여학신지』를 필두로 『여학잡지』(1885) 『이라츠메』(1887) 『여자신문』(1888) 『수도의 꽃』(1888) 등의 여성독자를 상정한 잡지의 연이은 간행을 초래했다. 1888년에는 여류소설의 서막을 연 타나베 카호의 『덤불속의 휘파람새』의 간행이 '여류소설'계에 물고를 튼 것처럼 다수의 작품의 출현을 낳았다. 히구치 이치요도 그녀들 중 하나로 위의 관련 잡지에 소설을 투고하였던 것이다. 본서는 종래에 소

---

1) 小平麻衣子,「'一葉'の出現がつくってしまった闇서평·'이치요'의 출현이 만들어 버린 어둠」, 『文學界』, 文芸春秋, 2000.3.

홀히 다루어왔던 이 시기의 신문·잡지에 실린 여성의 목소리를 주워 가시화한 최초의 시도이다.

저자인 히라타 유미가 이 어둠에 작동하는 힘으로 드러낸 것은, 전근대와는 또 다른 방식으로 여성들의 읽고 쓰기를 규제하려는 근대의 억압과, 그에 대항하여 다른 무엇도 아닌 바로 쓰는 행위를 통하여 '국민화'를 거부하는 여성으로서의 주체의 영위이다. 확실히 일본의 근대화는 서구로부터 이식한 국민개학皆學이라는 교육이념의 실천과 자유민권운동이나 사회개량론 등의 영향을 받은 '여권'사상의 수용을 통해 여성의 읽고 쓰기를 양질 양면에서 극적으로 확대·심화시켜 갔으며, 또한 여성에게 스스로의 표현세계를 사회공간으로 표출하는 것을 가능케 했다. 이것을 뒷받침한 것은 공교육제도의 확충2)과 인쇄출판 태세의 비약적인 확대라는 '미디어의 시대'의 도래였는데, 이 두 요소는 근대화정책에서 가장 커다란 역할을 한 시스템이기도 했던 것이다. 이러한 측면에서 근대는 틀림없이 여성의 읽고 쓰기를 전통적인 유교적 여성관에 입각한 억압으로부터 해방시켜 주었다고 할 수 있다. 하지만 그것은 점차 시간이 흘러 근대국가가 그 모습을 뚜렷이 드러낼수록 억압의 힘이 되어 주체의 상상력을 통제한다. 일본에서는 1880년대 초에 국가의 탄압에 의한 자유민권운동의 급격한 쇠퇴와 맞물려 여권운동 또한 침체기에 직면하지 않을 수 없었으며, 그 귀결로서 1890년에는 「집회 및 정치결사법」이 공포되어 여성의 정치활동이 금지되었다. 여자교육에 있어서도 종래의 부덕과 여권의 조화라는 초기부터의 과제는, 이 시기에 이르러 여성자립론이

---

2) 1872년에 국민개학의 취지를 강조한 학제가 반포된 이래, 같은 해의 여자중등교육기관인 여학교 설치, 1874년에 최초의 여자고등교육기관인 도쿄여자사범학교의 설치 등이 이어졌다. 단 본서가 다루는 1880년대까지의 여자의 의무교육 취학률은 30%(1887) 전후였으며, 50%를 넘은 것은 1897년 이후의 일이다. 이후 1909년에는 도시·농촌, 남녀를 불문하고 100%에 달했다. 아울러 1891년 「중학교령」의 개정으로 여학교가 고등여학교로 재편되었으며, 1899년 「고등여학교령」은 여자중등교육을 현모양처교육으로 선명화하였고 1903년까지 각 현에 1교 이상의 고등여학교가 설치되어, 이른바 고여高女체제가 전국적으로 확립되었다. 深谷昌志, 『良妻賢母主義の教育현모양처주의 교육』, 黎明書房, 1965 참조

나 자기실현 등이 부정되고 최종적으로 현모양처주의로 수렴되어 갔으며, 1885년에는 문부대신 모리 아리노리森有禮에 의해 현모양처교육을 국시로 삼아야 한다는 성명이 발표되고 교육현장에 반영되어갔다. 그리고 근대화라는 프로그램에 각인된 젠더의 명령어는 미디어 속에서 더욱더 강화되면서 남녀 모두를 향해서 재생산되어갔던 것이다.


## 2. 여성 표현의 가능성들


히라타의 주도면밀한 조사에 의해서 밝혀진 여성의 읽고 쓰기에 대한 억압은, 개화의 심벌이었던 예창기의 리터러시가 현모양처주의의 석권으로 점차 초기의 발랄함을 잃고 1880년대 이후에는 신문투서란 등에서 거의 보이지 않게 되어버린 "목소리의 압살"적 상황이나(제1장), 근대화와 함께 몰라보게 향상된 여성의 읽고 쓰기가, 미디어가 산포하는 읽어서는 안 되는 독서목록과 써서는 안 되는 글쓰기 규범에 봉합되어가는 과정이며(제2장), 나아가 서구화에 대항하는 전통적인 여덕의 우위나 현모양처주의와 같은 여성을 둘러싼 지배적인 담론이 여성들에 의해 쓰여진 소설들에도 투영되는 현실(제3장) 등으로 드러났다. 게다가 무엇보다 치명적인 것은 이러한 억압을 물리쳐야 하는 여성의 글쓰기 그 자체가 밖에 나가지 않고 집안에서도 할 수 있는 일로서 근대적 가부장제에 뒷받침되어 있는 모순으로 점철된 행위라는 것이었다.

그럼에도 불구하고 여성에게 '문학'이라는 장은 근대의 억압을 돌파하는 유력有力한 통로였으며, 때로 그것은 '말이 가지는 권력'을 내부에서 붕괴시킬 정도의 유연한 힘에 넘쳐 있었음을 히라타는 설득력 있게 우리 앞에 제시했다. 히라타에 의하면 그것은 근대의 미디어가 그 내부에 배태한 모순을 뚫고 부상한 것이었다. 즉, 당시의 여성 대상 잡지의 대부분은 여성의 읽고 쓰기에 대한 규범적 담론을 쏟아내는 한편으로, 여자의 글쓰기를 거기에서 일탈시키는 움직임에 박차를 가하는 장소를 지면 안에 만들어갔다고 한다. 예를 들면 여성독자들은 잡지들의 현상 문예 등을 통해 글쓰기를 장려받았으며, 나아가 소설을 쓰게까지 되었던 것이다. 그리고 그녀들은 여름밤의 불꽃처럼 찰나를 화려하게 장식한 문체를 획득해갔다.

히라타는 여기에서 소설의 스토리나 등장인물의 조형 등이 아니라, 문체 그 자체에 명치 여성의 '자기표현에 대한 희구'를 읽어내는 표현사를 전개한다. 일찍이 여자의 글쓰기를 화문和文체와 서간문에 가두려는 힘에 의한 떠들썩한 비난 속에 한시나 한문체의 논술로 시작된 여성의 일탈적 글쓰기는 소설로까지 넓어져 남성들의 다양한 문체를 흉내내어 이 시기 소설계를 풍미했던 언문일치체를 시도하기까지 이르렀다. 1880년대란 일본어가 국어로서 확립되어가는 과정에서 언문일치체가 국민국가의 언어로서 돌출되는 시기이기도 하다. 히라타는 여기에서 언문일치체와 여성이라는 젠더와의 관계를 문제삼는데, 이것은 국어와 언문일치체를 '국민'의 탄생에만 관련시켜 논해온 종래의 관점에 젠더의 쐐기를 박아 넣는 작업이기도 했다.[3] 그리고 그 관계는 두 방향에서 도출된다. 하나는 남성언어로서의 언문일치체를 수용함으로써 내레이터의 소거를 통해 성을 무표화하는 방향이며, 또 하나는 남장문체에 의지하지 않고 내레이터를 여성으로 하는 일인칭서술을 채용하는 방향이다. 이 방식은 이야기의 내레이터와 작가의 동일시를 초래할 위험성이 높아, 종래에는 근대적인 내레이터가 확립될 때까지의 과도기적인 형식으로 간주되었던 것이었다. 그러나 히라타는 이 형식을 주인공 '나'의 고뇌를 작가인 '나'와 독자인 그녀들을 '너'로 하여 주체로서 함께 끌어안

---

3) 成田龍一, 「書評·平田由美 『女性表現の明治史』」, 『思想』 917, 岩波書店, 2000, 148면.

음으로써 여성의 공동성을 성립시키는 문학공간으로 재해석해 보였다. 이것은 확실히 배제와 통합에 의한 하나의 바위로 여겨졌던 '국민화'에 '국민'의 잔여로서 균열을 가하는 주체의 영위인 것이다. 그녀들의 정열은 예를 들면 여자의 글쓰기는 남자의 그것에 의거해야 하므로 문장에 있어서의 남편을 정하라는 요구에 대해 문필에 있어서의 정숙함을 거부하는 '탕녀' 선언으로 표출되기도 한다.

이러한 독소를 잃어버린 우리들에게 히라타가 제시한 여성표현의 또 하나의 가능성들은 지극히 매력적이다. 아마도 여성표현자들이 '여성'이라는 젠더를 끌어안아야 하는 상황이 계속되는 한 이 책이 던지는 문제제기는 시대와 국경을 초월하여 유효할 것이다.


## 3. 문학사 연구의 가능성


내가 이 책을 번역하고자 한 가장 큰 이유는 한국에서의 일본문학 수용(연구)이 대개의 경우 근대 이후에 제도화된 일본문학사를 추인하는 방식으로 이루어지고 있는 종래의 관행에 대해 문제제기를 하기 위해서이다. 확실히 문학사는 근대의 보편성을 지향하는 지식으로서 우리에게 근대의 이해를 위한 좌표를 제공해 준다. 우리가 '영국문학사'하면, 초서나 셰익스피어·바이런·오스틴·디킨스·조이스·울프 등을 떠올리는 똑같은 방식으로 무라사키 시키부·이하라 사이카쿠·나츠메 소세키·카와바타 야스나리川端康成·오에 켄자부로大江健三郎·히구치 이치요 등을 기억하고 그들의 문학적인 달성을 확인하는 것은 우리의 앎의 지평을 넓혀 준다. 그러나 우리는 또한 지난 10여 년간 통속적인 '영국문학사'의 지식이 바로 그 존재 안에 영국 내의 비영어 문학의 존재를 비가시화하거나, 혹은 영국 밖의 예전의 식민지인 아프리카, 아시아의 영어 문학을 잡종화해 버리는 등의 배제와 억압의 강고한 논리를 내장하고 있다는 것을 다양한 방식으로 밝혀왔다. 하지만 이제는 오소독스하고 진부하게까지 들리는 이 이론은 그럼에도 불구하고 실행의 차원에서 보면 초라하기 짝이 없고, 외국문학의 수용에 있어서는 한층 더 문학사라는 제도에 강하게 규정되어 있다. 그런 의미에서도 지금까지 정전의 그늘에서 빛을 보지 못했던 많은 문학적 영위들에 조명을 비춤으로써 정전 자체를 상대화하고 나아가 문학사의 서술방식을 정면에서 묻는 것은 현재진행중인 과제인 것이다.

하지만, 이러한 비가시적이며 묻혀 있고 눌려 있던 것들을 가시화하는 작업은 항상 지배적인 문학사의 자장으로 회수되고 말 위험성을 내포하고 있다는 것을 잊어서는 안 된다. 실제로 지금까지 이루어진 문학 연구에 있어서의 수많은 '발굴'작업은 일국의 문학사의 세계를 더욱더 풍요롭게 할 목적으로 이루어졌으며 또한 예정조화적으로 그 목표에 부응했다. 그러나 본서가 히구치 이치요 등의 이전에 존재했던 여성들의 글쓰기에 주목한 것은 그녀들도 또한 작가였다는 것을 추인함으로써 문학사의 공백을 메우려는 데에 목적을 두고 있지 않다는 사실은 다시 한 번 강조되지 않으면 안 된다. 여자들의 읽고 쓰기를 둘러싼 억압의 구조 속에서 글쓰기를 치열하게 열망한 명치 초기 여성들의 에크리튀르를 발굴해내는 히라타의 작업은, 히구치 이치요 등의 존재가 물 위로 드러난 빙산의 일각에 지나지 않으며, 그녀의 돌출은 여성 표현의 풍부한 가능성을 내재한 거대한 어름덩이가 빙해 밑의 세계에 존재하기 때문에 가능했음을 역으로 비추어내는 것이었다. 반대로 문학사에서 히구치 이치요 등을 문제화한다는 것은 그 존재가 억누르고 있는 거대한 빙산의 세계와 빙산이 되지도 못하고 녹아버린 무형의 말들조차도 총체적으로 상상할 수 있을 때에만 유효하다는 것을 일깨워준다.

히라타의 작업은 문학사 연구가 우리들의 문학관을 상대화하고 쇄신해가는 시도라는 것을 오소독스하면서도 신선하게 전하고 있다.


## 4. 부기


간행되는 대로 본서를 드리고 싶은 분들을 여기에 메모해둔다. 김인택, 신로사, 류진희, 유석환 그리고 이혜령 선생님. 지난 여름에 본서로 세미나하며 값진 땀을 흘리신 분들이다.

끝으로 본서의 번역작업을 독려해주신 연세대학교 김영민 선생님께 깊이 감사드린다. 수년간 선생님께 비슷한 일로 신세를 지면서 항상 똑같은 자리만 빌어 고마움을 전하는 것이 죄송스럽고 안타깝다.

부록

1
여성문학 관련 연표

2
자료―『깨진 반지』(한국어역)

3
인명·서명·사항 해설

「책을 읽고 있는 여성(Lesede Mädchen)」.
독일 출신의 초빙외국인으로, 도쿄대학에서 채광야금학을 가르쳤던 쿨트 넷토(Curt Netto, 1847~
1909)가 귀국 후에 간행한 『일본의 종이 나비(Papier-Schmetterlinge aus Japan)』(1888)에
묘사된 그림이다. 잡지를 읽는 두 여성의 진지한 표정이 인상적이다.

주로 본서에서 다룬 사항을 중심으로 작성했다. 각 항목 앞의 원숫자는 월을 나타낸다.

| | 미디어 | 텍스트 | 담론 |
|---|---|---|---|
| 1884 | ⑥『여학신지』 창간 | | |
| 1885 | ⑦『여학잡지』 창간, 제1회 '득점 글짓기' 제목 「일본부인 개량론」 | | ⑨~86④ 츠보우치 쇼요 『소설신수』<br>⑫ 「무라사키 시키부의 재능」(『여학잡지』) |
| 1886 | ⑥『여학잡지』 제2회 '득점 글짓기' 제목 「여자교육책」 | | ① 「여자는 하나의 특기가 있어야 함」(『여학잡지』)<br>⑥ 「여자와 소설」(『여학잡지』)<br>⑪ 나카지마 토시코 「당금의 소설(當今の小說)」(『여학잡지』) |
| 1887 | ①『삽도 여학신문』 창간<br>⑦『이라츠메』 창간<br>⑧『일본지여학』 창간<br>⑨『귀녀지우』 창간 | ⑦ 나카지마 토시코 「선악의 기로」(『여학잡지』)<br>⑪『선악의 기로』 | ② 만유생 「익명의 저술을 허락해야 한다」(『요미우리』)<br>③ 「부인론(婦人論)」(『여학잡지』), 나카가와 코주로·마사키 마사키치 「남녀의 문체를 하나로 하는 방법」(『대일본교육회잡지(大日本敎育會雜誌)』)<br>④ 만유생 「장래의 숙녀에게 아룀」(『요미우리』)<br>⑨ 「여장부전」(『여학잡지』)<br>⑩ 「여자와 문필업」, 「부인전을 읽는 마음가짐」, 「소설론(제1) 소설을 읽는 선악에 관한 것(小說論(第一)小說を讀む善惡の事)」, 「여학교 학생에 대한 불만」(이상 『여학잡지』) |
| 1888 | ⑥『여자신문』 창간, 현상문제 : 「일본 여자의 급무」<br>⑩『문명의 어머니』, 『수도의 꽃』 창간<br>⑫『이라츠메』 제1회 현상문예 모집 | ③ 마노 라쿠코(眞野らく子) 「단란의 여파(團欒の余波)」(『이라츠메』)<br>⑥ 카호여사 「덤불속의 휘파람새」<br>⑨ 쇼운여사 「잣새의 부리」(『여지신문』)<br>⑪ 슈게츠여사 「정혼의 굴레」(『수도의 꽃』), 아시야 요시코 「밤 비단」(『요미우리』) | ① 스기우라 시게타케 「여자교육 이야기」(『요미우리』)<br>④ 「시인·소설가 가인(詩人小說家の佳人)」(『여학잡지』)<br>⑥ 「다학의 폐인가 무학의 폐인가」(『국민지우』)<br>⑦ 지넨도사 「모 여학교 졸업식에 임하여 느낀 바」(『여학잡지』)<br>⑨ 시공자 「부녀자에 관한 잡지의 세상(婦女子に關する雜誌の世の中)」, 토시코 「부인의 문장」(이상 『여학잡지』) |

| | | |
|---|---|---|
| | | ⑩「부인과 재학」(『여자신문』)<br>⑪세이킨(淸琴)여사「부인의 공부는 무엇을 위함인가」(『여자신문』),「가전의 공덕(佳傳の功德)」(『여학잡지』)<br>⑫「소설의 전염」,「여성 소설가」(이상 『여학잡지』)「생각난 것 그 일(언문일치)」, 스벳타로 코론다(すべった樓ころんだ)「생각난 것 그 일(언문일치)」(이상 『요미우리』) |
| 1889 | ②『이라츠메』제1회 현상문에 발표<br>③『매화여행』창간<br>⑥『이라츠메』3주년 축하 기획 : 소설·문장·가곡 무료첨삭<br>⑩『부인세계』,『시가라미소시』창간 | ① 유호여사「미개홍」(『일본 비단(大和錦)』), 아케보노여사『부녀의 귀감』(『요미우리』), 나기조노여사「가슴속의 그리움」(『수도의 꽃』), 카슈(花舟)여사「미망의 세상만사(迷の浮世姿)」(『여자신문』)<br>② 코가네이 키미코「별(星)」(『일본지여학』), 쇼엔여사「산속의 명화」(『수도의 꽃』)<br>③ 모 여자교원「여로의 치욕(旅のはち)」(『여학잡지』)<br>④ 키미코(喜美子)「검은 왕(黑き王)」(『일본 비단』)<br>⑤ 카게츠여사「미친 나비의 칼」<br>⑦ 오산여사「두 잎 접시꽃」(『여자신문』), 아케보노(曙)「서염매 신형(曙染梅新型)」(『귀녀지우』)<br>⑧ 나기조노「자매」(『수도의 꽃』), 동「들녘의 제비꽃(野へのすみれ)」(『일본 비단』), 코바이여사「계모」(『여자신문』)<br>⑨ 나기조노여사「효자의 일심」(『수도의 꽃』)<br>⑩ 모후야여새토바이자」「마음을 다하여」(『이라츠메』), 아케보노「정조 겨루기(横笛)」(동), 키미코「수상한 소녀(あやしき少女)」(『시가라미소시』), 동「왕궁(王宮)」(『나라의 기초(國の基)』), 와카마츠 시즈코「저편의 이별」(『여학잡지』), 세키도키슈여사「매화 향기」(『여자신문』) | ①「여소설가 속속 출현」,「여자교육의 곤란함」(이상 『여학잡지』), 코훈생「여자 제군에게 바람」(『여자신문』)<br>②「문장의 이상」,「여자소설가」,「여류소설가의 본색」,「여소설가와 고등여학교」,「여소설가 스토여사의 전기」(이상 『여학잡지』), 요시카와 히데[아케보노]「언문일치」, 호시노야 테루코[키미코]「언문일치라는 것에 대해」, 시안외사「언문일치에 대하여」(이상 『요미우리』)<br>④ 요시카와 히데「호시노야 테루코양에게 답함」(『요미우리』), 우메모토 토시코「여자는 소설을 쓰지 말아야 하는가」(『요미우리』·『귀녀지우』), 이케부쿠로 세이후(池袋淸風)「여자의 문학(女子の文學)」(『여학잡지』),「부인의 순종」(『이라츠메』)<br>⑤「여자시인·여자문학사[女詩人·女文學士]」,「여자의 문학에 대한 박론의 참견(女子の文學に付ての駁論の横ヤリ)」(이상 『여학잡지』)<br>⑦「소설에 대한 여자교육의 주의」(『소년원』)<br>⑦~⑧「여자교육자에 대한 질문지(女子教育者への質問狀)」(『일본(日本)』)<br>⑧「명치 여학생의 망령을 위로한다」,「여름 밤 음산하다」(이상 『여학잡지』),「소년여자 소설가에게 충고」(『여자신문』)<br>⑨「소설을 읽는 자의 마음가짐」(『여학잡지』)<br>⑩「여학생 독서 경계」(『여학잡지』) |
| 1890 | ①『츠보미』창간<br>⑤『여학생』,『규수신지』창간<br>⑦『이라츠메』현상 소설 모집 | ① 아케보노「어린 솔」, 세이카여사「여자다움」, 미키 시게코「호랑이이야기」, 케이코(桂香)여사「질투론(嫉妬論)」(이상 『요미우리』), 카호「갈대 마디」, 시즈코「추억의 선물」, 동「이노크 아덴(イナック·アーデン)」(이상 『여학잡지』), 키미코「거죽 한 겹」, 동「인육」(이상 『시가라미』)<br>③ 카호「겹벚나무」(『여학잡지』), 동「오다마키이야기」(『요미우리』) | ①「소설의 유행에 대해 문학가의 개탄(小說の流行に付て文學家の慨嘆)」,「소설로 인해 이혼 증가」(이상 『여자신문』), 카초「문학상 부부를 정해야 하는 논의」, 미키 시게코「생각지도 않은 남편 찾기」(이상 『요미우리』)<br>② 이시바시 닌게츠「깨진 반지」[평](『국회』)<br>③ 이소가이 운포「『츠보미』잡지를 읽고 감상을 적음」,「규수소설가 답」, 카호「깨진 반지」[평](이상 『여학잡지』),「운포자 |

| | | | |
|---|---|---|---|
| | | ④ 산모여사 『꽃의 경쟁 우에노 사계절 개화』(『요미우리』), 시즈코 「소공자(小公子)』(『여학잡지』)<br>⑦ 란코여사 「선잠」(『수도의 꽃』)<br>⑨ 카호 「박명」(『여학잡지』), 쇼렌여사 「현상소설」(『이라츠메』) | 의 호의」(『츠보미』)<br>③~④ 토키와고젠(常盤御前)의 '정조'를 둘러싼 투서의 응수(『여자신문』)<br>⑤ 아토미 카케이 「규수신지의 발행을 축하함」(『규수신지』)<br>⑦ 「영국 부인잡지의 현상소설론」(『이라츠메』)<br>⑧ 「부인소설가와 칼라일(婦人小説家と カーライル)」(『여자신문』)<br>⑩ 토요다 후유코 「무학이야말로 여자의 정덕이오」(『여학잡지』) |
| 1891 | ① 『부녀잡지』 창간, 현상과제 : 「첫눈(初雪)」, 서간문 | ① 츠유코[시미즈 시킨] 「깨진 반지」(『여학잡지』), 스미레여사 「반개한 매화」(『수도의 꽃』)<br>② 칸다의 한 여학생 「무명소설」(『이라츠메』)<br>③ 쇼세이(小星)여사 「잎새 돋은 벚나무(葉さくら)」(『이라츠메』)<br>⑦ 카호 「지금은 옛날(今はむかし)」(『여학잡지』)<br>⑨ 카호 「환고의 사슬」(『여학잡지』)<br>⑩ 『소공자』<br>⑫ 카호 「시든 억새」(『여학잡지』) | ① 츠보타니 젠시로 「명치 24년」, 나이토 치소 「여자의 학문」(이상 『부녀잡지』)<br>⑤ 「책 읽는 마음가짐」(『부녀잡지』)<br>⑥ 「부인과 문학」(『요미우리』)<br>⑩ 「여성에게 공동결사의 힘이 있는가」(『여학잡지』) |

# 깨진 반지

시미즈 시킨

당신은 이 반지의 옥이 빠져 있는 것이 걱정되세요? 그건 당신이 말씀하시는 대로예요. 이렇게 깨진 채로 끼고 있는 것은 그다지 보기 좋지 않으니, 뭐든 바꿔 끼면 될 텐데……. 하지만, 저에게는 이 반지가 깨진 것이 기념이어서 아무래도 이것을 갈 수가 없어요. 아아, 세월이 흐르는 게 빨라서, 이 반지를 깨고 나서 벌써 2년도 넘었어요. 그 동안 수도 없이 여러분들이 왜 그런 반지를 끼고 있어? 어울리지 않잖아, 하고 말씀하셨지만, 여기에는 실로 깊은 연유가 있어서 그 때문에 일부러 그대로 끼고 있는데, 다름 아닌 바로 당신 때문입니다. 아예 이 반지에 관한 저의 경력을 말씀드리지요. 참으로 저는 이 반지를 볼 때마다 내장이 끊어지는 것보다도 괴로운 생각이 들어서……. 하지만, 이것은 한 순간도 제 손을 떠날 수 없습니다. 그것은 왜인가 하면, 이 반지는 실로 저의 대 은인이기에, 그것은 또한 왜인가 하면, 이 반지가 저에게 수많은 고통과 한탄을 준 덕택으로, 그나마 저는 버젓한 인간이 되지 않으면 안 된다는 분발심을 일으켰기 때문이에요. 그러니 이 반지는 항상 저의 사기를 고무하고 용기를 북돋우는 매개가 되니, 저를 위해서는 최상의 격려자입니다. …… 남이 보기엔 몹시 볼품사나운 것이겠지만, 실로 천만금으로도 바꿀 수 없는 보물이며, 진정 저에게 어울리는 물건입니다. 당신은 아직 저의 자세한 경력은 모르시겠지만요. 저의 신상은 실로 이 깨진 반지에 잘 어울립니다. 이 반지와 함께 여러 가지 비난공격을 남한테서 받습니다만, 생각이 있어서 부순 반지, 그까짓 것은 일찍이 각오하고 있어서 별로 마음에 담아두지도 않지만, 어떤 때는 이 반지를 보고, 아아 저와 같이 가련한 반지여, 하며 저도 몰래 눈물로 지새는 적도 있습니다. 하지만, 다시 마음을 다잡아, 남은 몰라도 하느님은 저의 마음을 알아주시니까, 하며 스스로 위로하고 있습니다. 아아 이 부서진 반지, 이 반지에 진정한 가치가 담겨 있다는 것은, 아마도 백년쯤 후가 아니면 아무도 모를 것입니다.

조금 새삼스레 이야기를 하려고 하니까, 벌써 가슴이 메어 옵니다. 잊을 수도 없어요. 제가 이 반지를 제 손에 끼게 된 것은 지금부터 정확히 5년 전인데, 제가 18세 봄이었습니다. 저는 바로 그 해 봄에 결혼해서 …… 남편한테서 받은 것입니다. 하지만, 요즘 말하는 결혼반지 같은 것으로 받은 것은 아닙니다. 단지 아무 생각 없이 저에게 사 준 것입니다만, 지금 생각하면, 이것을 결혼반지라 해도 상관이 없겠지요.

대체로 그 무렵, 제가 결혼했을 때에는 여자교육의 씨앗이 겨우 하나 둘씩 뿌려졌을 정도여서, 저도 오늘날의 사상을 조금도 갖지 못했었고, 더구나 저는 지방에 있어서 똑같은 5년 전이라도 도쿄의 5년 전과는 상당히 달라서, 서양인의 부부 사이 같은 것은 전혀 꿈도 꾼 적이 없었고, 또한 완전한 혼인법이 어떠한 것인지도 듣지 못했고, 단지 일본 고래의 풍습 자체를 당연한 것으로 알았습니다. 그리고 또한 제가 교육을 받은 여학교도, 그 무렵에는 주로 지나支那풍의 수신학修身學을 가르쳤고, 서적 같은 것도 유향열녀전劉向列女傳 같은 것만 읽혔으므로, 저도 언제랄

것도 없이 그 쪽에만 감화되어, 예를 들면 본 적도 없는 정혼자와 어렸을 때 사별했다고 그 때문에 코를 깎고 귀를 잘라 딴 마음이 없음을 나타낸다든지, 혹은 시어머니가 사악하여 며느리를 목 졸라 죽이려 해도 아내는 항상 스스로 떠나지 않는다며 남편의 집을 떠나지 않았다고 하는 예를 부인의 최고의 미덕으로 이해하고 있었습니다. 그래서 그때의 생각으로는 남편이라는 것은 실로 어떤 사람이 될지 모르며, 마치 제비 뽑기를 하듯이 길놈이든 흉씨이든 나온 것은 어쩔 수 없어 단지 천명에 맡기고, 자신은 스스로의 의리를 지켜 일생을 깨끗하게 보낼 뿐이라고 각오하고 있었습니다. 게다가 어머니는 여자 대학을 자신의 몸에 행하고 해석해 보였다고 할 정도의 사람이라, 아버지를 대함에 있어서도 문지방을 사이에 두고 두 손을 가지런히 마루에 짚은 상태로 주로 이야기를 나누는데, 대개 아버지를 대하는 태도가 손님을 접하는 듯했기 때문에 저는 아이 때부터 왜 다른 아버지들은 저렇게 자상할까 하며 다른 부자관계를 이상하게 여길 정도였습니다. 그렇게 어머니는 아버지를 어려워만 했기 때문에 이것에도 또한 커다란 감화를 받아, 저는 다만 어쩐지 부인의 운명은 가련하고 덧없는 것이라고만 생각하고 있었습니다. 하지만 그 무렵 이미 얼마간 석연찮은 데가 있다는 것도 느껴져서 때때로 아무래도 부인의 운명은 정말로 시시한데, 부디 저는 평생 남한테 시집가지 않고 편안히 지낼 수는 없을까 하고 생각한 적도 있었습니다. 그런데 15, 6세 무렵이었을까요, 자꾸 부모는 저에게 결혼을 권했습니다. 그것은 한두 번도 아니고, 거절해도 거절해도 이상하게도 또 그러나 할 정도로 여기는 어떠니, 저기는 어떠니 하고 여러 곳을 권해 왔습니다. 하지만 저는 아직 싫어요 아직 싫어요, 라는 말만으로 밀어붙였는데, 처음에는 어머니도 아직 나이가 어리니까 조금 더 연기해도…… 하며 아버지에게 말해 주었습니다만, 18세의 정월이 되었을 때에는 이미 어머니도 저를 위해서 변호해 주지 않았습니다. 그리고 아버지도 이때는 이미 슬슬 조금 화를 내며 제멋대로 구는 애구나, 당신이 버릇을 잘

못 들여서, 하며 때때로 어머니에게까지 잔소리를 하게 되었습니다. 그런 어느 날의 일이었습니다. 아버지는 저를 이리 좀 오너라, 하고 거실로 불러서 무슨 일인가 싶어 가 보았더니, 아버지는 제가 오기만을 기다렸다는 듯이, 단호히 결혼이야기를 꺼냈습니다. 그때 저의 놀라움은 실로 생각해도 진땀이 날 정도입니다. 예전부터 이렇게 말씀하시면 저렇게, 저렇게 말씀하시면 이렇게 하며, 변명은 몇 가지 생각해 두고 있었습니다만, 그때처럼 그렇게 완전히 단정해서 이렇게 하라고 명령을 내리실 거라고는 생각도 못했습니다. 그래서 단지 어안이 벙벙해서 아버지의 얼굴을 몰래 올려다보았더니, 아버지는 싫으면 어디 말해보라는 듯한 기세였습니다. 그러나 어머니도 옆에 앉아 있어서 뭐라고 말해 줄 것으로 믿고 고대했지만, 어머니도 아버지의 험악한 얼굴에 놀랐는지, 아니면 이전부터 알고 있었는지 아무 말도 하지 않고, 다만 걱정스러운 듯이 제 얼굴을 바라보며 빨리 예하고 대답하라고 말하는 듯이 눈짓으로 알려 주었습니다. 저는 그렇게 부모한테서 부드럽고 거센 시선을 받으며 무어라 말해야 좋을지 몰랐는데, 특히 평소부터 그다지 자상하지 않은 아버지, 참으로 당혹스러웠지만 결국에 힘껏 떨리는 입술을 깨물며, "여러모로 아직 공부가 부족해서 조금 더 유예를"이라고 말을 꺼냈지만, 반도 끝나기 전에 아버지는 험악한 눈으로 저를 노려보며 "뭐 공부가 부족해? 바보 같은 말 하지 마. 보통의 공부는 시켰잖아? 뭐가 부족해? 뭐가 마음에 안 들어? 이 버르장머리 없는 것아." 하며 날카롭게 내뱉었습니다. 어머니는 가엾어 하는 듯한 얼굴로 저를 살폈지만, 저는 그런 뜻으로 말씀드린 게 아닙니다, 하고 변명을 하려고 해도, 얼른 입에서 나오지 않고, 결국에 다시 "부디 저도 도쿄의 여자사범학교라도 가서" 하고 말하려 했지만, 그것두 다시 중간에 아버지가 막고서는 "뭐! 사범학교. 흥. 소학교 교사가 되어서 그리고 나서는 어쩌려고 그래. 평생 혼자서 살아가는 것은 쉬운 일이 아니야. 그, 그런 말도 안 되는 소리 하지 말고, 말을 들거라. 이제 와서 어쩌겠다는 거야. 어머니한테 애기해 두었으니까 잘 들을거라" 하고 벌떡 일어나서 어딘가로 가 버렸습니다. 후에 어머니는 차근차근 저에게 들려주었습니다. "아버지 성격에 저렇게 말씀하시면 좀체 뒤로 물러서시지 않아. 게다가 이번 혼담은 아버지가 꽤 마음이 드신 모양이야. 중매도 그 마츠무라松村씨이고, 너를 위해 나쁘게는 하지 않을 거야. 이정도의 이력도 있고, 이정도의 학문도 있다니까, 쉽게 구할 수 없는 혼담이니…… 그리고 여자라는 건 때를 놓치면 결국 좋은 상대를 잃는 법이라서……" 하며, 결국에는 흐느끼면서 설득했습니다. 저도 다만 지금이라면 이런 것에 납득하지는 않지만, 그때는 그냥 순진한 소녀였고 그리고 어쨌든 한번은 어딘가로 보내질 것으로 각오하고 있어서, 약한 마음에 받아들인다는 생각도 없이 받아들였습니다. 이제 와서 생각하면 저는 왜 이때 조금 더 강하게 거절하지 못했을까 하고 스스로도 이상한 마음이 듭니다. 그 후 어머니는 맞선 이야기를 꺼내서 내일모레 시간이 되면 만나고 싶다고 상대편에서 말해 왔는데, 좋은 일은 서두르라니까 너도 그런 것으로 알고 내일은 머리도 하고 입을 옷도 생각해 두는 게 좋을 거라고 말했습니다. 하지만 저는 이때 뭐라고 해야 좋을지 몰라서 단지 네, 하고 대답했지만, 그 후 방으로 돌아와서 곰곰이 생각해 보니, 이미 거의 아버지가 정한 결혼, 맞선을 본들 싫다고 해도 그 말이 받아들여질 리가 없으며, 단지 부끄러워하면서 상대방에게 얼굴을 보이는 것만은 정말이지 볼품없다고 생각하여 일부러 고집을 부리며 맞선 보는 것은 싫어요, 하고 어머니에게 우겨댔습니다. 지금 생각하면 이것도 마찬가지로 바보 같은 짓으로, 정말로 저의 실책이었습니다. 하지만 다시 한발 물러나 생각해 보면, 저는 어릴 때부터 학교의 친구나 친척 외에는 좀처럼 사람을 만난 적이 없고, 아버지의 손님들이 왔을 때에도 마침 제가 현관 같은 데서 어슬렁거리고 있으면, 항상 어머니가 애야 손님이 오시잖니, 빨리 숨거라. 어서 저쪽으로 하며 골방으로 쫓겨나는 것이 습관이 되어 있어서 남을 보는 눈 같은 것은 거의 갖추지 못했습니다. 그래서 설령 이때 맞선을 보았어도 역시 저는 아무것도 몰라서, 어중간하게 정해지기 전에 만나보고 이래저래 걱정하는 것보다, 오히려 잠시라도 시집가기는 싫다고 생각하는 동안에 혹은 어떤 사람일까 하고 멍하니 즐긴 점도 있었던 것만은 그나마 행복하지 않았을까 하고 그런대로 추억거리로 삼고 단념하고 있습니다.

그리고 나서 마침내 그해 3월, 벚꽃이 필 무렵에 그럭저럭 결혼은 끝냈습니다. 하지만 왠지 저는 아무래도 그 남편에게 익숙해지지가 않아, 2, 3개월은 자신이 평생 이 집에 있어야 하는지 잘 알 수가 없었습니다. 남편은 저를 사랑해 주기도 했을까요? 이따금 박물관이나 어디에 데려가 주었고, 무엇을 사줄까, 저것을 사줄게, 하며 말한 적도 있었지만, 저는 아무래도 무언가를 받고 싶은 마음이 일지 않았습니다. 그것은 왜인가 하면, 저는 아무래도 그 집 사람이 된 것인지 스스로도 전혀 안정을 찾을 수 없었기 때문이었는데, 그래서 어딘가를 걸어도 조금도 기쁘지 않고, 다만 저의 고향에 있었을 때의 추억만이 생각나서, 어디에 가도 아아 어머니나 언니와 함께 여기에 왔다면, 하고 그것만을 생각하고 있었습니다. 그러는 어느 날이었습니다. 15, 6세 정도의 소녀가 어딘가에서 보낸 편지를 가지고 왔습니다. 하녀는 아무 생각 없이 안내하여 제 옆에 가지고 온 것을, 남편이 왠지 급히 손을 뻗어 이쪽으로 가지고 오면 되잖아, 하고 하녀를 흘겨보았습니다. 저는 무슨 일인지 전혀 모른 채, 별 것 아닌 것으로 화를 내는 무서운 사람이라고 문득 생각했습니다. 남편은 이윽고 그 편지를 다 읽고 여느때와는 달리 둘둘 말아 소매에 넣고, 어쨌든 이쪽에서 답장한다고 말해 두라고 하녀에게 명령하고 그 심부름꾼을 돌려보냈다. 그리고 그날 밤의 일이었습니다. 근처에 조금 산책 같다 오겠다고 말하고 나갔는데, 10시가 되어도 12시가 되어도 돌아오시 않아, 저는 반드시 남편이 돌아올 때까지는 자지 않으려고 이불도 깔지 않고, 마침 잘 됐다 싶어 학교 친구에게 보낼 편지 같은 것을 쓰고 있었습니다. 그러는 사이에 점점 밤이 깊어 가서, 저는 어쨌든 하녀들은 쉽게 하려고 먼저 자게 했는데, 한 하녀가 외로우실 테니까요, 하며 저의 말벗으로 옆에 왔습니다. 그리고 제가 편지를 쓰는 것을 뚫어지게 보더니, 어쩜 사모님은 이렇게 글씨를 잘 쓰세요. 전의 사모님은, 하며 그만 말해버렸습니다. 저는 그 전의 사모님이라는 말이 문득 귀에 남아 "얘, 내 앞에 누군가가 있었니"라고 하며 저도 몰래 하녀의 얼굴을 응시했습니다. 이 하녀는 저보다 훨씬 이전에 이 집에 고용되어서 무엇이든 잘 알고 있었으므로, 지금 저의 말을 듣고 어쩔 수 없이 이렇게 대답했습니다. "아아, 저란 것은 그만 깜빡…… 이러한 말을 하면 주인어른께 꾸지람을 듣겠지만, 이제 어쩔 수가 없으니 말씀드리지요. 그것은 사모님이 오시기 5~6일 전까지도 이 집에 있던 분이 있었는데, 아마 주인어른이 서생이었을 때 하숙하셨던 댁의 따님인 것 같습니다"라고 자초지종을 이야기했습니다. 그렇다면 낮에 온 그 심부름꾼…… 아마도…… 하고 생각했지만, 하녀 앞에서 그런 기색을 보일 수는 없다고 생각하여 일부러 냉담하게 그래 그렇구나, 하며 흘려들은 것으로 했습니다. 하지만 이때부터 어쩐지 기분이 안 좋아져서, 참으로 시시한 짓을 하는 사람이구나, 그러한 부인이 있다면, 애초부터 저를 맞지 않으면 될 것을, 또한 맞이할 정도라면 그러한 짓은 그만두어야 할 것을 하며 생각했지만, 본래 그런 말은 입에 담지 말아야 한다고 혼자서 마음에 감추고 서글픈 세월을 보내고 있었습니다. 그 후가 되자, 3월보다 4월, 4월보다 5월에 점점 남편의 외출이 잦아지더니 결국에는 3일이나 4일이나 어딘가에 가서 집에 돌아오지 않는 일도 있었습니다. 처음에는 저도 2~3일이나 자지 않고 기다렸지만, 몇 밤이나 계속되면, 이제 눈도 지쳐서 깜빡 잠든 적도 있었는데, 일이라는 것은 뭐든 공교로워서, 그러한 밤에 한해서 남편은 심야에 돌아왔습니다. 문을 두드리는 소리가 문득 귀에 들려, 급히 문을 열면, 남편은 술 냄새를 풍기면서 저를 째려보며 "뭐야, 아까부터 문이 부서지도록 두드렸잖아. 왜 안 열어. 옆집에서 들리면 좋을 리가 없잖아. 남편을 문밖에 세워두고 유유히 잠들어 있는 꽤 편안한 선생이구만" 하며 잔소리를 듣는 괴로움. 그러한 일들은 참을 수도 있어도, 밤중에 그렇게 성난 목소리가 들리면 하녀들도 잠을 깨서 남편의 귀가가 늦은 것을 제가 이러쿵저러쿵 말다툼한다고 잘못 알면 면목이 정말로 서지 않는다고 생각하지만, 그렇게 말하면 더더욱 잔소리를 하니, 젖은 종이에 손을 대듯이 당신의 억지는 당연한 것이라고 오직 사과하여 어떻게든 잠에 들게 하는 일이 자주 있었습니다. 그럴 때마다 저는 학교에 있었을 때의 추억을 생각하며, 우리 동급의 가장 친한 모 언니도 아직 독신인 것을, 누구누구도 이제는 학교에 봉직하신다고 하는데, 저만 왜 약한 마음에 시집을 와서 이러한 괴로운 경우를 당하는가 하며 저도 몰래 흐르는 눈물로 지새는 일도 있었습니다.

아버지는 그 무렵 멀리 가서 친정에는 어머니만 남아 있었습니다. 어머니는 과연 어머니라서 이러한 것을 일찍 눈치채고는, 제가 가끔 친정에 갈 때마다 어쩐지 애야 요즘은 얼굴빛이 안 좋고 꽤 마른 것 같구나. 뭔가 걱정거리라도 있니. 아버지가 이쪽에 계시면, 어떻게 상담이라도 하겠지만, 여자인 나에게 말을 해도 소용이 없으니. 일단 네 몸을 잘 돌보고 너무 걱정하지 말라고 했을 때의 슬픔. 울지 않으려고 해도, 평소에 종잡을 수 없는 남편 곁에 있으면서 말이 많은 하녀 앞에서 눈치를 보고 오로지 신경을 곤두세우고 있는 몸이라, 마침 기쁜 어머니의 말을 듣고는 깊이 어머니의 자애가 몸에 스며들어, 아니에요. 걱정거리 같은 거 없어요, 라고 입으로는 멋지게 말해도 공교롭게도 폭포처럼 흐르는 눈물은 저보다도 정확히 어머니에게 진실을 고했습니다. 저는 그것을 보이지 않으려고 하여 살짝 손수건으로 눈물을 닦고 모르는 체하며 어머니를 보자, 어머니는 저보다도 먼저 눈언저리가 새빨개져 있었습니다. 이런 일이 계속되어 어머니는 결국 그 때문이라고 할 수도 있을까요? 하지만 평소부터 병든 몸이라 끝내 완전히 자리에 눕게 되어, 얼마 안 되어 제 말을 하고 또 하며 제 19세 가을에 아침이슬처럼 덧없이 사라졌습니다. 그때 저의 마음을 말씀드린 것도 상당히 어리석은 짓이었습니다. 처음에는 어머니도 저를 빨리 치워서 안심하려고 하였고, 저도 어머니가 너무 걱정해서 어머니의 마음을 쉽게 하고 싶어서 내키지 않은 결혼을 했지만, 그 결혼이 원수가 되어 어머니의 목숨을 줄였구나 하고 생각하면 가슴이 터질 것만 같았습니다. 하지만 저는 이것도 모두 제가 불철저한 탓이라고 단념하고 이루어지지 않을 뿐이라고 생각하여 여전히 불우하고 비참한 속에서 2년의 세월을 보냈습니다. 실로 반동이라는 것은 무서운 것으로, 저는 이 결혼 후 2~3년간에 여느때와 달리 여자를 위하여 대단히 강개하는 몸이 되었습니다. 다만 그 무렵은 마침 여권론이 발흥하기 시작했을 때로, 불행하고 비참함은 결코 여자의 천명이 아니라는 설이 이윽고 일본 사회에 출현하게 되었습니다. 저도 평소 즐기는 일로, 가사가 분잡한 한편에서도 이따금 신간서적, 여자에 관한 잡지 등은 끊임없이 가까이에 두고 열람하고 있었으므로, 어느새 태서의 여권론이 제 뇌리에 박혀, 어쨌든 일본의 부인도 지금 다소 천부의 행복을 완수할 수 있어야 한다고 하는 생각이 일기 시작했습니다. 그래서 한편으로는 자신의 우울함을 달래기 위하여, 한편으로는 세상의 수많은 부인들의 불행을 구하려는 소망으로 이따금 다소 어려운 말 같은 것을 하게 되었습니다. 그래서 그렇게 되고 보니, 저의 각오가 상당히 변해 갔습니다. 그때까지는 지나식으로 다만 무엇이든 참기만 하면 된다, 자신의 행복만 희생하면 된다고 소극적인 각오였습니다만, 이때부터는 이미 그것으로 만족하지 못하고, 부디 저의 불행은 제쳐두더라도 남편의 행동을 고쳐서 남편으로서 부끄럽지 않은 대장부로 만들고 싶다는 한 발짝 나아간 생각으로 바뀌었습니다. 그로 인해 자주 진심어린 훈계를 다해 보았지만, 어쨌든 남편은 저보다도 훨씬 나이를 먹고 저보다도 만사에 경험이 많아서, 제가 하는 말은 좀체 마음에 담아 두지 않고, 나중에는 무슨 말을 하면, 또다시 여자 주제에 잘난 체하며 되지도 않는 문자를 쓴다고 한마디로 묵살해 버리게 되었습니다. 이것도 저의 진심이 부족한 때문. 저에게 그만큼의 가치가 없어서 생긴 일이니,

아아 저에게 모니카 정도의 힘은 없더라도 적어도 지금 다소 남편의 존경을 받을 만한 가치가 있었더라면, 하고 무심코 신세를 원망하게 되었습니다. 하지만 찢어진 천은 쉽게 잇기 어렵고 깨진 옥은 원래대로 돌리기 어렵다는 비유처럼, 거기에는 또한 여러 가지 사정이 있어서, 도저히 제 힘에는 부친다고 생각했고, 또한 제가 옆에 있으면 까닭모를 반동을 남편에게 주어, 남편을 위해서도 좋지 않다고 생각하여, 결국 본의 아니게 마침내 서로 헤어지게 되었습니다. 그 때문에 저는 오로지 세상을 위해 일하기로 결심했는데, 저는 기념을 위하여 이 반지의 옥을 빼서 버리고, 저 광천勾踐처럼 복수를 노리는 것은 아니지만, 밤낮으로 이것을 바라보며, 제가 이 옥을 빼버린 책임이 가볍지 않음을 생각하여, 설령 와신상담은 아니라도 꼭 이 반지를 위해 행동하여 가련한 많은 소녀들의 전도를 지키고, 옥 같은 처녀들에게 나와 같은 전철을 밟지 않도록 하고자 하는 소망을 일으켰던 것입니다.

그렇기는 해도 지금은 점차 결혼법도 개정되어 세상에 상당히 훌륭한 부부도 계시니까, 그 분들의 모습을 보면, 왜 저는 그렇게 남편한테 사랑받지 못하고, 또한 스스로도 남편을 사랑할 수 없었는가 하며, 이 반지에 대해 수도 없이 감개를 불러일으키는 것입니다.

다만 다행히 저의 아버지는 아직까지 건강해서 저의 다년간의 고생을 대단히 불쌍히 여겨, 늙은이의 도움도 안 되는 간섭으로 인해 아까운 어린 나무의 가지를 꺾었으니, 하며 끊임없이 편지를 보내 저를 위로해 주어, 지금은 오히려 저의 지망을 칭찬하고 자주 저를 격려해 주시니까 저는 이것이 무엇보다 즐거워, 슬픔 속에서도 기쁜 나날을 보내고 있습니다. 다만 그 위에 바람이 있다면, 이 깨진 반지가 그것을 준 자의 손에 의해서 다시 원래의 온진한 것으로 될 수 있다면, 하지만 이것은 이제 와서 ……. (『여학잡지』, 1891.1.1)

본문을 중심으로 주요한 인명·서명·사항을 채록하여 옮긴이의 해설을 부가했다(가나다 순).
인명·서명은 일반적으로 행해지는 표기로 고쳤고, 아호·필명·본명 등은 본서에 나오는 것만을 병기했다.

## 【가】

『**가나요미신문(假名讀新聞)**』

신문. 1875.11~1880.10. 창간 당시에는 격일 발행, 1876년 8월부터 일간. 편집은 카나가키 로분을 중심으로 하였으며, 노자키 사분 등의 카나가키파 희작작가에 의해 편성되었다. 이름은 당시 호평을 얻은 소신문 『히라가나삽도신문』과 『요미우리신문』에서 합성했다. 참방률 등으로 압박을 받은 대신문에 비해 흥미본위의 지면으로 일세를 풍미했다. 속담평화(일상적인 이야기)체의 문장을 쓰고 삽화를 넣는 그래픽한 편집, 기사도 서민생활에 관련이 있는 것에 한정하고 읽을거리적 요소를 강화하였으며, 극평(劇評)으로 평판을 불렀다. 또한 뉴스성과 허구성을 담은 현실재현록풍의 연재물 등으로 초창기의 신문계에 지보를 굳혔다. 1877년에 『가나요미(かなよみ)』로 개칭.

**희작(戲作)**

에도시대 후기부터 명치 초기에 쓰인 산문계통의 속문학의 총칭으로, 키뵤시(黄表紙), 쿠사조시(草双紙), 요미혼(讀本), 인정본(人情本) 등의 장르가 있다. 당시 정통적인 문학(漢詩·漢文·和歌·雅文)에 대해 비정통적인 희작에 종사하는 작가들은 소한의 여기로, 또한 독자에게 오락을 제공한다는 자세로 다양한 취향의 작품을 썼다. 희작작가에 오타 난포, 산토 쿄덴, 짓펜샤 잇쿠, 시키테이 산바, 타메나가 슌스이, 류테이 타네히코 등이 있다. 이와 같은 희작작가의 자세나 그 발상·표현 등은 근대 이후의 문학에도 많은 영향을 미쳤다.

『**겐지이야기(源氏物語)**』

평안시대 중기의 장편이야기물(物語). 무라사키 시키부(紫式部)의 작품으로, 궁정생활을 중심으로 세태를 묘사하였다. 전편 54첩으로 이루어져 있으며, 주인공 히카루 겐지(光源氏)를 중심으로 후지츠보(藤壺)·무라사키노우에(紫

の上) 등의 귀녀들을 배치하여, 그 화려한 생애를 묘사하는 것이 중심이다. 특히, 천황의 아들인 겐지가 아버지의 아내인 후지츠보와 밀통하여 아들을 낳고, 그 아들을 황위에 올린 것과, 조카딸인 온나산노미야(女三の宮)와 결혼한 것이 근대 이후의 이 작품의 향수에 문제가 되었다. 마지막의 10첩은 「우지 십 첩(宇治十帖)」이라고 하여, 겐지의 뒤를 잇는 귀공자들과 귀공녀들을 주인공으로 하는 이야기가 우지를 중심으로 펼쳐진다.

### 광가(狂歌)

에도시대 중기 이후에 발달한 사회풍자, 해학, 골계를 읊은 비속한 화가(和歌). 화가의 패러디라고도 한다. 문화사에서 특필할 만한 것은 오타 난포(大田南畝)를 중심으로 한 에도의 천명(天明) 광가 붐이다. 이후, 광가의 애호가들은 그룹(狂歌連)을 만들어 창작에 몰두했다.

### 『국민지우(國民之友)』

1887~98. 종합잡지. 민우사(民友社) 발행. 토쿠토미 소호(德富蘇峰)가 주재. 1890년대의 사상계를 리드하였으며, 지식계급에 커다란 영향을 미친 잡지. 자유민권운동 말기의 레디컬리즘을 거부하고 극단적인 구화주의, 국수주의와 거리를 두어 인민의 이익과 평등 위에 서는 평민주의를 표방하고 사회평론을 주로 하였으며, 사상·정치 및 문학에 관한 논설이나 문학작품을 게재했다. 문예란은 모리 오가이의 『무희(舞姬)』를 비롯한 중요 작품이 게재되어 유력 문단이 되었다. 청일전쟁 이후에는 소호의 사상전회와 함께 세력을 잃어 폐간되었다.

### 『귀녀지우(貴女之友)』

1887~1892. 여성일반의 지덕 향상을 목표로 현모양처주의를 설파한 명치시대 여성잡지. 아토미 카케이 등 명치 중기의 교육가들이 다수 집필에 참여.

### 『규수신지(閨秀新誌)』

계몽잡지. 1890. 규수사(閨秀社) 발행. 여자교육의 학예 편중을 경계하고 덕육·지육 양면의 존중을 취지로 했다. 카토 히로유키(加藤弘之), 오치아이 나오부미 등이 기고. 『여학잡지』에 보이는 신선함이나 조직력이 부족하여 단명했다.

## 【나】

### 나이토 치소(內藤恥叟, 1826~1902)

한학자. 역사학자. 『토쿠가와 15대사(德川十五代史)』등 집필.

**나카가와 코주로**(中川小十郎, 1866~1944)

귀족원의원. 문부성 관료로, 쿄토호세이학교(京都法政學校; 지금의 立命館大學) 창립자. 도쿄대학 법학부 졸업 후 문부성에 입성. 대학시절에는 나츠메 소세키와 동창이었으며, 평생 친구로서 소세키의 작품(『낙제(落第)』)에 등장하기도 했다.

**나카네 키요시**(中根淑, 1839~1913; 香亭迂人・迷花生)

한학자. 사학자. 서양문법을 모범으로 한 「일본문전(日本文典)」의 저자로 유명하다.

**나카무라 케이우**(中村敬宇, 1832~1891)

본명은 나카무라 마사나오(正直). 케이우는 호. 유학・영학을 배웠으며, 1866년에 막부의 명령으로 영국에 도영. 명치초기의 계몽사상가의 결사인 명륙사(明六社)를 조직하여 계몽사상의 보급에 노력하였다. 도쿄대학 교수. 귀족원의원. 역서에 『서국입지편(西國立志編)』, 『서양품행론(西洋品行論)』 등이 있다.

**나카지마 우타코**(中島歌子, 1841~1903)

화가(和歌)작가. 남편과 사별한 후 가도(歌道)를 닦았으며, 유신 후에 화가(和歌)가 쇠퇴하자 그 만회에 진력하여 30여 년간 후진을 양성하였다. 문하생에 미야케 카호, 히구치 이치요가 있었던 것은 유명하다.

**나카지마 토시코**(中島俊子, 1863~1901; 湘煙女史, 岸田俊子)

자유민권운동가. 유년기부터 학문에 뛰어나 15세에 문고어용담당으로 궁중에 출사(평민출신 여관 1호), 황후에게 『맹자』 등을 강의했는데, 번잡한 궁중 근무에 견디지 못하고, 2년 후 병을 이후로 사직, 어머니와 긴 여행을 떠난다. 토사(土佐)에서 민권운동가들과 알게 되어 민권운동에 참가. 이듬해인 1882년 오사카 도톤보리(道頓堀)에서 열린 오사카정담연설회에서의 첫 연설 「부녀의 길(婦女の道)」은 우아한 자태, "샘물이 줄줄 흐르는 듯했다"고 호평을 받은 시원시원한 목소리, 탁월하고 상쾌한 언변으로 커다란 평판을 불러일으켜, 이후 특히 서일본을 중심으로 한 각지에서 유세활동을 전개하여 여권 고취에 힘썼다. 시가(滋賀)・오츠(大津)에서의 연설은 관리모욕죄, 집회조례 위반의 혐의로 구속, 투옥을 경험한다. 1884년 도쿄로 상경하여 창간된 『자유의 등불(自由の燈)』에 기고한 「동포자매에게 고함(同胞姉妹に告ぐ)」은 여성의 손에 의한 최초의 여권론으로 역사적 발언이다. 나카지마 노부유키(中島信行)와 자유결혼한 것은 이 무렵으로 보인다. 전처와 사별한 노부유키

는 유신의 공로자로, 원로원 의원을 사임하고 민권운동에 투신한 사람으로 자유당 창립과 함께 부총리가 되었다.

결혼 후에는 그때까지의 여권론, 그 활동에 보인 열렬한 기백에 넘친 예리함에서 일변하여, 남편을 돕는 현부인이 되어, 노부유키가 그 후 중위원 의장, 특명전권 이탈리아공사, 귀족원 의원, 나아가 남작으로 서훈되어 화족이 되기까지 명사부인으로서 지내게 된다. 그렇지만, 집안에 틀어박혀 있었던 것은 아니며, 훼리스와에이여학교 등의 교단에 서는 한편, 『여학잡지』의 특별 기고가로서 평론을 썼고, 「산속의 명화(山間の名花)」를 비롯한 소설, 수필, 수많은 한시를 남겼는데, 이것들은 '여권'과 문학의 관련에서 흥미 깊을 뿐만 아니라, 근대여성문학사상 재고될 만한 가치를 가지고 있다. 나아가 이것들을 능가할 정도로 재미있는 것은 근대의 역사·여성사·문학사의 자료적 의의가 높은 「쇼엔일기(湘煙日記)」이다. 그녀는 로마에서 얻은 결핵으로 37년의 생애를 마쳤다.

**노자키 사분**(野崎左文, 1858~1935)

카나가키 로분의 제자. 『가나요미신문』의 견습기자 등을 거쳐 『일본 명승 지지(日本名勝地誌)』편찬에 착수. 『요로즈조보(万朝報)』의 기자생활을 끝으로 떠돌이 생활을 하였다.

## 【다】

**대신문**(大新聞) → 「요미우리신문」 항 참조

**도도이츠**(都々逸)

주로 남녀간의 애정을 구어로 불러, 7·7·7·5의 근세의 가요형식을 중복시키는 소품으로, 속곡 중 대표적인 가곡이다. 에도의 요세(寄席)라고 하는 대중연예의 흥행장에서 특히 유행하였다.

**도이 코카**(土居光華, 1847~1918)

저널리스트. 작가. 번역가. 출판인. 정치가. 버클의 『영국문명사』 등을 번역.

**『도쿄 삽도신문(東京繪入新聞)』**

신문. 1877~1889. 처음에 『히라가나 삽도신문(平假名繪入新聞)』이라는 명칭으로 1875년 4월에 간행되었다. 모든 한자에 복음이 붙어 있으며 격일 발행이었다. 9월에 『도쿄 히라가나 삽도신문(東京平假名繪入新聞)』으로 바뀌었고, 이어서 1877년에 『도쿄 삽도신문』으로 개칭되었다. 마에다 켄지로(前田健次郎)를 편집장, 소메자키 노부후사(染崎延房)를 인쇄인으로 하며, 카나가키 로분 등도 관여하였고, 잡보나 연재물을 강화하여 삽화도 늘렸다. 뉴스를 실록으로 간주하여 삽도의 읽을거리로 재구성하여, 쿠사조시의 독자를 흡수한 점에 소신문으로서의 이 신문의 가치가 있었다. 1889년에 『도쿄신문(東京新聞)』으로 바꾸어, 자유당 계열의 신문이 되자마자 폐간되었다.

## 【라】

**류테이 타네히코(柳亭種彦, 1783~1842)**

에도시대 후기의 희작작가. 막부의 가신으로 초기에는 요미혼(讀本)을 시도했다가, 이후에 쿠사조시에 주력하여 『겐지이야기』를 패러디한 『가짜 무라사키 시골 겐지』(1829~1842; 도중에 절판당함) 등으로 일인자가 되었다.

『가짜 무라사키 시골 겐지(偐紫田舍源氏)』

## 【마】

**『마루마루진문(團々珍聞)』**

골계풍자잡지. 1877~1907?. 내용은 사설·잡보·잡록·기서 등인데, 전반적으로 풍자문·광시·광가·광구·센류 등으로, 이것들이 삽화의 만화로 효과를 올리면서 정치나 사회풍속의 비판 등을 행했다. 1890년대 이후에는 야마다 비묘, 후쿠치 오치 등이 주요 집필자가 되었다. 일본에서의 풍자잡지로서 이른 시기에 가장 유력한 존재였으며, 자주 발행정지 처분을 당하면서도 서민 속에 자유민권사상을 보급시킨 공적이 크다.

**마루오카 큐카(丸岡九華, 1865~1927)**

시인. 소설가. 오자키 코요 등과 함께 연우사에 참가.

**모리 오가이(森鷗外, 1862~1922)**

본명은 모리 린타로(森林太郎). 1881년 불과 13세의 나이로 제일대학 구의학교(후에 도쿄대 의학부)에 입학. 어릴 적부터 네덜란드어·독일어를 배웠을 뿐만 아니라 한문·한시·화가(和歌)에 소양을 키웠으며, 1884년부터 1888년까지의 독일 유학 중의 일기가 모두 한문으로 쓰였을 정도로 한문에 조예가 깊었다. 유학지에서는 위생학·군진의학을 배우는 한편, 문학·철학·미학·예술에 심취, 이후의 창작 및 평론 활동의 기초가 되었다. 1888년 귀국 후 역시집 『옛 모습(於母影)』을 발표하였으며, 1890년에 소설 『무희(舞姬)』 등을 발표하여 문단의 일선에 선다. 오가이는 문학·의학 분야를 불문하고 논쟁이 끊이지 않은 인물이었는데, 1891년에 작가의 주관을 배제하고 사물을 묘사해야 한다고 주장하는 츠보우치 쇼요에 대해 예술을 미적인 이상의 구현으로 본 오가이가 비판한 '몰이상(沒理想) 논쟁'은 유명하다. 미술의 소개나 신극 운동에도 공헌하는 등, 다방면에 걸쳐 업적을 남겼다. 한편, 10여 년 전에 발견된 독일어 논문(1889년 3월 발표)에서, 오가이는 야마다 비묘의 언문일치체를 평가하는 취지의 글을 썼다고 한다. 미키 타케지는 남동생, 코가네이 키미코는 여동생.

**모리타 시켄**(森田思軒, 1861~1897; 思軒居士)

신문기사·번역가. 케이오의숙(慶應義塾)을 졸업한 후 우편호치신문에 입사. 한문조로 쥘 베른, 위고, 포 등을 번역하였다.

**모즈메 타카미**(物集高見, 1847~1928)

국어학자. 도쿄대학 교수 역임.『광문고(廣文庫)』등을 편찬.

**무라사키 시키부**(紫式部)

평안시대 중기의 궁중 여관. 남편과 사별 후 궁중에 출사하여 이치조(一條) 천황의 중궁(中宮) 쇼시(彰子)의 여관이 되었고, 당시의 권력자인 후지와라노 미치나가(藤原道長) 등에 중용되었다. 저작에는『겐지이야기』외에『무라사키시키부일기(紫式部日記)』등이 있다.

**미야케 카호**(三宅花圃, 1868~1943; 花圃女史·田辺龍子)

소설가. 도쿄 출생. 본명은 타나베 류코(田辺龍子). 막부 말기부터 명치에 걸쳐 외교관으로 활약하고 이후에 원로원 의원이 되었으며 한학이나 한시에 능했던 아버지 타이이치(太一)의 장녀. 소학교 졸업 후, 아토미 카케이(跡見花蹊)·나카지마 우타코(中島歌子)의 여숙, 명치여학교를 전전한 후, 오차노미즈(お茶の水)의 도쿄고등여학교를 졸업(89). 재학중에 발표한『덤불속의 휘파람새』로 일약 유명해진다. 나카지마 우타코의 하기노야숙(萩の舍塾)에서는 이 소설에 자극을 받아 소설가를 지망한 히구치 이치요의 사촌으로 여러 에피소드를 남기고 있는데, 이치요가 일본근대문학사상 우뚝 선 작가가 되는 단서는 카호가『수도의 꽃』에 추천한『매목(うもれ木)』에 의한다. 1892년에 잡지『일본인』의 주재자 미야케 세츠레이(三宅雪嶺)와 결혼. 이후에도 작품을 발표하지만 처녀작을 능가하는 작품을 내지는 못하고, 1920년에 세츠레와 함께『여성일본인』을 발행하여 건필을 휘둘렀다.

**미가미 산지**(三上參次, 1865~1939)

역사학자. 도쿄대학 교수 겸 사료편찬 담당 주임 역임. 저서에『에도시대사(江戶時代史)』,『일본문학사(日本文學史)』등이 있다.

미키 타케지(三木竹二, 1867~1908)

　　연극평론가. 도쿄대학 의과대학 졸업. 연극에 조예가 깊어 연극론을 『시가라미소시』 등에 발표, 잡지 『카부키(歌舞伎)』를 창간.

## 【바】

박문관(博文館)

　　명치시대에 부국강병의 시대풍조를 타고 많은 국수주의적인 잡지를 창간하는 한편, 중개회사, 인쇄소, 광고회사, 종이회사 등의 관련기업을 연이어 창업하여 일본 최대의 출판사로서 융성을 자랑했다. 1887년 오하시 사헤이(大橋佐平)가 창업. 사명은 이토 히로부미(伊藤博文)에서 유래했다. 1895년에 최초의 종합잡지인 『태양(太陽)』지를 간행하여 황금시대를 구축했다. 이후, 시대에 맞지 않는 매절(賣切)제도를 고집했기 때문에 후발의 출판사에 압도되어 경영부진에 빠진다. 1950년 박문관신사(博文館新社)로 재생하여 존속하고 있다.

『부녀잡지(婦女雜誌)』

　　부인잡지. 1891~1894. 박문관 발행. 모리 오가이나 코가네이 키미코 등의 글, 단가, 시, 기행문 등이 실렸다. 독자투고란의 작품에도 볼만 한 것들이 있다.

## 【사】

사가노야 오무로(嵯峨の屋おむろ, 1863~1947)

　　야자키 사가노야(矢崎嵯峨の舍). 러시아어를 배우면서 후타바테이 시메이와 알게 되었고, 『첫사랑(初戀)』 등의 러시아문학 소개에 업적을 남겼다.

사사키 노부츠나(佐々木信綱, 1872~1963)

　　화가(和歌)작가. 일본문학자. 아버지 히로츠나가 주재한 나기회(竹柏會)를 이어 기관지 『마음의 꽃(心の花)』을 창간하였다. 가풍은 온화하고 알기 쉬웠다. 『만엽집(萬葉集)』의 연구자로도 유명하다.

사사키 히로츠나(佐々木弘綱, 1828~1891)

　　국학자. 화가(和歌)작가. 호는 나기소노(竹柏園). 노부츠나의 아버지.

사이토 료쿠우(齋藤綠雨, 1867~1904)

　　작가. 카나가키 로분에게 배웠으며, 풍자성이 강한 평론, 단문을 잘 섰다.

**산유테이 엔초**(三遊亭円朝, 1839~1900)

한 사람의 연자가 재담을 등장인물의 대화를 섞어가며 연기하는 무대예능인 락쿠고(落語)꾼. 그의 구연을 속기로 필록한 것이 간행되기도 했다.

**산토 쿄덴**(山東京傳, 1761~1816)

에도시대 후기의 희작작가. 우키요에화가. 인기작가로, 그때까지 여기에 지나지 않은 희작작가가 쿄덴을 시작으로 직업작가로 전환하게 되었다고도 한다. 대표작에 『옛날이야기 이나즈마뵤시(昔語稻妻表紙)』(1806) 등이 있다.

**샤미센**(三味線)

지금은 일본을 대표하는 현악기가 된 샤미센의 기원은 제설이 있으나, 16세기 말에 류큐(琉球)무역을 통해 오사카에 중국의 삼현(三弦)이 초래되어 단기간에 샤미센으로 개량되었다고 한다. 외국악기인 삼현의 개량에 있어서는 비파를 연주하던 맹인음악가들이 중요한 역할을 했다. 에도시대에 들어서면 가요뿐만 아니라 조루리와 같은 이야기물의 반주에도 사용되었으며, 예술음악에서 유행가, 지방의 민요에까지 왕성히 사용되며 근세의 음악세계를 리드했다. 일본의 음악사에서 일반민중이 악기를 손에 댄 것은, 몇몇 예를 제외하면 샤미센이 처음이었다.

**세이 쇼나곤**(淸少納言)

평안시대 중기의 궁중 여관. 일한의 학문에 정통한 재녀로서 무라사키 시키부와 병칭되었다. 이치죠(一條)천황의 중궁인 테이시(定子)를 모시며 총애를 받았다. 『겐지이야기』의 쌍벽으로 일컬어지는 수필집 『마쿠라노소시(枕草子)』를 지었다.

**센류**(川柳)

홋쿠와 동일한 17자(5·7·5)의 단시이지만, 홋쿠에 비해 표현의 제약이 적으며, 구어를 많이 사용하여 골계·기지·풍자를 주안으로 한다. 에도시대 말기에는 저속해져서 광구(狂句)라 불리기도 했다.

**소로문체**(候文體)

정중어를 만드는 조동사 '소로(候)'를 사용해서 쓴 문장. 중세 이후 서간이나 공문서 등에 사용된 문어문체. 명치시대에도 서간문으로 사용되었는데, 언문일치체의 보급이나 고문교육에서 다루어지지 않은 것 등이 원인으로 쇠퇴해갔다.

**소마 콧코**(相馬黑光, 1876~1955)

소화(昭和)시대의 수필가. 어려서 세례를 받음. 미야기(宮城)여학교에 들어갔지만, 교장과 대립하여 퇴학된 후, 1895년에 메이지여학교에 들어가 시마자키 토손(島崎藤村)에게 배웠다. 소마 아이조(相馬愛藏)와 결혼하여 제과점 등으로 유명한 신주쿠 나카무라야(新宿中村屋)를 창업했다. 기독교 교육을 받은 지적인 여성으로 예술가나 망명가의 보호자로서 다한 역할도 크다. 주요 저서에 「명치 초기의 세 여성(明治初期の三女性)」(1940) 등이 있다.

**소신문** → 『요미우리신문』항 참조

**『수도의 꽃(都の花)』**

문예잡지. 1888~1893. 최초의 상업문예잡지. 금항당(金港堂) 발행. 편집발행인은 나카네 키요시로 되어 있었지만, 실질적으로는 야마나 비묘가 38호까지 편집의 중추에 있었다. 발행의 취지에 명확한 문학적 주장은 없었지만, 츠보우치 쇼요의 문학개량주의를 기저로 하고 있었는데, 여기에는 비묘의 문학관이 농후하게 반영된 것으로 보인다. 실제로 편집방침에 있어서도 비묘가 퇴사할 때까지 언문일치체 소설이 일정부분을 차지하고 있었다. 창간호에 비묘의 「꽃수레」, 시메이의 「만남」 등을 게재하였고, 삽화를 넣어 인기를 얻었다. 비묘는 이 무렵 연우사를 완전히 탈퇴하였으며, 코요와의 반목은 이때부터 시작되었다. 이 잡지에는 많은 소설가가 집필을 하여, 명치 20년대(1887~) 문학의 수준과 진폭의 중심위치를 이루었다고 할 수 있다.

**스기우라 시게타케**(杉浦重剛, 1855~1924)

교육가. 사상가. 영국에 유학했으며, 동궁 학문소 어용 담당. 잡지 『일본인(日本人)』을 발행하여 국수론을 고취하였다.

**스에마츠 켄초**(末松謙澄, 1855~1920)

저술가. 관료. 이토 히로부미(伊藤博文)의 사위. 케임브리지대학에 유학하였으며, 영국소설 『골짜기의 산단(谷間の姬百合)』 등을 번역하였다.

**『시가라미소시(しがらみ草紙)』**

문학평론잡지. 모리 오가이가 신(新)문학의 촉진을 도모하기 위하여 1889년에 창간. 1894년에 폐간. 주요 집필자는 오가이를 중심으로 하는 문학결사인 신성회(新聲會) 동인인 오치아이 나오부미(落合直文)·코가네이 키미코·미키 타케지 등이었고, 서양미학에 기초한 평론을 표방하였다.

**시미즈 시킨**(清水紫琴, 1868~1933; 豊子・つゆ子・生野ふみ)

소설가. 평론가. 아버지는 쿄토부(京都府)의 학교담당 및 권업담당, 콜레라예방위원, 외국공사 등을 역임한 관리인데, 이화학(理化學)에 정통하여 레모네이드, 표백분, 사진술, 극약 등의 실험제조를 행했다고 한다. 쿄토부 제일등

여학교 소학사범 제례과(諸禮科) 졸업(1881) 후, 아마도 1885년에 결혼하였으나 그 내실은 불행했던 듯, 그 과정에서 여권사상에 눈뜨며 민권운동에 관여하여 우에키 에모리(植木枝盛, 1857~1892)『동양지부녀(東洋之婦女)』(1889.9)에 뛰어난 서문을 기고하게 되었다. 이 무렵 이혼한 것으로 보인다. 1890년 5월에 상경하여 여학잡지사에 입사, 11월에 주필 겸 편집책임자로 발탁된다. 최초의 여성 저널리스트로서, 인권문제와 여자교육탐방 담당, 「울면서 사랑하는 자매에게 고함(泣て愛する姉妹に告ぐ)」「당금 여학생의 각오는 어떠한가(當今女學生の覺悟如何)」 같은 예리한 평론을 매호 발표. 소설에 착수하여 처녀작 「깨진 반지(こわれ指環)」(1891)로 주목받았으며, 여전히 평론면에서도 활약. 아버지의 중병으로 휴직, 귀성 후 민권가 오이 켄타로(大井憲太郎)와 친교, 연애로 발전하여 아이를 출산. 같은 민권가인 카게야마 히데코(影山英子)도 오이의 자식을 낳은 사실을 알고, 쇼크로 입퇴원을 반복한다. 도쿄제국대학 농과대학 조소였던 오빠의 소개로 이 무렵 알게 된 이 학교 조교수 코자이 요시나오(古在由直)와 친해져 이윽고 결혼(1892)으로 열매를 맺는데, 이 연애는 근대연애사상 대서특필되어온 키타무라 토코쿠(北村透谷, 1868~1894)와 이시자카 미나(石坂ミナ)의 그것에 필적하며, 토코쿠가 혼인에 의하여 무너진 것을 고려하면, 보다 선진적이라고 할 수 있다. 요시나오는 시킨의 과거를 전부 안 후에 "교우 중 첫 번째로 놓을" "가장 친애하고 가장 경애하는" 사람이라고 하며 "내가 가지는 경애의 정이란, 굳이 여성에게만 쏟아야 하는 것이 아니라, 남성에게도 똑같이 쏟는 바입니다"라고 대등한 인격으로 시킨을 대했다. 「한 청년의 이상한 술회(一靑年異樣の述懷)」(『여학잡지』 1992.10)는 이 연애를 요시나오 측에 서서 작품화한 것이다. 요시나오의 유럽유학중에는 장남을 데리고 시어머니와 쿄토로 이사, 평론, 소설 등을 집필. 요시나오의 귀국 후에는 부득이 문예계를 떠나지만, 시킨의 과거가 부부간의 애정에 장애가 된 적은 없었다고 한다.

## 신문지조례·개정 신문지조례

1875년에 포고된 전문 16조의 신문단속조례로, 참방률(讒謗律)이나 출판법과 함께 언론탄압의 커다란 무기가 되었다. 이 조례는 번벌정부와 대립한 자유당(自由党)·개신당(改進党)등의 민당(民党)계 신문이 우세해진 1883년에 통제를 강화하기 위하여 발행보증금제도, 행정권에 의한 발행금지·정시권, 신문지압류권 등의 신설을 포함한 개정이 이루어졌다. 권력에 의한 신문탄압의 의도는 그 후 한층 강화되어 1909년에 강력한 통제체제를 구축한 신문지법으로 이어졌다.

아문(체)(雅文體) → 「화문체」 항 참조.

아에바 코손(饗庭篁村, 1855~1922; 竹の屋)

　　소설가. 극작가.

아토미 카케이(跡見花蹊, 1840~1926)

　　교육자. 아토미여학교 창립자.

야노 류케이(矢野龍溪, 1850~1931)

　　정치가. 소설가. 오쿠마 시게노부(大隈重信)라는 지우를 만나 개신당 결성에
　　참가. 우편호치신문에 들어가 사장이 되었다. 민권론을 주장했으며, 정치사
　　상의 보급·선전을 목적으로 하는 정치소설인 『경국미담(經國美談)』(1883~
　　1884) 등을 발표하였다. 이후에 『오사카 마이니치신문』 부사장이 되었다.

야마다 비묘(山田美妙, 1868~1910)

　　소설가. 시인. 본명은 타케타로(武太郎). 1885년에 오자키 코요와 연우사를
　　일으켰으며, 언문일치체 및 신체시운동의 선구자가 되었다. 대학예비문 재학
　　중에 이시바시 시안, 오자키 코요, 마루오카 큐카 등과 문학결사인 연우사를
　　결성하여 잡지 『가라쿠타문고』를 편집·간행하였다. 그러나 그 후 코요와 소
　　원해지고, 비묘가 금항당(金港堂)이 간행한 잡지 『수도의 꽃』 주필로 발탁된
　　후에는 연우사와 관계를 끊게 되었다. 비묘의 언문일치 작품은 『무사시노(武
　　藏野)』 「코초(胡蝶)」와 같은 시대소설이 많았기 때문에, 지문이 '입니다·합
　　니다'체인데 대화문은 시대를 반영시킨 고풍스러운 말투였다. 그 의미에서는
　　조금 기이하게 보이기도 했으며, 더욱이 「코초」가 게재되었을 때의 삽화에
　　주인공 코초의 나체가 그려져 그쪽으로 주목을 모았기 때문에, 그의 작품을
　　문학으로 제대로 평가하지 못하게 한 듯한 감이 있다. 이후 문학자로서의 일
　　선에서 물러나 『일본대사서(日本大辭書)』를 편찬하기도 했다.

야타베 료키치(矢田部良吉, 1851~1899)

　　식물학자. 시인. 1882년에 이노우에 테츠지로(井上哲次郎) 등과 함께 『신체
　　시초(新體詩抄)』를 저술하여 신체시운동의 선구가 되었다.

에마 사이코(江馬細香; 1787~1861)

　　에도시대 후기의 여류 문인. 화가. 라이 산요(賴山陽, 1780~1832)에게 한시
　　를 배웠다.

「여자 대학(女大學)」

에도시대에 부녀자의 도덕지침서. 에도시대의 여훈서는 일반적으로 칠거・삼종이나 정절 등 남존여비의 도덕을 설파했다. 에도 전기에 중국의 여훈서를 번안한 가나로 된 책이 출판되었으며, 중기에는 민간을 대상으로 하여 평이한 교훈을 습자용 교과서로 만든 「여자 이마가와」 등도 출판되었다. 1716년에 『여자 대학 보물상자』의 간행 이후, '여자 대학'의 이름을 가진 유사본이 다수 출판되어 『여자 대학』이 통속적인 여훈서의 대명사가 되었다. 『여자 대학 보물상자』의 본문은 카이바라 아츠노부(貝原篤信)의 「화속동자훈(和俗童子訓)」 권5의 「여자를 가르치는 법」에 기초한 것이어서 『여자 대학』이 카이바라가 쓴 것으로 와전되었다.

『여자신문(女新聞)』(신문)

정식 명칭은 『花都女新聞』. 1875년 11월 창간. 개성사(開成社)에서 격일로 발행되었다.

『여자신문(女新聞)』(잡지)

1888~1890(144호). 매주 일요일에 발행된 주간지. 대부분의 여성잡지는 복각판이나 목차총람이 있는데 이 잡지는 없으며, 간행 경위 등에 관한 정보도 거의 없다. 『여학잡지』 234호 비평란에 실린 이 잡지에 대한 평에 "소설은 고풍스럽고 그림은 소신문 같았다. 내용은 대단히 광범위하여 부내의 신문잡지에 나온 것은 거의 망라되어 있었다. 여학 관련 잡지・신문 중에 광고가 가장 많았다"고 되어 있어, 동종의 잡지 중에서는 판매부수가 특히 많았던 것으로 보인다.

여자 이마가와(주의)(女今川)

제사가훈(制詞家訓)을 쓴 습자 교과서인 이마가와죠(今川狀)을 흉내내어 여자의 훈계가 될 만한 것을 일한혼용체로 쓴 서간문. 저자는 사와다 키치(澤田きち). 1700년 간행. 여자의 습자용으로 주로 사용되었다.

여학교(女學校)

고등여학교. 1945년 이전의 심상소학교 위에 접속되어 있던 여자중등학교. 1920년에는 수업연한이 종래의 4년에서 5년으로 변경. 명치시대까지 엘리트 여성교육기관.

『여학생(女學生)』 → 『여학잡지』 항 참조.

『여학신지(女學新誌)』

계몽잡지. 1884~1885. 기독교적인 인간관과 유교적인 정신을 기간으로 하여 여자에게 학문을 부여하고 현모양처를 육성함으로써 부국을 도모하려는 취지로 발행되었다. 『여학잡지』의 전신으로서의 의미가 있다.

『여학잡지(女學雜誌)』

기독교에 입각한 여성계몽잡지. 1885~1904. 이와모토 요시하루가 중심이 되어 여권확장을 설파하였다(24호 이후). 기독교에 의거하면서도 일본적 전통을 가미한 내용으로 여성의 지위향상과 권리의 신장, 교양의 향상을 도모하여 일본여성으로서의 자각을 부여하려고 했다. 즉 초기에는 일본고전의 소개, 폐창교풍, 결혼의 개량, 여자교제모임, 요리법 등 당시의 계몽개량운동 일반과 통하는 것이 많았다. 요시하루의 점진적인 주장이 진보적이면서도 온건한 것으로 받아들여져 동종의 잡지를 압도했다. 하지만 남녀동권론은 부녀자 계몽에 유해하다고 하여 여성을 부차적이고 피보호자적인 존재로 파악한 요시하루의 보수적인 계몽의 여학은 소장파들과의 거리를 낳아 1890년대 전후에 들어서면 점차 여성의 참정권, 경제적 독립을 주장하게 되었다. 1888년 후반부터 정치·외교·경제의 사설이나 논문이 늘어 1889년 이후에는 학술잡지에서 신문지조례에 의거해서 출판되기 시작했다. 헌법발포·국회개설에 맞춤과 동시에 『국민지우』에 대항하는 자세가 보인다. 한편, 1892년 무렵부터 여학과 정치·외교·경제의 두 축에 새로이 더해진 것이 문예기사이다. 초창기부터 1890년까지 활약했던 이시바시 닌게츠, 와카마츠 시즈코, 나카지마 토시코, 야마다 비묘, 우치다 로안, 이소가이 운포, 미야케 카호 등을 대신해서 중심기고자가 된 것이 키타무라 토코쿠(北村透谷), 시마자키 토손(島崎藤村) 등이었다. 이로써 문예적인 성격이 잡지의 주류가 되어 계몽적 여학과는 다른 독자층을 개척하게 되었다. 한편, 1890년에 여학교학생의 문예함양을 목표로 여학생의 작품을 모은 『여학생(女學生)』이 간행되었는데, 점차 운포, 토손 등의 작품이 중심이 되어 『여학잡지』(백표지본)로 발전적 해소를 했다. 더욱더 문예적 경향을 강화한 것으로, 문단에 청신한 낭만주의를 도입한 『문학계(文學界)』(1893~1898)가 창간되기에 이르렀다. 요시하루는 뒤쳐진 여성을 위한 교육잡지로서의 성격을 유지하고자 했지만, 그의 문학관이나 여학적 계몽의 틀을 넘어 낭만정신이 성장했던 것이다. 『문학계』의 독립 후에는 신선미를 잃고 점차 쇠퇴해갔다.

연우사(硯友社)

1885년 2월에 오자키 코요가 야마다 비묘, 이시바시 시안 등과 결성한 문학결사. 잡지 『가라쿠타문고(我樂多文庫)』(이후에 『文庫』로 개칭)를 발행하였다. 연우사가 발흥한 배경에는 미숙한 서구화주의에 반발한 국수주의운동의 고양이 있었다. 연우사는 이 흐름을 타고 에도의 서민생활을 생동감 넘치게 그려냈던 에도시대의 작가인 이하라 사이카쿠의 현실주의와 문체를 도입하여 인기를 누렸으며, 코요는 명치의 대 베스트셀러 작가가 된다. 이에 따라 명치문학사에서 이른바 연우사시대를 현출하였다. 현실의 문제를 사이카쿠를 흉내 낸 아속(雅俗) 절충체로 묘사하여 일세를 풍미했는데, 주로 회화는 구어체로 하고 지문은 화려한 문어체로 하였다.

**오자키 코요**(尾崎紅葉; 紅葉山人, 1867~1903)

소설가. 야마다 비묘 등과 연우사를 일으켜 『가라쿠타문고』를 창간하였다. 구조의 완결성과 수려한 문장으로 압도적인 인기를 얻어, 출판저널리즘과 손을 잡고 문단을 지배하였으며, 이즈미 쿄카(泉鏡花), 토쿠다 슈세이(德田秋聲) 등의 수재를 배출하였다. 대표작으로는 『두 비구니의 정욕 참회(二人比丘尼色懺悔)』 『금색 야차(金色夜叉)』 등이 있다.

**오치아이 나오부미**(落合直文, 1861~1903)

일본문학자. 화가(和歌)작가. 1888년에 황전강구소(皇典講究所)·제일고등중학교에서 교편을 잡았으며, 국문학자·교육자의 길을 걷는 한편, 가집·문학전서 등의 간행에 관여하여 고전부흥을 견인하기도 했으며, 『일본 대문전(日本大文典)』, 『말의 샘(ことばの泉)』 등의 문법서 및 사전의 편집·간행에도 진력하였다.

**오카다 료헤이**(岡田良平, 1864~1934)

교육행정관. 문부대신 등 역임. 임시교육회의를 기획하여 학제개혁을 실시하였다. 문부대신 재임중에 군사교련을 도입하기도 했다.

**오타 난포**(大田南畝, 1749~1823)

에도시대 후기 천명(天明)시대(18세기 말)의 대표적인 문인. 광가작가. 희작작가. 막부의 가신이었다. 호에 쇼쿠산진(蜀山人). 일한·아속에 정통했으며, 세상을 달관한 자세로 시대를 풍자하여, 광가의 폭발적인 유행을 초래한 18세기 말의 천명조(天明調; 천명시대의 광가의 작품)의 기초를 이룬 대표적 광가작가이다. 「다섯 글자(いつもじ)」는 무사가문의 부녀자들의 정조를 강조한 것이다.

**와카마츠 시즈코**(若松賤子·しづ子, 1864~1896)

번역가. 그녀가 번역한 『소공자』는 완전한 구어체의 명역으로 높이 평가받았다.

요다 갓카이(依田學海, 1833~1909)

한학자. 연극평론가. 연극개량에 참여.

『요미우리신문(讀賣新聞)』

1874년 11월에 코야스 타카시(子安峻) 등의 카나가와(神奈川)법원의 3명의 번역관이 창간했다. 당시의 『우편 호치』『도쿄일일』『초야(朝野)』와 같은 정론신문이 정치가 인텔리를 대상으로 한 데 비해, 구어체의 '일상적인 이야기'로 부녀자도 포함한 민중신문을 목표로 발행되었으며, '요미우리야(讀賣屋)'라는 판매원이 종을 울리며 뉴스의 한 부분을 읊으면서 가두판매하였다. 정론을 주로 하는 신문이 '대신문'이라고 일컬어졌으며, 『요미우리』와 같은 구어체의 뉴스 본위로 사설을 싣지 않는 것은 '소신문'이라고 일컬어졌다. 초기에 격일 발행으로 부수는 200부 정도였지만, '일상적인 이야기'를 주의로 하는 편집방침이 적중하여 1875년에는 일간이 되었고 발행부수도 만 부를 돌파하여, 도쿄 제일이 되었으며, 1877년 말에는 3만 부 이상이 되어 전국 1위가 되었다. 한편, 자유민권론의 고양은 '소신문'에도 사설을 요구하게 되어 1879년부터 「요미우리잡담(雜譚)」란이 설치되었다. 국회개설의 요구에 응해 정당들이 난립하고 각 신문들도 각각의 정당에 계열화되어가는 속에서 『요미우리』는 온건파인 개진당(改進黨) 계열의 색채를 강화했으나, 화려한 소설을 연재하는 소신문들에 밀려 후퇴하게 되었다. 이에 1887년에 타카다 사나에(高田早苗)를 주필로 맞아 '문학신문시대'가 출발하게 된다. 즉 츠보우치 쇼요를 문예주필로 맞아 문예평론 등을 게재하였으며, 소설의 연재를 제안하여 오자키 코요, 코다 로한 등이 활약하였고, 모리 오가이의 유럽문학 소개와 평론 등으로 1880년대 후반에서 1890년대에 걸쳐 부동의 인기를 얻었다. 이른바 '서민적'이라는 이 신문의 성격도 이 시대에 정착되었다. 이후 청일·러일전쟁을 통하여 저널리즘이 뉴스속보시대에 들어갔지만, 『요미우리』는 여전히 문학신문에 머물러 쇠퇴의 일로를 걷게 된다. 이후 상업주의 본위의 참신한 신문 만들기로 꾸준한 인기를 누리며 현재에 이르고 있다.

『요코하마 마이니치신문(横浜毎日新聞)』

1870~1940. 일간신문. 현재의 『마이니치신문』과는 다른 것이다. 1880년에 『도쿄요코하마 마이니치신문』으로 개칭되어 정론신문으로서 국회개설 청원운동의 중심적 역할을 했다. 1886년에 『마이니치신문』으로 개칭.

우치다 로안(內田魯庵, 1868~1929; 不知庵主人·楠仙子)

문학자. 톨스토이의 『부활』을 번역.

『우편 호치신문(郵便報知新聞)』

　　1872~1894. 일본의 우편사업의 선각자인 마에지마 히소카(前島密, 1835~
1919)가 신문의 효용과 사회성에 주목하여 그 발달을 위해 우편제도를 활용
해서 신문의 배부를 도모하고자 창간했다. 점차 자유민권론의 유력한 거점으
로서 급진론을 내걸고 반정부적 색채를 강화해 갔으며, 발행금지 처분이나
벌금을 받기도 했다. 1880년대에는 야노 류케이를 중심 집필진으로 천부인권
설에 기초한 정치적 입장과 권리주장의 주체로서의 개인의 자각을 요청하는
계몽적 입장을 겸하였다. 후쿠자와 유키치나 나카무라 케이우 등이 기고하기
도 했다. 류케이가 정계에서 물러난 후에는 점차 쇠퇴하여 실용지화 되었다.

『이라츠메(以良都女)』

　　부인잡지. 문예잡지. 1887.7~1891.6. '이라츠메'는 낭자, 아가씨라는 뜻. 제14
호부터 야마다 타케타로(비묘)가 편집인이 되었다. 발행당시의 동인은 오카다
료헤이, 나카가와 코주로, 마사키 나오히코(正木直彦), 야마다 비묘 등 6명이
었다. 발행의 첫 번째 목적은 반구화주의적인 입장에서의 부녀자 계몽에 있
었으며, 스기우라 시게타케도 찬조원으로 이름을 올렸다. 두 번째 목적은 언
문일치체의 보급에 있었는데, 나카가와, 마사키, 야마다가 그 중심 기획자였
다. 첫 번째 목적이 창간호에 게재된 「발행의 취지」에 피력되어 있는 데 반해,
두 번째 목적은 확실히 주장된 것이 아니라, 비묘의 구체적인 시도에서 드러
난다. 그는 창간호에서부터 언문일치체 소설 『풍금 한 가락』을 연재하는 등,
다양한 문체실험을 했다. 판매고의 저조도 거들어 비묘가 혼자서 편집·발행
하게 되어 14호부터는 비묘의 개인잡지에 가까워졌고, 자연스럽게 문예색이
농후해졌다. 그리고 40호 전후부터 투서잡지적 성격이 강해졌는데, 이것에 대
해 이 잡지가 많은 여성을 문학적으로 육성한 것은 하나의 공적이지만, 그녀
들은 결과적으로 비묘를 모방한 것에 지나지 않아 훌륭한 문학자를 배출하지
못했다는 것이, 이 잡지에 대한 기존의 주류적인 인식이었다.

『이세이야기(伊勢物語)』

　　평안시대의 이야기물. 아리와라노 나리히라(在原業平)라는 남성귀족의 일대
기풍으로 호색담을 중심으로 풍류의 생활을 서술한 125편의 이야기물로 되
어 있다.

이소가이 운포(磯貝雲峯, 1865~1897; かほる)

　　시인. 도시샤영학교(同志社英學校) 졸업. 여학교에서 교편을 잡는 한편, 시
작에 열중하였다.

이시바시 닌게츠(石橋忍月, 1865~1926)

문예평론가. 소설가. 도쿄대학 재학 시절부터 후타바테이 시메이의 「부운」 등의 비평으로 인정받았다.

이시바시 시안(石橋思案, 1867~1927)

소설가. 도쿄대학 중퇴. 오자키 코요 등과 연우사를 일으켰으며, 희작풍의 속 문학을 잘 썼다.

이와모토 요시하루(嚴本善治, 1863~1942; 撫象子・月の舍しのぶ)

저널리스트 교육가. 『여학잡지』를 발행하여 여성의 지위향상을 제창했으며, 메이지여학교에서 기독교적 여자교육에 종사하였다. 와카마츠 시즈코는 아내.

이와야 사자나미(嚴谷小波; 1870~1933, 漣山人)

일본 아동문학의 파이오니아. 오자키 코요 등과 연우사를 일으켰으며, 이후에 동화문학에 정열을 쏟았다.

이하라 사이카쿠(井原西鶴, 1642~1693)

에도시대 전기의 하이카이작가. 소설가. 오사카의 부유한 상인집안에서 태어나 하이카이작가로 활약하다가 『호색 일대 남아(好色一代男)』 등을 지어 도시 상공인의 생활을 소설화하여 인기를 누렸다. 당시의 사건, 풍속에 취재하면서 인심을 통찰한 세련된 묘사로 단편소설의 신경지를 열었으며, 근대 이후 비현실적이고 권선징악적인 에도의 희작을 부정하는 풍토에서 리얼리즘적인 작가로 재평가받았다.

인정본(人情本)・음서(淫書)

에도 후기에서 명치 초기까지 쓰인 에도사람들의 연애생활을 사실적으로 묘사한 풍속소설로, 타메나가 슌스이가 대성시켰다. 하지만, 풍속개혁 속에서 단속의 대상이 되어 슌스이가 풍속괴란으로 처벌을 받아 그 이듬해에 죽고 나서 점차 쇠퇴하였다. 하지만, 에도서민의 풍속・인정의 극명한 묘사, 대화체의 능란한 사용 등이 부각되어 연우사의 소설을 비롯한 명치 이후의 소설에 영향을 미쳤다.

『일본(日本)』

신문. 1889~1914. 1890년대 내셔널리즘의 거점이 되었던 언론신문으로, 쿠가 카츠난(陸羯南)이 주재했으며, 스기우라 시게타케, 미야케 세츠레이(三宅雪嶺)가 가세하여 더욱더 내셔널리즘적 색채를 강화하였다. 또한 삽화나 소설의 게재는 신문을 통속화한다고 하여 문예란은 한시, 화가(和歌), 하이쿠(俳

句)로 구성되어 있었다. 마사오카 시키(正岡子規)는 이 신문을 통하여 하이쿠·단가혁신의 발판을 마련할 수 있었다.

### 『일본지여학(日本之女學)』

부인잡지. 1887~1889. 박문관 발행. 여자의 교양에 기여할 목적으로 발행되었으며, 가정, 수신교육에 관한 기사가 주였으나 소설이나 화가(和歌), 하이쿠 등의 문예작품도 채록되었다.

## 【자】

### 조루리(淨瑠璃)

에도시대에 정착한 샤미센 반주의 이야기음악. 인형극이나 카부키(歌舞伎)와도 결합하여 에도 초기 이래로 쿄토에서도 에도에서도 서민적 오락으로 크게 유행한다. 반주에 맞춰 창을 하는 사람인 조루리타유(淨瑠璃太夫)가 많이 배출되었으며, 발성·곡절·샤미센이 다양화되어 에도 후기에 수십 종의 유파가 연이어 파생했다.

### 짓펜샤 잇쿠(十返舍一九, 1765~1831)

에도시대 후기의 희작작가. 1794년에 에도 굴지의 출판업자인 츠타야 주자부로(蔦屋重三郎)한테서 기거하면서 400여종을 다작한 직업작가. 『동해도 도보여행(東海道膝栗毛)』은 20년에 걸쳐서 속편을 내기도 한 작품이었다.

## 【차】

### 『초야신문(朝野新聞)』

명치 전기에 자유민권파의 정론신문. 1872년에 창간된 『공문통지(公文通誌)』를 1874년에 개명해서 발간. 1893년에 폐간.

### 츠보우치 쇼요(坪內逍遙, 1859~1935; 春の舍)

소설가. 극작가. 평론가. 1885년에 문학론 『소설신수(小說神髓)』, 소설 『당세서생 기질(當世書生氣質)』을 발표하여 문학운동의 중심이 되었다. 사실주의의 창시자로 일컬어진다. 1891년에 『와세다문학(早稻田文學)』을 창간. 이후 극문학 개량에 진력하였으며, 셰익스피어의 연구·번역에 몰두하였다. 오가이와의 '몰이상논쟁'에서는 독자가 자유롭게 감정이입할 수 있도록 작가의 주관을 배제해야 한다는 객관주의적 서술을 주장했다.

**카나가키 로분**(假名垣魯文, 1829~1894)

　　희작작가. 신문기자. 명치개화기의 인기작가로서 시류에 민감하게 반응하여 교과서 집필, 『요코하마 마이니치신문』『가나요미신문』 등에 관여하였다. 대표작에 『서양 도보여행(西洋道中膝栗毛)』 등이 있다.

**카이바라 아츠노부**(貝原篤信, 1630~1714)

　　후쿠오카번(福岡藩)의 유학자. 에키켄(益軒)은 호. 번의 명령을 받아 쿄토(京都)로 유학하여 다수의 학자와 교유를 가졌다. 주자학에 전념하였고 방대한 저작이 있는데, 특히 「에키켄 십훈(益軒十訓; 和俗童子訓, 養生訓 등)」이라 총칭되는 평이한 통속교훈서, 사전류 등이 인구에 회자되었다.

**코가네이 키미코**(小金井喜美子, 1870~1956; きみ子・星の家てる子)

　　번역가. 소설가. 모리 오가이의 여동생으로, 소설보다는 번역가로서의 평가가 높아, 이시바시 닌게츠한테서 와카마츠 시즈코와 함께 규수 이묘(閨秀二妙)라는 찬사를 받았다.

**코나카무라 요시카타**(小中村義象, 1864~1923)

　　일본문학자. 키요노리의 양자.

**코나카무라 키요노리**(小中村淸矩, 1821~1895)

　　일본문학자. 도쿄대학 교수. 『고사류원(古事類苑)』 편찬에 종사했다.

**코다 로한**(幸田露伴, 1867~1947)

　　소설가. 이상주의적 경향을 가지는 의고전파에 속하며, 코요와 병칭되었다. 깊은 학식을 살려 주로 사전(史傳)・고증을 발표.

**쿄쿠테이 바킨**(曲亭馬琴, 1767~1848)

　　에도 후기의 소설작가. 산토 쿄덴에 입문. 1797년에 출판사 츠타야(蔦屋)의 지배인이 되어 작품을 집필하였다. 1814년부터 중국 백화소설을 흉내 내어 권선징악설에 의거한 장편 『난소 사토미 팔견전(南總里見八犬傳)』을 간행하여 28년 후에 완성하였다.

**쿠사조시**(草双紙)

　　에도 중기에서 후기에 걸쳐 에도에서 출판된 키뵤시(黃表紙)・고칸(合卷) 등의 삽화소설을 가리킨다. 각 장에 그림이 크게 들어가고 그 여백에 가나로 설명이나 대사 등이 쓰여 있어, 문장보다는 그림이 주체였으며, 삽화에는 일류 우키요에(浮世繪) 화가가 참가했다.

키무라 아케보노(木村曙, 1872~1890; 榮子·曙女史·吉川ひで)

소설가. 경력은 불분명한 부분이 많다. 새 시대의 흐름을 타고 재산을 모은 아버지와 첩이었던 어머니 사이에서 태어난 장녀. 아버지는 다수의 처첩을 거느렸으며 이복형제가 30명이나 되었다고 한다. 도쿄고등여학교에 진학하였는데, 동창의 말에 따르면 "영어·불어에 능통했으며, 음악·수예 어느 것 하나 모자람이 없고, 태도가 활발하고 언어가 쾌활하며 시험 때마다 우수한 성적"을 거두었는데, 그 무렵 상류여성들 사이에서 유행한 양장이 전부 박래품이라는 사실을 슬퍼하여, 일찍이 양장을 한 그녀는 국산품을 사용하였는데 이것이 외국인 교사에게 알려져 칭찬을 받았다고 한다. 또한 직물·자수에 개량을 가하여 수출하면 국익도 되고 여자들의 부업도 된다고 생각하여, 마침 졸업을 앞두어 계획의 실현을 위해 우선 실지수행을 하고자 외국유학을 아버지에게 부탁했으나 거절당하고 아버지가 창업한 음식점에서 일을 하게 된다. 이후, 일과 양립할 수 있는 자기실현의 길을 문학에서 찾았다. 아에바 코손의 추천으로 처녀작『부녀의 귀감(婦女の鑑)』이 일본 최초의 여성작 신문연재소설로서 발표된 것은 만 17세의 일이다. 이보다 앞서 아케보노에 반한 도쿄대학 법과의 학생이 결혼을 청해 오자, 아버지는 남녀교제가 있었다고 하여 거절하고 아케보노의 머리카락을 자른 후, 부호의 가문에서 양자를 맞아 결혼시켰는데, 남편의 품행이 바르지 못하여 얼마 후 이별하는 등, 절대 권력자인 아버지에 의해서 아케보노의 인생은 휘둘렸다.『부녀의 귀감』이 호평을 받은 후,『정조 겨루기(操くらべ)』·『어린 솔(わか松)』등을 발표했는데, 유형적·희작적이어서 처녀작을 넘지 못한 채, 유행성독감이 원인으로 짧은 생을 마감했다.

## 【타】

타메나가 슌스이(爲永春水, 1790~1844)

에도시대 후기의 희작작가. 통칭은 에치젠야 초지로(越前屋長次郎). 별칭에 광훈정주인(狂訓亭主人) 등이 있다. 에도에서 출판업을 경영, 시키테이 산바(式亭三馬)·류테이 타네히코(柳亭種彦) 등에 사사하였으며, 스스로도『춘색 매화 달력(春色梅曆)』등의 인정본을 집필하여 인기를 얻었으나, 천보(天保) 개혁으로 풍기를 문란시킨다고 하여 수갑형에 처해졌고, 이듬해에 숨졌다.

## 【하】

**하기노 요시유키(萩野由之, 1860~1924)**

일본문학자. 사학자. 도쿄대학 교수. 화가(和歌)개량론을 주창했다. 편저에 『일본문학전서(日本文學全書)』 등이 있다.

**하세가와 시구레(長谷川時雨, 1879~1941)**

극작가. 소설가. 소녀시절부터 쿠사조시나 번역소설을 애독하였으며, 사사키 노부츠나가 주재하던 나기조노(竹柏園)에 입문하였다. 1897년에 결혼하였으나 가풍에 물들지 못하고 이혼한다. 그 사이 창작에 정열을 불태워 습작을 하였고, 1905년에 『요미우리신문』의 현상각본에서 특선을 하고 츠보우치 쇼요에 사사받아, 여류극작가로의 지위를 약속받는다. 1910년에 대표작 『정조(操)』를 발표, 상연되어 여류극작가로서의 명성을 높였다. 한편으로 잡지 『여인예술(女人藝術)』을 창간하여 하야시 후미코(林芙美子) 등을 키웠다.

**하이카이(俳諧)**

정확히는 하이카이 연가(俳諧連歌)라고 하는데, 화가(和歌)의 상구(5·7·5)와 하구(7·7)를 다수가 창화하는 형태인 정통 연가(連歌)에서 분기하여 유희성을 높인 집단문예이다(연가의 패러디). 마츠오 바쇼(松尾芭蕉)의 등장으로 첫구인 홋쿠(發句; 5·7·5)의 독립성이 강해져서, 홋쿠만을 감상하는 일도 많아져, 명치시대에 성립한 하이쿠(俳句)의 원류가 되었다.

**학제(學制)**

1872년에 제정된 일본 최초의 근대학교제도에 관한 규정. 구미의 학교제도를 참고로 하여 전국을 대학구·중학구·소학구로 나누고, 각 학구에 대학교·중학교·소학교를 설치할 것을 계획했으나, 계획대로 실시되지는 못하고 1879년 교육령의 제정으로 폐지되었다. 제정 당시에 반포되었던 포고에는 '실학'을 강조하면서 개인주의적·공리주의적인 교육관에 기초한 국민개학의 취지가 설명되어 있다.

**화가(和歌)**

중국, 조선에서 일본을 가리키는 명칭이 왜(倭)인 반면, 일본에서는 자칭으로 왜(倭)와 음이 동일한 화(和)를 써왔다. 그러므로 화학(和學), 화어(和語), 화문(和文), 화가(和歌) 등의 '화'는 '일본'을 가리키는데, 특히 한학·한자어·한문·한시 등에 대비되는 의미를 지니며, 대상으로 '일본 고유의 것'을 상정한다. 화가는 5·7·5·7·7의 5구 31자로 되어 있는 일본고래의 음수율정형 시가.

## 화문(和文)·화문체

한문체나 화한 혼효문 등과 대립하는 고전적인 문장체의 일종으로, 평안시대의 어휘와 어법을 규범으로 하는데, 보통은 산문표현에 대해 말한다. 화문이 확립된 것은 가나 성립 후인 평안시대 중기이다. 가나 문자가 창제되자, 화가(和歌)·이야기물(物語)·일기·편지 등이 입말에 기초한 문장표현으로 정비되었으며, 평안시대 귀족의 여성사회를 중심으로 유지·발전하였다. 평안시대 후기에는 남성 귀족도 참가하게 되었으며, 귀족사회 밖으로도 얼마간 보급되어갔다. 한편, 카마쿠라시대 이후에는 한문 훈독체에 화문적인 요소를 융합시킨 화한혼효문(和漢混交文)이 발달하지만, 산문의 한 전형으로서의 화문도 꾸준히 계승되어, 에도시대의 의고문을 거쳐 명치시대에 이르게 되었던 것이다.

## 『황조사략(皇朝史略)』

진무(神武)천황에서 무로마치시대의 천황인 고코마츠(後小松)천황까지의 한문 편년체의 일본사로, 미토번(水戸藩)의 유신(儒臣)으로 『대일본사(大日本史)』 편찬에 관여했던 아오야마 노부유키(青山延于)가 일반 독자를 위하여 간략화해서 1823년에 집필하였다. 널리 읽혀 명치유신 전후시기에 여러 번의 번교(藩校)에서 본서를 교과서로 사용한 곳도 많았다.

## 후쿠자와 유키치(福澤諭吉, 1834~1901)

사상가. 교육가. 어려서 난학을 배웠으며, 그것을 바탕으로 에도에 양학숙(塾)을 열었다. 막부의 부름을 받아 사절에 수행하여 3회에 걸쳐 구미를 경험했다. 유신 후에는 정부에 들어가지 않고 민간에서 활동. 1868년에 에도의 숙을 케이오의숙(慶應義塾)으로 개칭하였다. 계몽사상의 고취를 목적으로 한 결사인 명륙사(明六社)에도 참가. 1882년에 『시사신보(時事新報)』를 창간. 독립자존과 실학을 고취하였다. 이후 탈아입구(脱亜入欧)·관민(官民)조화 등을 외쳤다. 저서에 『학문의 권유(學問のすゝめ)』『문명론지개략(文明論之概略)』『탈아론(脱亜論)』 등이 있다.

## 후쿠치 오치(福地櫻痴, 1841~1906)

신문기자. 극작가. 1868년 『강호신문(江湖新聞)』을 발간. 『도쿄일일신문(東京日日新聞)』 주필. 카부키 개량에 진력하였으며, 카부키의 시대극운동의 지도자.

## 후타바테이 시메이(二葉亭四迷, 1864~1909)

본명은 하세가와 타츠노스케(長谷川辰之助). 도쿄 외국어학교 노어과 중퇴후, 츠보우치 쇼요의 권유로 1886년에 『소설 총론(小說總論)』을 발표하였다.

이듬해의 처녀소설 『부운(浮雲)』은 미완으로 끝났지만, 사실주의 묘사와 언문일치체로 당시의 문학자들에게 커다란 영향을 주었다. 그에 앞서 쓰인 츠보우치 쇼요의 『당세 서생 기질』에 짙게 남아 있던 희작의 영향을 배제하여, 일본의 근대 소설의 시작을 알렸다. 또한 러시아어에도 능통하여, 투르게네프 등의 동 시대의 러시아 사실주의 문학을 번역·소개했다.

### 히구치 이치요(樋口一葉, 1872~1896)

소설가. 본명은 나츠(なつ). 근대 이후의 최초의 직업여류작가로도 일컬어진다. 이하라 사이카쿠풍의 아속절충체의 문체로 명치시대 여성들의 삶의 모습과 애환을 그렸다. 소녀시절에는 여유 있는 가정에서 쿠사조시 등을 읽으며 보냈고, 딸의 문학적 재능을 간파한 아버지는 나카지마 우타코의 화가(和歌) 교실인 '하기노야(萩の舍)'에 입문시켜 나카지마 우타코에게 화가(和歌)와 고전을 배우게 했다. 하지만 아버지의 사업실패와 그로 인한 병사 등으로 17세에 호주가 되어 일가의 생계를 짊어지게 된 이치요는 바느질, 세탁 등을 하는 한편, 동문 미야케 카호가 『덤불속의 휘파람새』로 고액의 원고료를 받은 것을 알고 소설을 쓰기로 결심. 소설가로서 생계를 꾸리기 위하여 나카라이 토스이(半井桃水)한테서 소설을 배우면서 이윽고 「어둠속의 벚꽃(闇櫻)」을 발표하였다. 하지만, 둘 사이에 추문이 돌자, 토스이와 결별하고 코다 로한풍의 이상주의적 소설 『매목』을 발표하여 출세작이 된다. 이를 계기로 유럽문학에 정통한 시마자키 토손(島崎藤村) 등을 알게 되어 자연주의문학을 접한 이치요는 「눈오는 날(雪の日)」 등을 『문학계』에 발표하였다. 그 무렵 생활고에 시달려 유곽인 요시와라 근처에 구멍가게를 내기도 했지만 실패로 끝나고 만다. 이때의 경험이 유명한 소설 『키 재기(たけくらべ)』의 제재가 되었다. 1894년 12월에 「섣달그믐(大つごもり)」을 『문학계』에, 이듬해에는 『키 재기』 『13일 밤(十三夜)』 『흐린 강(にごりえ)』 등을 짧은 기간에 연이어 발표하여, 모리 오가이·코다 로한 등의 격찬을 받는다. 하지만 과로 등이 겹쳐 불과 25세의 나이에 폐결핵으로 사망했다.